落实可持续发展目标的国家机制安排：五年回顾总结

世界公共部门报告（2021）

联合国经济和社会事务部 / 编
上海社会科学院信息研究所、上海社会科学院绿色数字化发展研究中心 / 译

联合国
纽约，2021年
publicadministration.un.org

上海社会科学院出版社
SHANGHAI ACADEMY OF SOCIAL SCIENCES PRESS

联合国经济和社会事务部的宗旨

联合国经济和社会事务部是经济、社会和环境领域的全球政策与国家行动之间的重要纽带。该部门的工作主要涉及三个相互关联的领域：(1)汇编、制作和分析范围广泛的经济、社会和环境数据与信息，供联合国成员国在审查共同问题和评价政策抉择时加以使用；(2)促进成员国在国际机构框架内就采取什么联合行动方针来应对现有或者新出现的全球性挑战进行谈判；(3)就联合国各次会议和首脑峰会上制定的政策框架转化为国家方案的方式方法向有关政府提供咨询意见，并通过技术援助来协助国家能力建设。

免责声明

本出版物中采用的名称和展示的材料不意味着联合国秘书处对下列问题表达任何官方意见，如任何国家、领土、城市、地区和其管理当局的法律地位，以及对其边界或国界的划分。本出版物中所用“国家”和“经济体”词汇也只在适当的情况下代表领土和地区。本出版物中采用的国家组别来源于联合国统计司的分类，并不代表对特定国家或地区当前发展阶段的判定，而仅仅是为了统计和分析的方便。本出版物提及的任何公司、组织、产品或网站，并不意味着联合国对其官方的认可和支持。

本出版物内容仅代表作者个人观点，并不代表联合国秘书处的立场，也不代表其他为其做出贡献的组织或个人的意见。

中文译本由上海社会科学院信息研究所资助出版。
统筹：王振、丁波涛、侯佳嘉。
翻译：李农、王兴全、李天驹、陈新野、刘佳、杨亚、王赛锦、毛志遥、范泽华。翻译人员对翻译的准确性负责。

出版号：ST/ESA/PAD/SER.E/215
销售号：E.21.II.H.1
ISBN：978-92-1-123211-0
eISBN：978-92-1-005778-3
书面ISSN：2411-8923
网络ISSN：2411-8931
封面图片：联合国图片 /Manuel Elías
建议引用：联合国，2021年，《落实可持续发展目标的国家机制安排：五年回顾总结》，经济和社会事务部公共机构和数字政府司（DPIDG），纽约，8月。
网址：publicadministration.un.org
联合国纽约总部印刷

前言

国家机制安排对于实现《变革我们的世界：2030年可持续发展议程》（Transforming Our World: the 2030 Agenda for Sustainable Development, 简称《2030年议程》）和可持续发展目标（SDGs）至关重要。在可持续发展目标落实和审查的5年中，各国在联合国可持续发展高级别政治论坛（HLPF）上纷纷表示，加强国家机制安排以实现可持续发展目标已经是许多会员国的优先事项。

新冠疫情大流行更加突出了国家机制安排对实现可持续发展目标的重要性。疫情不仅造成经济和社会冲击，阻碍了可持续发展目标的进展和国家机制的良性运作，也给政府带来了额外的挑战。政府难以在确保提供基本公共服务的同时，制定连贯和包容的疫情应对政策。这场疫情还暴露了实施可持续发展目标至关重要领域的体制弱点，如危机准备、政策整合、通信等。这种情况在不同发展水平的国家都发生过。同时，2020年也见证了国家在应对新冠疫情大流行时的制度创新，包括行政管理、利益攸关方参与、透明度和问责制以及数字政府等不同领域。

因此，评估落实《2030年议程》的国家机制安排情况是至关重要的。《落实可持续发展目标的国家机制安排：五年回顾总结——世界公共部门报告（2021）》（简称《世界公共部门报告（2021）》）重点关注国家层面机构变革的三个方面：第一，记录了自2015年以来为实现可持续发展目标的国家机制安排的变化；第二，分析了可持续发展目标监测和评估系统的发展情况、实际效果、优势和劣势；第三，研究了政府和其他利益攸关方为促进公共机构落实可持续发展目标的能力所做出的努力。本报告旨在提高人们对实施可持续发展目标制度层面的关注，并为国家政策制定者提供这方面的经验。报告还评估了新冠疫情大流行对国家机制的广泛影响及其对实现《2030年议程》的影响。

距离实现可持续发展目标的结束日期还有不到9年，我们应该加倍努力，使《2030年议程》的承诺成为现实。为实施《2030年议程》而建立的有效国家机制安排，不仅是实现可持续发展目标的基本要求，也是疫情后可持续和包容性恢复的关键要求。它将使社会更能响应人民的需求和愿望，更具包容性，也更有韧性。

刘振民
联合国副秘书长
主管经济和社会事务部

致谢

《世界公共部门报告（2021）》由联合国经济和社会事务部公共机构和数字政府司编写。该报告由朱巨望负责，由 David Le Blanc领导的联合国工作人员小组编写。小组成员包括 Lisa Ainbinder, Enkel Daljani, Aránzazu Guillán Montero, Seok-Ran Kim, David Lung'aho, Valentina Resta。

该报告的概念框架由Aránzazu Guillán Montero、David Le Blanc制定。Aránzazu Guillán Montero制定了用于收集国家层面的监测、评估以及能力建设信息的模板。Aránzazu Guillán Montero和Valentina Resta编制了一份调查问卷，并将其发送给一些积极参与可持续发展目标监测、审查以及能力建设的国际组织。

公共机构和数字政府司实习生 Jingyun (Jackie) Shen，Luisa Franco Machado，Yihong Liu 为此次报告提供了研究支持。

作者

第1章由 Lisa Ainbinder撰写，协调员为 David Le Blanc。Nathalie Risse（独立顾问）做了国家层面的数据工作。Aránzazu Guillán Montero协调并撰写了第2章。Valentina Resta协调并撰写了第3章，David Le Blanc提供了信息。第4章由 David Le Blanc 编撰。这一章包括联合国经济和社会事务部在2020年5月发布的第74期政策简报《危机时期的弹性机构：国家一级的透明度、问责制和参与是有效应对新冠疫情大流行的关键》中的材料。该简报由Arnzazu Guillán Montero和 David Le Blanc撰写。第4章还包括《世界公共部门报告（2021）》背景文件中的部分内容，该文件用以下标题发表：David Steven and Margaret Williams, 2021, Governance and COVID-19: A background paper for the SDG 16 Conference, CIC/NYU, March。该章中的表4.1由 Valentina Resta 提供。Lisa Ainbinder和 Valentina Resta对初稿提出了意见。

同行评审人员

第1章：Marion Barthélemy（联合国经济和社会事务部）, Ingeborg Niestroy（高等可持续发展研究所）。

第2章：Irena Zubcevic（联合国经济和社会事务部）；Vibeke Ostreich-Nielsen，Francesca Perucci（联合国经济和社会事务部）；Joern Geisselmann，Mona-Lisa Limbach，Leonie Grunau（评审伙伴组织）。

第3章：Friedrich Soltau（联合国经济和社会事务部）；Clovis Freire Junior（联合国贸易和发展会议）；Francois Fortier（独立专家）；Vibeke Ostreich Nielsen（联合国经济和社会事务部）；Yongyi Min（联合国经济和社会事务部）。

第4章：Geert Bouckaert(鲁汶大学公共治理研究所)；Sabine Kuhlmann(波茨坦大学)；Marcia Tavares(联合国经济和社会事务部)。

本报告内容来自以下组织与个人：

做出贡献的组织

可持续发展行动组织，阿根廷国家审计总署，拉丁美洲发展管理中心，哥斯达黎加共和国总检察院，古巴共和国总检察院，危地马拉共和国财政总检察院，Forus，欧洲环境政策研究所，评审伙伴组织，可持续发展解决方案网络，城市和地方政府联合会，联合国经济和社会事务部统计司，联合国拉丁美洲和加勒比经济委员会，联合国教育、科学及文化组织，联合国开发计划署，联合国人居署，联合国系统职员学院可持续发展知识中心，联合国妇女署。

做出贡献的个人

Adriana Alberti（联合国经济和社会事务部）；John-Mary Kauzya（联合国经济和社会事务部）；Petya Koralova-Nozharova（保加利亚科学家联盟）；Wai Min Kwok（联合国经济和社会事务部）；Galina Menshikova（圣彼得堡国立大学）；Yongyi Min（联合国经济和社会事务部）；Shteryo Nozharov（保加利亚国家和世界经济大学）；Nathalie Risse（独立顾问）；Fred Strugatz（独立专家）；Benjamin A. Reyes Riesco（智利共和国总检察院）；Liliana Rodríguez（哥伦比亚共和国总检察院）。

执行摘要

世界公共部门报告（2021）

目前，可持续发展目标实施期已经过去了1/3，我们有必要对各国为实现目标而进行的机构框架调整情况进行评估。

国家机制安排对实现《2030年议程》和可持续发展目标至关重要。这一点在《2030年议程》本身中得到了充分认可。在《2030年议程》开始实施5年以来，治理问题仍然是最重要的问题。自2015年以来，大多数国家都进行了机构框架的调整，以支持其对落实《2030年议程》的承诺。

自2020年年初开始，新冠疫情大流行更加突出了国家机制安排对于实现可持续发展目标的重要性。疫情以及各国政府对此采取的措施给公共机构的正常运行带来了压力，直接削弱了各国政府实现可持续发展目标的能力，对政府的基本职能包括其公共服务和公共管理能力造成影响。新冠疫情大流行还暴露了对实行可持续发展目标至关重要的领域的体制缺陷。2020年也见证了国家在行政管理、利益攸关方参与、透明度和问责制等不同领域的制度创新。

在这种情况下，评估落实《2030年议程》的国家机制安排的进展尤为重要。《世界公共部门报告（2021）》旨在通过关注国家机制变革的三个方面来阐明这一问题：为实现可持续发展目标的国家机制安排的变化，可持续发展目标监测和评估系统的发展情况、实际效果、优势和劣势，以及政府和其他利益攸关方为提升公共机构落实可持续发展目标的能力所做出的努力。尤其在新冠疫情大流行发生以来，这三个方面的重要性再次凸显出来。本报告借鉴了全球层面的信息，对所有地区的24个国家的样本进行案头研究。报告还研究了新冠疫情大流行对国家机制的更广泛影响及其对实现《2030年议程》的影响。

自2015年以来，为实现可持续发展目标的国家机制安排的变化

第1章主要对24个国家为实现可持续发展目标而采取的机构安排进行比较分析。许多国家仍在为实施可持续发展目标，建立或调整其体制系统中的关键要素。总的来说，有一个普遍趋势，即更深入的制度化，以及不同行动者支持落实可持续发展目标切入点的多样化。事实上，与其他国际协定的发展框架相比，在实施《2030年议程》的前5年中，国家层面的制度化程度是前所未有的。

本章研究了被认为是促成可持续发展目标实施关键的体制领域的变化，即在国家层面的法律和监管框架调整，将可持续发展目标纳入国家战略和规划中，制定可持续发展目标实施路线图，在管理中建立试点机制，以及可持续发展目标国家监测和报告方面的发展情况。自2015年以来，可持续发展目标的制度化程度越来越高，也越来越复杂。《2030年议程》和可持续发展目标作为总体政策议程，在发展中国家和发达国家均已取得相对较高的关注度和政治优先权，大多数国家为实施发展目标，已经在高层做出了协调安排。这些目标被纳入国家战略和计划，并被落实到所有部门和各级政府机构中。同样引人注目的是，

各国政府通过全球和国家指标，努力监测可持续发展目标的进展情况。

可持续发展目标制度化的速度在各国、各级政府和各机构系统中各不相同。无论在发达国家还是在发展中国家，制度化的进程都不是很快，也有许多发达国家花了很长时间才实现可持续发展目标的制度化。在国家层面实施可持续发展目标的制度化模式具有高度的差异性，在各国之间也不容易发现规律性或“典型的”制度化模式；而制度转型也不总是渐进的，甚至线性的。

自2015年以来，关键利益攸关方在国家层面参与实施可持续发展目标的机制性切入点在数量和重要性上都有增加的趋势，这反映了制度转型的日益成熟。他们使议会、最高审计机构、次国家区域和地方政府、非政府组织、学界和专家以及私营部门能够参与相关战略制定、可持续发展目标的实施、监测、跟进、评审和评估以及反馈决策等各个方面。然而，在围绕落实可持续发展目标而建立的机制和进程中，一些机构行动者的贡献要大于其他行动者。

在许多国家，议会没有在监督政府实施可持续发展目标的行动中发挥作用。然而，自2015年以来，许多国家的议会至少会发布一份关于可持续发展目标执行情况的报告。各国最高审计机构的参与情况有很大不同。至于民间社会，可供参与的机会和参与程度也不同。然而，总的来说，自愿国别评审（VNR）促进了民间社会对可持续发展目标的参与，即使是在那些没有让民间团体参与决策的传统国家。地方政府的参与在各国之间甚至在国家内部都有很大差异。在某些情况下，针对可持续发展目标本地化的持续努力已取得了成果，包括自愿地方审查的形式。国家协调和咨询机构的存在，往往使非国家行动者以及次国家区域和地方政府能够以各种形式参与到发展目标中来。

在可持续发展目标制度化的深度方面，各国仍存在显著差异。因此，国家层面的制度化还是一项正在进行的工作，大多数国家仍在完善其实施目标的机构安排，并将其纳入更广泛的制度体系的过程之中。鉴于改变机构所需的时间以及目标范围的广泛性，这一漫长的过程并不令人惊讶，甚至一些趋势令人鼓舞。在许多国家，各利益攸关方仍有可能进一步参与可持续发展目标进程。这样的趋势也是令人鼓舞的。

在国家层面上，对实施可持续发展目标体制安排的有效评价仍然很少。因此在评估制度安排的有效性上，仍然有很大的发展空间，也可以从中获得重要的启示。

在国家层面对可持续发展目标进行监测、跟进和评审

监测、跟进以及评审系统和程序对于有效实施可持续发展目标至关重要。各国最好将可持续发展目标的监测、跟进和评审纳入现有的监测和评估系统，以避免重叠和平行。然而，鉴于现有监测系统的多样性和不同的制度化水平，各国在可持续发展目标监测、跟进和评审方面处于不同阶段，并采取了不同的方法。第2章分析了各国的举措，并验证各国在将可持续发展目标监测与其他监测进程和关键问责机制相整合、为利益攸关方的参与创造机会以及利用监测信息改善可持续发展目标落实等方面的优势和改进机会。

本章在可持续发展目标后续行动、评审系统的制度化以及建立国家指标框架方面取得了进展。各国在加强可持续发展目标的监测、后续行动和评审的制度化上的努力是显而易见的。但是，由于各国将可持续发展目标整合进入国家体制结构的程度不同，所以形成的制度化系统也不尽相同。此外，虽然大多数国家已经确定了负责监测可持续发展目标的机构，但这种机构安排和系统的表现并不总是有利于有效的跟进和评审。

在指标方面，基于全球可持续发展目标指标框架，大多数国家都进行了评估和优先排序工作，并确定了一套国家可持续发展目标指标。然而，确定国家目标、基线和基准的国家较少。关于国家和全球指

标的一致性的信息也很有限。

自愿国别评审进程及其在次国家区域的溢出效应都有明显进展。总的来说，各国已经改进了自愿国别评审和报告本身的编制工作。随着各国利用信息通信技术和开放数据来交流可持续发展目标的进展和实施情况，线上报告也有所增加。

虽然一些国家已经在国家层面上建立了定期的报告程序，但标准化或例行的国家报告以及面向议会的报告还有改进的机会。定期向议会上报的可持续发展目标实施报告有限，说明缺乏与确保问责制的机构监督系统的衔接。乐观的是，关于可持续发展目标的外部审计报告越来越多，而且在一些国家得到了大量采纳。利益攸关方的参与也在增加，更多不同的利益攸关方正在为可持续发展目标的后续行动和评审做出贡献。

本章指出了重要的改进机会。这些机会包括将可持续发展目标的监测、跟进和评审与现有的监测系统整合，加强次国家区域各级机构对可持续发展目标监测和报告进程的参与。其他制约因素包括数据鸿沟、数据分类和质量、数据生产者的协调以及地方政府收集和分析数据的能力。次国家区域各级政府在界定可持续发展目标的监测、跟进和评审的作用、责任及其运作方面也遇到了挑战。将自愿国别评审作为国家监测、跟进和评审周期的一部分，其价值也值得关注。

新冠疫情大流行影响了可持续发展目标的监测、跟进和评审。它不仅对国家统计系统和监督机构的日常运作和监测责任的履行产生了负面影响，还对利益攸关方的参与提出了新的挑战。并且，社交距离措施打乱了自愿国别评审的准备工作。创新、新的伙伴关系和数字技术对于支持可持续发展目标的监测至关重要。因此，应解决与通信基础设施和数字设备使用有关的结构性瓶颈问题，以确保今后其对可持续发展目标的监测、跟进和评审具有包容性和有效性。

提升公职人员能力以落实《2030年议程》

从《2030年议程》中能够认识到，各级政府的能力对于成功实施、跟进和审查可持续发展目标至关重要。实现这些目标在很大程度上取决于国家公共行政部门的能力和效率。第3章探讨了各级公职人员具备指导和支持《2030年议程》所需能力的建设工作。本章重点讨论了与直接支持可持续发展目标落实相关的多领域能力建设，而较少涉及具体目标和指标层面的能力建设工作。

国家层面的公职人员实施可持续发展目标的能力建设是由国内和国际的各种行动者所提供的。在针对公职人员可持续发展目标实施能力的建设上，政府机构和公共管理学院是主要的“天然”提供者。

在许多国家，政府部门为实施可持续发展目标，编制了培训材料并开展相关培训活动，一些国家还专门为国会议员组织这样的培训。学界也经常以与政府合作的形式在其中发挥着关键作用。与地方政府、议会、最高审计机构等特定对象合作的国家和国际组织，在开发培训材料和管理公共机构培训上发挥了相当大的作用。国际机构和全球智库在这一领域也很活跃。

自2015年以来，各国政府——单独或与地方、国家和全球行为体合作——开展了广泛的举措，以提高公职人员对可持续发展目标的认识，并提高他们在各个领域的技能。为在《2030年议程》中确定需要加强的关键领域提供支持和培训，政府已经做出很多重要努力。例如，各国政府加强了将可持续发展目标纳入长期规划的能力，而培训员培训模块和许多其他成果都促进和支持可持续发展目标的本地化。各国政府和国际机构加强了国家统计系统的能力，以便在国家和次国家区域各级机构编制分类数据，并加强对可持续发展目标的监测、报告和评估机制。联合国系统支持各国政府做好自愿国别评审的准备。全球共同努力提升议会和最高审计机构评估可持续发展目标执行情况的能力。

自2015年以来，政策整合和政策协调方面的能力建设也迅速发展。国家政府（特别是规划部）已经建立了分析政策协同和权衡的能力，对政策的一致性进行分析，并寻求加强政策整合。这些努力得到了国际和区域组织的模式、工具包和相关培训的支持。

向公职人员提供指导和准则是提升公职人员落实《2030年议程》能力的一个关键部分，使他们能够将可持续发展目标纳入日常工作。这包括基本的提高认识，让公职人员更了解其机构或组织的情况；也包括培训课程以及更详细的指导材料，从采购到报告再到沟通，具体说明应如何将可持续发展目标纳入一个组织的各种流程。在这一领域，培训和能力建设材料的发展越来越多样化。

虽然在许多自愿国别评审报告中提到能力建设是一个优先事项，但总的来说，关于可持续发展目标相关能力建设情况和现有差距的信息还是很有限的。在本报告评审的24个国家中，很少有国家在整个政府范围内对实施可持续发展目标所需能力进行全面的评估。在这种情况下，外部审计提供了额外的意见。截至2020年，在整个政府层面实施可持续发展的能力建设战略和计划仍然是极为罕见的。不过许多国家已经将与可持续发展目标相关的关注点，纳入部门或专题层面的能力建设战略和计划中，这包括发展统计的国家战略。

能力建设工作最初似乎主要由“供应方”推动，国际组织和网络做了很大努力，它们在《2030年议程》确定需要加强的关键领域提供支持和培训，如规划和统计领域。自2015年以来，尽管提供的能力建设产品种类越来越多，但能力建设活动在多大程度上根据受益者的需求定制却难以评估。本章所做的研究还表明能力建设活动碎片化的一面。即针对不同的部委、政府机构和公共机构的能力建设活动几乎没有任何配合。碎片化可能导致能力建设材料和努力的重复，错过协同运作的机会。

总的来说，现有的信息并不容易让人对各个国家的努力有一个综合的了解。同样，几乎没有任何证据表明，提高公职人员、议员和其他公共机构人员执行可持续发展目标能力的努力得到了评估。

在新冠疫情大流行的背景下，能力发展工作受到不同程度的影响。突然转向在线活动是疫情所引发的最明显变化；然而，人们对由此而产生的学习成果的变化，以及它对公共服务能力建设的长期影响知之甚少。

更广泛地审视新冠疫情大流行对国家机制及其对实施可持续发展目标的影响

在任何时候，国家机制都是促进政府和利益攸关方实施可持续发展目标的关键推动者。新冠疫情大流行以不同的方式影响了公共机构，极大影响了可持续发展目标的落实。

首先，疫情直接影响了国家政府机构指导和监测可持续发展目标行动纲领的能力。例如，社交隔离措施阻碍了国家统计局收集和监测可持续发展目标所需数据的进展。在疫情期间，负责执行可持续发展目标的其他关键机构可用的资源也在减少。2020年大多数国家提交的报告表明，疫情打乱了各国自愿国别评审的准备工作。

疫情造成的巨大冲击也带来了一系列风险，从《2030年议程》的政治重视度下降，到资源限制加剧，再到议程中的长期目标被视为次于疫情的社会经济影响所造成的紧急情况。尤其在疫情持续存在蔓延的背景下，这些风险变得更加明显。

政府面临的关键问题包括：如何保持对可持续发展目标的关注，如何保留政策和财政资源，在继续做好疫情应对和管理复苏的同时，实现可持续发展目标所需的转型。虽然政府在这方面的选择取决于一个国家的背景和当前面临的情况，但是应该明确如何平衡在应对疫情、管理复苏以及落实可持续发展目标长期战略之间的巨额公共支出。

其次，新冠疫情大流行影响了广大的国家机制体系，可能会阻碍可持续发展目标的落实。

疫情对政府的整体运作和具体的公共职能造成了重大干扰，影响了包括决策、基本服务提供、执法和司法系统等政府功能。同时，疫情也给个别部门的机构资源带来严峻考验。限制和保持社交距离的措施对几乎所有公共机构的工作方法和程序提出了挑战，阻碍了正常业务的开展，并可能破坏立法监督和其他机构的相互制衡。同样重要的是，疫情揭示了政府行动在协调运作上的局限性和发展潜力，如危机准备、科学和政策联系、通信和数字政府的使用，这些都是政府管理危机能力的重要决定因素。

国家机制促进各方面政策整合的能力，对于制定符合《2030年议程》的战略愿景和计划、设计实施协调一致的政策以及分配资源等方面都是至关重要的。事实证明，在疫情期间，这一点更为关键。无论在发达国家还是在发展中国家，政府部门的横向整合能力——政府部门共同工作的能力、纵向整合能力以及与非国家行动者的合作能力都受到了挑战。

体制系统在提升有效的公共支出和限制腐败上的能力（特别是通过问责制和监督机制提升的能力）影响可持续发展目标的落实。显然，应急措施以及各国政府为限制疫情的经济和社会影响而采取的紧急措施（如应对和恢复计划）都增加了问责和廉政的风险，包括欺诈和腐败的可能性。在各国，监督机构已经部署了广泛的机制，以加强疫情期间的透明度和政府问责制。

最后，在更广泛的层面上，机构的建立和实际运作方式影响人们对它们的信任，以及它们在社会层面上促进变革的能力（例如，通过改变社会规范或促进社会整体发展的方法），而这是实现可持续发展目标所必需的。在疫情期间，一些政府在政治和体制制度方面进行了更广泛的变革，如通过紧急法律或法令进行特殊管理和暂时限制个人自由权利等。这可能会对人权产生长期的负面影响，特别是对边缘化群体的影响。在许多国家，疫情前各机构之间的权力平衡可能被永久性地改变，对国家与公民之间的关系以及社会集体制定和遵循的实现可持续发展目标途径的能力产生影响。

在所有这些层面上，各国从应对新冠疫情大流行而经历的快速体制变革中所获得的经验教训，应该为从新冠疫情大流行中恢复和落实可持续发展目标的努力提供参考。

缩略语

A4SD	Action for Sustainable Development 可持续发展行动组织
AAPAM	African Association for Public Administration and Management 非洲公共行政和管理协会
ADB	Asian Development Bank 亚洲开发银行
ADCCN	Association of District Coordination Committees of Nepal 尼泊尔地区协调委员会
AFD	Agence Française de Développement 法国发展署
AFROSAI	African Organization of Supreme Audit Institutions 非洲最高审计机构组织
AGEVAL	Spanish Agency of Evaluation 西班牙评估机构
ANAMM	Associação Nacional dos Municípios de Moçambique 莫桑比克全国市政协会
APRM	African Peer Review Mechanism 非洲同行评议机制
APS-HRMnet	Africa Public Sector Human Resource Managers' Network 非洲公共部门人力资源管理员网站
ARS	Agences Régionales de Santé (France) 区域卫生机构（法国）
ASEAN	Association of Southeast Asian Nations 东南亚国家联盟

AsviS	Italian Alliance for Sustainable Development 意大利可持续发展联盟
Bappenas	National Development Planning Agency (Indonesia) 国家发展规划局（印度尼西亚）
BKSAP	Inter-Parliamentary Cooperation Body (Indonesia) 议会间合作机构（印度尼西亚）
BPK RI	Audit Board of the Republic of Indonesia 印度尼西亚共和国审计委员会
CBS	Central Bureau of Statistics (Nepal) 中央统计局（尼泊尔）
CCIC	Canadian Council for International Co-operation 加拿大国际合作理事会
CCONG	Confederación Colombiana de Organizaciones No Gubernamentales 哥伦比亚无政府组织联合会
CDP	Committee for Development Policy (ECOSOC) 发展政策委员会（联合国经济和社会事务部）
CECADE	Centro de Capacitación y Desarrollo (Costa Rica) 能力建设与发展中心（哥斯达黎加）
CENTAL	Center for Transparency and Accountability in Liberia 利比里亚透明度和问责制中心
CEPA	United Nations Committee of Experts on Public Administration 联合国公共管理专家委员会
CEPEI	Centro de Pensamiento Estratégico Internacional 国际战略研究中心
CGR	Office of the Comptroller General (Colombia) 总审计长办公室（哥伦比亚）
CIC/NYU	Center on International Cooperation -New York University (USA) 国际合作中心–纽约大学（美国）
CIDPs	County Integrated Development Plans (Kenya) 县级综合发展计划（肯尼亚）
CIMES	County Integrated Monitoring and Evaluation System (Kenya) 县级综合监测和评估系统（肯尼亚）

CLAD	Centro Latinoamericano de Administración para el Desarrollo 拉丁美洲发展管理中心
CLEWS	Global Climate Land Energy and Water Strategies (Modelling Tool) 全球气候、土地、能源和水战略（建模工具）
CMA	Port Phillip and Westernport Catchment Management Authority (Australia) 菲利普港和西港集水区管理局（澳大利亚）
CNIS	Conseil National de l'Information et de la Statistique (France) 国家信息与统计委员会（法国）
CNM	National Confederation of Municipalities (Brazil) 全国市政当局联盟（巴西）
CNODS	National Commission for the Sustainable Development Goals (Brazil) 国家可持续发展目标委员会（巴西）
COMTEMA	Special Technical Commission for the Environment (OLACEFS) 环境特别技术委员会
CONPES	Consejo Nacional de Política Económica y Social (National Council for Economic and Social Policy) (Colombia) 国家经济和社会政策委员会（哥伦比亚）
COVID-19	Coronavirus Disease 2019 2019新型冠状病毒
CSCM	Civil Service College (Mauritius) 公务员学院（毛里求斯）
CSO	Civil Society Organization 民间社会组织
DANE	National Statistical Office (Colombia) 国家统计局（哥伦比亚）
DGPOLDES	International Cooperation for Ibero-America and the Caribbean 比利亚—美洲和加勒比地区的国际合作
DIFs	District Indicator Frameworks 地区指标框架
DNP	Departamento Nacional de Planeación (Colombia) 国家规划局（哥伦比亚）
DPIDG	Division for Public Institutions and Digital Government 公共机构和数字政府司

ECA	European Court of Audit 欧洲审计法院
ECLAC	United Nations Economic Commission for Latin America and the Caribbean 联合国拉丁美洲和加勒比经济委员会
ECOSOC	United Nations Economic and Social Council 联合国经济及社会理事会
ENAP-Québec	National School of Public Administration of Quebec 魁北克国家公共管理学院
EU	European Union 欧盟
FBI4SDGs	Philanthropy and Business Platform for SDGs (Filantropi dan Bisnis Indonesia) 促进可持续发展目标的慈善和商业平台（印度尼西亚Filantropi dan Bisnis项目）
FOCELAC	Fomento de capacidades en evaluación en Latinoamérica 培养拉丁美洲的评估能力
GAO	Government Accountability Office (USA) 政府问责办公室（美国）
GCNK	Global Compact Network Kenya 肯尼亚全球契约网络
GDP	Gross Domestic Product 国内生产总值
GEI	Global Evaluation Initiative 全球评估倡议
GOLD	Global Report on Decentralization and Local Democracy 全球权力下放和地方民主报告
GSDR	Global Sustainable Development Report 全球可持续发展报告
GT Agenda 2030	Civil Society Working Group for the 2030 Agenda (Brazil) 《2030年议程》民间社会工作组（巴西）
HCP	High Commission for Planning (Morocco) 规划事务高级委员会（摩洛哥）
HLPF	High-level Political Forum 高级别政治论坛

IAEG-SDGs	Inter-agency and Expert Group on SDG Indicators 可持续发展目标指标多机构专家组
IANZ	Indicators Aotearoa New Zealand 新西兰奥特亚罗亚指标
IASIA	International Association of Schools and Institutes of Administrations 国际行政学院和研究所协会
IATWC/IATC	Inter Agency Technical Working Committee or Inter Agency Technical Committee (Kenya) 机构间技术工作委员会或机构间技术委员会（肯尼亚）
IBGE	Institute of Geography and Statistics (Brazil) 地理和统计研究所（巴西）
ICSU	International Council for Science (France) 国际科学理事会（法国）
ICT	Information and Communication Technology 信息和通信技术
IDDRI	Institut du développement durable et des relations internationales 可持续发展与国际关系研究所
IDI	INTOSAI Development Initiative 国际审计组织发展倡议
IDLO	International Development Law Organization 国际发展法组织
IEEP	Institute for European Environmental Policy 欧洲环境政策研究所
IFDD	Institut de la Francophonie pour le développement durable 法语国家可持续发展研究所
IFRC	International Federation of Red Cross and Red Crescent 红十字会与红新月会国际联合会
IIAS	International Institute of Administrative Sciences 国际行政科学研究所
IIED	International Institute for Environment and Development 国际环境与发展研究所
IMF	International Monetary Fund 国际货币基金组织

INAP	National Institute of Public Administration (Spain) 国家公共管理研究所（西班牙）
INEC	National Statistical and Census Institute (Costa Rica) 国家统计和普查研究所（哥斯达黎加）
INSEE	Institut National de la Statistique et des Études Économiques (France) 国家统计和经济研究所（法国）
INTOSAI	International Organization of Supreme Audit Institutions 最高审计机关国际组织
Ipea	Institute for Applied Economic Research (Brazil) 应用经济研究所（巴西）
IPU	Inter-Parliamentary Union 各国议会联盟
IRD	Institut de Recherche pour le Développement (France) 发展研究学院（法国）
IREDD	Institute for Research and Democratic Development (Liberia) 研究与民主发展研究所（利比里亚）
ISAM	IDI SDG audit model 信息化发展指数可持续发展目标审计模型
iSDG	Integrated Sustainable Development Goals (Modelling Tool) 综合可持续发展目标（建模工具）
ISO	International Organization for Standardization 国际标准化组织
ISTAT	Italian National Institute of Statistics (Italy) 意大利国家统计局（意大利）
JRC	Joint Research Centre (European Union) 联合研究中心（欧盟）
KAM	Kenya Association of Manufacturers 肯尼亚制造商协会
KBCSD	Korea Business Council for Sustainable Development 韩国可持续发展商业理事会
KCOC	Korea NGO Council for Overseas Development Cooperation 韩国非政府组织海外发展合作委员会

KEPSA	Kenya Private Sector Alliance 肯尼亚私营部门联盟
KILA	Kerala Institute of Local Administration (India) 喀拉拉地方行政学院（印度）
KIPPRA	Kenya Institute for Public Policy Research and Analysis 肯尼亚公共政策研究与分析研究所
KNBS	Kenya National Bureau of Statistics (Kenya) 肯尼亚国家统计局（肯尼亚）
KoFID	Korea Civil Society Forum on International Development Cooperation 韩国国际发展合作民间社会论坛
LDPP	Law on Development Policy and Planning (Mongolia) 关于发展政策和规划的法律（蒙古国）
LRG	Local and Regional Governments 地方和区域政府
LSE	London School of Economics 伦敦经济学院
LSF	Living Standards Framework (New Zealand) 生活标准框架（新西兰）
MDGs	Millennium Development Goals 千年发展目标
MED	Monitoring and Evaluation Department (Kenya) 监测与评估部（肯尼亚）
MERS	Middle East Respiratory Syndrome 中东呼吸系统综合征
Metropolis	World Association of the Major Metropolises 世界大都市协会
MIUR	Ministry of Education University and Research (Italy) 教育、大学和研究部（意大利）
MFARIIT	Ministry of Foreign Affairs Regional Integration and International Trade (Mauritius) 外交、地区一体化和国际贸易部（毛里求斯）
MFAT	Ministry of Foreign Affairs and Trade (Samoa) 外交与贸易部（萨摩亚）

MIDEPLAN	Ministry of Planning (Costa Rica) 规划部（哥斯达黎加）
MIDESO	Ministry of Social Development (Chile) 社会发展部（智利）
MINAE	Ministry of the Environment and Energy (Costa Rica) 环境和能源部（哥斯达黎加）
MOOC	Massive Open Online Course 大规模开放在线课程
MoSPI	Ministry of Statistics and Programme Implementation (India) 统计和计划执行部（印度）
MSDV	Sustainable Development Vision-2030 (Mongolia) 可持续发展愿景–2030（蒙古国）
MSPs	Multi-Stakeholder Partnerships 多方利益相关者的伙伴关系
MTNDP	Medium-Term National Development Plan (Sierra Leone) 国家中期发展计划（塞拉利昂）
MuAN	Municipality Association of Nepal 尼泊尔城市协会
NAO	National Audit Office 国家审计署
NAP	National Action Plan (Indonesia) 国家行动计划（印度尼西亚）
NARMIN	National Association of Rural Municipality in Nepal 尼泊尔全国农村市镇协会
NAYMOTE-Liberia	Naymote Partners for Democratic Development 奈莫特民主发展伙伴
NDA	Mongolian National Development Agency 蒙古国家发展机构
NDP	National Development Plan 国家发展计划
NDPIP	National Development and Public Investment Plan (Costa Rica) 国家发展和公共投资计划（哥斯达黎加）

NEDA	National Economic and Development Authority (Philippines) 国家经济和发展局（菲律宾）
NERS	National Ebola Recovery Strategy (Sierra Leone) 国家埃博拉恢复战略（塞拉利昂）
NITI Aayog	National Institution for Transforming India 印度国家转型机构
NSDCs	National Sustainable Development Commissions or Councils 国家可持续发展委员会或理事会
NSDS	National Strategy for Development of Statistics (Mongolia) 国家统计发展战略（蒙古国）
NSDS	National Sustainable Development Strategy 国家可持续发展战略
NSO	National Statistical Office 国家统计局
ODS	Objetivos de Desarrollo Sostenible 可持续发展目标
OECD	Organisation for Economic Co-operation and Development 经济合作与发展组织
OHCHR	Office of the United Nations High Commissioner for Human Rights 联合国人权事务高级专员办事处
OIF	International Organization of La Francophonie 法语国家国际组织
OLACEFS	Organization of Latin American and Caribbean Supreme Audit Institutions 拉丁美洲和加勒比地区最高审计机构组织
OpeN	Open Parliament e-Network 开放的议会电子网络
OSeMOSYS	Open Source Modelling System 开源建模系统
PAS	Action and Follow-up Plan (Colombia) 行动和后续计划（哥伦比亚）
PDP	Philippine Development Plan 菲律宾发展计划

PLANES	Plan Nacional de la Educación Superior (Costa Rica) 国家高级教育计划（哥斯达黎加）
PNE	Política Nacional de Evaluación (Costa Rica) 国家评估政策（哥斯达黎加）
PSA	Philippines Statistics Authority 菲律宾统计局
PSB	Presidency of Strategy and Budget (Turkey) 战略和预算主席（土耳其）
RAD	Regional SDG Action Plan (Indonesia) 区域可持续发展目标行动计划（印度尼西亚）
RAN	National SDG Action Plan (Indonesia) 国家可持续发展目标行动计划（印度尼西亚）
RCCCV	Colombian Network of Cities How We Go (Red Colombiana de Ciudades Cómo Vamos) 哥伦比亚城市网络“我们如何走”
RIA	Rapid Impact Assessment 快速影响评估
RISDP	Regional Indicative Strategic Development Plan (Africa) 区域指示性战略发展计划（非洲）
RKI	Robert Koch Institute (Germany) 罗伯特科赫研究所（德国）
SADC	Southern African Development Community 南部非洲发展共同体
SAI	Supreme Audit Institution 最高审计机关
SARS	Severe Acute Respiratory Syndrome 严重急性呼吸系统综合征
SCOT	Territorial Coherence Scheme (France) 地域协调计划（法国）
SCVO	Scottish Council for Voluntary Organisations 苏格兰志愿组织理事会
SDGs	Sustainable Development Goals 可持续发展目标

SDSN	Sustainable Development Solutions Network 可持续发展解决方案网络
SEGEPLAN	Secretaría de Planificación y Programación de la Presidencia (Guatemala) 总统规划和方案编制秘书处（危地马拉）
SEWA	Self-Employed Women's Organization (India) 自主就业妇女组织（印度）
SIF	State Indicator Frameworks (India) 国家指标框架（印度）
SINERGIA	National Evaluation and Results Management System (Colombia) 国家评价和结果管理系统（哥伦比亚）
SINIA	National Environmental Information System (Costa Rica) 国家环境信息系统（哥斯达黎加）
SNA	National School of Administration (Italy) 国家行政学院（意大利）
SNAP SDGs	Sub-National Action Plans for the SDGs (Indonesia) 可持续发展目标的次国家区域行动计划（印度尼西亚）
SNDD	Stratégie Nationale de Développement Durable (Morocco) 国家可持续发展战略（摩洛哥）
TCU	Tribunal de Contas da União (Brazil SAI) 联邦会计法庭（巴西最高审计机关）
TNTP	The National Treasury and Planning (Kenya) 国家财政和规划（肯尼亚）
UCLG	United Cities and Local Governments 城市和地方政府联合会
UKSSD	UK Stakeholders for Sustainable Development 英国可持续发展的利益攸关方
UMT	Union of Municipalities of Turkey 土耳其市政当局联盟
UN ESCAP	United Nations Economic and Social Commission for Asia and the Pacific 联合国亚洲及太平洋经济社会委员会
UN Women	United Nations Entity for Gender Equality and the Empowerment of Women 联合国促进性别平等和增强妇女权利署

UNCTAD	United Nations Conference on Trade and Development 联合国贸易和发展会议
UNDESA	United Nations Department of Economic and Social Affairs 联合国经济和社会事务部
UNDP	United Nations Development Programme 联合国开发计划署
UNEP	United Nations Environment Programme 联合国环境规划署
UNESCO	United Nations Educational Scientific and Cultural Organization 联合国教育、科学及文化组织
UN-HABITAT	United Nations Human Settlement Programme 联合国人类住区计划
UNICEF	United Nations Children’s Fund 联合国儿童基金会
UNITAR	United Nations Institute of Training and Research 联合国培训和研究机构
UNODC	United Nations Office on Drugs and Crime 联合国毒品和犯罪问题办公室
UNU-IAS	United Nations University Institute for the Advanced Study of Sustainability 联合国大学可持续性高级研究所
USAID	United States Agency for International Development 联合国可持续发展高级研究院
UT	Union Territories (India) 联合领土（印度）
UVED	Université Virtuelle Environnement et Développement Durable (France) 环境与可持续发展虚拟大学（法国）
VLRs	Voluntary Local Reviews 自愿地方评审
VNRs	Voluntary National Reviews 自愿国别评审
WBCSD	World Business Council for Sustainable Development 促进可持续发展世界商业理事会

WGSI	Waterloo Global Science Initiative (Canada) 滑铁卢全球科学倡议（加拿大）
WHO	World Health Organization 世界卫生组织
WNTA	Wada Na Todo Abhiyan (India) Wada Na Todo Abhiyan运动（印度）
WPSR	World Public Sector Report 世界公共部门报告
YASHADA	State Level Administrative Training Institute (India) 国家级行政培训学院（印度）

目 录

联合国经济和社会事务部的宗旨 …… ii
免责声明 …… ii
前言 …… iii
致谢 …… iv
执行摘要 …… vi
缩略语 …… xi

引言 落实可持续发展目标的国家机制安排：5年来我们取得了哪些新进展 …… 1

A. 落实可持续发展目标的国家机制安排：5年来我们取得了哪些新进展 …… 2
B. 研究目的和范围 …… 2
C. 报告内容 …… 5
D. 研究方法 …… 5

第1章 2015年来国家层面为落实可持续发展目标而设立的制度安排的变化 …… 7

1.1 引言：负责落实可持续发展目标的国家机制 …… 8
1.2 国家层面自2015年来发生的制度变化 …… 8
1.2.1 政府为落实可持续发展目标建立法律和监管框架 …… 9
1.2.2 将可持续发展目标整合到国家战略和计划中 …… 11
1.2.3 可持续发展目标实施路线图 …… 12
1.2.4 建立政府试点机构 …… 13
1.2.5 制定针对国家可持续发展目标的监测、跟进和评审框架 …… 16
1.2.6 可视化呈现2015年来围绕落实可持续发展目标而建立的制度安排：里程碑法 …… 21
1.3 制度生态系统中不同部门参与落实可持续发展目标的现状 …… 24
1.3.1 次国家和地方政府 …… 25
1.3.2 议会 …… 27
1.3.3 最高审计机关 …… 28

1.3.4 民间社会和非政府组织 28
1.3.5 学术界和学者专家 31
1.3.6 私营部门 33
1.4 5年来在可持续发展目标制度化上得到的主要经验教训 34
1.4.1 跟以往国际公认的框架相比，对可持续发展目标的制度化是前所未有的 34
1.4.2 为落实可持续发展目标而设立的制度安排，其发展需要很长时间，而非线性过程 35
1.4.3 各国就政府如何“拥有”和使用可持续发展目标来实现国家层面上的沟通存在差异 36
1.4.4 国家机制系统不同行动者在落实可持续发展目标过程中的参与度不同 36
1.4.5 国家和国际网络在促进围绕落实可持续发展目标制定制度方面的作用 36
1.4.6 对制度安排有效性进行评估时存在的弱点 37
1.5 结论 37

第2章 可持续发展目标监测、追踪落实和评审 47

2.1 简介 48
2.2 可持续发展目标监测、追踪落实和评审以促进执行 49
2.2.1 国家层级可持续发展目标监测、追踪落实和评审系统的制度化 49
2.2.2 国家层级开展可持续发展目标监测、追踪落实和评审的进程 51
2.2.2.1 衡量可持续发展目标进展：确定指标，确保数据及时 52
2.2.2.2 通过评估和同行评审来评估进展和成果 57
2.2.2.3 可持续发展目标执行、进展和成果报告 60
2.2.3 次国家层级的可持续发展目标监测、追踪落实和评审 67
2.2.3.1 次国家层级可持续发展目标监测、追踪落实和评审制度化 67
2.2.3.2 在次国家层级评估可持续发展目标进展的系统和进程 68
2.3 可持续发展目标监测、追踪落实和评审以确保问责制 72
2.3.1 立法监督 72
2.3.2 来自最高审计机关的外部监督 76
2.3.3 由非国家利益相关方进行独立的监测、追踪落实和评审 78
2.4 可持续发展目标监测、追踪落实和评审体系：优势、挑战和改进的机会 82
2.4.1 可持续发展目标监测、追踪落实和评审的核心维度 84
2.4.2 一些可持续发展目标监测、追踪落实和评审的关键维度 87
2.5 结论 91

第3章 公务员实施《2030年议程》的能力建设 105

3.1 引言 106
3.1.1 章节范围 107

3.1.2 方法论 …… 108
3.2 公共行政中实施可持续发展目标的能力需求和差距：我们知道什么？ …… 110
3.2.1 国家能力需求评估 …… 110
3.2.2 全球和区域评估 …… 111
3.2.3 公共行政中可持续发展目标实施能力建设国家战略 …… 112
3.3 参与公共部门可持续发展目标实施能力建设的行为者 …… 112
3.4 关键能力建设举措和产品概述 …… 115
3.4.1 提高公务员对可持续发展目标的认识 …… 115
3.4.2 中小学教师和大学教师可持续发展目标的能力建设 …… 116
3.4.3 将可持续发展目标纳入公务员的初始和持续培训 …… 116
3.4.4 将可持续发展目标纳入公共服务日常实践的指南 …… 120
3.4.5 长期发展规划和可持续发展目标本土化 …… 121
3.4.6 可持续发展目标本地化 …… 123
3.4.7 加强国家统计系统和可持续发展目标指标 …… 124
3.4.8 进度报告和可持续发展目标评估 …… 126
3.4.9 国家可持续发展目标平台 …… 127
3.4.10 可持续发展目标的科学政策接口 …… 128
3.4.11 政策一体化和政策一致性 …… 128
3.4.12 利益相关者的参与 …… 130
3.5 研究的一般性结果 …… 131
3.5.1 评估能力建设工作和成果公共来源的局限性 …… 131
3.5.2 正在发展但缺乏完整性的前景 …… 133
3.5.3 能力建设举措相互促进的未开发潜力 …… 134
3.6 结论和建议 …… 135

第4章 新冠疫情对国家机制落实可持续发展目标的影响 …… 143

4.1 引言 …… 144
4.2 新冠疫情大流行对作为行动纲领的可持续发展目标造成影响 …… 147
4.2.1 可持续发展目标的政治显著性面临下降风险 …… 147
4.2.2 新冠疫情大流行对政府管理和监测可持续发展目标的能力造成影响 …… 147
4.2.3 落实可持续发展目标所需资源方面存在风险 …… 148
4.2.4 从以往危机中吸取教训 …… 148
4.3 公共机构的质量和新冠疫情大流行的影响 …… 150
4.3.1 危机防范情况 …… 150
4.3.2 人力资源：公职人员与疫情 …… 151
4.3.3 科学与政策的衔接 …… 152

4.3.4 沟通 …… 153
4.3.5 在疫情应对和恢复阶段，数字政府的前景和局限 …… 154
4.4 新冠疫情大流行期间及之后政策整合的重要性 …… 155
4.4.1 横向整合 …… 156
4.4.2 纵向整合 …… 157
4.4.3 利益相关方参与 …… 160
4.4.4 结论：政策整合对经济复苏甚为重要 …… 160
4.5 国家问责制的作用 …… 161
4.5.1 透明度和信息获取 …… 161
4.5.2 问责制和反腐败 …… 162
4.5.3 结论：透明度和问责制在复苏中的重要性 …… 165
4.6 公众对公共机构的信任以及机构促进社会变革的能力 …… 165
4.6.1 国家与公民之间的关系，以及公众对公共机构的信任 …… 165
4.6.2 政治包容与公民空间 …… 167
4.6.3 社会包容和经济包容 …… 167
4.6.4 提升公共服务能力，促进社会变革 …… 168
4.7 结论和建议 …… 169

附件1 可持续发展目标监测、跟进和评审的总体优势和挑战 …… 180

专　栏

专栏1.1　蒙古国《2015年发展政策和规划法》(LDPP) …… 10
专栏1.2　行政行动改变了巴西道路 …… 11
专栏1.3　附属协调结构的运作模式：哥伦比亚、印度尼西亚、尼泊尔和菲律宾采取的类似模式 …… 14
专栏1.4　意大利："幸福意大利"控制室 …… 15
专栏1.5　哥伦比亚和印度尼西亚对报告的规定 …… 16
专栏1.6　肯尼亚、新西兰和南非：可持续发展目标网络中心由非政府组织管理 …… 17
专栏1.7　最高审计机关围绕政府在可持续发展目标治理和制度安排方面的准备情况开展的审计：以加拿大、哥斯达黎加、毛里求斯、摩洛哥和尼泊尔示例 …… 19
专栏1.8　公民社会组织关于可持续发展目标行动中存在差距的观点：以巴西、印度、尼泊尔和新西兰为例 …… 20
专栏1.9　印度次国家级协调机制 …… 26
专栏1.10　芬兰《2030年议程》青年组织 …… 30
专栏2.1　定义关键概念 …… 48
专栏2.2　可持续发展目标监测系统随时间的变化 …… 50
专题：2019年新冠疫情的影响 …… 51
专栏2.3　区域性指标体系 …… 53
专栏2.4　哥伦比亚关于评估国家可持续发展目标的指标 …… 56
专题：2019年新冠疫情的影响 …… 58
专栏 2.5　将可持续发展目标纳入哥伦比亚国家评估体系的挑战 …… 60
专题：2019年新冠疫情的影响 …… 64
专栏2.6　芬兰在国家一级报告可持续发展目标的进展情况 …… 65
专栏2.7　印度尼西亚报告过程的概述 …… 66
专栏2.8　民间团体对监测哥伦比亚地方可持续发展目标执行情况的贡献 …… 70
专栏2.9　关于可持续发展的次国家层级报告：法国吉伦德省 …… 71
专栏2.10　哥斯达黎加促进可持续发展目标的多利益相关方国家公约 …… 74
专栏2.11　西班牙对可持续发展目标实施的立法监督 …… 74
专栏2.12　与可持续发展目标监测、追踪落实和评审有关的审计发现的案例 …… 77
专题：2019年新冠疫情的影响 …… 78
专栏2.13　民间组织通过非洲民间社会组织论坛参与可持续发展目标监测 …… 80
专题：2019年新冠疫情和虚拟利益相关方参与可持续发展目标监测和报告 …… 83
专栏2.14　拉丁美洲监测可持续发展目标具体目标2.4进展的综合挑战 …… 89
专栏3.1　《2030年议程》文本中的能力建设 …… 106

专栏3.2 可持续发展目标实施的能力建设需求分类和差距分类 …… 109
专栏3.3 联合国公共行政专家委员会关于可持续发展有效治理原则的战略指导意见 …… 110
专栏3.4 摩洛哥实施可持续发展目标的关键能力建设要求 …… 111
专栏3.5 西班牙政府在国家层面加强可持续发展目标实施公共行政能力的做法 …… 113
专栏3.6 蒙古国统计发展和能力建设的国家战略 …… 114
专栏3.7 用于可持续发展目标能力建设活动的交付渠道 …… 115
专栏3.8 向意大利教师提供可持续发展目标材料 …… 117
专栏3.9 哥斯达黎加公务员培训中的可持续发展目标 …… 118
专栏3.10 可持续发展目标全球治理举措 …… 120
专栏3.11 人居署可持续发展目标项目评估工具 …… 121
专栏3.12 妇女署对促进两性平等规划的支持 …… 121
专栏3.13 智利各级政府围绕可持续发展目标开展对话 …… 123
专栏3.14 将摩洛哥的市政计划和项目纳入可持续发展目标 …… 124
专栏3.15 开普敦可持续发展数据全球行动计划 …… 125
专栏3.16 强化尼泊尔的可持续发展目标评估 …… 126
专栏3.17 南非可持续发展目标中心 …… 129
专栏3.18 改善蒙古国的政策一致性 …… 130
专栏3.19 印度尼西亚：多方利益相关者伙伴关系准则 …… 131
专栏3.20 2019年新冠疫情对公共部门能力建设的影响 …… 132
专栏3.21 蒙古国与可持续发展目标有关的公共行政能力建设活动 …… 133
专栏4.1 新冠疫情大流行对国家统计局的影响 …… 148
专栏4.2 疫情对教育造成的一些影响 …… 149
专栏4.3 新冠疫情大流行期间环境监管的倒退 …… 149
专栏4.4 政府对疫情的防范情况：从法国参议院（French Senate）和英国国家审计署（National Audit Office）得出的结论 …… 150
专栏4.5 疫情对参与性流程的初步影响：土耳其安卡拉的参与性规划 …… 151
专栏4.6 新冠疫情改变了公共行政管理人员的工作环境：意大利的例子 …… 152
专栏4.7 经济开放与遏制病毒传播之间的权衡：新西兰和澳大利亚的例子 …… 157
专栏4.8 在紧急卫生情况下，各级政府之间关系框架的变化 …… 158
专栏4.9 新冠疫情大流行期间，不同层级政府之间在教育系统方面的紧张关系 …… 159
专栏4.10 法国各级政府在新冠疫情大流行期间的关系：议会评估 …… 159
专栏4.11 动员全社会：新加坡的案例 …… 161
专栏4.12 疫情期间最高审计机构面临的挑战 …… 163
专栏4.13 新冠疫情大流行期间成功维系社会契约的例子：挪威 …… 166
专栏4.14 新冠疫情期间，政策制定过程中的制度化参与 …… 167

图　表

图1.1　截至2020年年底，实现了不同里程碑的国家数量……22
图1.2　2016年以来每年实现的里程碑数量，按里程碑类型分布……23
图1.3　里程碑在24个样本国家中的实现情况（2016、2018、2020年）……24
图2.1　可持续发展目标监测、追踪落实和评审系统……49
图2.2　可持续发展目标监测框架的成熟度水平……52
图2.3　监测可持续发展目标执行和进展的国家指标……55
图2.4　报告可持续发展目标的进展……61
图2.5　按年份和地区向高级别政治论坛提交的自愿国别评审报告……61
图2.6　芬兰自愿国别评审流程……63
图2.7　次国家层级和地方层级可持续发展目标监测、跟踪和评审（绝对数字）……68
图2.8　议会和最高审计机构在可持续发展目标监测、追踪落实和评审中的作用……73
图2.9　非国家利益相关方在可持续发展目标监测、追踪落实和评审中的参与度……79
图2.10　民间组织参与可持续发展目标追踪落实和评审的方式和切入点……81
图2.11　民间组织呈递的影子报告和意见（按年份和地区）……82
图2.12　改进基于外部审计的可持续发展目标监测、追踪落实和评审制度化的机会（调查结果数量）……84
图2.13　改进基于外部审计的可持续发展目标指标体系的机会（调查结果数量）……85
图2.14　改进基于外部审计的可持续发展目标数据框架的机会（调查结果数量）……86
图2.15　改进基于外部审计的可持续发展报告流程和工具的机会（调查结果数量）……87
图2.16　可持续发展目标监测、追踪落实和评审系统的表现（绝对数量）……88
图2.17　肯尼亚县层级的监测和评估……90
图3.1　本章的主题范围……108
图3.2　自愿国别评审报告中报告能力差距的国家数量（2016—2018）……112
图3.3　参与针对公务员可持续发展目标实施能力建设的主要行为者……114
图4.1　拉丁美洲部分国家最贫穷和最富裕学生在获取学习设备方面的差距……155
表1.1　定义所选里程碑，展示2015年以来制度安排的设立情况……22
表2.1　可持续发展目标的追踪落实和评审的国家级指标……54
表2.2　哥斯达黎加可持续发展目标和分类标准可提供的指标样本……57
表2.3　可持续发展目标评估的新特点……59
表2.4　制定地方可持续发展目标指标的方法……68
表2.5　西班牙次国家层级的指标体系……69
表2.6　次国家层级政府在自愿国别评审中的参与（2016—2020）……72
表2.7　选定的审计报告中关于可持续发展目标监测、追踪落实和评审的相关发现……75

表3.1　中小学校和大学可持续发展目标指南示例 …… 117
表3.2　根据可持续发展目标支持次国家层面规划的工具示例 …… 122
表3.3　国家可持续发展目标平台示例 …… 127
表3.4　与可持续发展目标科学政策接口相关的工具包和平台示例 …… 129
表3.5　适应不同国家提高认识和能力建设产品示例 …… 134
表4.1　新冠疫情大流行对可持续发展目标16的各项具体目标造成影响的示例 …… 144

引言

落实可持续发展目标的国家机制安排：5年来我们取得了哪些新进展

A. 落实可持续发展目标的国家机制安排：5年来我们取得了哪些新进展

众所周知，国家机制安排对于实现《2030年议程》和可持续发展目标至关重要。[1]在《2030年议程》实施5年以来，治理问题仍然是最重要的问题。例如，2019年在可持续发展高级别政治论坛上提交的一项关于自愿国别评审的研究强调，在47个国家中，有38个国家将治理问题作为落实《2030年议程》的重中之重，这一比例明显高于往年。[2]

自2015年以来，大多数国家都进行了机构框架的调整，以支持其对落实《2030年议程》的承诺。调整内容主要包括：将可持续发展目标和该议程的其他内容纳入国家制度环境之中（例如，国家战略和计划、规划进程以及议会和现有政府或多方利益攸关方机构的工作）；创建新的机构（例如，高层协调机制及技术工作组）；建立新的机制，使各利益攸关方参与可持续发展目标的落实。各国每年在可持续发展高级别政治论坛上提交的自愿国别评审报告以一种连续快照的方式将各国的努力记录下来。在框架设计到措施实施的几年里面，各国机构框架的调整正按照预期的速度进行。

从2020年年初开始，新冠疫情大流行产生了如下影响：首先，给所有国家带来了突如其来的冲击。正如各种报告所记录的那样，新冠疫情大流行造成的经济和社会震荡使众多可持续发展领域的进展受挫。此外，新冠疫情大流行的到来更加突出了国家机制对实现可持续发展目标有着举足轻重的作用。各国政府对疫情采取的措施给公共机构的正常运行带来了压力，直接削弱了各国政府实现可持续发展目标的能力，对政府的公共服务和公共管理等基本职能造成影响。管理新冠疫情大流行的紧迫性意味着，各国政府必须在资源分配、政策议程设置以及维持关键公共机构的运作方面迅速做出决断，这些都可能与可持续发展等长期目标产生矛盾。其次，暴露了对实行可持续发展目标至关重要领域的体制缺陷，如危机准备、政策整合、通信等领域。这种情况已经在各种发展水平的国家中发生。最后，突出了人民和政府之间信任和社会运作所依据的更广泛的社会契约的重要性。2020年也见证了国家在行政管理、利益攸关方参与、透明度和问责制等不同领域的制度创新。

在这种情况下，评估落实《2030年议程》的国家机制安排的进展尤为重要。本报告的主要目的是通过关注以下几个维度来记录国家机制安排的主要趋势。

B. 研究目的和范围

在许多可能的切入点中，本报告重点关注与落实《2030年议程》和可持续发展目标相关的国家机制变革的三个方面。第一，报告记录了为实现可持续发展目标的国家机制安排的变化。第二，报告评估了可持续发展目标监测和评估系统的发展情况、实际效果、优势和劣势。第三，报告研究了政府和其他利益攸关方为提升公共机构落实可持续发展目标的能力所做出的努力。尤其在新冠疫情大流行发生以来，这三个方面的重要性再次凸显出来。[3]

记录为实现可持续发展目标的国家机制安排的变化

在《2030年议程》启动5年后，有必要总结各国在落实可持续发展目标方面所取得的进展。包括各国调整机构框架以落实可持续发展目标以及将该目标纳入各机构主流化工作的进展情况。目前，可持续发展目标的实施期已经过去了1/3，然而，许多国家仍在推进或者调整国家制度体系的关键要素。这种长时间的制度变革本身就应被视为各国实现可持续发展目标能力的一个重要因素。这也意味着，在各国国内，实施可持续发展目标的制度方面极易受到短期变化的影响，比如政策议程的突然变化。迄今为止，这些考虑在研究可持续发展目标的文献和论述中很少被提及，大家呼吁加大对体制改革挑战和实际情况的关注。

自2015年以来，各国为促进可持续发展目标落实所进行的国家机制安排日趋复杂。本报告为了解这一复杂性，采用了以下两种方法。第一种是基于自愿国别评审的研究和报告进行考察，即考察体制机制的发展。如：可持续发展战略和国家发展计划，高级别协调机制各级政府对可持续发展目标实施、监测和评估的参与等其他方面。[4]报告的第1章利用24个国家的样本，记录了一段时间以来各国体制机制建立的情况。第二种是在国家层面记录各个行动者参与实施可持续发展目标的机制性切入点情况。随着时间的推移，这种切入点有增加的趋势，这反映了实施可持续发展目标的国家机制安排越来越成熟。第1章记录了除中央政府以外的主要机构行动者的多种切入点。

在国家层面上，实施可持续发展目标的制度化模式具有极大特殊性，所以在不同国家之间，很难发现规律性或“典型”的制度化模式。各国以原有的国家机制安排为基础，在不同程度上创建新的体制机制。除了选择创建的机构安排类型不一致以外，各国机构改革的时间也各不相同。尽管存在这些差异，但在观察一个国家的样本时，我们依然可以从2015年后不同类型机构安排出台的速度上看出趋势。有一个明显的趋势，即随着时间的推移，实施可持续发展目标的机构安排日趋复杂化，不同政府部门和非政府利益攸关方的潜在切入点也日趋增多。国家机制调整并非总是一帆风顺，一个国家政治环境的变化会影响《2030年议程》和可持续发展目标在国家政策议程上的重要性，进而影响国家机制安排的进度。

在新冠疫情大流行的背景下，对实施可持续发展目标机构安排的实际情况进行中期考察显得极为重要。正如本报告第4章所探讨的那样，新冠疫情大流行和各国政府的防疫措施已经对各国公共机构产生影响，直接或间接影响了各国政府落实可持续发展目标的能力。各国公共机构为应对疫情和后疫情时代进行的快速转型，与各国2015—2019年为实施可持续发展目标进行的缓慢体制转型形成了鲜明对比。

可以理解的是，新冠疫情大流行造成的大规模破坏已经将社会注意力和资源转移到更加紧急的（疫情）危机应对上，搁置了实现可持续发展的长期战略和体制转型，现在各国政府不能够再忽视后者的建设。疫情造成了很多潜在风险，如降低了《2030年议程》和可持续发展目标的政治优先级，减少了各个机构落实可持续发展目标的可用资源（例如，用于生产或收集数据资源的减少和利益攸关方参与度的降低），以及公共机构在应对紧急情况时搁置长期发展战略的情况。总之，自2020年年初以来，已经观察到的体制变化打乱了常规的、渐进的体制转型过程，这可能会对实施可持续发展目标的机构框架产生负面影响。重要的是，要考虑如何从新冠疫情大流行中吸取教训，为实现目标提供机构战略的参考。

新冠疫情大流行更加强调了可持续发展目标和政策一体化的必要性之间的相互联系。最初，公共卫生问题扰乱了教育、运输和贸易的秩序，颠覆了社会的平等，对这些领域的影响也在其他领域进一步显现。各部门之间的联系表明，公共行政部门内部与其他机构之间的制度化协调是连贯的政策反应所必不可少的。就机构行动者而言，疫情可能有助于突出公共行政部门依赖与其他行动者的合作，以应对挑战和实现转型变革。应对疫情及其影响的成功经验往往来自民间社会、私营部门和议会等行动者。推动这类多利益攸关方合作模式的制度化，将有助于促进落实短期和长期发展目标，包括落实可持续发展目标。

评估可持续发展目标后续行动和评审制度的有效性

对于实施可持续发展目标来说，有效的监测、报告和建立广泛的跟进评审系统是关键要求。自2015年以来，各国在《2030年议程》中设想自愿国别评审的基础上，逐步建立可持续发展目标指标和报告框架的工作受到广泛关注。然而，国家后续行动和评审制度远远超出了这两个要素。在其他方面还包括：要了解可持续发展目标实施的后续和评审过程的有效性，就需要研究现有的数据收集过程（除了要收集可持续发展目标的指标，还要收集宏观和区域层面进行的其他监测和评估过程数据，以及来自不同级别政府的信息），以便为政策制定提供决策咨询；为《2030年议程》的跟进和评审所建立的信息系统与其他信息系统相互支持；可持续发展目标进展的监测和报告通过议会和最高审计机构等机构的正式监督，以及通过各利益攸关方的关切来促进政府问责；在国家层面对可持续发展目标进行监测获得的信息，为国家的政策讨论提供决策参考，以及为各公共机构和非国家行动者的交流开辟渠道。

尽管可持续发展目标的范围比典型的政府方案要广泛得多，但该方案也面临着脱离其他过程而单独运作的风险。在国家层面上，决定可持续发展目标监测、跟进和评审系统有效性的三个关键因素是：如何将可持续发展目标跟进与评审系统和其他监测系统进行整合；它们与实际效果评估系统的联系；监测信息如何反馈到政策周期中以推动可持续发展目标的落实。正如本报告所探讨的那样，通过一系列行动者所做的评估，有关上述领域的信息已经开始出现。例如，近年来，70多个国家的最高审计机构对政府落实可持续发展目标的准备情况进行了审计，以检验政府是否已经建立了一个对落实《2030年议程》的进展进行监测、跟进、评审和报告的机制。[5]报告汇集了多个渠道的信息，以评估各国在加强国家可持续发展目标后续措施和评审系统方面的共同优势、劣势和机遇。

受新冠疫情大流行的影响，可持续发展目标的跟进和审查制度就显得更加重要。正如大量文件中所记载的那样，这一疫情对社会各群体产生了不同的影响。疫情给妇女带来了过多的经济和社会影响。更为普遍的是，最脆弱的群体和个人首当其冲地承受了负面的社会和经济影响，国内的不平等现象也在加剧。发达国家和发展中国家都出现了这种情况。这场疫情给弱势群体在就业、教育、医疗以及其他基本需求和权利等多方面带了负面影响。

这些直接影响到落实可持续发展目标的进程。对各国来说，关键是要能够充分详细和及时的评估以及监测这些影响，不仅要评估在实现不同目标和指标方面以及在新冠疫情大流行期间应对重大挑战的方法方面所遇到的挫折，而且要给疫情恢复工作和长期战略的决策提供信息。然而，在新冠疫情大流行期间，很多国家收集、制作和监测可持续发展目标的数据和信息系统均受到负面影响。联合国和世界银行对国家统计局进行的调查证明了这一点。这使得在后疫情时期，分析国家实施可持续发展目标跟进和评审系统的优劣势更加重要。

评估公职人员落实《2030年议程》的能力建设工作

公共机构和公职人员个人的能力是决定落实可持续发展目标国家机制安排有效性的另一个关键因素。合格和有效的国家公共行政机构是落实这些目标的重要条件。公共机构和公职人员发挥着重要作用，他们在实践中推动政策变革，并在与公民的互动中将政策落地。同时，在提升具体部门、地区和服务层面对落实可持续发展目标及其影响的认识层面，他们也发挥着关键作用。他们是为落实可持续发展目标而制定的战略、计划、政策和方案与所有行动者将之落地实践和交付之间的关键纽带。

联合国会员国在《2030年议程》中确认了提升各级公共行政部门能力对落实《2030年议程》的重要性；特别是，《2030年议程》也确定关键领域的能力建设应得到关注和支援。自2015年以来，各国政府、学界、非政府组织、国际组织以及其他国家和国际行为体共同努力，提高公职人员对可持续发展目标的认识，增强他们落实可持续发展目标的能力。这些努力涵盖规划、监测和报告、政策整合、利益攸关方参与等领域。一个关键问题是，这些努力的总和在多大程度上满足国家在这方面的需求？这包括培训是否提升了公职人员和公共部门的能力？如本报告所示，从正在进行的能力建设倡议中获得的公开信息是有限的，一般来说，并不能够给出明确的答案。

在这方面，新冠疫情大流行也造成了冲击，可能对《2030年议程》的落实产生深远影响。在大流行期间，公共机构和公职人员需要继续提供关键的公共服务，他们对相关资源的需求十分迫切。许多机构面临危机，需要对其运作方式进行彻底转变，并重新分配资源。在公共机构内部，这可能导致对长期能力发展工作的重视程度降低，如与可持续发展目标实施有关的工作。同样，可用资源的减少或将这些资源重新分配到其他领域，可能对许多在大流行发生前曾是积极提供者的组织和网络的能力建设产生负面影响。此外，大流行对线下会议、旅行和其他资源的限制影响了能力建设工作的开展。向数字交付模式的转变，其长期影响尚不清楚，但可能对可持续发展目标的落实产生负面影响。

因此，有必要更好地了解在支持落实可持续发展目标过程中，提升公职人员能力建设的趋势和特点，不仅要了解过去5年工作是如何开展的、如何满足各国需求的，同时考虑到在今后如何根据疫情大流行时期的经验教训加以调整。

C. 报告内容

除导言外，本报告还包括四个章节。

第1章回顾了在实施可持续发展目标5年后，各国为将可持续发展目标纳入国家制度框架所做的体制调整。一方面，阐述了在特定的体制领域发生的进展，如将可持续发展目标纳入国家规划中、为可持续发展目标的落实建立高级别机制，以及议会对可持续发展目标事务的参与；另一方面，记录了不同利益攸关方在国家层面可用于参与落实可持续发展目标的机制性切入点。

第2章回顾了与落实可持续发展目标有关的国家监测、评估、评审和跟进系统。首先，探讨了国家可持续发展目标监测、跟进和评审系统的制度化进程，以及在监测可持续发展目标和报告可持续发展目标实施情况方面取得的进展。其次，研究了可持续发展目标监测、跟进和评审系统如何有助于确保政府对实施可持续发展目标的问责。再次，研究了可持续发展目标跟进和评审系统与其他监测系统的整合情况，它们与实际效果评估系统的关联，以及监测信息如何反馈到后续政策制定中以推动可持续发展目标的落实。最后，为各国提供了丰富材料，以评估其国家可持续发展目标跟进和评审系统的优势和劣势。

第3章在国家层面（包括相关的次国家区域各级层面）探讨了公职人员推进可持续发展目标落实的能力建设。首先，从国家文件中反映政府对可持续发展目标能力建设的重视程度。其次，介绍了一系列的能力建设成果、工具和实施渠道。再次，重点关注与可持续发展目标的落实直接相关的纲领性行动，如提高认识、对公职人员的初步和持续培训、可持续发展目标的规划和监测、政策一致性和政策整合。最后，评估了现有资料的局限性、整个能力建设工作的影响和效果，并在这方面向各国和国际行为体提出建议。

第4章探讨了新冠疫情大流行对国家机制的影响，以及这些影响对落实可持续发展目标的潜在威胁。本章是为新冠疫情大流行的更广泛的机构背景提供参考，可与前三章的长期视角形成对比。本章所研究的新冠疫情大流行影响的关键层面包括公共机构的运作、政策整合政府问责制和透明度，以及政府和公民之间的信任。本章在这方面提供了相关的建议。

D. 研究方法

本报告由经济和社会事务部公共机构和数字政府司（DPIDG）领导和编写。由于新冠疫情大流行的暴发，研究和报告的编写工作是远程进行的。根据目前国家层面可持续发展目标实施机构安排的信息格局，报告的编写采用多来源、多方法和分层次的研究方法。

第一个层面，在报告的核心部分，选择了代表所有地区的24个国家为样本的深入研究。对于本样本中的国家，报告团队研究了所有可公开获得的信息，包括自愿国别评审报告、国家可持续发展战略和国家发展计划、来自不同级别政府、议会和监督机构的法律和政策文件。此外，还使用了非政府组织用英语、法语和西班牙语撰写的学术文章、研究报告以及评估内容等材料。报告编写了以可比较的方式收集各国信息的模板，涵盖监测、评估和能力建设领域。报告小组在24个国家收集的例子被编入一个数据库，为报告的前三章提供信息。

第二个层面的信息包括联合国会员国2016—2020年提交的自愿国别评审报告。本报告还利用了国际组织、国际网络和其他利益攸关方发表的研究和报告，涵盖了与国家层面机构安排有关的主题。

为了获得可持续发展目标的监测、评估以及能力建设方面的详细信息，报告小组还通过调查问卷的方式，对活跃在这些领域的一组国际组织进行了调查。9个组织对调查做出了回应。最后，2020年6月，本报告发布公开征集意见。总共有30多个专家和组织为报告做出了贡献。

除了经济和社会事务部评审外，本报告还依靠联合国和非联合国专家的同行评审。

尾注

1. 参见A/RES/70/1，可在以下网址查询：https://sustainabledevelopment.un.org/post2015/transformingourworld。
2. Shannon Kindornay and Renée Gendron, “Progressing National SDGs Implementation: An Independent Assessment of the Voluntary National Review Reports Submitted to the United Nations High-Level Political Forum on Sustainable Development in 2019” (Ottawa: Canadian Council for International Cooperation, 2020).
3. 最近几期的《世界公共部门报告》已经详细探讨了与可持续发展目标落实相关的其他机构层面、政策职能和支持流程，例如，预算编制、风险管理和政策整合。另外，本报告并没有深入可持续发展目标的具体目标层面，而这些目标的落实是由具体的国家机制安排来支撑的。
4. 作为例证，联合国经济和社会事务部为实施《2030年议程》的国家机制安排纲要，记录了以下9个领域的机构安排：高级别机构安排，国家可持续发展战略，议会的参与，地方当局的参与，最高审计机构的参与，公职人员的参与，民间社会和私营部门的参与，监测和审查的安排以及预算编制过程。
5. INTOSAI Development Initiative, “Are nations prepared for implementation of the 2030 Agenda?” (Oslo, 2019).

第1章

2015年来国家层面为落实可持续发展目标而设立的制度安排的变化

1.1 引言：负责落实可持续发展目标的国家机制

国家机制对于实现《2030年议程》和所有可持续发展目标来说至关重要。这一点在议程本身也得到了很好的认可。2015年以来，大多数国家都对自身体制框架进行了调整，以履行落实《2030年议程》的承诺。其中特别包括：第一，将可持续发展目标和《2030年议程》提及的其他要素纳入国家体制背景，如国家战略和计划、规划过程和议会工作等；第二，建立新机构，如高级别协调机制和技术工作组；第三，建立新机制，让各利益相关方参与可持续发展目标的落实工作。这些变化都记录在各国每年向可持续发展高级别政治论坛提交的自愿国别评审报告中。这些变化的发生是循序渐进的，尤其发生在初期设计阶段和落实阶段中间的那几年。

如今，自《2030年议程》启动已经过去5年，落实可持续发展目标的任务时间也已过了1/3，所以很有必要对各国调整体制框架和落实可持续发展目标的进展予以评估。本章强调，许多国家仍在实施或调整那些跟落实可持续发展目标相关的制度体系，尤其是其中的一些关键要素。机构变革所历经的长时间跨度与实现《2030年议程》的紧迫性之间形成了鲜明对比。该问题也许是影响实现可持续发展目标的一个限制因素。

本章采用比较法，对各国采取的制度安排进行对比分析，以探索其如何履行围绕可持续发展目标行动的相关具体职能。本次分析主要基于通过公开渠道收集的来自24个国家的信息（见本报告引言）。

自2015年以来，针对落实可持续发展目标的国家制度安排变得日益复杂。本章采用两种方法来描绘这种复杂性。

第一种方法跟那些基于自愿国别评审[1]而开展的研究和报告中所采取的方法类似，旨在针对可持续发展战略和国家发展计划等体制机制的发展情况、落实可持续发展目标的高级别协调机制以及落实可持续发展目标的路线图和行动计划的发展情况等予以考察。本章的第1.2节回顾了在5个制度领域的变化。这些制度领域对实现可持续发展目标至关重要。在可持续发展目标制度化方面，各国采取的模式迥然不同，而且各国之间也没有呈现出明显的规律性或出现一种“典型”模式。机构调整也并不总是渐进式和线性的。在个别国家，政治环境变化会影响《2030年议程》和可持续发展在国家政策议程上的重要性以及国家政策议程对其的关注。此外，政治环境变化还可能影响到制度安排，增强或削弱其效力。尽管各国为实现可持续发展目标而设立的制度安排在类型和时间上有所不同，但在查看国家样本时，我们发现一个趋势，那就是自2015年之后，各国进行制度安排的速度明显加快（见第1.2.6节）。

第二种方法是记录国家层面主要利益相关者是如何在制度上切入，并参与落实可持续发展目标行动中的。随着时间的推移，这些切入点的数量趋于增加，这也反映出围绕落实可持续发展目标的制度安排日益成熟。本章探讨了不同机构参与者履行关键职能的切入点，包括战略与规划、落地执行以及监测与评估。第1.2节中将主要讨论中央政府及其各部门在国家层面领导落实可持续发展目标的作用。第1.3节中将考察议会、最高审计机关、次国家层级和地方层级政府、非政府组织以及学术界和专家学者等其他利益相关者的作用。此外，我们还在一定程度上强调了私营部门的作用。因为私营部门跟那些围绕落实可持续发展目标的制度框架之间也存在多重联系。

本章重点介绍了国家层面的创新做法，用以说明各国将《2030年议程》和可持续发展目标更充分地纳入其国家体制框架的潜力。本章还列出了过去5年在可持续发展目标制度化方面的经验教训和结论，并阐述了以后该如何促进这些行动的实施。

1.2 国家层面自2015年来发生的制度变化

在将可持续发展目标制度化的持续过程中，各国根据国情采取了不同路径。在将千年发展目标纳入国家制度框架以及将其在各级政府本地化方面，各国取得的进展也有所不同，但尽管如此，我们仍然可以从各国的经验中观察到某些共性。例如，在国家层面实施可持续发展目标的过程中，大多数国家都建立了高级别协调组织或机制。本节回顾了制度层面上5个领域的演变情况，分别是：国家层面上对法律和监管框架的调整；将可持续发展目标纳入国家战略和计划；制定可持续发展目标实施路线图；建立政府试点结构以及制定关于可持续发展目标的国家监测和报告体系，包括创建可持续发展目标信息中心和可持续发展目标评估框架等。至于在监测、评估和评审方面的进展情况，本章仅做了简要回顾，具体内容将在第2章中予以详述。在本节的最后一部分，我们将以可视化图表的方式呈现某些领域2015年以来的发展。

除了上述提及的制度领域，2015年以来，还有其他一些领域也受到了各国关注。比如，对于如何保证用于实现可持续发展目标的资金来源，一直是各国关注的主要焦点，尤其是在发展中国家。一些国家已经开始根据《亚的斯亚贝巴行动议程》（*Addis Ababa Action Agenda*）框架指导，制定了可持续发展融资战略。许多国家还努力将可持续发展目标纳入国家预算流程。[2]另外，围绕落实可持续发展目标的能力建设也是一个重点领域，大批行动者对政府机构和非政府机构开展了工作。报告的第3章将深入探讨各国围绕如何加强公务人员落实可持续发展目标的能力而做的努力。

1.2.1 政府为落实可持续发展目标建立法律和监管框架

法律和监管框架支配着那些针对落实可持续发展目标的制度框架的发展。除此以外，还能够确立国家发展战略和国家规划过程等其他方面的性质和周期，对建立新的机构或体制机制予以授权，还能规定各级政府就落实、监测和报告可持续发展目标方面的职责。

根据所在国家的不同情况，针对落实可持续发展目标的制度框架可以基于法律，也可以基于行政部门发布的行政法令和指令，或两者兼而有之。建立国家制度框架的方法多种多样。有些国家选择采取涵盖范围很广的法律或法令来解决各种广泛的问题；另一些国家则采取渐进式方法，通过连续颁布不同的法律、法令和指令，来解决落实可持续发展目标工作中遇到的具体问题，例如，如何创建新架构或如何分配职责等。

印度尼西亚采用的就是第一种路径。该国关于落实可持续发展目标的国家战略受第2017/59号总统令管辖。总统令要求在政府层面制定可持续发展目标路线图和国家可持续发展行动计划，并在地区层面制定区域行动计划。根据该法令，落实可持续发展目标的主要责任归属于国家发展规划部（Bappenas）。此外，该法令还定义了关于落实可持续发展目标的体制架构以及监测和报告框架。根据国家发展规划部的规定，国家和地区层面有义务对实施可持续发展目标的进展进行汇报，这一点保证了总统令的执行落地。[3]

在意大利，可持续发展目标的落实工作得到了总理府的支持。总理府法令是对现有法律的补充。2018年，总理府通过了《关于落实国家可持续发展战略和〈2030年议程〉的指令》，[4]呼吁成立国家可持续发展委员会（截至2020年1月尚未实现），同时提到要对政府所采取的行动和国家可持续发展战略的内容进行比较分析（第六条）。[5]

菲律宾也发布了不同形式的行政命令来支持可持续发展目标的落实工作。可持续发展目标被纳入该国发展蓝图——《菲律宾发展计划（2017—2022年）[6]》中，以作为可持续发展目标的实施机制。[7]2017年第27号行政命令还在序言部分引用了《2030年议程》的内容，要求各级政府落实菲律宾发展计划。[8]

哥伦比亚颁布行政令，建立了旨在针对落实可持续发展目标的规划、实施和监测的治理和体制结构。2015年2月，在《2030年议程》正式通过之前，哥伦比亚成立了可持续发展目标高级别机构间委员会[9]，为制定与《2030年议程》行动相关的相

专栏1.1 蒙古国《2015年发展政策和规划法》(LDPP)

在蒙古国，《2015年发展政策和规划法》为实施2016年通过的《2030年可持续发展愿景》（MSDV）和可持续发展目标提供了基础。[a]更广泛地说，该法案奠定了一种法律基础，推动了发展政策和规划综合系统的建立，同时规范了国家、部门、盟和首都城市级发展政策文件的制定、采纳、实施、监测和评估。[b]关于监测和评估，《2015年发展政策和规划法》中规定（第7.5条、7.6条和7.7条），国家中央行政机构负责每两年对蒙古国发展理念做出监测和评估报告，部委负责收集和汇总这些报告并提交政府讨论。此外，部委还要负责每四年组织一次关于蒙古国发展理念实施情况的外部审计。该指令确保了问责制在另一个层面的实现。[c]

资料来源：

[a] Mongolia, “Mongolia Voluntary National Review 2019: Implementation of the Sustainable Development Goals” (Ulaanbaatar, 2019), 39, https://sustainabledevelopment.un.org/content/documents/23342MONGOLIA_VOLUNTARY_NATIONAL_REVIEW_REPORT_2019.pdf.

[b] Mongolia, “Mongolia Sustainable Development Vision 2030,” 2016, 37, 41, 42, 43, 44, 46, 47, 48, 51.

[c] Mongolia, “Mongolia Sustainable Development Vision 2030,” 2016, 41(annex with LDPP).

注：

[i] 蒙古国共有21个省或盟，还有一个省级直辖市。每个盟又下分为几个区。

关决策提供了制度空间。与之类似，西班牙也颁布了皇家法令，其中任命了《2030年议程》外交部特别使团大使，还在西班牙首相府内设立了《2030年议程》高级专员办公室，并创设了社会权利与《2030年议程》事务部。[10]

可持续发展目标体制机制的设立往往基于现存法律。例如，韩国内阁会议于2018年12月通过了《关于韩国可持续发展目标的决议》（K-SDGs）[11]，其法律基础包括2010年发布的《低碳绿色增长基本法》第50条。根据该条款，政府不仅必须每5年更新一次可持续发展基本计划，以落实关于可持续发展的国际协议，并推动本国的可持续发展，还要制定可持续发展目标和相关指标。[12]法律文书以不同方式间接支持着可持续发展目标的治理工作。例如，在综合政策与规划方面的法律可以提高政府能力，让其能够对可持续发展目标的落实进行全面一致的评估，并将结果与经验反馈到规划过程中（见专栏1.1）。在法国，2009—967号法律（loi Grenelle 1）用于指导政府制定“财富新指标”，以作为与国内生产总值具有同样意义的替代指标。2015年，法国颁布另一项法律，要求政府每年向议会汇报关于10个指标的情况。这10个指标现在已经成为98个国家可持续发展目标指标的一部分，用于监测本国可持续发展目标路线图的实施情况。[13]

要运用法令或指令等行政权力来确定和制定围绕《2030年议程》的制度安排，需要政府具有政治意愿，并持续提供支持。政府可以提升人们对可持续发展目标的关注度，并将其列为政治议程的优先事项。当然，后期也可以缩减此类制度安排，并将优先事项从可持续发展目标上转移出去（见专栏1.2）。

在有些国家，法律或法令要求次国家和地方政府采取具体措施，以推进可持续发展目标的落实，或在这方面帮助与国家政府之间的协调。印度尼西亚、意大利、蒙古国和菲律宾等都在其国家框架内

专栏1.2 行政行动改变了巴西道路

巴西根据2016年第8892号法令创立了国家可持续发展目标多利益相关方委员会，该机构与巴西联邦共和国总统府秘书处关联。在拉丁美洲国家中，建立这种政府和民间社会处于平等代表地位机制的，巴西是第一个。[a]该法令还支持委员会围绕落实2017—2019年可持续发展目标来制订国家行动计划。[b]2019年，该委员会被第9759/2019号总统令废除，此后便没有提出任何国家层面针对2019年后的机构性行动计划。[c]自那之后，《2030年议程》的法律框架变成了第9980号法令。该法令指定社会衔接特别秘书处负责协助国务大臣处理可持续发展目标相关事务，协调联邦政府和其他联邦机构对可持续发展目标行动进行内化，获取和整合政府机构提供的关于如何落实可持续发展目标的相关信息。[d]

资料来源：

[a] Brazil, “Voluntary National Review on the Sustainable Development Goals, ” 2017, https://sustainable development.un.org/content/documents/15806Brazil_English.pdf.

[b] Estratégia ODS, “Sem Sociedade Civil, Atingir os ODS é Objetivo Insustentável no Brasil, ” July12, 2017, http://www.estrategiaods.org.br/sem-sociedade-civil-atingir-os-ods-e-objetivo-insustentavel-no-brasil/.

[c] Brazil, Ministry of Foreign Affairs, “Comissão Nacional Para Os Objetivos Do Desenvolvimento Sustentável (CNODS), ” December 8, 2020, https://www.gov.br/mre/pt-br/assuntos/desenvolvimento-sustentavel-e-meio-ambiente/desenvolvimento-sustentavel/comissao-nacional-para-os-objetivos-do-desenvolvimento-sustentavel-cnods; Brazil, “Voluntary National Review on the Sustainable Development Goals. ”

[d] Brazil, Presidência da República, Secretaria-Geral, Subchefia para Assuntos Jurídicos, “Decreto No. 9. 980, de 20 de Agosto de 2019” (2019), http://www.planalto.gov.br/ccivil_03/_ato2019-2022/2019/decreto/D9980.html.

对次国家和地方层面提出了要求，主要是在执行和监测方面。

1.2.2 将可持续发展目标整合到国家战略和计划中

大多数国家都已经采取了具体措施。要么是确保现有的或新的发展计划和战略与可持续发展目标及其具体目标和指标保持一致，要么是将后者纳入这些计划和战略中。国家层面落实可持续发展目标的主要方式是将可持续发展目标直接融入，或加以“改造”后融入国家政策工具中。通过这种方式，政府可以灵活地确定可持续发展目标是如何或者能够如何在那些根据国家优先事项和考虑因素而制定的政策和方案中得以反映或解决的。特别是在《2030年议程》通过之后，对于如何让可持续发展目标适应政策框架，许多国家采取的第一步是，对可持续发展目标、具体目标和指标及其相关计划和战略进行评估、筹划和诊断。这不仅应用于广泛的政策框架，还应用于中期计划或国家可持续发展战略。开展此类评审的目的主要在于确定和解决覆盖实施可持续发展目标过程中存在的差距，比如在制定新政策过程中遇到的问题等。

2016年，塞拉利昂各部委、部门和机构就关于可持续发展目标的现有部门政策进行了评审，并在该国第三代减贫战略文件《2013—2018年繁荣议程》（Agenda for Prosperity, A4P）中体现了对可持续发展目标的关注。此外，牵头部门还进一步评估了《繁荣议程》和《国际埃博拉恢复战略（2015—2017）》（National Ebola Recovery Strategy, NERS）这两项重要的国家发展计划及可持续发展目标，并起草了综合结果框架，用于保持针对可持续发展目标、《国际埃博拉恢复战略》和《繁荣议程》监测和评估框架上的一致性。[14]最近，塞拉利昂制定了名为《以教育促发展》的中期国家发展计划（MTNDP, 2019—2023），并确保该计划与可持续发展目标和非洲联盟的《2063年议程》保持一致。[15]2017年，土耳其开展了围绕可持续发展目标的盘点分析项目。多个利益相关者参与其中，帮助建立基准，分析了将《2030年议程》纳入自身国家政策中的差距。土耳其还将可持续发展目标纳入了国家发展计划和部门发展战略中。[16]

2016年，哥伦比亚政府制定了旨在推动落实可持续发展目标的政策、计划和倡议，涵盖政府、非政府组织和行动者层面。其中86%（146个）的目标包含了至少一项与国家发展计划、和平协议、经合组织加入程序或国家经济和社会政策委员会（National Council for Economic and Social Policy, CONPES）政策文件（包含主要公共政策指南）相关的具体行动或倡议，以促进针对可持续发展目标的协调指南的制定、政策设计及落地实施。政府还规定，所有国家经济和社会政策委员会制定的文件都必须与《2030年议程》和可持续发展目标保持一致，同时还明确了哪项具体行动用于实现哪个目标。[17]除了制定围绕落实可持续发展目标的国家战略之外[18]，哥伦比亚还在《2014—2018年国家发展计划》[19]中纳入了《2030年议程》的愿景、原则和精神，并增补了相关战略、具体行动和指标目标，旨在实施和监测169个可持续发展目标中的92个目标的进展情况。[20]此外，当前实施的《2018—2022年国家发展计划》[21]也用于支持《2030年议程》的落实工作。可持续发展目标已经成为用于促进增强国家计划不同部分及其内部之间一致性的一种工具，也是帮助制定那些符合国家愿景目标的关键参考。[22]

在一些发达国家，国家可持续发展战略与可持续发展目标之间保持了一致。例如，爱沙尼亚通过现有的国家可持续发展战略《可持续爱沙尼亚21》（有效期至2030年），以实现对可持续发展目标的落实。该战略本身也是通过部门计划和战略来实施的。[23]此外，可持续发展目标还是新近批准的长期战略《爱沙尼亚2035》的基础。该战略是爱沙尼亚“所有部门发展计划的总战略”。[24]爱沙尼亚在2020年自愿国别评审报告中指出，未来所有的战略文件都必须阐明其对实现可持续发展目标的作用。

2017年，摩洛哥通过了《国家可持续发展战略（2016—2030）》，并强调需要就其中涉及的目标和指标与国家优先事项和可持续发展目标之间的一致性进行评估。[25]2019年，可持续发展国务秘书处开展了一项研究，其初步结果表明，国家战略中涵盖了70%的可持续发展目标。[26]此外，还开展了一项诊断性研究，旨在对可持续发展目标在部门战略中的整合程度进行总体评估，并初步确定了优先事项，明确了加速目标，此外还就国家可持续发展战略如何与可持续发展目标之间相呼应的问题提出了总体看法。[27]

在一些国家，那些专门针对可持续发展目标而提出的战略或规划工具也正在跟国家可持续发展战略逐步融合。2019年，法国政府发布了国家可持续发展目标路线图，这是对2020年即将完成的国家可持续发展战略的接续，重点解决能够反映法国国家优先事项的六大挑战。[28]同样，2018年，西班牙实施了《落实〈2030年议程〉行动计划》，旨在促进制定针对2020—2030年的新的可持续发展战略，并使其与可持续发展目标保持一致。[29]

1.2.3 可持续发展目标实施路线图

在调查样本中，有几个国家制定了路线图或行动计划，用以指导落实《2030年议程》和可持续发展目标。其中，大部分国家把重点放在了政策连贯性、可持续发展目标的本地化和所有权、相关监测和评估体系及利益相关者的参与等关键问题上。

一些国家制定了短期路线图或行动计划，一般都是帮助将重点从千年发展目标转向可持续发展目标，或者定义落实可持续发展目标的初步模式。这些都要求采取更广泛和长期的方法以及来自政府全体和全社会的参与。肯尼亚制定了《2016—

2018年可持续发展目标路线图》，旨在实现千年发展目标和可持续发展目标之间的过渡。该战略中包含几项关键干预措施，包括针对所有利益相关者的摸底和伙伴关系的发展、可持续发展目标的宣传和曝光、可持续发展目标的内化和本地化、跟踪和汇报进展情况，以及国家和区县级落实可持续发展目标方面的能力建设。[30]在巴西，当时的国家可持续发展目标委员会（National Commission for the Sustainable Development Goal, CNODS）制定了《2017—2019年国家可持续发展目标行动计划》，其中包含5个中心战略轴：一个是横向轴，对应可持续发展目标的管理和治理情况；另外是4个纵向轴，分别对应《2030年议程》的传播、国际化、采纳和监测情况。[31]

长期路线图和行动计划为在2030年实现可持续发展目标制定了蓝图。采取此类政策工具的国家有哥伦比亚、法国（如前文所述）、印度尼西亚、尼泊尔和西班牙等。2018年，哥伦比亚制定可持续发展目标路线图并确立了长期愿景，旨在提高统计能力并增强利益相关者对可持续发展目标的所有权。[32]2019年，印度尼西亚启动可持续发展目标路线图，其中概述了关键性政策优先事项，设定了关键指标的目标值，同时还加入了融资战略。[33]2018年，尼泊尔制定可持续发展目标路线图，其中设定了3个中期里程碑和4个实施阶段。[34]2019年，西班牙制订行动计划（如前文所述），要求重点发展9种政策杠杆，以加快落实可持续发展目标，并推动10项跨领域转型措施的落地，实现国家目标。[35]一些国家正在制定实施战略或考虑着手制定战略。例如，加拿大起草了一份临时文件。这份文件是围绕落实《2030年议程》制定综合战略的起点，同时为加拿大建立指标体系奠定了基础。该文件的最新版本即将推出。[36]此外，智利也起草了一项命令，旨在围绕落实《2030年议程》制定相关国家战略，现在正待总统批准。[37]

距离《2030年议程》结束仅剩9年时间，制定新的路线图或行动计划的可能性越来越小。不过，值得注意的是，一些国家是在《2030年议程》发布后相对较长一段时间才决定要制定路线图，用以加速落实可持续发展目标。联合国最近启动的2030年可持续发展目标“行动十年”计划（Decade of Action to deliver the Goals）也是这样。

1.2.4 建立政府试点机构

各国政府已经建立了各种制度安排，用于在国家层面协调落实可持续发展目标。它们要么是使用预先存在的安排和机制，要么是建立新的安排和机制。[38]其中，大多数国家都建立了新的专门服务于可持续发展目标的制度机构，以进行广泛的协调工作。一些国家设立了多种机构，分别起到不同的作用。还有些国家随着时间的推移在不断调整机构，比如建立新机构、改变现有机构，或者将责任转移给不同的参与者等。

在哥斯达黎加，可持续发展目标高级别委员会（Consejo de Alto Nivel de los ODS）由总统、规划部长、环境部长和外交部长领导，自2019年起，还加上了人类发展部长的参与。[39]有些机构对于围绕落实可持续发展目标的部际协调起到了促进作用。再比如，智利设立了一个由5部委代表组成的国家落实《2030年议程》委员会，其中有总统府秘书长的参与。[40]此外，该国还设立了一个由来自各部委和其他国家机制的代表组成的国家《2030年议程》联合会。[41]

针对可持续发展目标的协调结构通常设有工作组或委员会等附属机构。这些机构专注于跨领域议题、专题议题以及一系列相关问题（见专栏1.3）。在一些机构和附属机构中，有来自不同利益相关方的代表作为常任或轮值成员，如来自民间社会、私营部门和学术界的代表等。

在一些国家，针对可持续发展目标而设立的新结构被融入现有架构中。南非制定了国家协调机制，以加强发展政策的落实，审查在可持续发展目标等国际议程上取得的进展。新结构在很大程度上依赖于现有结构。同时，南非还创建了可持续发展目标部际委员会，并制定了《2063年议程》和南非发展委员会区域战略发展指标计划（SADC-

专栏1.3 附属协调结构的运作模式：哥伦比亚、印度尼西亚、尼泊尔和菲律宾采取的类似模式

在哥伦比亚，可持续发展目标高级别机构间委员会负责协调与可持续发展目标行动相关的所有参与者，同时还负责监督和报告工作。[a]委员会下设技术委员会、技术秘书处和5个跨领域技术工作组，分别负责关于指标、领土问题、资源动员、国际事务方面的工作及日常交流工作。[b]印度尼西亚在附属层面的架构也很类似。其中，负责可持续发展目标协调工作的制度结构由国家发展规划署的国家发展规划部长领导。部长作为国家可持续发展目标协调员，负责向指导委员会进行汇报工作。委员会由7位主要部长组成并受总统领导。另外，还有多利益相关方组成的实施小组，其下设有专门的秘书处和专家小组，听从指导委员会的调遣。实施小组包含4个多利益相关方工作组，设立依据是可持续发展目标的四大群组或支柱，分别为经济组（可持续发展目标7、8、9、10、17）、社会组（可持续发展目标1、2、3、4、5）、环境组（SDGs 6、11、12、13、14、15）和治理组（SDG 16）。这四个工作组还负责针对围绕落实可持续发展目标开展的项目进行监测和评估，如国家可持续发展目标行动计划（RAN）和区域行动计划（RAD）等。[c]

尼泊尔和菲律宾也存在类似的附属机构。在尼泊尔，可持续发展目标高级别指导委员会由总理担任主席，负责领导可持续发展目标的实施与监测。委员会下设实施和监测委员会，以及与可持续发展目标群组保持一致的7个多利益相关方专题委员会。例如，社会发展委员会负责目标3和目标4。[d]在菲律宾，可持续发展目标小组委员会由国家经济和发展局与预算和管理部共同主持，其成员来自各政府关键性机构。委员会下设4个技术工作组，专注于可持续发展的不同方面，包括社会、经济、环境以及和平、安全和治理。[e]另外，该委员会还起草了利益相关方纲要。[f]南非也有类似的专题工作组。

资料来源：

[a] Colombia, Presidencia de la República, Decreto 280. Por el cual se crea la Comisión Interinstitucional de Alto Nivel para el alistamiento y la efectiva implementación de la Agenda de Desarrollo Post 2015 y sus Objetivos de Desarrollo Sostenible–ODS, Article 4.

[b] Contraloría General de la República de Colombia, "Evaluación de la preparación para la implementación de la Agenda 2030 y los Objetivos de Desarrollo Sostenible" (Bogotá, Colombia, December 27, 2018), 28, https://www.contraloria.gov.co/documents/20181/472298/Informe-evaluación-preparación-implementación-ODS+28122018A.pdf/7187aa4f-3fd7-40cd-9eb4-eb74b61f1b48?version=1.0.

[c] Indonesia, Ministry of National Development Planning/National Development Planning Agency, "Voluntary National Review: Eradicating Poverty and Promoting Prosperity in a Changing World," 97–99.

[d] Nepal, National Planning Commission, "National Review of Sustainable Development Goals" (Kathmandu, June 2020), 15–16, https://sustainabledevelopment.un.org/content/documents/26541VNR_2020_Nepal_Report.pdf.

[e] Philippines, "The 2019 Voluntary National Review of the Philippines: Review of the Status of the Implementation of the Sustainable Development Goals in the Philippines Focusing on Empowering People and Ensuring Inclusiveness and Equality."

[f] United Nations, "Compendium of National Institutional Arrangements for Implementing the 2030 Agenda for Sustainable Development."

RISDP)。[42]该机制以内阁为首，并由三个专题工作组辅以支持。[43]

在加拿大和土耳其，当前负责可持续发展目标协调工作的结构也发生了变化。在加拿大，《2030年议程》通过后，负责落实议程的相应准备工作也同步开启。其中，5个主要联邦组织通过非正式结构和程序以及另外两个组织的支持[44]，负责对准备工作进行协调与监督。[45]2018年，加拿大政府承诺提供专项资金，用以支持未来13年在落实可持续发展目标方面的工作。其中包括在就业和社会发展部设立可持续发展目标单位，用于领导在国家层面和利益相关方之间的协调工作，并跟踪落实可持续发展目标的进展情况。[46]家庭、儿童和社会发展部长保持与其他部长和部门的密切合作，同时负有全面责任。[47]在土耳其，2016—2019年，负责可持续发展目标协调工作的职责由发展部转到总统战略与预算部（Presidency of Strategy and Budget, PSB）。该部还负责制订国家发展计划，受总统管辖。2019年，菲律宾计划建立新的协调结构，负责围绕落实可持续发展目标的相关工作进行监测和评估，其中涉及多利益相关方的广泛参与。[48]

一些国家就可持续发展目标协调结构进行了多次快速调整。在毛里求斯，外交、区域一体化和国际贸易部（Ministry of Foreign Affairs, Regional Integration and International Trade）是负责协调、监测和报告可持续发展目标实施情况的主要政府实体。[49]该部是第四个负责这些职能的部委，同时还领导着可持续发展目标多利益相关者指导委员会。[50]西班牙这些年创建了很多负责可持续发展目标行动的角色和结构。例如，在2017年设立了称作高级别小组（High-Level Group）[51]的一种部际机构，并在2019年修改了其构成和职能，其中加入了落实《2030年议程》所需的战略和计划以及后续行动。[52]同样在2019年，西班牙还成立了两个新机构[53]，一个是全国2030年议程委员会（National Commission for the 2030 Agenda），用以协调自治区和地方政府落实可持续发展目标；另一个是国家可持续发展委员会（National Council for Sustainable Development），是引导非国家行为者参与的咨询机构（另见第1.2.1节）。

除了高级别协调机制外，许多国家还设立了多利益相关方协商机构，一般称为国家可持续发展委员会或理事会（national sustainable development commissions or councils, NSDC）。其中，那些在可持续发展目标提出之前就设立的，很多都是在1992年地球峰会（Earth Summit）和2002年约翰内斯堡峰会（Johannesburg Summit）结束后设立的。[54]这些机构通常在那些针对落实可持续发展目标而建立的制度安排中，发挥着重要作用。

爱沙尼亚可持续发展委员会是一个主要负责

专栏1.4　意大利："幸福意大利"控制室

意大利的制度安排比较独特。2019年6月，意大利颁布法令，设立了"幸福意大利"控制室（Cabina di regia Benessere Italia）。这是一个技术科学机构，负责在机制、政治、战略和职能方面支持总理工作，帮助落实公平公正的福利政策和国家战略，并促进可持续发展。控制室成员包括总理代表一名，各部委代表各一名，国家统计局、国家研究会、环境保护研究所和国家社会保障研究所组成的专家委员会，意大利可持续发展联盟（ASviS）发言人及其他专家。

资料来源："Prime Minister's Decree (DPCM) of 11 June 2019" (2019), https://www.governo.it/sites/new.governo.it/files/DPCM_20190611_ BenessereItalia.pdf, Articles 1.2 and 1.3。

监测可持续发展目标实施情况的多利益相关方咨询机构。其秘书处设在政府机构的战略部门，负责协调可持续发展事务及其制度框架。[55]在芬兰和摩洛哥等一些国家，委员会包括部委、部门和机构，旨在促进横向协调。但在爱沙尼亚，委员会是由非政府联盟组织和地方政府协会组成的。[56]在该国，促进横向协调的工作由可持续发展部际工作组负责。工作组由战略单元负责人领导，并由9个部委和爱沙尼亚统计局的高级代表组成。[57]工作组和委员会一起构成国家可持续发展协调机制。[58]

1.2.5 制定针对国家可持续发展目标的监测、跟进和评审框架

国家监测、跟进和评审体系是落实可持续发展目标制度安排的重要组成部分。第2章将对这种体系进行详细介绍。本节将主要简要概述样本国家中关于报告、可持续发展目标信息网站以及可持续发展目标评估的一些特点。

各国对可持续发展目标报告给予了特别关注。在本次报告评审的所有样本中，所有国家都提交了自愿国别评审报告，其中还有将近一半的国家提交了两份报告。自愿国别评审是专门针对可持续发展议题的报告，各国自愿提交，并在全球范围内公示。除了自愿国别评审，还有越来越多的国家开始定期编订报告。其中有超过一半的国家会定期审查报告，关注可持续发展目标的进展或落实情况。围绕可持续发展目标的定期报告形式多样，有些报告是针对广泛和公共消费的，有些则是针对具有监督作用的政府机构的，例如牵头部委、协调机构或议会等，其中协调机构也会编订独立报告。报告内容可以侧重指标或实施计划，或两者兼而有之。大多数报告是每年一次或差不多一年一次。肯尼亚和蒙古国规定每两年呈报一次，并将该制度确立了下来。无论报告主体或报告方式如何，报告周期的规律性都具有重要意义。这表明政府不断在强调落实可持续发展目标的重要性，并保证了监测结果的透明化，同时表现出政府在履行其承诺的职责义务。如第2章所述，关于可持续发展目标的进展报告可能会跟其他监测举措有重叠或交叉。

除了编制可持续发展目标报告外，政府通常还会在官网提供有关可持续发展目标的相关信息。这种信息的可见性很重要。首先，提高人们对可持续发展目标的关注度，有助于建立利益相关方的主人翁意识，并推动多利益相关方参与到可持续发展

专栏1.5 哥伦比亚和印度尼西亚对报告的规定

哥伦比亚规定，可持续发展目标委员会技术秘书处必须每年提交一次报告，就落实可持续发展目标的进展情况进行汇报。不过，国家可持续发展目标战略的行动和跟进计划（Action and Follow-up Plan, PAS）所要求的报告周期则比较短。它规定了每项行动的责任主体、执行周期以及所需和可用的资源，并要求战略中所有指定的责任主体每半年提交一次报告，就行动和跟进计划的实施进度进行汇报。[a]印度尼西亚制定了详细的报告指南，要求执行协调员就落实可持续发展目标的进展情况向国家总统和指导委员会主席进行汇报。报告至少一年一次，如有必要，随时都可汇报。[b]

资料来源：

[a] Colombia, Departamento Nacional de Planeación, “CONPES 3918. Estrategia Para La Implementación de Los Objetivos de Desarrollo Sostenible En Colombia,” 57.

[b] Indonesia, Ministry of Development Planning, “Pedoman teknis pemantuan dan evaluasi pelaksanaan tujuan pembangunan berkelanjutan (Technical guidelines for monitoring and evaluation of SDG implementation),” 2019.

目标的落实工作中。其次，有助于让利益相关方了解自己的能力，并开展相应的能力建设，从而促进可持续发展目标的落实（示例见第3章）。再次，可以帮助公民和决策者监测可持续发展目标的实施进展，并认识当前差距，以确定行动的优先级。此外，各国政府审查实施结果并使其结果透明化的行为，也展现出其正在履行对《2030年议程》的承诺。这种行为也进一步促进了公众对《2030年议程》的参与，保证了利益相关者能够对政府问责。

在调查的样本中，所有政府都采取在线形式向公众提供了关于可持续发展目标的相关信息，尽管程度有所不同。一小部分国家只在部委级网站上提及了可持续发展目标，方式简洁。另外也有些国家建立了全面的资源库。在样本中，大多国家都设立了专门针对可持续发展目标的“一站式”信息集中平台，用于收集与可持续发展目标相关的信息，包括官方文件、相关指南、各行为体发布的研究与报告、工具和做法汇总，以及与可持续发展目标相关

专栏1.6 肯尼亚、新西兰和南非：可持续发展目标网络中心由非政府组织管理

在一些国家，可持续发展目标网络中心由民间社会组织负责管理，提供关于可持续发展目标的广泛信息，包括监测数据等。新西兰创建了同名网络中心“新西兰可持续发展目标”网站，[a]提供关于可持续发展目标的相关数据、信息和资源，并用一种互动的模式来展示新西兰在落实可持续发展目标方面的表现。该内容以两种格式呈现，一种是索引系列，用来展示2015年以来的进展；另一种是自然单位系列，用来对比不同背景的数据。该网站还提供关于可持续发展目标的背景信息、相关文章和活动以及其他资源，包括针对如何实现可持续发展目标的教程资源等。值得注意的是，该网站还公布了2019年《关于〈2030年议程〉和可持续发展目标的人民报告》。该报告是由民间社会对可持续发展目标进展作的独立评估。

同样，南非的可持续发展中心网站[b]上也展示了从大学知识库导入的相关研究报告，并按照可持续发展目标进行了分类。网站还会举办活动并邀请政策制定者和研究人员前来参加。此外，网站还会发布分析简报，探讨如何将可持续发展目标与国家计划相融合，或者如何实现有效的可持续发展目标的协调机制。

肯尼亚也创建了围绕可持续发展目标的在线网络中心，名为“可持续发展目标和可持续发展论坛”。[c]该论坛由一群民间社会组织组成，并由机构间技术工作委员会[d]（Inter Agency Technical Working Committee, IATWC）联合主席，专注于与可持续发展目标相关的问题。论坛网站上会展示报告、政策文件和各种其他资源，还有对其项目的重点介绍以及一系列民间社会提供的国别自愿评估报告。这些报告汇报了民间社会组织的作用和贡献。

资料来源：

[a] See https://www.sdg.org.nz/.

[b] See http://sasdghub.org/.

[c] See https://sdgkenyaforum.org/.

[d] Kenya, National Treasury and Planning, State Department for Planning, “Second Voluntary National Review on the Implementation of the Sustainable Development Goals,” June 2020, 20, https://sustainabledevelopment.un.org/content/documents/26360VNR_2020_Kenya_Report.pdf.

的事件和新闻等。这些平台通常由负责协调落实可持续发展目标的政府部门来运营。在芬兰、法国、印度尼西亚和尼泊尔采用的就是这种模式。与此同时，还有许多国家建立了可持续发展目标数据平台或指示板，由国家统计局维护，目的是让公众和政府用户能够访问有关可持续发展目标的统计数据。这两种类型的平台通常相互关联。此外，还有一些国家提供了评论渠道，用于让公众就相关战略或数据和信息发表评论，以衡量私营部门对千年发展目标的贡献。

一些政府创建了可持续发展目标在线集中平台，为用户提供综合数据，供其探索和互动，当然还提供其他相关信息。印度、印度尼西亚和尼泊尔采用的就是这种模式。在印度，关于可持续发展目标的信息会集中展示在改造印度国家研究院（NITI Aayog）的官网上。[59]该网站有一个“2019—2020印度可持续发展目标指标和指示”（SDG India Index & Dashboard 2019–20）的专门版面。[60]其中，指示版面上有关于指数的说明。这些指数为每个地方政府提供了综合评分，用于评估各邦和中央直辖区在可持续目标项下各指标上所取得的进展，另外，该指数还尝试对2018年以来的增量进展进行了评测。网站上还有各邦和中央直辖区的交互式地图，以及可供下载的数据。[61]另外，还有一个专门版面，用于展示中央部门计划和部委对可持续发展目标的适应情况，并提供关于国家和区域可持续发展目标的磋商报告。

虽然各国在监测可持续发展目标实施进展方面付出了大量和广泛努力，特别是通过监测指标和统计数据，但在可持续发展目标评估框架方面，关注普遍较少（见第2章）。

这类评估对于批判性分析可持续发展目标治理和落实过程中存在的差距以及取得的成就，很有价值，开展评估能够为政府提供洞察力和建议，从而促进可持续发展目标的实现。还可以为民间社会组织和议会等其他利益相关者开展工作提供相关信息。

目前来看，政府委托外部参与者对可持续发展目标实施情况进行独立评估的情况比较少见。最值得注意的是，芬兰规定，要对政府在实施可持续发展目标方面的表现进行定期独立评估，并对此予以制度化确立。2018年，政府委托芬兰3个非政府性质的研究型组织对国家可持续发展政策进行了独立综合评估。这3个组织分别是芬兰非政府研究组织（Demos Helsinki）、芬兰环境研究所和赫尔辛基可持续发展科学研究所。报告重点关注了芬兰的可持续发展政策、可持续发展运作模式、可持续发展的协调模式以及所有针对发展领域的外交政策。其建议包括，要为芬兰实现可持续发展制定可持续发展目标路线图，并使之成为未来所有政府计划的基础。[62]正如第2章所述，最高审计机关（SAI）在评估政府落实可持续发展目标的准备情况方面发挥了积极作用。[63]通过在制度上承认那些会影响有效管理可持续发展目标的障碍，并以直接或间接的形式发布建议来解决这些障碍，最高审计机关的评估工作为可持续发展目标的准备和落实创造了透明的环境，也对开展合理行动起到了指导作用。此外，最高审计机关在对可持续发展目标的审计准备中指出了当前在落实《2030年议程》过程中体制安排方面遇到的主要挑战，其中包括缺乏健全监测和报告系统及明确的治理和问责安排、当前利益相关方参与度有限、垂直协调有待提升、要将可持续发展目标纳入长期计划等（见专栏1.7）。

在一些国家中，可以清楚或间接看到，政府的确根据最高审计机关对可持续发展目标相关事宜的审计建议采取了行动。摩洛哥政府成立了国家可持续发展委员会，以专门响应最高审计机关提出的关于要在可持续发展目标监测过程中建立协调机制并定义职责的建议。[64]

此外，非政府组织（NGO）或协会也围绕可持续发展目标的治理工作以及可持续发展目标的实施进展做了临时性或定期评估。它们从基层视角出发，将可持续发展目标置于现实语境中，介绍了现有差距、成功案例、补充性议题及相关大纲和倡议，同时还提出了一些针对进一步行动的建议。这

专栏1.7 最高审计机关围绕政府在可持续发展目标治理和制度安排方面的准备情况开展的审计：以加拿大、哥斯达黎加、毛里求斯、摩洛哥和尼泊尔示例

加拿大最高审计机关发现，截至2017年11月，加拿大还未设立“具有明确角色和职责的领导或联邦治理结构来管理《2030年议程》的实施工作”。[a]此外还提到全国范围内的协商和参与度有限。目前最高审计机关的建议已被采纳。对此，政府成立了一个由政府实体来领导可持续发展目标的协调工作，并举行了公众咨询会，以指导制定围绕实施《2030年议程》的国家战略。[b]

哥斯达黎加最高审计机关对可持续发展目标准备工作进行首次审计时发现，利益相关者对可持续发展目标的认识有待提升，战略规划过程中还存在局限性，参与落实工作的各种公共实体参与者的责任不够明确。[c]

毛里求斯最高审计机关在2019年发布的审计报告中，敦促外交、区域一体化和国际贸易部（MFARIIT）加强努力，为协调、监测和审查可持续发展目标行动建立适当的制度安排。同时还指出，三年战略计划和年度预算演说并未涵盖到2030年的这段时间。报告发现，关于地方政府的计划和运作如何能够与可持续发展目标联系起来，这一点阐述还不够明确。此外也缺乏制订相关活动计划，以提高利益相关者对可持续发展目标的认识，并让其参与到可持续发展目标的相关工作中。[d]

摩洛哥最高审计机关在其2019年审计准备告中指出，目前缺乏一个明确和被赋予特权的治理结构来管理政府行动和处理国家与各级政府之间的协调工作，对《2030年议程》推广不够，对国家优先事项的定义也不明确，国家统计体系面临制约。[e]

尼泊尔最高审计机关发现，在将可持续发展目标纳入国家以下各级的计划、部门战略和计划以及本地化的过程中面临挑战，[f]此外还对制度安排的进展表示担忧。[g]

资料来源：

[a] Office of the Auditor General of Canada, “Report 2—Canada’s Preparedness to Implement the United Nations’ Sustainable Development Goals.”

[b] Canada, Global Affairs Canada, “Canada’s Implementation of the 2030 Agenda for Sustainable Development-Voluntary National Review.”

[c] Contraloría General de la República de Costa Rica, “Informe de Seguimiento de la Gestión del Centro de Gobierno para la implementación de la Agenda 2030 para el Desarrollo Sostenible,” Informe DFOE-EC-SGP-00001-2018(San José, Costa Rica: CGR, 2018), https://cgrfiles.cgr.go.cr/publico/docs_cgr/2018/SIGYD_D_2018003161.pdf.

[d] National Audit Office of Mauritius, “Performance Audit Report on Preparedness for Implementation of Sustainable Development Goals–Ministry of Foreign Affairs, Regional Integration and International Trade.”

[e] Moroccan Court of Accounts, “Rapport thématique sur: L’état de préparation du Maroc pour la mise en œuvre des objectifs de développement durable 2015-2030, Synthèse,” 2019, 4; Morocco, “Examen National Volontaire de La Mise En Œuvre Des Objectifs de Développement Durable,” 2020, 12, https://sustainabledevelopment.un.org/content/documents/26406VNR_2020_Morocco_Report_French.pdf.

[f] Nepal, National Planning Commission, “National Review of Sustainable Development Goals,” 20.

[g] Office of the Auditor General of Nepal, “The Auditor General’s Fifty-Fifth Annual Report,” 2018, 79.

专栏1.8 公民社会组织关于可持续发展目标行动中存在差距的观点：以巴西、印度、尼泊尔和新西兰为例

在巴西，公民社会组织看到政府对《2030年议程》不是很关注，担心这会让已有的成就和努力付之东流。[a]国家可持续发展委员会解散后，公民社会组织在报告可持续发展目标进展方面发挥的作用变得更具意义。

在印度，公民社会组织开始关注：监测可持续发展目标的实施进程可以在何种程度上捕捉到最弱势群体的体验，这也是《2030年议程》中“不让任何人掉队”的原则所要求的。[b]

在尼泊尔，公民社会组织评审了国家可持续发展目标体制框架的功能状态，并指出，相关会议的频率和结果不够清晰明确，同时还发现，与地方体制机制相关的可用信息比较有限。公民社会组织强调，尼泊尔需要与利益相关者共同合作，以加强对可持续发展目标的监测。除了尼泊尔在2020年自愿国别评审报告中已经认识到的需要提高政府能力之外，民间社会组织还特别强调了地方层面存在的能力差距。[c]

在新西兰，公民社会组织表示支持新西兰财政部所采用的生活标准框架（Living Standards Framework, LSF）。该框架中所包含的目标与可持续发展目标基本一致。但是，公民社会组织同时提出质疑，指出该框架与围绕可持续发展目标的全球框架之间缺乏明确而牢固的联系。[d]

资料来源：

[a] Civil Society Working Group for the 2030 Agenda (GTSC A2030), “2030 Agenda for Sustainable Development Spotlight Report–Synthesis IV, Brazil.”

[b] Qadri and others, “Multiple Challenges of Marginalised Communities in Achieving SDGs: A Civil Society Review of Sustainable Development Goals in India” (New Delhi: Wada Na Todo Abhiyan, September 25, 2019), VI, https://e38d8451-4f59-418e-9009-db4f524870a2.filesusr.com/ugd/7bfee1_551dd7a422d44bf8b3d57ec54b6c7dee.pdf.

[c] SDGs National Network Nepal, “Voluntary Peoples Review of SDGs in Nepal. ‘Amplifying Voices of the People: Closing the Gaps of SDGs.’ Civil Society Spotlight Report 2020” (SDGs National Network Nepal, Secretariat-National Campaign for Sustainable Development Nepal, July 2020), 5, 88–89, 7, https://nacasud.org.np/wp-content/uploads/2020/07/2Nepal-Civil-Society-Spotlight-Report-of-SDGs-2020_Final.pdf.

[d] Dr. Gill Greer and Moko Morris, eds., “The People’s Report on the 2030 Agenda and Sustainable Development Goals. An Alternate Report for Aotearoa New Zealand (2019),” 2019, 10–11, https://www.sdg.org.nz/wp-content/uploads/2019/12/Final_PeopleReport-2019-Dec-2019_ for-web.pdf.

对于形成对可持续发展目标的客观认识，以及如何更好地实现可持续发展目标，提供了关键价值。在一些国家，非政府组织还会分享它们自己生成的数据。

在本次审查的国家中，一些非政府组织或更常见的非政府组织团体，也编制了关于落实可持续发展目标的系列报告。在有些国家，民间社会也编订了单独的评估报告（见第2章）。意大利可持续发展联盟是一个代表着多个公民社会组织和机构的组织。该组织会编制年度报告，分析在实现落实可持续发展目标行动上的进展情况。报告会确定优先行动领域，2019年版的报告中还概述了为推进落实

可持续发展而采取的举措，同时评估了2018年的实施政策，并提出了加快实施进展的建议。[65]巴西2030年议程民间社会工作组（GTSC A2030）发布了关于《2030年议程》的年度焦点报告“elatório Luz”。[66]自2017年以来，肯尼亚可持续发展目标和可持续发展论坛还会定期审查落实可持续发展目标的进展情况，并将其反映在肯尼亚的自愿国别评审中。该论坛在其发布的2020版报告中汇报了民间社会关于落实《2030年议程》的观点和经验，包括成功实践、挑战与差距等，还包括民间社会如何让自己的工作与国家政策及国家2020年的支持需求与计划保持一致。另外还有针对加速落实可持续发展目标的建议等。[67]该报告还附有一份人民评分卡，公民社会组织可以借此评分卡来评估当前可持续发展目标在某些具体方面的实施情况，比如在监测、评估和报告以及计划和战略上的表现等（见第2章）。[68]

与最高审计机关一样，来自民间社会的评估也强调了在落实可持续发展目标过程中存在的差距，但评估结果有时候跟政府的有所不同。在各国调查中都发现，公民社会组织指出，尽管利益相关者参与的形式更多样，但其参与的广泛性却仍然有限。[69]此外，自愿国别评审中并没有很好地覆盖关于利益相关者在有力落实可持续发展目标方面的能力需求。而且，对于这些需求如何能够以政府标准实践来解决，相关信息也极其有限[70]。

1.2.6 可视化呈现2015年来围绕落实可持续发展目标而建立的制度安排：里程碑法

正如前文所述，自2015年通过《2030年议程》以来，各国围绕落实可持续发展目标建立了制度安排，并取得了重大进展。

这些制度安排在过去几年都进行过调整。让更多政府和非政府行为者参与其中，为他们创造参与制定战略和计划的机会，让他们参与到可持续发展目标的相关实施、监测、跟进、评审和评估过程中，并对政策制定者予以反馈，这些都让制度安排变得越来越复杂。但是，在针对可持续发展目标行动方面的制度变化，其顺序和速度在各国之间存在显著差异。当前制度安排上存在的复杂性也是如此。

为了更直观地了解这些考虑因素，我们定义了9个“里程碑”，用以表示很多国家在落实可持续发展目标方面采取的关键的制度步骤（见表1.1）。我们记录了每个里程碑在报告所涉及的24个国家样本中发生的年份，从2015年开始。通过这种方式，我们得到了关于各国制度框架发展及差异的可视化图表。

跟其他有限二元指标一样，由于要将制度安排的演变过程，从叙述的形式转变为二元标准模式，我们需要对此进行一些必要的简化。对于现有的可持续发展目标方面的制度安排，这种方法无法对其多样性进行公平呈现，也无法体现这些制度安排在国家层面的细微差别。例如，里程碑中有一项是关于落实可持续发展目标过程中最高审计机关的参与，它将可持续发展目标审计报告的发布作为评价标准之一。但是，有些最高审计机关，它们虽然的确对政府实施可持续发展目标的准备情况进行了审计，但其在2020年年底前还未公布审计报告。在这种情况下，如果一个国家的最高审计机关没有以其他正式渠道参与到落实可持续发展目标的过程中，那么这个国家便不会被记录在完成了该里程碑的国家之列。尽管如此，这些简化的里程碑还是能为我们提供一些有趣的见解，让我们一窥2015年以来那些针对可持续发展目标行动而设立的体制安排和其他安排的发展。

先看2020年的情况（见图1.1）。截至2020年年底，在24个国家中，有23个已经建立了针对可持续发展目标行动的高级别协调机制。所有国家都至少报告了一次关于本国落实可持续发展目标的进展情况，无论是通过发布自愿国别评审报告还是国家进展报告。除一个国家外，其余所有国家都发布了可持续发展目标指标。各国要么是在全球可持续发展目标相关指标的基础上进行调整，要么是在制定自己国家的可持续发展目标相关指标时，或两者

表1.1 定义所选里程碑，展示2015年以来制度安排的设立情况

里 程 碑	标 准	备 注
将可持续发展目标纳入国家可持续发展战略（NSDS）或国家发展计划（NDP）	发布了基于可持续发展目标的国家可持续发展战略或国家发展计划，或明确反映了国家发展目标与可持续发展目标之间的对应关系	发布日期 战略或计划需要公开
发布国家可持续发展目标路线图或可持续发展目标实施行动计划	发布了可持续发展目标实施路线图或行动计划，以说明本国计划如何在2030年之前落实可持续发展目标。战略需要涵盖所有可持续发展目标	发布日期 路线图或行动计划需要公开
建立政府实施可持续发展目标高级别试点结构	建立了政府高级别制度机制，如授权部委等，用于在国家层面协调落实可持续发展目标	授权日期或建立体制机制的日期
发布国家可持续发展目标指标	首次发布了商定一致的国家可持续发展目标系列指标，以报告形式发布，或通过在线平台展示	首次发布日期
政府报告国家层面落实可持续发展目标的进展	政府首次报告了国家层面落实可持续发展目标的进展情况，以发布自愿国别评审报告或可持续发展目标进展报告的形式	发布日期
创建可持续发展目标中心——电子门户	开设了由政府运营的专门在线中心门户网站，提供关于本国实施可持续发展目标所采取的举措的信息。该平台必须包括可持续发展目标指标以外的信息	开设日期
议会的参与	议会中创建了或授权特定委员会/核心小组/工作组投身可持续发展目标相关落实工作；或议会发布了关于落实可持续发展目标的正式报告	创建或授权日期，或议会发布报告日期
最高审计机关的参与	最高审计机关首次发布了关于可持续发展目标审计准备的国家审计报告，或最高审计机关首次正式参与了自愿国别评审报告或国家可持续发展报告的编制	发布日期
非国家行为者的评估	民间团体首次发布了关于进展情况的独立评估报告（或称“影子报告”或“替代报告”）；或首次发布了政府委托进行的独立评估	发布日期

资料来源：作者制作。

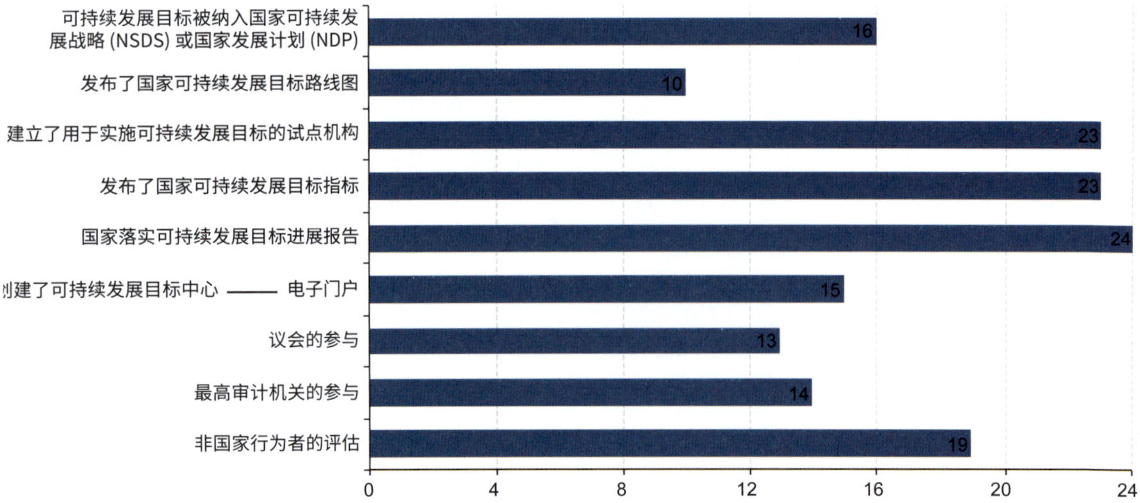

图1.1 截至2020年年底，实现了不同里程碑的国家数量

资料来源：作者制作。

注：由于不同的概念定义，表格中的数据和本报告其他章节中的数据有所不同。

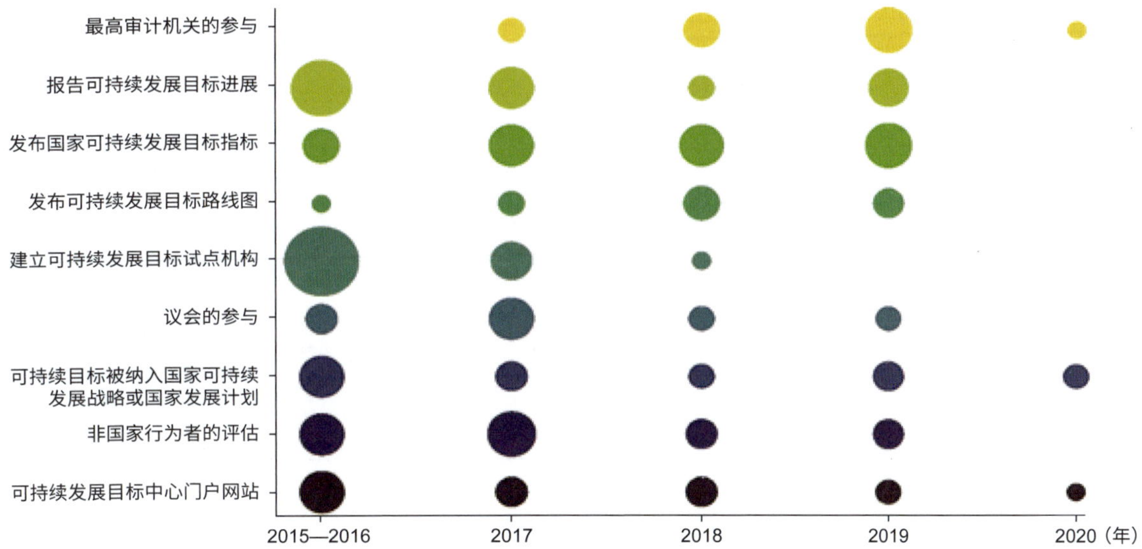

图1.2　2016年以来每年实现的里程碑数量，按里程碑类型分布

资料来源：作者制作。

注：圆圈大小与在指定年份里实现指定里程碑的国家的数量成正比（共24个国家）。

都有。大多数国家都创建了由政府机构管理的关于可持续发展目标的中心门户网站。在24个国家中，约有一半的国家得到了来自议会的积极参与，有些议会设立了专门的可持续发展目标委员会或核心小组，有些则发布了可持续发展目标实施报告。在约2/3的国家中，最高审计机关发布了关于可持续发展目标实施情况的报告，或参与到了国家报告机制。有19个国家的非国家行为者发布了对可持续发展目标进展情况做出的评估报告（见第1.2.5节和第2章）。在24个国家中，只有10个国家发布了可延伸实施至2030年的可持续发展目标实施路线图。

图1.2展示了在本次报告样本中，自2016年以来，每年实现了特定里程碑的国家的数量变化情况。该图表明，这种变化不仅存在于刚实施《2030年议程》的前几年。此外还可以看出，有些里程碑一般会提前实现，这说明基础工作领域是许多国家的优先事项。图片显示，对于此次样本中的许多国家，建立旨在落实可持续发展目标的高级别协调或试点结构是它们的高度优先事项，其中大多数国家在2016年年底前便采取了这一举措。同样在2016年频繁发生的，还有创建可持续发展目标在线门户网站和编制可持续发展目标进度报告。然而，随着时间的推移，这两个里程碑的分布变得更加均匀，有相当一部分国家在2018年或2018年之后首次发布了国家实施情况报告。此外，非政府行为者公布的进展评估报告同样遵循了与官方报告类似的模式。这可能表明，开展自愿国别评审的过程的确是推动民间社会参与可持续发展目标跟进和审查工作的催化剂。此外，国家可持续发展目标相关指标的发布需要时间，大多数国家是在2018年或2018年之后才首次发布了相关指标。在那些最高审计机关发挥了积极作用的大多数国家中，最高审计机关的参与是在2018年和2019年实现的，这也是许多政府发布针对实施可持续发展目标的审计准备的时期。此外还发现，将可持续发展目标纳入国家规划和政策框架的做法，随着时间的推移而不断扩大。这在一定程度上反映出各国采用中长期规划工具的起始时间有所不同。

再看，图1.3展示的是，在24个样本国家中，各国在特定年份里实现里程碑的数量的分布和变化情况。该图显示了制度调整的时间维度以及不同国家在这方面的差异。样本中一个比较典型的国家是芬兰。截至2016年，芬兰已经实现了5个里程碑，

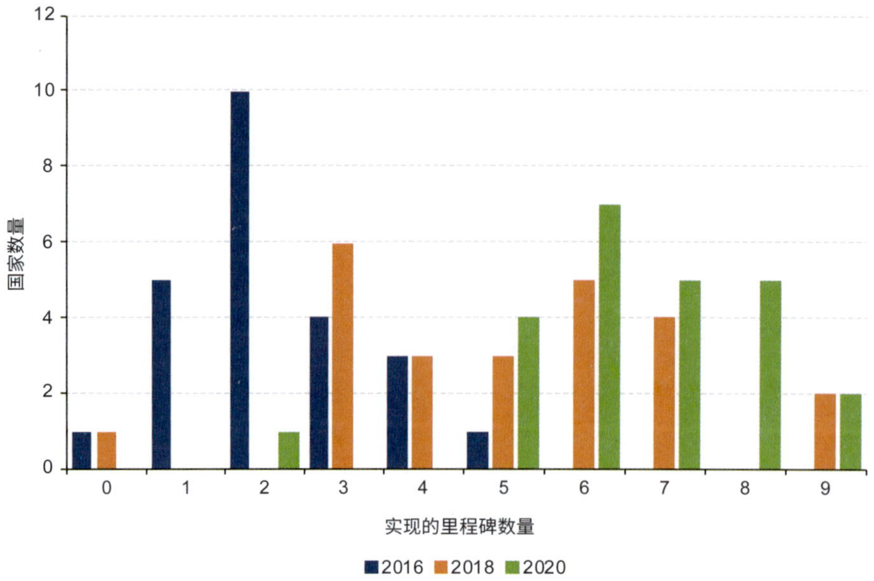

图1.3 里程碑在24个样本国家中的实现情况（2016、2018、2020年）

资料来源：作者制作。

还有其他3个国家实现了其中的4个里程碑。但样本中也有一个国家只实现了两个里程碑。到2018年，这种分布趋势明显向右移动，除一个国家外，其余所有国家都至少实现了3个里程碑。截至2020年，样本国家中实现的里程碑的平均数量增加到近7个。除一个国家外，其余所有国家都至少实现了5个里程碑，其中还有7个国家实现了8个及以上里程碑。

尽管这些数据只是基于样本中的国家，规模有限，但它们让我们了解到了各国调整机构设置所需的时间，以及不同机构参与者围绕可持续发展目标等新进程采取动员行动所需的时间。此外，从这些数据还反映出，各国对于可持续发展目标完全纳入本国框架的问题给予了不同的优先级。从这些有限样本中我们发现，在这方面，发达国家和发展中国家并不存在明显差异。比如，一些欧洲国家在政治层面推动落实可持续发展目标的时间大约在2018—2019年，如果从实施可持续发展目标的周期来看，这个时间相对较晚。

由于是以特定活动在某个国家首次发生的时间为依据，所以这里采取的用里程碑考察的方法并无法描绘某个国家当前发生的一系列行动。例如，一些国家可能在2015年后不久就将落实可持续发展目标列为优先事项，而且在早期就实现了一些可定义为“首次”的里程碑事件，但后来由于政治变化或其他原因，相关活动或体制机制不得不中止。虽然按照这种定义里程碑的考察方法，随着时间的推移，实现的里程碑的数量也会越来越多。但实际上，对于那些针对可持续发展目标行动的制度安排，它们的发展却往往是非线性的（见前几节）。尽管如此，即使是在里程碑方法下得到的最好的结果也表明，虽然《2030年议程》已经实施了5年，但一些国家仍需努力让更多的行为者参与到制度安排中，以推动可持续发展目标的落实。

1.3 制度生态系统中不同部门参与落实可持续发展目标的现状

中央政府在指导落实可持续发展目标方面发挥着关键作用，特别是关于政府中心机构如何协调落实可持续发展目标的相关议题受到了广泛关注。本节将考察国家体制系统其他部门和其他行为者所扮演的角色，重点关注的范围有次国家级政府及地方政府、议会、最高审计机关、非政府组织、学术界和专家学者以及私营部门。本节重点考察不同行为者之间或不同行为者与政府之间进行互动的切入点。跟本章前几节一样，我们的目标不是详尽无遗，而是要突出那些在24个样本国家中发现的典型案例。

以下分析是针对其他刊物中关于多利益相关方的参与问题的补充，尤其是联合国发表的《多利益相关方参与落实〈2030年议程〉：对自愿国别评审报告（2016—2019）的审查》。该报告介绍了联合国会员国在通报、咨询、参与、协作及赋权公众参与落实可持续发展目标实施工作上所采取的各种方法，其中还包括针对制度安排方面的举措。[71]

1.3.1 次国家和地方政府

与国家层面相比，关于次国家和地方层面如何治理可持续发展目标的信息较少。但可以清楚地看到，很多地区的次国家和地方政府都采取了一些重要措施来提高对《2030年议程》的认识，同时还调整了规划和运作模式，以推进实施及监测和报告进展情况。各政府在落实可持续发展目标上的参与程度各不相同。次国家和地方政府都参与了国家层面上与可持续发展目标相关的各种协调工作，另外还采取了多种举措，以推动可持续发展目标的本地化以及落实与监测。

参与国家层面落实可持续发展目标的相关工作

在有些国家中，次国家和地方政府会正式参与或介入全国性机构协调机制及咨询机构，通过这种方式为国家层面实现可持续发展目标做出贡献（见第1.2节）。例如，西班牙于2019年成立了全国《2030年议程》委员会，负责与自治区和地方政府共同协调落实可持续发展目标。[72]与此同时，次国家和地方政府还扮演着制度咨询机构的角色，负责向国家政府提供关于落实可持续发展目标方面的建议。例如，爱沙尼亚成立了可持续发展委员会，成员中就有来自城市和乡镇政府的代表。[73]

一些在国家层面参与落实可持续发展目标的渠道，往往跟那些专门针对可持续发展目标的战略和计划相关联，或者跟那些要求协调和整合可持续发展目标的政策与战略有关。在一些国家，次国家和地方政府为制定围绕国家可持续发展和可持续发展目标的战略做出了贡献。例如，在芬兰，全国可持续发展委员会在编制本国《2030年议程》实施方案时，咨询了成员中来自城市和地区的代表。[74]这种代表制也体现了次国家和地方政府在促进国家计划和政策与可持续发展目标保持一致方面的作用。因为国家委员会负责更新本国的国家可持续发展政策，并要确保其与《2030年议程》保持一致。芬兰国家可持续发展政策于2016年发布，名为“2050年我们想要的芬兰：全社会对可持续发展的承诺”。

次国家和地方政府还负责就落实可持续发展目标的进展情况进行监测和汇报。这是它们在国家层面参与落实可持续发展目标的另一个领域（见第2章）。另外，次国家和地方政府还可以通过参与到国家协调或协商机制中，或者通过提供咨询意见，来帮助确立国家可持续发展目标相关指标。另一种次国家和地方政府广泛采取的参与形式是就国家落实可持续发展目标的进展情况进行汇报。其中有很多次国家和地方政府参与到了自愿国别评审报告和通报进度报告的编制工作中。在一些国家，次国家和地方政府也会通过其在国家机制中的代表来参与报告进程，还有一些政府会以呼吁制定报告或者参加研讨会的方式，参与报告进程。自愿国别评审报告以不同方式反映了次国家和地方层面针对可持续发展目标的举措和进展，通常是主流的方式。

次国家和地方政府落实可持续发展目标的情况

次国家和地方政府已经在地方层面采取了用于落实可持续发展目标的举措。这些举措在很大程度上与国家政策一致，是对国家政策的支持。一些次国家政府创建或分配了体制结构或体制机制，以领导落实可持续发展目标的协调工作。尼泊尔各省设立了用于协调和促进可持续发展目标实施的指导委员会。[75]印度也设立了一些协调机制（见专栏1.9）。

次国家和地方政府参与落实可持续发展目标的方式，一般是通过制定一些专门针对可持续发展目标的战略和计划，或者是将可持续发展目标协调或整合至现有或新的政策和战略中。比如，印度尼西亚各省一直在根据总统令的要求为可持续发展目标拟订地方行动计划。截至2018年6月，全国34个省市都着手制定了地方规划，范围涉及各区市。[76]截至2019年草拟自愿国别评审报告时，已经有19个省市完成了地方规划。[77]同样，在意大利国家可持续发展战略中也要求制定地区和市政可持续发展战略，并且要涵盖“定义一系列区域目标，并明确这些目标与国家目标之间的关系”，还要确立一系列相关指标，确保其与区域预算内的资金供应挂钩。[78]此外还要制定相应的监测和评审计划。[79]在哥斯达黎加，一些城市已经将规划工具与可持续发展目标保持了一致。[80]南非的夸祖鲁-纳塔尔省根据可持续发展目标制定了省级增长和发展计划要实现的7个战略目标。[81]

将可持续发展目标纳入规划和政策，有助于实现对可持续发展目标的深入落实。样本调查中的国家也在各自的次国家和地方政府层面采取了这种做法。在尼泊尔，很多省政府都制定了涵盖《2030年议程》基本原则和目标的计划。[82]此举同样发生在非洲地区。例如，在肯尼亚，可持续发展目标已被纳入县级综合发展计划（2018—2022）之中。同时，肯尼亚还要求县级官员必须展示自己是如何将可持续发展目标纳入县级计划、战略、活动、项目中并将其作为绩效衡量标准的。[83]

对此同样值得一提的是哥伦比亚。在哥伦比亚，所有63个地方政府制订的2016—2019年发展计划都在一定程度上纳入了可持续发展目标，或与可持续发展目标保持了一致。哥伦比亚地方政府采取了一种网络工具来获取帮助。工具名为“地方工具包”（territorial kit）[84]，由可持续发展目标委员会技术秘书处开发，其中包含了针对如何纳入可持续发展目标并编制相关计划的指南和建议。该工具是在评估了地方政府落实可持续发展目标方面的责任的基础上开发的。此外，一些地方政府还建立了预算程序与可持续发展目标之间的联系。[85]

另外，次国家和地方层面也普遍参与定义了用以监测和汇报实施进展可持续发展目标相关指标。采取此举的国家有印度、西班牙和新西兰等。各地区的次国家和地方政府还越来越多地以制定进度报告和自愿地方评审报告的方式就可持续发展目标的

专栏1.9　印度次国家级协调机制

在印度，大多数邦或中央直辖区将规划部门指定为协调落实可持续发展目标工作的节点机构，有些地方政府还创建了专门的小组和单位，以处理部门内部或部门与外部之间的相关协调。一些邦或中央直辖区还在每个政府部门任命了指定官员，负责协调部门层面与可持续发展目标相关的活动。[a]此外，在邦政府层面还建立了高级别委员会，以提供持续指导并监督实施和监测工作；建立相关机制，以确保就可持续发展目标采取协调一致的行动。委员会通常由首席秘书担任主席，成员来自所有部门的负责人，不过也有少数情况是由首席部长领导，这加大了对可持续发展目标行动进度进行审查的重要性。[b]

资料来源：

[a] India, NITI Aayog, “SDG India Index & Dashboard 2019–20,” 5.

[b] India, NITI Aayog, “India VNR 2020–Decade of Action, Taking SDGs From Global to Local,” 2020, https://sustainabledevelopment.un.org/content/documents/26279VNR_2020_India_Report.pdf.

落实情况进行汇报（详细分析见第2章）。

此外，次国家和地方政府还积极提高公务员和广大公众对可持续发展目标的认识和主人翁意识，并加强公务员群体在落实可持续发展目标方面的能力建设（见第3章）。关于提高认识的策略多样，包括开展研讨会、开发工具包、制定交流策略、指定可持续发展目标倡导者以及分享最佳实践等。

例如，土耳其主要地方政府协会——土耳其市政联盟（Union of Municipalities of Turkey, UMT）就很注重在成员之间分享关于可持续发展目标行动的最佳实践，以此来帮助将可持续发展目标纳入主流意识。[86]尽管在加强公务员能力建设方面信息有限，但这是推进落实可持续发展目标的基础。一些国家举办了培训、讲习班以及发布了指南，其中有一些活动的目的是促进可持续发展目标的本地化。智利市政协会于2019年将可持续发展目标纳入了市政培训学校的授课范围。[87]

1.3.2 议会

关于议会在可持续发展目标治理中的作用，虽然信息有限，但却表现出高度的多样性。[88]在一些国家，议会自2015年以来就很少参与到可持续发展目标的相关工作。但在另一些国家，议会以正式形式或通过与可持续发展目标相关的议会外活动，参与了大量相关工作。在很多切入点上，议会似乎都越来越多地参与到了围绕可持续发展目标的实施和监督工作中，尽管在这方面还有很大的提升空间。

在一些国家，议会通过正式参与到国家机制协调和协商机制，为国家可持续发展目标的实施做出了直接贡献。例如，在智利和哥斯达黎加，国会分别以代表的身份参与了《2030年议程》国家联络中心和可持续发展目标咨询委员会，并通过这些组织被分配或承担了具体职责。[89]

除了这些作用之外，在大约1/3的国家样本中，议会还设立了委员会或其他组织，如小组委员会、论坛、核心小组和前沿小组等，专职或部分服务于可持续发展目标的实施工作，另外还有少数国家会指定其他委员会来负责可持续发展目标的相关工作，例如芬兰和印度。2016—2019年成立了很多新组织。这些组织通常履行的是监督职能，也有一些会通过增强意识和采取相关行动等来加强对可持续发展目标监督能力。在肯尼亚，可持续发展目标及商业核心小组通过立法、代表、监督和伙伴关系等方式，对如何促进可持续发展并提高商业响应能力予以关注。[90]在意大利，落实《2030年议程》和可持续发展目标常设委员会众议院设在外交事务委员会，专门负责持续开展实况调查的初步活动，以确定国家立法框架和合作体系在落实《2030年议程》方面的有效性。[91]

议会的一项重要监督职能是接收政府提交的关于可持续发展进展的报告，供其批准或评论。然而，只有少数政府会定期向议会就落实可持续发展目标的进展情况进行汇报，例如芬兰、蒙古国和西班牙（见第2章）。议会参与落实可持续发展目标的其他正式渠道还包括起草法律和决议，以及发布符合《2030年议程》的预算提案，这也是前述委员会和类似结构所领导的职能。例如，在尼泊尔，国民议会下设有可持续发展与善政廉政委员会（Sustainable Development and Good Governance Committee of Nepal's National Assembly），负责确保中央和省级政府法案中体现了可持续发展目标的精神后才可以通过。[92]

议会进行参与的其他切入点包括编制特别报告或临时报告、举办辩论和咨询会等。印度议会公共账目委员会通过定期对改造印度国家研究院及相关部委进行审查，来监督可持续发展目标的落实情况。改造印度国家研究院是印度负责可持续发展目标行动的牵头政府机构。[93]2019年，摩洛哥参议院的5个常设委员会举行联席会议，围绕该国最高审计机关即审计法院（Court of Accounts）提交的关于摩洛哥落实可持续发展目标的准备情况的报告进行了辩论。[94]随后参议院也组织了一场辩论，针对报告中对参与实施、监测和评估可持续发展目标的所有各方提出的建议进行了讨论。[95]此外，议会还围绕政府将可持续发展目标纳入其整体政策和部门战略所采用的方法进行了调查。[96]关于如何跟进可持续发展目标的落实情况，一些议会参与了相关磋商会议，或参与了自愿国别评审报告的编制过程，例如印度尼西亚、摩洛哥。还有一些参与了国家进度报告的编制过程，或者参与了联合国高级别政治论坛，如肯尼亚。

此外，议会还会参加一些旨在加强利益相关者之间的认识和促进其知识交流的信息发布会和活动。一些议会组织举办了工作会议，探讨如何在全国范围内推进《2030年议程》，以及议会如何参与其中。另外还有一些议会跟政府其他部门及民间社会一起组织了国家研讨会。在韩国，国民议会支持的联合国可持续发展目标论坛围绕可持续发展目标议题举办了公开会议、公众听证会和相关活动，旨在提高公民意识。[97]此外，国际议会层面也组织了一些相关活动。例如，自2017年起，印度尼西亚国际议会合作机构（Indonesia’s Inter-Parliamentary Cooperation Body, BKSAP）[98]便开始组织年度可持续发展世界议会论坛（World Parliamentary Forums on Sustainable Development），让议员们就如何落实可持续发展目标进行经验交流。[99]

值得一提的是，议会在围绕可持续发展目标开展工作时也与民间社会进行了合作，并得到了来自民间社会的支持。在巴西和韩国，在议会和民间社会的共同努力下，成立了致力于实现可持续发展目标的议会机构。[100]

培训会上还签订了一份关于可持续发展目标议会行动小组（现更名为可持续发展目标部门监督委员会[101]）和2030联盟之间持续合作的谅解备忘录，有效期至2030年。[102]其中有一则条款是，行动小组要承诺要求行政部门定期更新信息，为国家报告提供数据。[103]另一个例子是塞拉利昂。2017年，塞拉利昂民间社会组织“2030联盟”（Coalition 2030）组织了针对国会议员成员的能力建设培训会，其中有25名议员参加，包括副议长和议会文员。

1.3.3 最高审计机关

最高审计机关在不同程度上参与了落实可持续发展目标的相关工作。在一小部分国家，最高审计机关扮演了正式角色，负责监测、评审和跟进国家落实可持续发展目标的进展情况。很多其他国家则通过其他方式来支持落实可持续发展目标。但也有一些国家，最高审计机关并没有或者极少参与。最高审计机关参与可持续发展目标相关工作的一个关键方式是，对落实可持续发展目标的进展情况开展审计，重点评估政府对实施可持续发展目标的准备情况，现在也越来越多地转向对可持续发展目标落实情况的审计。此外，还有其他一些参与方式，如最高审计机关可以对相关政府报告提出意见。例如，在芬兰，国家审计署会对政府关于落实可持续发展目标的报告发表评论，并将相应评估提交给议会。议会也会将国家统计署的意见考虑在内，然后向政府提供反馈。[104]在智利，总审计长作为《2030年议程》国家联络网成员（2030 Agenda National Network），致力于审查所有旨在落实可持续发展目标的公共行动，以便在国家层面予以跟进。虽然在法律上并没有对最高审计机关的具体职责做出规定，但是总审计长在这些领域的参与一直很活跃。[105]智利提交的2019年自愿国别评审报告中列有一个附录，其中总结了总审计长的投入和贡献。[106]此外，在自愿国别评审流程方面，摩洛哥审计法院参与了针对摩洛哥2020年自愿国别评审报告的准备情况而举行的全国磋商会议。[107]在毛里求斯，国家审计署被列为自愿国别评审的咨询组织或贡献者。[108]第2章将详细讨论最高审计机关在监测、审查和跟进可持续发展目标行动方面的作用。

此外，审计署还进一步提高了人们对可持续发展目标的认识，培养了相关方在这方面的主人翁意识。例如，在哥伦比亚，波哥大市的总审计长组织了多次研讨会和活动，以在地方层面提高对可持续发展目标的认识和传播。[109]最高审计机关参与其中的另一种方式是通过自己的内部流程和审计计划。对此我们将在第2章进一步讨论。

1.3.4 民间社会和非政府组织

在本次审查的国家中，民间社会行为者在实

施可持续发展目标方面发挥的作用越来越重要，并且获得广泛认可。在少数案例中，公民社会似乎还推动了很多专门项目的发生和发展。在有些国家，民间社会行为者的职责已被正式确立，但在其他一些国家，这种职责主要还是非正式的。很明显，民间社会对实现可持续发展目标起着不小的作用。

非政府组织参与落实《2030年议程》的切入点很多。比如，通过提高人们对可持续发展目标的认识，并倡导人们针对这些目标采取相关行动等。此外，还可以开展相关研究并跟踪实施进展，促进动员和推进伙伴关系。另外还可以探索机会，以帮助将《2030年议程》原则和可持续发展目标与国家和地方背景相适应。非政府组织可以为政府和其他行为者建言献策，帮助其解决实施过程中遇到的挑战，促进实施进展，还可以为公务员和立法者开展与《2030年议程》相关的培训。此外，非政府组织还经常努力推动对政府的问责制，强调政府作为落实可持续发展目标的行为者的职责。下一节我们将考察非政府组织在以上领域的参与情况。

参与国家体制结构

如上所述（见第1.2.4节），非政府组织通常会参与到那些旨在领导或建议国家协调落实可持续发展目标的体制结构中，因此有很多种方式可以参与到可持续发展目标行动中。在一些国家，国家可持续发展委员会和理事会中有来自非政府组织的代表，例如爱沙尼亚、[110]芬兰[111]（另见专栏1.10）、韩国、[112]蒙古国[113]、摩洛哥[114]和西班牙。[115]

非政府组织在其他体制结构中的参与也值得注意。在哥斯达黎加，可持续发展目标咨询委员会（SDG Advisory Committee）责成国家和非国家行为者进行磋商和对话，就可持续发展目标的落实问题向高级别委员会提供建议。委员会中包含所有那些有权签署《促进可持续发展目标国家公约》（National Pact for Advancement of the Sustainable Development Goals）的机构代表，包括三大政府机构、最高法院选举机构、信仰组织、民间社会、工会、地方政府、公立大学和私营部门。

但是，负责就可持续发展目标落实工作进行磋商以及维护政府问责制的主要机构是国家可持续发展目标论坛。[116]在肯尼亚，肯尼亚可持续发展目标和可持续发展论坛由350多个民间社会组织组成，并在实际工作中与政府、私营部门综合团体以及机构间技术工作委员会一起担任联合主席。该委员会隶属国家财政计划部下设的国家规划局，负责对可持续发展目标协调理事会的工作予以支持。[117]委员会成员包括学术界和国家青年委员会[118]等其他利益相关者，该委员会2018年之前是由政府单独担任领导的。[119]2019年，机构间技术工作委员会下设成立了一个小组委员会，成员中也有来自非政府组织的代表。[120]

在一些国家，民间社会参与可持续发展目标治理的角色并没有以协调或咨询机构的方式被制度化下来。对于这些国家，政府可以发起临时性磋商会议。智利就是如此。[121]

创建集体平台　促进行动开展

如上所述，许多非政府组织协力将《2030年议程》融入民间组织以及民间社会网络、论坛和平台，致力于为实现可持续发展目标做出贡献。这些组织在国家层面开展了针对可持续发展目标及其具体目标的相关活动，同时还围绕《2030年议程》进行了合作，由此也积极反映出各种非政府组织之间综合、不可分割和相互关联的关系。一些非政府组织集体参与了上述这些制度性协调和协商结构，除此之外，还有许多组织以其他方式参与《2030年议程》的实施过程中。例如，通过加强对“不让任何人掉队”原则及其重要性的关注或协调参与自愿国别审查等。

巴西《2030年议程》民间社会工作组（Civil Society Working Group for the 2030 Agenda, GTSC A2030）由51个非政府组织、论坛、联络会、社会运动组织以及基金会和大学组成。它在地方和国际层面参与构建伙伴关系以及相关分析和宣传工作，旨在促进实现可持续发展、平等和人权，此外还参与了民间社会的决策制定。

该小组成立于2014年，当时民间社会正参

专栏1.10　芬兰《2030年议程》青年组织

芬兰在2016 年自愿国别评审报告中承认，需要加强青年对可持续发展问题的认识，并提高其在实施《2030年议程》过程中的参与度。[a]2017年，芬兰国家可持续发展委员会设立了《2030年议程》青年组织，其中包含青年代表。该组织旨在加强青年参与，并让其成员成为自己所在地区的可持续发展目标推广大使。小组成员会在包括学校在内的各种论坛上讨论和倡导可持续发展目标。[b]

资料来源：

[a] Finland, Prime Minister's Office, "National Report on the Implementation of the 2030 Agenda for Sustainable Development-Finland," October 2016, https://sustainabledevelopment.un.org/content/documents/10611Finland_VNR.pdf.

[b] Finnish National Commission on Sustainable Development, "Finnish Agenda 2030 Youth Group," n. d., https://kestavakehitys.fi/en/agenda2030-youth-group.

与那场针对后来被称为《2030年议程》的协商会议。[122]在西班牙，可持续发展目标观察站（SDG Observatory）是一个由50个民间社会组织组成的网站，由 Futuro en Común于2016年成立。该组织是“可持续发展目标看欧洲”（Observatorio Europeo de los ODS）的一部分，并通过该机构来参与支持欧洲层面上对《2030年议程》的落实工作。[123]可持续发展目标观察站负责监测国家和国际层面落实可持续发展目标的情况，并对此提出建议，以促进实施进展。[124]在塞拉利昂，有一个平台集合了多个针对可持续发展目标的民间社会组织，用以促进民间社会与政府之间的协调和跟进行动。该平台成员中就有上文提到的“2030联合会”（Coalition 2030）。预计议会和最高审计机关也将参与其中。[125]

在蒙古国，民间社会组织于2017年成立了关于可持续发展目标的国家民间社会组织网络，通过多种方式为实施《2030年议程》做出贡献，包括提高公众认识、调动资源、与当地社区合作并建立伙伴关系，以及推动公众参与发展进程等。[126]印度的 Wada Na Todo Abhiyan（WNTA）是可持续发展目标提出之前就已经存在的一个集体组织，但其重点在《2030年议程》通过后进行了转移。WNTA是一项由公民社会组织发起的运动，在全国拥有4 000多个合作伙伴，致力于维护政府对国家和国际承诺的问责制。该组织此前跟踪过五年计划和千年发展目标的进展情况。[127]

参与宣传倡导　促进意识提升

民间社会参与落实可持续发展目标的一个核心切入点是提高公众对可持续发展目标的认识，增加公众在相关方面的知识，以及提升公众对如何为这些目标做出贡献的兴趣。虽然全球很多人都对可持续发展目标有一定的了解，但很少有人能说自己对这些目标有些熟悉，或非常了解，尤其是那些最发达的国家，它们的熟悉度最低，意识最淡薄。[128]

民间社会在基层往往处于有利地位，能够跟公众就其认为重要的问题进行交流，同时找到并探索这些问题与可持续发展目标之间可以协同作用的领域。因为可持续发展目标适用于所有国家，所以各种规模的社区都能感受到自己与这些目标的联系，并与国际社会格外团结起来，一起关注这些目标。许多组织抓住这个机会，来培养对可持续发展目标的意识，加强对可持续发展目标的承诺，并促进提升主人翁意识。同时还开展信息宣传，组织活动，并与政府和其他行为者一起合作交流，采取行动。

在法国，民间社会采取了一系列地域性举措，以促进落实可持续发展目标。例如，集体组织“21委员会”（Comité 21）于2018年发起了名为“法国可持续发展目标之旅”（Tour de France des ODD）

的活动，以解决地方层面对可持续发展目标意识淡薄的问题。活动包括在当地举办一系列研讨会，并在会上结合当地经济、社会和环境的动态情况，对可持续发展目标进行介绍和讨论。另外，该活动还针对公民社会组织、企业和其他参与者组织了部门研讨会。[129]多年来，21委员会发布了一些与可持续发展目标直接相关的报告，其中包括一份关于非政府行为者对可持续发展目标的主人翁意识的报告，该报告还被列入法国政府2018年的盘点报告。[130]

在韩国，许多民间组织正在加强与其他利益相关者的伙伴关系，以提高公众对可持续发展目标的认识，并与政府分享信息和知识。其中包括韩国民间社会国际发展合作论坛（Korea Civil Society Forum on International Development Cooperation, KoFID）、韩国非政府组织海外发展合作理事会（Korea NGO Council for Overseas Development Cooperation, KCOC）和联合国可持续发展行动网络领导委员会韩国分会（SDSN）。其中，韩国民间社会国际发展合作论坛是一个韩国民间社会组织网络，致力于提高开发合作的效率。[131]

此外，民间社会还参与了由政府发起或与政府合作发起的事件和活动，通常是围绕自愿国别评审流程而组织的磋商会议和意识提升会议。这一点可见于毛里求斯、塞拉利昂和南非等其他国家。在有些国家，此类活动在《2030年议程》刚通过后几个月便被列为优先事项。

向政府提供政策意见

非政府组织在参与《2030年议程》行动方面还有其他几个切入点。如果一个国家已经存在专门针对可持续发展目标行动的国家路线图或战略和行动计划，那么非政府组织可以通过参与磋商或合作做出贡献，比如参加政府主导的磋商会议，参与国家体制协调机构、咨询机构或那些专门负责起草路线图的特设结构，或者加入这些机构成为其成员。

非政府组织还参与了国家和地方层面围绕落实可持续发展目标而开展的跟进、监测和报告工作。对此，有些国家是通过机构协调和咨询机构实现的。非政府组织也为各国政府编写进度报告做出了贡献，如在法国和肯尼亚。另外还通过政府制定的协商程序，广泛参与了自愿国别评审的准备工作，如举行研讨会、问卷调查、提供建议，甚至起草文件等。此外，非政府组织还领导和促进了与非国家行为者之间的协商，并将社区的观点和目标在自愿国别评审报告进程中予以传达，如在印度和韩国。在一些国家，非政府组织还参与验证了自愿国别评审报告或报告中所引用的数据的真实性，例如在塞拉利昂、摩洛哥。还有其他涉及指标和统计数据的参与方式。有些国家就国家可持续发展目标相关指标的制定和更新向非政府组织进行了咨询。

这种通过监测和跟进的参与方式也以多种形式在次国家和地方层面出现，一般都借鉴和复制了国家层面建立的正式监测结构（如印度尼西亚），可以独立开展，也可以采取联合举措。在加拿大温尼伯，非政府组织基于以福祉为中心的社区指标系统，发布了一份关于该市可持续发展目标状况的报告。[132]还有一个非政府组织智囊团提供了关于可持续发展目标相关指标的门户，其中有一个部分是关于加拿大城市的。[133]

非政府组织进行参与的其他切入点还包括，对政府就落实可持续发展目标方面的问题提供咨询服务，并给出相应的监督和评估建议。非政府组织和其他非国家行为者向政府发布有关可持续发展目标实施方面的建议、研究和良好做法。如前所述，非政府组织还以影子报告、焦点报告和进展报告的形式，广泛评估和促进针对可持续发展目标进展的问责制，并以此反映自己的观点和背景。

在芬兰，不仅是非政府组织，自2019年以来，公民也可以通过年度公民小组直接评估芬兰的可持续发展状况。其中，2020年约有500名芬兰人自愿担任小组成员并完成了一项在线调查。该调查为政府和国家可持续发展委员会提供了有用信息。[134]

1.3.5 学术界和学者专家

学术机构和专家学者在参与可持续发展目标

方面的切入点与非政府组织大致相同，当然也有一些不同。这些行为者似乎越来越多地参与到促进和监测可持续发展目标进展的过程中，目前还存在更多参与空间。政策制定者与科学家、研究人员和专家之间的互动，推动建立了一种科学政策界面。他们通过交流信息、对话和辩论的形式，为制定合理和有证可循的可持续发展政策提供了信息支持，并加强了决策。

关于科学政策界面，南非的可持续发展目标中心是一个很好的例子。该机构是一个由比勒陀利亚大学（University of Pretoria）托管的在线平台，得到了科学与创新部的授权。该中心专注于与可持续发展目标相关的研究，旨在将其工作与国家政策制定者联系起来（见第3章）。[135]另一个例子是印度尼西亚。在该国，学术界和专家是4个利益相关者群体或平台之一，关于可持续发展目标行动的总统令对其予以了特别认可。这4个利益相关者群体中的每一个在国家协调机构中都有代表，并被分配了不同的角色。[136]学术界和专家组成的这个特定平台包括印度尼西亚各大高校的9个可持续发展目标中心。这些中心负责对可持续发展目标及其相关政策进行研究，重点关注可持续发展目标的监测与评估。[137]

在很多国家，那些专注于科学和研究的学术及相关机构，可以与非政府组织和其他行为者一起，作为国家体制结构的成员来领导可持续发展目标行动的协调工作，或为其提供建议。采取此举的国家有哥斯达黎加、爱沙尼亚、芬兰、印度尼西亚、肯尼亚、韩国、毛里求斯、蒙古国、菲律宾、南非和西班牙等。这些机构通常由综合团体来代表，但蒙古国是个例外。蒙古国科学院和国立大学在国家可持续发展委员会中有专门的代表。[138]另外也有一些国家采取了不止一种参与渠道。在芬兰，学术专家是国家可持续发展委员会的一部分，此外还有针对可持续发展的专家小组，由来自不同学科的杰出研究人员组成。该专家小组负责对委员会的工作进行质疑，同时，如果有必要的话，也会在围绕可持续议题进行辩论时，增加一些批判性的声音。[139]如果学术界和专家不是国家体制机构的正式成员，那么可以让这些机构去邀请他们参加相关临时活动。另外，学术界和学者专家还会通过网络以非正式的形式参与到可持续发展目标行动中。

建立对可持续发展目标的认识、主人翁意识和知识

与其他行为者一样，学术机构和专家学者都参与了政府和其他行为者围绕《2030年议程》行动而组织的意识提升、宣传推广和参与性活动中。这些活动通常由伙伴关系发起。在新西兰，代表8所国家级大学的新西兰大学和其他利益相关者，包括民间社会、中央和地方政府以及私营部门等，组织了一年一度的新西兰可持续发展目标峰会，旨在将各行各业的人联系起来，开展并致力于为实现可持续发展目标的积极行动。[140]在很多国家，各大高校一直在开展与可持续发展目标相关的研究项目。比如，在肯尼亚，肯尼亚政府学院与政府可持续发展目标协调委员会合作开发了围绕可持续发展目标的课程，主要在于提高公务人员执行可持续发展目标的能力。此外，在2019年，委员会还与半官方智囊团肯尼亚公共政策研究与分析研究所（Kenya Institute for Public Policy Research and Analysis, KIPPRA）合作，针对多利益相关者开展了一项全国性调查，以确定他们对可持续发展目标的认识水平，以及其在宣传推广和提升认识活动中的影响。调查结果为后续制定意识提升战略提供了有用信息。[141]

此外，各大高校还在组织层面努力提高认识，并建立了对可持续发展目标的主人翁意识。哥斯达黎加全国大学院长委员会（National Commission of University Deans）已经着手将可持续发展目标纳入其战略框架《2021—2025年计划》的愿景，并一直在开展相应的具体活动，包括举行针对高等教育和可持续发展目标的活动，并成立了工作组，以定期收集和审查关于实现可持续发展目标的大学活动的信息。与《2021—2025年计划》相关联的行动计划还包括一个目标及其具体行动，它们是根据可持续发展目标制定的，旨在落实《促进可持续发展

目标国家公约》。[142]

在跟进、监测和汇报可持续发展目标进展方面的贡献

学术机构和学者专家在围绕可持续发展目标的监测、跟进和报告过程中都进行了积极参与（见第2章）。在有些国家，学术界还会与各方一起协作，对指标、统计数据和数据进行阐述和共享。例如，新西兰的可持续发展目标网络中心可以说是惠灵顿维多利亚大学政府学院对公益事业的一项贡献。该中心由多利益相关方指导小组领导，专注于监测该国在落实可持续发展目标上的进展。[143]在许多国家，学术界还参与了自愿国别评审过程或提供了关于自愿国别评审的咨询服务。此外还带头汇报了可持续发展目标在地方层面的进展。比如，在加拿大，滑铁卢全球科学倡议（Waterloo Global Science Initiative, WGSI）启动了一个试点项目，以支持加拿大社区使用本地化指标，对可持续发展目标进行地方自愿审查。[144]

在监督和问责方面的贡献

学术界和专家学者为监督和评估《2030年议程》的实施情况以及督促政府履行承诺和承担责任做出了广泛贡献。他们对编写围绕可持续发展目标实施行动的影子报告、焦点报告和进展报告提供了帮助，比如在巴西和新西兰。此外还对开展一系列评估举措做出了贡献（见第2章）。例如，在尼泊尔，包括专家学者在内的3个评估协会，参与制订了尼泊尔综合评估行动计划（2016—2020）。[145]该计划把对可持续发展目标的评估进行了制度化，注重公平和性别回应。在一小部分国家，还有一些学者和专家编写了针对可持续发展目标的独立评估报告（见第2章）。[146]

1.3.6 私营部门

私营部门也是实施可持续发展目标行动的重要利益相关方。它有其自身特点。私营实体参与可持续发展目标行动的很多方式与之前讨论中提到的其他行为者采取的方式一样，特别是在关于协调可持续发展目标以及对可持续发展目标进行监测和报告方面。此外，工商界还致力于开展动员行动，贡献专业知识，树立积极榜样，以推动实现可持续发展。[147]在很多国家和地区，跟其他行为者一样，企业和行业在国家协调体制和咨询机构中都有正式代表。比如菲律宾可持续发展目标小组委员会中的利益相关者商会，[148]以及肯尼亚的机构间技术工作委员会，该委员会隶属国家财政计划部下设的国家规划局，负责对可持续发展目标协调理事会的工作予以支持。[149]

如前所述，肯尼亚机构间技术工作委员会是一个多利益相关方组织，最初由政府任联合主席，现在由肯尼亚私营部门联盟（Kenya Private Sector Alliance, KEPSA）和代表民间社会的肯尼亚可持续发展目标和可持续发展论坛共同主持。其中，肯尼亚私营部门联盟在机构间技术工作委员会中也有代表。[150]在一些国家，除了国家机制之外，商业网络还负责协调该部门关于可持续发展目标的活动，如全球契约地方网络。有些致力于实现可持续发展目标，例如印度尼西亚的可持续发展目标——慈善和商业平台（Filantropi dan Bisnis Indonesia-FBI4SDGs），[151]还有一些则注重在本国可持续发展和其他相关举措的背景下参与可持续发展目标行动。

私营部门为可持续发展目标战略和框架的制定做出了贡献，还为国家层面定义可持续发展目标相关指标提供了帮助。在韩国，来自私营部门的专家帮助制定了专门针对韩国国情的可持续发展目标框架（K-SDGs）。[152]同样，尼泊尔的私营部门也参与了政府《可持续发展目标：现状和路线图（2016—2030）报告》的编制过程。[153]在新西兰，企业作为论题专家，通过公开咨询的方式，为制定新西兰指标（Indicators Aotearoa New Zealand, IANZ）提供了意见。该指标对该国生活标准框架的制定提供了支持，并进一步被用于监测和报告可持续发展目标的进展情况。[154]

参与可持续发展目标行动时广泛采用的一个切入点是，参与国家政府主导的围绕可持续发展目标行动的进度汇报工作。在许多国家，私营部门通过政府开展的各种类型的咨询会，参与了自愿国别评审的流程准备工作，例如相关研讨会、技术会议、意见征求会或调查问卷等。在毛里求斯，“毛里求斯商会”（Business Mauritius）和亚非银行与政府牵头部门围绕自愿国别评审开展了密切合作。前者是一个由当地企业组成的独立协会，后者是毛里求斯联合国全球契约网络的主席机构。外交、区域一体化和国际贸易部是负责国家可持续发展目标行动的牵头部门。自愿国别评审报告部分由毛里求斯工商会赞助。[155]在肯尼亚，肯尼亚私营部门联盟负责协调私营部门自愿进度报告的编制工作，包括对2020版自愿国别评审报告进行补充，同时它也是编制2017版自愿国别评审报告和2019年可持续发展目标进度报告的团队一员。[156]

国家层面上对可持续发展目标行动的监测数据，有一部分来自私营部门。商业网络和合作倡议也参与了围绕企业可持续性以及私营部门对落实可持续发展目标的贡献而展开的数据汇编工作。例如，哥伦比亚国家规划部可持续发展目标网站上，有一个名为“可持续发展目标企业追踪器”（SDG Corporate Tracker）的平台，其会监测私营部门在落实可持续发展目标方面的贡献。[157]该平台开展了一项用于审查70家公司对可持续发展目标的贡献的试点项目，于2020年6月启动。目前该平台还在收集针对企业在可持续发展目标三个维度的表现以及企业如何应对COVID-19危机方面的相关信息。哥斯达黎加也在进行类似的努力。[158]在哥伦比亚，私营部门也是哥伦比亚如何发展城市网络（Colombian Network of Cities How We Go, RCCCV）的一部分。[159]该网络与多个参与者合作，旨在开发可靠和标准化的信息，以监测地方层面可持续发展目标的落实情况。

私营部门还进一步合作采取了评估举措，以评估各国在各方面针对落实可持续发展目标的准备和实施情况。在尼泊尔，私营部门是尼泊尔可持续发展目标论坛的组成部分。该论坛是一个非国家行为者性质的可持续发展目标平台，发布了多项针对落实可持续发展目标的审查活动，其中强调了实施机制和实施框架以及实施工作面临的差距和挑战等。[160]另一个例子是肯尼亚。2020年，肯尼亚制造商协会（Kenya Association of Manufacturers, KAM）、副总统办公室和肯尼亚全球契约网络（GCNK）共同编制了可持续发展目标准备情况报告，重点介绍了可持续发展目标在国家政策、立法和制度层面的表现。[161]

1.4 5年来在可持续发展目标制度化上得到的主要经验教训

根据前几节中发现的趋势，本节列出了一些经验教训。

1.4.1 跟以往国际公认的框架相比，对可持续发展目标的制度化是前所未有的

《2030年议程》实施5年来，我们得出的第一个教训是，与其他国际公认的发展框架相比，《2030年议程》在国家层面得到了前所未有的制度化确立。这一点无可争辩。1992年环境与发展会议（即地球峰会）的成果已经得到转化，变成了许多国家和地区建立的体制机制。但是，在可持续发展方面，在地球峰会举办后20年，对该议题的政治关注度仍然有限。[162]千年发展目标（Millennium Development Goals, MDGs）也见证了国家体制机制的建立。但就发展援助层面而言，千年发展目标框架只涉及了发达国家。

这些机制与国家其他体制系统之间的整合程度，远不及可持续发展目标被纳入国家体制系统的程度。可持续发展目标作为国家层面的总体政策议程，其可见性和政治显著性也是前所未有的。《2030年议程》和可持续发展目标在发展中国家和发达国家都获得了较高的知名度。这一点真正体现了《2030年议程》的普遍性及其广泛的主题范围。可持续发展目标被融入国家战略和计划的程度，以及其对所有部门和各级政府工作机构的影响，也是显而易见的。同样引人注目的是，各国政府还付出大量努力，通过建立全球和国家指标，来衡量落实

可持续发展目标的进展。最后一个结论是，2015年以来，议会、最高审计机关和民间社会等行为者的参与也变得越来越重要。

很明显，《2030年议程》和可持续发展目标的构建方式提升了它们在政治上的显著性，并加强了将可持续发展目标纳入国家层面体制机构的相关努力。可持续发展目标的普遍性有利于它被接纳和转化为发展中国家和发达国家的国家框架。《2030年议程》通过列出那些与跟进和审查等关键维度相关的细节，对各级层面采取行动起到了推动作用。特别是，随着时间的推移，自愿国别评审对于围绕落实可持续发展目标开展跟进和审查行动以及构建国家生态系统，起到了催化剂的作用。其中还涉及中央政府之外的一系列行为者。其活动远远超出了在联合国上呈现的国家报告中所展示的内容。

1.4.2 为落实可持续发展目标而设立的制度安排，其发展需要很长时间，而非线性过程

如第1.2节所示，自2015年以来，关于国家对可持续发展目标的制度化上呈现出了明显的趋势，但对于不同国家、同一国家的不同政府级别及不同部分制度体系，制度化的速度有所不同。根据本报告收集到的信息，在对可持续发展目标制度化方面，似乎并不存在那些适用于所有国家的系统模式。而且，这种制度化的速度，也并不是说在发达国家比较快，或在发展中国家比较快。事实上，有很多发达国家花了很长的时间才把可持续发展目标制度化下来。其中，加拿大、法国和西班牙等已经逐步加大了制度化的力度。此外，地区的不同情况也会影响到其落实可持续发展目标的进展速度。例如，欧盟统计局在2017年制定了一套针对可持续发展目标的指标，这或会促使欧洲国家采用自己国家制定的可持续发展目标相关指标。

可以说，那些具有强大的规划体系传统的发展中国家，例如哥伦比亚和印度尼西亚，它们对可持续发展目标的制度化，并将其融入自身发展框架和程序的速度最快。比如通过法律变革或强有力的授权，让机构去领导落实可持续发展目标的实施。此外，不管是从国家角度还是从国际角度而言，之前从实施千年发展目标过程中得到的经验也可能是一个加速因素。从国家角度来看，各国之前已经积累了关于制定国家指标的经验。从国际角度来看，国际发展机构已经拥有一系列工具，能够对各国落实关键职能起到支持作用，例如规划能力等。

可持续发展目标的制度化之所以在国家层面相对缓慢，一种解释可能是它们的范围太过广泛。这些目标涵盖了以前发展框架中未曾包含的部门，因此必须针对这些部门发展现有机制，包括那些用于监测、报告和与其他部门进行整合的机制。目标16就是一个例证，其范围涵盖由政府多个部门管理的活动，并且没有用于监测的标准概念和实践框架。尽管大多数发达国家长期存在针对可持续发展的制度框架，但很多发达国家对可持续发展目标的制度化并不是特别迅速。部分原因是，它们需要将可持续发展目标纳入国内框架，而不是外部发展援助框架。这种区别在一些国家目前仍然可见。可以预期，当《2030年议程》后续框架通过时，很多国家可能已经建立了能够适应这种范围广度和普遍性的机构和程序，同样也很好地具备了能够促进跨国家机制和各级政府之间，以及政府和其他利益相关者之间进行对话和协调的工具。

尽管如此，虽然自《2030年议程》启动已经过去5年，但在可持续发展目标制度化的深度方面，各国仍然存在显著差异。在实施、监测、跟进和审查可持续发展目标行动的过程中，不同国家和非国家行为者的参与程度也存在很大差异。自《2030年议程》通过以来，随着时间的推移，我们越来越清楚地看到，对于可持续发展目标实施行动的制度框架，其制定并不总是一个线性过程。

虽然总的趋势是制度化程度变得更加深入，不同行为者参与的切入点不断增加，但如本章前面部分所述，针对可持续发展目标行动的制度安排一直在受到影响，在某些情况下还会发生突然变化。在一些国家，某一级政府在某一时间点对参与落实可持续发展目标的积极性较低，但通过其他级别政府

持续或更积极的参与，就可以抵消这种较低的参与度。

但是，在一些其他国家，如果很多公共实体已经开始进行规划和决策，但却没有对围绕可持续发展目标的协调和实施责任予以明确界定，那么如要将可持续发展目标制度化下来，或许很难。

1.4.3 各国就政府如何“拥有”和使用可持续发展目标来实现国家层面上的沟通存在差异

关于中央政府如何“拥有”可持续发展目标，并如何用这些目标来制定国家可持续发展议程，各国存在明显差异。在这方面，《2030年议程》和可持续发展目标的框架有所不同。一个是总领性政策，且其下所有政策都必须根据总政策进行设计和衡量；另一个则包含很多议程，如气候、低碳经济、绿色增长或国家转型等。这些差异在政策文件中极为明显。在内容和语言表达上，有些文件涉及的可持续发展目标比较多，有些则比较少。一些政府显然更愿意以一种立足于国情的语言来介绍国家发展愿景、优先事项和战略，并将可持续发展目标称为一种国际议程。而有些政府则选择将国家发展愿景纳入可持续发展目标的总体框架。

此外，这种差异也可见于多种战略和机构共存的情况。这些战略和机构具有相似的功能，但针对不同的政策领域。在那些制定了国家可持续发展战略的很多发达国家中，这些战略与可持续发展目标共存多年，还有些已经共存至今，并具有平行的机构、流程、报告工具和指标。一些国家已经解决或正在解决这种框架重复的问题。这也许会提升人们对可持续发展目标的关注度，并提高那些旨在促进可持续发展的国家行动的一致性。大量增加那些处理相关政策问题的机构数量，可能会对可持续发展目标的制度化产生不利影响。也许会导致所有潜在相关行动者对可持续发展目标的认识和主人翁意识有所降低，还可能在公共行政部门内造成重复工作，比如产生多重和不协调的报告体系等。

1.4.4 国家机制系统不同行动者在落实可持续发展目标过程中的参与度不同

对于不同行为者在落实可持续发展目标过程中的参与程度，很难在国家之间进行比较。本章表明，行为者在参与围绕落实可持续发展目标的相关制度流程时，采取了多种切入点。

如第1.3节所述，在国家体制系统中，对于围绕落实可持续发展目标而建立的机制和流程，一些行为者的贡献要大于另一些。在很多国家，在监督政府落实可持续发展目标方面，议会仍然没有发挥常规作用。但是，在其他一些国家，很多议会自2015年来已经发布了至少一份针对可持续发展目标的报告。最高审计机构的参与因国家而异。民间社会的参与程度和参与机会也各不相同。但是，可以看到，自愿国别评审促进民间社会围绕可持续发展目标行动展开了参与，即使在那些没有民间社会参与决策的传统国家也是如此。国家协调和咨询机构的存在，常常能够赋能并促进多种参与形式，以此推动实现可持续发展目标。

关于地方政府的参与度，国家之间甚至国家内部之间都存在很大差异。一些国家在围绕可持续发展目标本地化方面的不懈努力取得了成果。越来越多的城市将可持续发展目标视为一种契机，并从中看到了益处。这些城市吸引公民参与其中，并与其他城市和各级政府合作，包括通过参与地方自愿审查等。然而，与垂直整合相关的挑战依然存在，比如可持续发展目标的规划和预算编制、实施和监测等问题。[163]

1.4.5 国家和国际网络在促进围绕落实可持续发展目标制定制度方面的作用

多年来，可持续发展目标的制度化不仅仅是政府与个体行为者之间互动的结果。来自区域和全球层面的国际组织的推动与支持，也促进了政府之间的经验交流，并推动了知识库的建立。毫无疑问，这对一些国家调整体制框架并落实可持续发展目标起到了帮助作用。此外，国际发展机构在规划和政策整合等领域提供的技术援助、咨询服务和能力建设活动，也推动了相关努力的实现。

除此之外，其他地方和国家行为者跟不同地域同行之间的互动，也对此做出了显著贡献。从国家层面到全球层面，基于选民的主题网络对提高选民对可持续发展目标的认识发挥了关键作用。此外，地方和国家行为者还强调了他们在不同国家观察到的挑战以及可能的解决方案。重要的是，这些行为者还一直是监测、评审和跟进可持续发展目标落实情况的关键参与者（见第2章）。值得注意的是，很多这些渠道和相关活动，其实最初是在现有结构基础上有机发展而出的。

1.4.6 对制度安排有效性进行评估时存在的弱点

本次报告研究发现，在国家层面，对可持续发展目标相关制度安排的有效性进行评估的信息较少。自愿国别评审报告中在这方面一般没有过多提及。各国政府在提交给联合国的自愿国别评审报告中，往往会汇报一些他们在上份报告提交后又进行的体制改变，而不会强调对这些体制安排的评估。此外，正如本章前面所反映的，自愿国别评审报告中关于体制挑战和政府及非政府行为者参与落实可持续发展目标的形象，可能与这些行为者自己所认知的存在差异。虽然我们承认，在衡量体制安排的有效性时，会存在固有的概念和实践上的困难。但这一领域仍有进步空间。要解决这个问题的一种方法是，鼓励政府提交两次或3次自愿国别评审报告，并在其报告中突显其针对制度安排的有效性做出的评估。

1.5 结论

本章回顾了自2015年以来，国家在落实可持续发展目标过程中，在制度安排方面的发展情况。尽管各国在这方面的发展各不相同，但我们还是发现了一些明显的趋势。

第一个结论是，可持续发展目标在国家层面的制度化仍处于进行时。到2020年年底，落实可持续发展目标的时间要求已经过了1/3。但大多数国家仍处于完善制度安排和整合制度安排的阶段。它们还处在将这些制度安排整合至更广泛的制度体系的过程。在这两个方面，各国的进展存在明显差异。在一些国家，可以看到它们在2018—2019年努力加速进展。机构安排的改变需要一定时间，所以这个过程比较漫长也不足为奇。虽然跟千年发展目标相比，可持续发展目标在通过前一年就已为人所知，这其实已经给了各国政府和行为者时间来熟悉新的框架。还有一些趋势很令人鼓舞。比如，最高审计机关对可持续发展目标事务的参与，反映了可持续发展目标的制度化成果，说明可持续发展目标行动已经超越传统的中央政府机构，延伸到了更多种类型的行为群体。

跟其他方面的发展一样，在落实可持续发展目标的过程中，行为者可能会陷入所谓的“最佳实践谬误”，即认为所有国家都可以迅速从“领先”国家复制其采取的制度模式和实践。

但事实上，没有一个国家可以处于全面领先地位。芬兰在可持续发展目标制度安排方面被公认为是国际参考，但即便如此，芬兰也仍然存在重复领域，比如在可持续性指标上，存在双重系统。此外，一些领域还需进行更好的整合。例如，如何在国家预算中反映可持续发展目标。

在很多国家，各利益相关方参与落实可持续发展目标的程度还可以进一步提升。这方面呈现的趋势也令人鼓舞。例如，在许多国家，参与围绕自愿国别评审流程相关活动的切入点越来越广，而且这些参与往往是在连续基础上发生的，而非一次性发生。参与过程还吸引了更多不同的利益相关者，而且实现了更密集的相互关系的网络。在未来几年，可以就实践中政府机制对可持续发展目标制度化的表现予以评估，比如针对政府设立的多利益相关者工作小组进行评估等。

此外，还可以将与可持续发展目标相关的体制机制与国家体制系统的其他部分进行更深入的整合，特别是在战略制定和规划过程方面。进行更大程度的整合可以带来多方面的好处，比如降低成本、促进协作、提升能力，推动形成更一致的决策。如第2章所述，总体而言，可持续发展目标监测和报告体系还没有与其他监测系统进行很好的整合。

必须强调的最后一个问题是，各国可以借鉴彼此在落实各个可持续发展目标过程中的经验教训，并考虑到每个国家独特的语境。在这方面，进步空间很大。

尽管国家机制在落实可持续发展目标方面能力有所不同，但在特定机构和特定政府职能方面，各国存在很多共同的需求，可以相互交流经验。前者如议会，后者如规划和监测职能。各国政府和国际社会应该鼓励开展这类交流活动，并对其予以持续和适当的支持。

尾注

1 其中3个例子是：联合国经济和社会事务部发布的《自愿国别评审报告集》（由可持续发展目标司编制）；联合国经济和社会事务部发布的《围绕落实〈2030年议程〉的国家体制安排之概略》（由公共机构和数字政府司编制）；加拿大发布的《加拿大国际合作委员会年度报告》以及其他民间社会组织发布的《推进落实国家可持续目标报告》。

2 参见联合国报告第3章，“Sustainable Development Goal 16: Focus on Public Institutions–World Public Sector Report 2019” (New York: United Nations, 2019), https://publicadministration.un.org/publications/content/PDFs/World%20Public%20Sector%20Report2019.pdf.

3 Indonesia, Ministry of National Development Planning/National Development Planning Agency, “Voluntary National Review: Eradicating Poverty and Promoting Prosperity in a Changing World,” 2017, https://sustainabledevelopment.un.org/content/documents/15705Indonesia.pdf; Indonesia, Ministry of National Development Planning/National Development Planning Agency, “Voluntary National Review: Empowering People and Ensuring Inclusiveness and Equality,” 2019, https://sustainabledevelopment.un.org/content/documents/23803INDONESIA_Final_Cetak_VNR_2019_Indonesia_Rev2.pdf.

4 Prime Minister’s Office, “The Directive for the Implementation of the United Nations 2030 Agenda and of the National Strategy for Sustainable Development,” March 2018.

5 委员会由总理或委托代表担任主席，成员包括地区会议的部长和主席、意大利省会联盟、意大利国家城市协会或来自这些组织的代表（第4条）。

6 Philippines, National Economic and Development Authority, “Philippine Development Plan 2017–2011,” 2017, http://pdp.neda.gov.ph/wp-content/uploads/2017/01/PDP-2017-2022-07-20-2017.pdf.

7 Philippines, “The 2019 Voluntary National Review of the Philippines: Review of the Status of the Implementation of the Sustainable Development Goals in the Philippines Focusing on Empowering People and Ensuring Inclusiveness and Equality,” 2019, https://sustainabledevelopment.un.org/content/documents/23366Voluntary_National_Review_2019_Philippines.pdf.

8 “Executive Order No. 27s. 2017” (2017), https://www.officialgazette.gov.ph/downloads/2017/06jun/20170601-EO-27-RRD.pdf; United Nations Development Programme, *SDG Localization in ASEAN: Experiences in shaping policy and implementation pathways*, 2018, https://www.undp.org/content/dam/rbap/docs/Research%20&%20Publications/sustainable-development/RBAP-DG-2019-SDG-Localization-in-ASEAN.pdf.

9 Colombia, Presidencia de la República, “Decreto 280. Por El Cual Se Crea La Comisión Interinstitucional de Alto Nivel Para El Alistamiento y La Efectiva Implementación de La Agenda de Desarrollo Post 2015 y Sus Objetivos de Desarrollo Sostenible-ODS” (2015), http://wp.presidencia.gov.co/sitios/normativa/decretos/2015/Decretos2015/DECRETO%20280%20DEL%2018%20DE%20FEBRERO%20DE%202015.pdf.

10 Spain, Ministerio de Asuntos Exteriores y de Cooperación, “Real Decreto 465/2017, de 5 de Mayo, Por El Que Se Designa Embajador En Misión Especial Para La «Agenda 2030» a Don Juan Francisco Montalbán Carrasco,” 108(2017), https://www.boe.es/boe/dias/2017/05/06/pdfs/BOE-A-2017-4939.pdf; Spain, Presidencia de Gobierno, “Real Decreto 419/2018, de 18 de Junio, Por El Que Se Reestructura La Presidencia Del Gobierno,” 148(2018), https://www.boe.es/eli/es/rd/2018/06/18/419/dof/spa/pdf; Spain, Ministerio de Política Territorial y Función Pública, “Real Decreto 452/2020, de 10 de Marzo, Por El Que Se Desarrolla La Estructura Orgánica Básica Del Ministerio de Derechos Sociales y Agenda 2030, y Se Modifica El Real Decreto 139/2020, de 28 de Enero, Por El Que Se Establece La Estructura Orgánica Básica de Los Departamentos Ministeriales,” 63(2020), https://www.boe.es/buscar/act.php?id=BOE-A-2020-3512;respectively.

11 Commission on Sustainable Development of the Republic of Korea, "National Sustainable Development Goals (K-SDGs)," n. d., http://ncsd.go.kr/ksdgs?content=2.

12 Republic of Korea, Ministry of Environment, Commission on Sustainable Development, "A Report on Korean-Sustainable Development Goals (K-SDGs) 2019," 2019, 7, http://ncsd.go.kr/api/1572586270021_K-SDGs_report_eng.pdf.

13 Conseil national de l'information statistique, "La Déclinaison Française Des Indicateurs de Suivi Des Objectifs de Développement Durable, Rapport Du Groupe de Travail Du Cnis" (Paris, juin 2018).

14 Sierra Leone, Ministry of Finance and Economic Development, "Advanced Draft Report on Adaptation of the Goals in Sierra Leone," July 2016, https://sustainabledevelopment.un.org/content/documents/10720sierraleone.pdf.

15 Sierra Leone, Ministry of Planning and Economic Development, "2019 VNR Report on SDGs in Sierra Leone" (Ministry of Planning and Economic Development, 2019), https://sustainabledevelopment.un.org/content/documents/23378Sierra_Leone_VNR_FINAL.pdf; Sierra Leone, Ministry of Planning and Economic Development, "Medium-Term National Development Plan (MTNDP) 2019–2023," 2019, 3, http://moped.gov.sl/Development-Plan/MTNDP.

16 Turkey, "Turkey's Sustainable Development Goals 2nd VNR 2019: 'Strong Ground towards Common Goals,'" 2019, https://sustainabledevelopment.un.org/content/documents/23862Turkey_VNR_110719.pdf.

17 例如，国家经济和社会政策委员会制定的3855条政策："Efficient management of energy demand in non-interconnected areas: Archipelago of San Andrés, Providencia and Santa Catalina pilot project"; in Colombia, "Presentación Nacional Voluntaria de Colombia. Los ODS como instrumento para Consolidar la Paz," 2016, 23, https://sustainabledevelopment.un.org/content/documents/12644VNR%20Colombia.pdf。

18 Colombia, Departamento Nacional de Planeación, "CONPES 3918. Estrategia Para La Implementación de Los Objetivos de Desarrollo Sostenible En Colombia" (Bogotá, Colombia, March 15, 2018), https://colaboracion.dnp.gov.co/CDT/Conpes/Económicos/3918.pdf; in Colombia, Departamento Nacional de Planeación, "Reporte Nacional Voluntario de Colombia," June 2018, 10, https://sustainabledevelopment.un.org/content/documents/20338Colombia_2018_VNR_Espan771ol_1.pdf.

19 参见 https://colaboracion.dnp.gov.co/CDT/Prensa/LEY%201753%20DEL%2009%20DE%20JUNIO%20DE%202015.pdf。

20 Colombia, Departamento Nacional de Planeación, "Reporte Nacional Voluntario de Colombia," 6.

21 参见 https://www.dnp.gov.co/DNPN/Paginas/Plan-Nacional-de-Desarrollo.aspx。

22 Organisation for Economic Co-operation and Development, "Colombia Country Note," 2019.

23 Estonia, Government Office, "Review of the Implementation of the UN 2030 Agenda in Estonia," 2020, https://sustainabledevelopment.un.org/content/documents/26284VNR_2020_Estonia_Report.pdf.

24 Estonia, "Main Messages from Estonia's Voluntary National Review 2020," 2020, https://sustainabledevelopment.un.org/memberstates/estonia; Estonia, Government Office, "Review of the Implementation of the UN 2030 Agenda in Estonia," 2020, 89.

25 Morocco, "Stratégie Nationale de Développement Durable (SNDD) 2030 Résumé Exécutif," October 2017, 48–50.

26 Abdelghani Aouifia, "Les Parlementaires Devront Appuyer Les ODD," MAP Newsletters, September 26, 2019, sec. Politis, https://mapnewsletters.ma/les-parlementaires-devront-appuyer-les-odd.

27 Morocco, "Examen National Volontaire de La Mise En Œuvre Des Objectifs de Développement Durable," VNR Report, 2020, 18, https://sustainabledevelopment.un.org/content/documents/26406VNR_2020_Morocco_Report_French.pdf.

28 France, Ministère de la Transition écologique, "Feuille de Route de La France Pour l'Agenda 2030," September 20, 2019, https://www.agenda-2030.fr/a-la-une/actualites-a-la-une/article/feuille-de-route-de-la-france-pour-l'agenda-2030; France, Commissariat Général au Développement Durable, "Indicateurs de la stratégie nationale de transition écologique vers un développement durable-Comparaisons internationals, Situation 2018," Document de travail n°42–Développement durable, Juin 2019.

29 Spain, "Action Plan for the Implementation of the 2030 Agenda. Towards a Sustainable Development Strategy," 2018, 130–61, http://www.exteriores.gob.es/Portal/es/SalaDePrensa/Multimedia/Publicaciones/Documents/PLAN%20DE%20ACCION%20PARA%20LA%20IMPLEMENTACION%20DE%20LA%20AGENDA%202030.pdf. On its approval, see https://www.lamoncloa.gob.es/consejodeministros/Paginas/enlaces/290618-agenda2030.aspx.

30 Kenya, Ministry of Devolution and Planning, "Roadmap to Sustainable Development Goals (SDGs)-Kenya's Transition Strategy 2016–2018," n. d., 7–18, https://www.planning.go.ke/wp-content/uploads/2020/11/Roadmap-to-

Sustainable-Development-Goals-SDGs-Kenyas-Transition-Strategy-2016-2018.pdf.

31 Brazil, Ministry of Foreign Affairs, "Comissão Nacional Para Os Objetivos Do Desenvolvimento Sustentável (CNODS)."

32 Colombia, Departamento Nacional de Planeación, "Reporte Nacional Voluntario de Colombia," 10, 19–20. For the roadmap, see https://assets.ctfassets.net/27p7ivvbl4bs/c15L6fPoswiGYUy64Uy4k/d2d1c2b218757846743c6eb335d5b380/CONPES_3918_Anexos.pdf.

33 Indonesia, Ministry of Development Planning, "Indonesian SDGs Road Map," n. d., http://sdgs.bappenas.go.id/dokumen/; see also Amalia Adininggar Widyasanti, "Roadmap of SDGs Indonesia Towards 2030," https://www.unescap.org/sites/default/files/Session_1_01_Indonesia_ROADMAP%20OF%20SDGs%20INDONESIA%20TOWARDS%202030.pdf.

34 Nepal, National Planning Commission, "Sustainable Development Goals-Status and Roadmap: 2016–2030," 2018, https://www.np.undp.org/content/nepal/en/home/library/sustainable-development-goals-national-report---nepal/sustainable-development-goals-status-and-roadmap-2016-2030.html.

35 Spain, "Action Plan for the Implementation of the 2030 Agenda. Towards a Sustainable Development Strategy."

36 参见https://canada2030agenda.ca。

37 Chile, Ministerio de Relaciones Exteriores, "Decreto 49. Crea Consejo Nacional Para La Implementación de La Agenda 2030 Para El Desarrollo Sostenible" (2016), https://www.bcn.cl/leychile/navegar?idNorma=1090692&idParte=.

38 参见第2章中对此类制度安排的分析，以2017年美国为例，"Working Together: Integration, Institutions and the Sustainable Development Goals-World Public Sector Report 2018" (New York: United Nations, 2018), https://publicadministration.un.org/en/Research/World-Public-Sector-Reports; for numbers as of 2020, see United Nations, "Compendium of National Institutional Arrangements for Implementing the 2030 Agenda for Sustainable Development," 2020, https://sustainabledevelopment.un.org/content/documents/25839Compendium_of_National_Institutional_ Arrangements.pdf。

39 Costa Rica, SDG Technical Secretariat–Mideplan, "Second Voluntary National Review, Sustainable Development Goals, Costa Rica 2020– 'Sustainable Development in Action: The Route to Sustainability,'" July 2020, https://sustainabledevelopment.un.org/content/documents/26894second_voluntary_national_review_sdg_costa_rica.pdf.

40 该委员会于2016年5月经第49条法令成立，即"Chile, Ministerio de Relaciones Exteriores, Decreto 49. Crea Consejo Nacional para la Implementación de la Agenda 2030 para el Desarrollo Sostenible"；此后于2019年经第67条法令予以确认，即"Chile, Ministerio de Relaciones Exteriores, "Decreto 67. Reemplaza El Texto Del Decreto Supremo No 49, de 2016, Que Crea Consejo Nacional Para La Implementación de La Agenda 2030 Para El Desarrollo Sostenible"［2019］, https://www.bcn.cl/leychile/navegar?idNorma=1138981&idParte=10070238)。

41 Biblioteca del Congreso Nacional de Chile, "Diputado Patricio Vallespín reflexiona sobre rol del Congreso en cumplimiento de ODS," January 29, 2018, 8, https://www.bcn.cl/observatorio/asiapacifico/noticias/diputado-patricio-vallespin-agenda-2030.

42 同样参考南非《2063年议程》：The Africa We Want, and the Southern African Development Community's (SADC) Regional Indicative Strategic Development Plan (RISDP).

43 South Africa, "2019-South Africa-Voluntary National Review: Empowering People and Ensuring Inclusiveness and Equality," 2019, 19–21, https://sustainabledevelopment.un.org/content/documents/23402RSA_Voluntary_National_Review_Report_The_Final_24_July_2019.pdf。

44 领导机构包括加拿大就业和社会发展部、加拿大气候与环境变化部、加拿大全球事务部、加拿大印第安人事务和北方发展部、加拿大妇女地位部；参与组织包括加拿大枢密院和加拿大统计局。

45 Office of the Auditor General of Canada, "Report 2—Canada's Preparedness to Implement the United Nations' Sustainable Development Goals," 2018 Spring Reports of the Commissioner of the Environment and Sustainable Development to the Parliament of Canada. Independent Auditor's Report (Office of the Auditor General of Canada, 2018), https://www.oag-bvg.gc.ca/internet/English/att_e_43001.html.

46 Canada, Employment and Social Development Canada, "Backgrounder: 2030 Agenda for Sustainable Development," July 2, 2019, https://www.canada.ca/en/employment-social-development/news/2019/06/backgrounder–2030-agenda-for-sustainable-development.html; Canada, Global Affairs Canada, "Canada's Implementation of the 2030 Agenda for Sustainable Development-Voluntary National Review," 2018, https://sustainabledevelopment.un.org/content/documents/20312Canada_ENGLISH_18122_Canadas_Voluntary_National_ReviewENv7.pdf.

47 Canada, Employment and Social Development Canada, "Backgrounder: 2030 Agenda for Sustainable Development"; In Canada's 2018 VNR, it is stated that "a group of seven ministers will help Minister Duclos［Minister of Children,

Families and Social Development] steward these efforts. They are: the Minister of International Development and La Francophonie; the Minister of Crown-Indigenous Relations and Northern Affairs; the Minister of Innovation, Science and Economic Development; the Minister of Indigenous Services; the Minister of Environment and Climate Change; the Minister of Status of Women; and the Minister of Employment, Workforce Development and Labour" (Canada, Global Affairs Canada, "Canada's Implementation of the 2030 Agenda for Sustainable Development-Voluntary National Review," 7).

48 Turkey, "Turkey's Sustainable Development Goals 2nd VNR 2019: 'Strong Ground towards Common Goals.'"

49 Mauritius, Ministry of Foreign Affairs, Regional Integration and International Trade, "Voluntary National Review Report of Mauritius 2019," 2019, https://sustainabledevelopment.un.org/content/documents/23462Mauritius_VNR_Report_2019.pdf.

50 National Audit Office of Mauritius, "Performance Audit Report on Preparedness for Implementation of Sustainable Development Goals-Ministry of Foreign Affairs, Regional Integration and International Trade," February 2019, https://www.intosai.org/fileadmin/downloads/focus_areas/SDGs_and_SAIs/sai_preparedness_audits/SDGs_2019_Mauritius_prep_EN.pdf.

51 Resolution of 13 October 2017 of the Secretary of State for International Cooperation for Ibero-America and the Caribbean (DGPOLDES, " Primera Reunión Del Grupo de Trabajo Permanente Sobre Agenda 2030," Noticias. Cooperación Española, December 1, 2017, https://cooperacionespanola.es/es/prensa/noticias/primera-reunion-del-grupo-de-trabajo-permanente-sobre-agenda-2030).

52 参见4月2日第 PCI/383/2019号命令发布的关于加强《2030年议程》管理的《经济事务执行委员会协定》: Spain, Ministerio de la Presidencia, Relaciones con las Cortes e Igualdad, "Orden PCI/383/2019, de 2 de Abril, Por La Que Se Publica El Acuerdo de La Comisión Delegada Del Gobierno Para Asuntos Económicos de 21 de Marzo de 2019, Relativo al Refuerzo de La Gobernanza Para La Agenda 2030," Boletín Oficial Del Estado 80 [April 3, 2019] , https://www.boe.es/eli/es/o/2019/04/02/pci383/dof/spa/pdf)。

53 Spain, Alto Comisionado para la Agenda 2030, "Informe de Gobernanza. Informe Sobre Los Mecanismos e Instrumentos de Coordinación Para La Implementación de La Agenda 2030 En España" (Madrid: Gobierno de España, February 15, 2019), https://uv-es.libguides.com/ld.php?content_id=32973414.

54 见联合国报告第4章:" Working Together: Integration, Institutions and the Sustainable Development Goals-World Public Sector Report 2018."

55 Estonia, Government Office, "Global Sustainable Development Goals," January 10, 2020, https://www.riigikantselei.ee/en/supporting-government-and-prime-minister/organisation-and-planning-work-government/global; Estonia, Government Office, "Review of the Implementation of the UN 2030 Agenda in Estonia," 2020, https://sustainabledevelopment.un.org/content/documents/26284VNR_2020_Estonia_Report.pdf.

56 Estonia, Government Office, "Review of the Implementation of the UN 2030 Agenda in Estonia," 2020.

57 Estonia, Government Office, "Global Sustainable Development Goals."

58 Estonia, Government Office, "Review of the Implementation of the UN 2030 Agenda in Estonia," 2020.

59 参见 https://niti.gov.in/overview-sustainable-development-goals。

60 参见 https://sdgindiaindex.niti.gov.in/#/。

61 关于报告内容，请参见：India, NITI Aayog, "SDG India Index & Dashboard 2019-20" (India, December 27, 2019), https://niti.gov.in/sites/default/files/2019-12/SDG-India-Index-2.0_27-Dec.pdf。

62 Finland, Prime Minister's Office, "Voluntary National Review 2020 Finland: Report on the Implementation of the 2030 Agenda for Sustainable Development" (Helsinki: Prime Minister's Office, 2020), https://sustainabledevelopment.un.org/content/documents/26261VNR_Report_Finland_2020.pdf.

63 参见 INTOSAI Development Initiative and INTOSAI Knowledge Sharing & Knowledge Services Committee, "Are nations prepared for implementation of the 2030 Agenda? Supreme audit institutions' insights and recommendations" (Oslo, July 2019), https://www.idi.no/elibrary/relevant-sais/auditing-sustainable-development-goals-programme/949-are-nations-prepared-for-implementation-of-the-2030-agenda/file。

64 Morocco, "Examen National Volontaire de La Mise en Œuvre des Objectifs de Développement Durable," 11–12.

65 Italian Alliance for Sustainable Development (ASviS), "Italy and the Sustainable Development Goals" (Rome: Italian Alliance for Sustainable Development (ASviS), 2019), https://asvis.it/public/asvis2/files/Rapporto_ASviS/Report_ASviS_2019_ENG_2_.pdf.

66 参见 Civil Society Working Group for the 2030 Agenda (GTSC A2030), "2030 Agenda for Sustainable Development Spotlight Report-Synthesis IV, Brazil," 2020, https://brasilnaagenda2030.files.wordpress.com/2020/07/en_osd_2020_vs_2_mari_singlepage. pdf。

67 SDGs Kenya Forum for Sustainable Development, "Background-The Third Progress Report on Implementation of SDGs in Kenya. Voluntary National Review-Civil Society Report 2020," n. d., https://sdgkenyaforum.org/vnr-2020.

68 SDGs Kenya Forum for Sustainable Development, "People's Scorecard-The Third Progress Report on Implementation of SDGs in Kenya. Voluntary National Review-Civil Society Report 2020," n. d., https://sdgkenyaforum.org/vnr-2020.

69 Shannon Kindornay and Renée Gendron, "Progressing National SDGs Implementation: An Independent Assessment of the Voluntary National Review Reports Submitted to the United Nations High-Level Political Forum on Sustainable Development in 2019" (Ottawa: Canadian Council for International Cooperation, 2020), iv, 4, vi–vii, https://ccic.ca/wp-content/uploads/2020/03/Full-report.pdf.

70 Shannon Kindornay and Zeki Kocaata, "Capacity Development for 2030 Agenda Implementation," Good Practice in 2030 Agenda Implementation Series (Vancouver and Ottawa: British Columbia Council for International Cooperation and Canadian Council for International Co-operation, 2019), 3–4, https://www.bccic.ca/wp-content/uploads/2019/09/Capacity-intsk.pdf.

71 United Nations, Department of Economic and Social Affairs, "Multi-Stakeholder Engagement in 2030 Agenda Implementation: A Review of Voluntary National Review Reports (2016-2019)" (New York: United Nations, 2020), https://sustainabledevelopment.un.org/content/documents/26012VNRStakeholdersResearch.pdf.

72 Spain, Alto Comisionado para la Agenda 2030, "Informe de Gobernanza."

73 Estonia, Government Office, "Review of the Implementation of the UN 2030 Agenda in Estonia," 2020.

74 Finnish National Commission on Sustainable Development, "Members of the Commission," n. d., https://kestavakehitys.fi/en/commission/composition/members.

75 Nepal, National Planning Commission, "National Review of Sustainable Development Goals," 16.

76 Kementerian PPN/Bappenas, "The Launching of National Action Plan (NAP) 2017-2019 to Achieve Sustainable Development Goals (SDGs)," June 5, 2018, https://www.bappenas.go.id/files/2115/3309/4644/Siaran_Pers_-_The_Launching_of_National_Action_Plan_NAP_2017-2019_to_Achieve_Sustainable_ Development_Goals_SDGs.pdf.

77 Indonesia, Ministry of National Development Planning/National Development Planning Agency, "Voluntary National Review: Empowering People and Ensuring Inclusiveness and Equality," 32.

78 Italian Alliance for Sustainable Development (ASviS), "Italy and the Sustainable Development Goals," ASviS Report, 2018, 67, https://asvis.it/public/asvis/files/ASviS_REPORT_2018_ENG_web.pdf.

79 Italy, Ministry for the Environment, Land and Sea, "Strategy for Sustainable Development-Activity Report," 2018, 7.

80 Costa Rica, SDG Technical Secretariat-Mideplan, "Second Voluntary National Review, Sustainable Development Goals, Costa Rica 2020- 'Sustainable Development in Action: The Route to Sustainability, '" 89.

81 United Nations Development Programme et al., "Learning Module 1: Localizing the SDGs/Introduction. The Trainer's Guide," July 2017, 44, https://www.local2030.org/library/348/Trainers-guide-for-Localizing-the-SDGs-Learning-Module-1.pdf.

82 Nepal, National Planning Commission, "National Review of Sustainable Development Goals."

83 参见 Kenya, Ministry of Devolution and the ASALS, State Department for Devolution, "County Integrated Development Plans," n. d., https://www.devolution.go.ke/downloads/; Kenya, National Treasury and Planning, State Department for Planning, "Second Voluntary National Review on the Implementation of the Sustainable Development Goals," 28。

84 Colombia, Departamento Nacional de Planeación, "Portal Territorial de Colombia Kit de Seguimiento," June 11, 2021, https://portalterritorial.dnp.gov.co/AdmKITTerritorial/KITSeguimiento#.

85 Contraloría General de la República de Colombia, "Evaluación de la preparación para la implementación de la Agenda 2030 y los Objetivos de Desarrollo Sostenible," 69; Colombia, "Presentación Nacional Voluntaria de Colombia. Los ODS como instrumento para Consolidar la Paz," 10–13.

86 Turkey, "Turkey's Sustainable Development Goals 2nd VNR 2019: 'Strong Ground towards Common Goals, '" 14.

87 Kindornay and Gendron, " Progressing National SDGs Implementation: An Independent Assessment of the Voluntary National Review Reports Submitted to the United Nations High-Level Political Forum on Sustainable Development in 2019."

88 参见 Inter-Parliamentary Union, "Institutionalization of the Sustainable Development Goals in the Work of Parliaments" (Geneva: Inter-Parliamentary Union, 2019), https://www.ipu.org/file/7639/download?token=84xo0IJs。

89 Chile, Consejo Nacional para la Implementación de la Agenda

2030 y el Desarrollo Sostenible, "Agenda 2030 Objetivos de Desarrollo Sostenible: Informe Nacional Voluntario," June16, 2017, 8, https://sustainabledevelopment.un.org/content/documents/15776Chile.pdf; Interview with legislator Patricio Vallespin on the role of Congress regarding SDG implementation, January 29, 2018, https://www.bcn.cl/observatorio/asiapacifico/noticias/diputado-patricio-vallespin-agenda-2030; Costa Rica, SDG Technical Secretariat-Mideplan, "Second Voluntary National Review, Sustainable Development Goals, Costa Rica 2020- 'Sustainable Development in Action: The Route to Sustainability,'" 73; see Presidencia de la República de Costa Rica, "Costa Rica: Primer Pais Del Mundo En Firmar Pacto Nacional Por Los Objetivos de Desarrollo Sostenible," September 9, 2016, sec. Comunicados Derechos humanos, https://www.presidencia.go.cr/comunicados/2016/09/costa-rica-primer-pais-del-mundo-en-firmar-pacto-nacional-por-los-objetivos-de-desarrollo-sostenible/.

90 Kenya Parliamentary Caucus on SDGs and Business, "About the Kenya Parliamentary Caucus on SDGs and Business," n. d., https://www.kenyasdgscaucus.org/?page_id=894.

91 Camera dei deputati, XVIII Legislatura, "L'agenda Globale per Lo Sviluppo Sostenibile," Quinta Edizione, n. 89. Documentazione e Ricerche, November 2020,13, https://documenti.camera.it/Leg18/Dossier/Pdf/UE0017.Pdf.

92 引自可持续发展与善政廉政委员会成员Ms. Bimala Rai Paudel,参加喜马拉雅新闻社采访时的谈话:"Champion Group to Spread SDG Awareness, " The Himalayan Times, July 17, 2019, https://thehimalayantimes.com/kathmandu/champion-group-to-spread-sustainable-development-goals-awareness/。

93 India, NITI Aayog, "India VNR 2020-Decade of Action, Taking SDGs From Global to Local," 18.

94 参见Medias24 editorial staff, "Le Rapport ODD de La Cour Des Comptes Mercredi à La Chambre Des Conseillers," Medias24, September 24, 2019, sec. Quoi de neuf, https://www.medias24.com/le-rapport-odd-de-la-cour-des-comptes-mercredi-a-la-chambre-des-conseillers-4525.html。

95 Medias24 editorial staff; Aouifia, "Les Parlementaires Devront Appuyer Les ODD."

96 Morocco, "Examen National Volontaire de La Mise En Œuvre Des Objectifs de Développement Durable," 2020, 8.

97 National Assembly UN SDG Forum, "Research on National Implementation of the SDGs," 2016, http://ebook.assembly.go.kr/ebooklnk/research/pdf/research519145434.pdf.

98 参见ksap.dpr.go.id., 有些文献中称其为"众议院议会间协调委员会"。

99 详情参见ksap.dpr.go.id/pfsd2019。

100 Brazil, "Voluntary National Review on the Sustainable Development Goals," 39; Câmara dos Deputados, "Requerimento No.1968/2019: Requer Registro Da Frente Parlamentar Mista Em Apoio Aos Objetivos de Desenvolvimentos Sustentável Da ONU-ODS," July 12, 2019, https://www.camara.leg.br/internet/deputado/Frente_Parlamentar/54145-integra.pdf; Republic of Korea, "Year One of Implementing the SDGs in the Republic of Korea: From a Model of Development Success to a Vision for Sustainable Development-Executive Summary," 2016, https://sustainabledevelopment.un.org/content/documents/10446Executive%20Summary%20Review_ROK.pdf.

101 参见Parliament of Sierra Leone, "Mandate and Powers of Committees" (n. d.), https://www.parliament.gov.sl/committee-mendate.html。

102 Together 2030 in partnership with Newcastle University, Philippine Social Enterprise Network, Sightsavers, World Vision and Global Focus, "Engaging Parliaments on the 2030 Agenda and the SDGs: Representation, Accountability and Implementation-A Handbook for Civil Society" (Together 2030, July 2018), http://www.partners-for-review.de/wp-content/uploads/2018/12/Engaging-parliaments-on-the-2030-Agenda-and-the-SDGs.pdf; "Memorandum of Understanding Between the Parliamentary Action Group on the SDGs and the Sierra Leone Coalition 2030," 2017, https://together2030.files.wordpress.com/2018/12/mou-between-the-parliamentary-action-group-on-the-sdgs-sierra-leone.pdf.

103 "Memorandum of Understanding Between the Parliamentary Action Group on the SDGs and the Sierra Leone Coalition 2030."

104 Finland, Prime Minister's Office, "Voluntary National Review 2020 Finland: Report on the Implementation of the 2030 Agenda for Sustainable Development."

105 Jorge Bermúdez, "Presentation from the General Comptroller of Chile at Session VII on 'Strengthening SAI Capacities for Auditing SDGs'" (Joint UN-IDI meeting, New York, July 20, 2018).

106 Chile, Consejo Nacional para la Implementación de la Agenda 2030 de Desarrollo Sostenible, "2o Informe Nacional Voluntario Chile 2019," 2019, 242–44, https://sustainabledevelopment.un.org/content/documents/23507Informe_Nacional_Voluntario_CHILE_ Junio_2019_final_1.pdf.

107 Morocco, "Examen National Volontaire de La Mise En Œuvre

Des Objectifs de Développement Durable,” 2020.

108 Mauritius, Ministry of Foreign Affairs, Regional Integration and International Trade, “Voluntary National Review Report of Mauritius 2019.”

109 参见Contraloría de Bogotá, D. C., “Contraloría de Bogotá Aliada Con Los Objetivos de Desarrollo Sostenible (ODS),” n. d., http://www.contraloriabogota.gov.co/contralor-de-bogot-aliada-con-los-objetivos-de-desarrollo-sostenible-ods。

110 Estonia, Government Office, “Review of the Implementation of the UN 2030 Agenda in Estonia,” 2020; Estonia, Government Office, “Global Sustainable Development Goals.”

111 Finnish National Commission on Sustainable Development, “Members of the Commission.”

112 Commission on Sustainable Development of the Republic of Korea, “National Sustainable Development Commission-Member List,” n. d., http://ncsd.go.kr/members.

113 Green Climate Fund, “Country Programme-Mongolia,” March 19, 2019, 21, https://www.greenclimate.fund/sites/default/files/document/mongolia-country-programme.pdf.

114 Morocco, “Examen National Volontaire de La Mise En Œuvre Des Objectifs de Développement Durable,” 2020, Preface.

115 Alejandra Agudo, “El Gobierno Crea El Consejo Para El Desarrollo Sostenible,” El País, February 26, 2019, https://elpais.com/elpais/2019/02/25/planeta_futuro/1551122110_492670.html.

116 Costa Rica, SDG Technical Secretariat-Mideplan, “Second Voluntary National Review, Sustainable Development Goals, Costa Rica 2020- ‘Sustainable Development in Action: The Route to Sustainability’” ; Costa Rica, “Costa Rica: Construyendo una visión compartida del desarrollo sostenible. Reporte nacional voluntario de los Objetivos de Desarrollo Sostenible,” June 2017,16–17, https://sustainabledevelopment.un.org/content/documents/15846Costa_Rica.pdf.

117 Kenya, National Treasury and Planning, State Department for Planning, “Second Voluntary National Review on the Implementation of the Sustainable Development Goals” ; Kenya, “Voluntary National Review 2020-Key Messages,” 2020, https://sustainabledevelopment.un.org/memberstates/kenya.

118 Kenya, “Voluntary National Review 2020-Key Messages.”

119 SDGs Kenya Forum for Sustainable Development, “Annual General Meeting Report 2020” (Azure Hotel, Nairobi, January 30, 2020), https://sdgkenyaforum.org/content/uploads/documents/c12a5fa7b5898b08.pdf.

120 Kenya, National Treasury and Planning, State Department for Planning, “Second Voluntary National Review on the Implementation of the Sustainable Development Goals.”

121 Chile, Ministerio de Relaciones Exteriores, Decreto 67. Reemplaza el Texto del Decreto Supremo No 49, de 2016, que crea Consejo Nacional para la Implementación de la Agenda 2030 para el Desarrollo Sostenible, Article 9.

122 Civil Society Working Group for the 2030 Agenda (GTSC A2030), “2030 Agenda for Sustainable Development Spotlight Report-Synthesis IV, Brazil.”

123 参见https://futuroencomun.net/grupos-de-trabajo/。

124 Spain, “Informe de España para el examen nacional voluntario 2018,” 2018, 21, https://sustainabledevelopment.un.org/content/documents/20113Spain_VNR_Report_Spain_29_de_junio_2018.pdf.

125 Sierra Leone, Ministry of Planning and Economic Development, “2019 VNR Report on SDGs in Sierra Leone.”

126 Mongolian National CSOs Network on SDGs, “Mongolian Civil Society Joint Report on Implementation of Sustainable Development Goals,” 2019, https://action4sd.org/wp-content/uploads/2019/10/Mongolia-VNR-report-2019.pdf.

127 参见https://www.wadanatodo.net/。

128 Alem Tedeneke, “Global Survey Shows 74% Are Aware of the Sustainable Development Goals,” World Economic Forum, September 23, 2019, https://www.weforum.org/press/2019/09/global-survey-shows-74-are-aware-of-the-sustainable-development-goals/#:~:text=Global%20Survey%20Shows%2074%25%20Are%20Aware%20of%20the%20Sustainable%20Development%20Goals,-Published&text=New%20York%2C%20USA%2C%2023%20September, by%20the%20World%20Economic%20Forum; Ipsos, “Awareness of United Nations’ Sustainable Development Goals Is Highest in Emerging Countries,” September 23, 2019, https://www.ipsos.com/en-us/news-polls/global-advisor-un-sdgs.

129 France, “Point d’étape dans la mise en oeuvre des Objectifs de Développement Durable, à l’occasion du Forum politique de haut niveau sur le développement durable,” Juillet 2017, https://www.ecologie.gouv.fr/sites/default/files/ODD_Point%20d%27%C3%A9tape%20HLPF%202017.pdf.

130 France, “Point d’étape de la France sur la mise en oeuvre de l’Agenda 2030, à l’occasion du forum politique de haut niveau sur les objectifs de développement durable,” Juillet 2018.

131 Republic of Korea, “Year One of Implementing the SDGs in the Republic of Korea: From a Model of Development

Success to a Vision for Sustainable Development-Executive Summary."

132 参见https://www.mypeg.ca/;peg, "Our City 2019: A Peg Report on Winnipeg and the Sustainable Development Goals" (International Institute for Sustainable Development and United Way Manitoba, 2019), https://www.mypeg.ca/wp-content/uploads/sites/2/2020/01/Our-City-2019-Peg-Report.pdf。

133 参见International Institute for Sustainable Development, "SDG Indicator Portal, " n. d., https://sustainable-development-goals.iisd.org/city-data。

134 参见https://kestavakehitys.fi/en/monitoring/citizens-panel。

135 参见http://sasdghub.org/。

136 Indonesia, Ministry of National Development Planning/National Development Planning Agency, "Voluntary National Review: Eradicating Poverty and Promoting Prosperity in a Changing World."

137 Indonesia, Ministry of National Development Planning/National Development Planning Agency, "Voluntary National Review: Empowering People and Ensuring Inclusiveness and Equality," 37, see for example sdgcenter. unila. ac. id; Indonesia, Ministry of National Development Planning/National Development Planning Agency, "Voluntary National Review: Eradicating Poverty and Promoting Prosperity in a Changing World, " 6, Fig. 3.

138 Green Climate Fund, "Country Programme-Mongolia," 21.

139 European Sustainable Development Network (ESDN), "ESDN Country Profile: Finland-Basic Information," August 18, 2020, https://www.esdn.eu/country-profiles/detail?tx_countryprofile_countryprofile%5Baction%5D=show&tx_countryprofile_countryprofile%5Bcontroller%5D=Country&tx_countryprofile_countryprofile%5Bcountry%5D=9&cHash=57727b611e5e4b5b1b521ca5a75cbd57.

140 New Zealand, Ministry of Foreign Affairs and Trade, "He Waka Eke Noa/Towards a Better Future, Together: New Zealand's Progress Towards the SDGs-2019, " 2019, 17, https://sustainabledevelopment.un.org/content/documents/23333New_Zealand_Voluntary_National_Review_2019_Final.pdf.

141 Kenya, National Treasury and Planning, State Department for Planning, "Second Voluntary National Review on the Implementation of the Sustainable Development Goals, " 10 and 18.

142 Costa Rica, SDG Technical Secretariat-Mideplan, "Second Voluntary National Review, Sustainable Development Goals, Costa Rica 2020- 'Sustainable Development in Action: The Route to Sustainability, '" 87–88.

143 参见https://www.sdg.org.nz/ and https://www.sdg.org.nz/about-us/。

144 参见https://www.wgsi.org/blog/voluntary-local-review-pilot-project.

145 该行动计划以协商方式编制于2015年就可持续发展目标评估方案为议题的国家工作小组会议上。United Nations Development Programme Bangkok Regional Hub, "Good Practices Integrating the SDGs into Development Planning-Nepal," 2017, 5–6.

146 Nepal, National Planning Commission, "Integrated National Evaluation Action Plan of Nepal (2016–2020), " July 2017, introduction–1.

147 除此之外，私营部门还在落实可持续发展目标的过程中处于重要地位，常见的方式有通过常规业务、政府伙伴关系、公益创业等，但本章未提及。

148 United Nations, "Compendium of National Institutional Arrangements for Implementing the 2030 Agenda for Sustainable Development."

149 Kenya, National Treasury and Planning, State Department for Planning, "Second Voluntary National Review on the Implementation of the Sustainable Development Goals."

150 Kenya, National Treasury and Planning, State Department for Planning; Kenya, "Voluntary National Review 2020-Key Messages. "

151 Indonesia, Ministry of National Development Planning/National Development Planning Agency, "Voluntary National Review: Empowering People and Ensuring Inclusiveness and Equality."

152 Hyunjin Jeon, Ministry of Foreign Affairs, Republic of Korea, "Progress and Challenges in Implementation of SDGs-Republic of Korea," https://www.unescap.org/sites/default/files/Session%201-6.%20Country%20Presentation_ROK.pdf.

153 Nepal, National Planning Commission, "National Review of Sustainable Development Goals" ; Nepal, National Planning Commission, "Sustainable Development Goals-Status and Roadmap: 2016–2030."

154 New Zealand, Ministry of Foreign Affairs and Trade, "He Waka Eke Noa/Towards a Better Future, Together: New Zealand's Progress Towards the SDGs–2019," 11–12.

155 Mauritius, Ministry of Foreign Affairs, Regional Integration and International Trade, "Voluntary National Review Report of Mauritius 2019," 8.

156 Kenya, National Treasury and Planning, State Department for Planning, "Second Voluntary National Review on the

Implementation of the Sustainable Development Goals," 21; see, for example, the 2018–2019 Private Sector 2nd Voluntary Progress Report on Implementation of the Sustainable Development Goals in Kenya at https://sdgkenyaforum.org/content/uploads/documents/00c1ffdf786642a2.pdf.

157 参见 https://www.ods.gov.co/es/sdg-corporate-tracker。

158 Costa Rica, SDG Technical Secretariat-Mideplan, "Second Voluntary National Review, Sustainable Development Goals, Costa Rica 2020- 'Sustainable Development in Action: The Route to Sustainability, '" 58; see also Costa Rica, Objetivos de Desarrollo Sostenible, http://ods.cr/.

159 参见 https://redcomovamos.org。

160 参见 https://nepalsdgforum.org/ and, for example, Nepal SDGs Forum, "Leave No One Behind-Nepal Civil Society Perspectives on the 2030 Agenda for Sustainable Development: CSOs' Voluntary National Review 2020," July 2020, https://nepalsdgforum.org/uploads/attachments/q7j9zoazo5my9udx.pdf。

161 参见 https://kam.co.ke/sdg-readiness-report-2020/。

162 参见联合国报告第1章："Working Together: Integration, Institutions and the Sustainable Development Goals-World Public Sector Report 2018."

163 参见联合国报告第1章。

第2章

可持续发展目标监测、追踪落实和评审

2.1 简介

监测、追踪落实和评审的体系和过程，以及这些程序产出信息的使用，有助于可持续发展目标的有效实施。这有助于通过促进理解实施的行动是为何以及如何取得成功，以及为如何改善政策决定与结果之间的关系提供深刻见解，这有助于为政策制定提供信息和增进知识。此外，这还将通过提供实施可持续发展目标的公共规划的实施情况和结果的信息，促进利益相关方的合作、透明度和问责制度。[1]

《2030年议程》强调了可持续发展目标以追踪落实和评审作为问责机制的重要性，并制定了清晰的规范进行指导。这将促进“一个强有力的、自发的、有效的、吸引度高的、透明的和完整的追踪落实和评审框架，（它）将对方案执行做出重要贡献，并将帮助各国最大限度地扩大和跟踪进展……以确保不让任何人掉队。”[2]可持续发展议程不仅要求衡量实现目标的进展，而且强调不断相互借鉴。可持续发展议程还承认各个利益相关方的贡献，因为它鼓励各国采取“定期和包容性的国家级和地区级的进展的复核”，鼓励“公民、民间团队、私营部门和其他利益相关方根据本国情况、政策和优先事项作出的贡献。国家议会以及其他机构也可以支持这些流程。”[3]

在这些原则的基础之上，各国可以很好地将可持续发展目标监测、追踪落实和评审纳入其国家监测和评估体系，以避免出现并行的系统。然而，

专栏2.1 定义关键概念

监测——使用系统地针对特定指标的数据采集，以提供有关公共政策的进展和成果和/或使用政府划拨资金情况信息。

评估——结构化、深度地评价一项预期的、正在进行的或已经完成的政策提议，以确定其目标的相关性和实施情况，并评估诸如效率性、有效性、影响性或可持续性等方面。

追踪落实——广义上，可以被定义为监测和评估一个方案的影响或一个计划执行的管理和沟通。狭义上，指的是对一项认可的行动的跟进，包括完成期限和负责实施的主体，还可能额外包括一些长期性、战略性和制度层面的行动。

评审——根据监测得到的信息或评估得到的结果，决定是否需要对一个方案进行改变以及改变什么。

报告——任何监测和评估不可或缺的组成部分，目的在于记录，并向特定的对象呈现特定时期一项方案的执行情况。

资料来源： Organisation for Economic Co-operation and Development (OECD), Open Government. The Global Context and the Way Forward (Paris: OECD Publishing, 2016); Paris 21, “E. M & E Reporting, ” National Strategy for the Development of Statistics (NSDS) Guidelines, April 2018; Port Phillip and Westernport Catchment Management Authority (CMA), “9. Monitoring, Evaluation and Reporting,” in 2004-2009 Port Phillip and Western Port Regional Catchment Strategy (Frankston, Victoria: Port Phillip and Westernport Catchment Management Authority, 2004); Scottish Council for Voluntary Organisations (SCVO), “Monitoring, Evaluation & Review,” SCVO. Support and Learning, January 23, 2020; United Nations Economic and Social Commission for Asia and the Pacific (UN ESCAP), “ESCAP Monitoring and Evaluation. Policy and Guidelines” (UN ESCAP, 2017)。

有些国家确实没有监测体系，即使有，这些国家在制度化、机构设置以及责任分工上都有不同程度的区别。[4]因此，处于不同阶段的各国，在制定可持续发展目标监测、追踪落实和评审的体系和过程中会采用不同的方法。

本章阐述了这种多样性，并分析了可持续发展目标监测、追踪落实和评审如何与其他监测进程和主要问责机构相联系，如何为其决策提供信息，并为利益相关方参与提供机会。本章还旨在辨识优势和改进的机会。除了二手文献，包括公共机构和数字政府司的一份调查报告，本章节使用的数据来自对24个国家的抽样深度调研以及审计报告、评估和独立评价。

2.2节分析了将可持续发展目标监测、追踪落实和评审作为改进可持续发展目标实施的方法。2.3节分析了将可持续发展目标监测、追踪落实和评审作为透明度和问责制的工作，鉴于政府中不同的角色和级别。2.4节侧重于可持续发展目标追踪落实和评估系统的表现，鉴于其与现存的监测和评估体系的整合以及监测信息的战略性使用等问题。本节还介绍了新冠疫情流行对可持续发展目标监测、追踪落实和评审的影响。

2.2 可持续发展目标监测、追踪落实和评审以促进执行

本节探讨了国家层级可持续发展目标监测、追踪落实和评审系统的制度化，以及支持性进程的发展，然后分析了地方层级可持续发展目标监测、追踪落实和评审。

2.2.1 国家层级可持续发展目标监测、追踪落实和评审系统的制度化

国家层级可持续发展目标监测、追踪落实和评审系统的发展、制度化与可持续发展目标的所有权进展以及其纳入国家程序和系统密切相关。近些年，各国在国家层面持续对制度化和加强可持续发展目标监测、追踪落实和评审付出的努力不断加大。[5]大部分在本报告中所审查的24个国家（24个中的23个）在国家层面已经建立了可持续发展目标追踪落实和评审的制度结构或可确定责任的主体。

然而，这些结构根据可持续发展目标如何融入每个国家的制度结构而有所不同。首先，许多国家建立了协调可持续发展目标实施的制度结构，其中

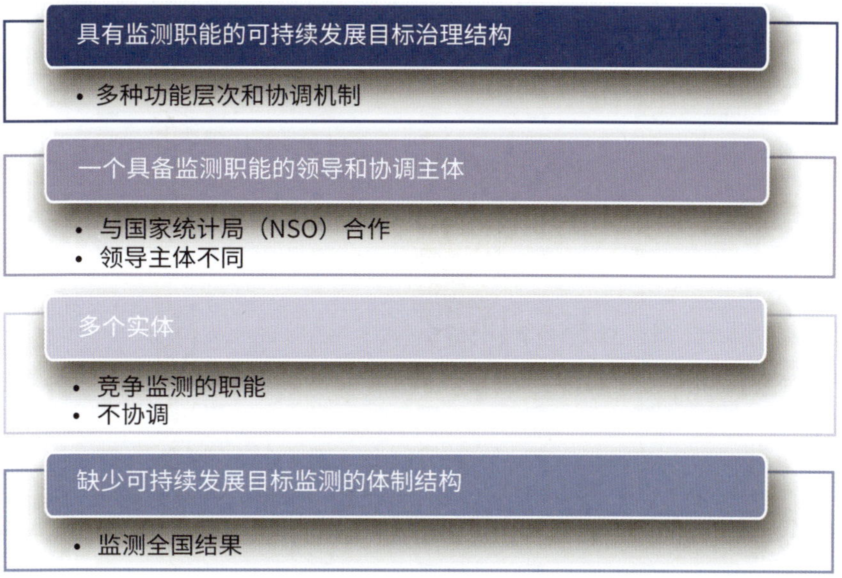

图2.1 可持续发展目标监测、追踪落实和评审系统

资料来源：作者制作。

包括了可持续发展目标的监测、追踪落实和评审。一般来说，这些制度结构具备多个职能层级，并包括协调机制。在某些情况下，一个实体起到引导作用。基于进程、信息和报告流程制度的不同，这些体制结构呈现出不同程度的复杂性。本报告在本组的样本数据来源国家有智利、哥伦比亚、哥斯达黎加、芬兰、印度尼西亚、尼泊尔、蒙古国、菲律宾和卢旺达。

在第二组样本国家［如爱沙尼亚、法国、肯尼亚、南非、西班牙（截至2017年）、土耳其］，协调可持续发展目标的实施的责任制定给一个领导的主体，该主体通常也领导监测、追踪落实和评审工作，通常但不总是和国家统计局（NSO）合作。不同国家之间，领导的主体也不同（如总统办公室、规划部、环境和可持续发展部）。在少数情况下（如格鲁吉亚、尼日利亚），负责的主体并不是一个部门。[6]

专栏2.2　可持续发展目标监测系统随时间的变化

巴西——可持续发展目标国家委员会于2016年10月成立（10月27日第8892号法令）。该委员会运作了两年，直到2019年被废除（第9759号法令）。没有设立或指派其他的主体负责可持续发展目标的监测、追踪落实和评审。

西班牙——2016—2020年，可持续发展目标的管理架构经历了多次变化，影响了其监测、追踪落实、评审和报告。2017年5月，外交部任命了一名《2030年议程》的特使。2017年10月，一个高级别的小组成立，负责可持续发展目标执行的自发性国家评审的筹备和定期地向政府经济事务执行委员会报告。2018年6月，西班牙政府主席设立了《2030年议程》的高级专员办事处，负责追踪落实《2030年议程》的执行，评估、核实和宣传可持续发展目标执行的证据，并推进评估可持续发展目标进展所需的信息和统计系统。

2019年4月，开展了旨在加强可持续发展目标管理的机构改革，包括可持续发展目标的监测、追踪落实和报告。对高级别小组的职能进行了重新定义，包括落实《2030年议程》执行所需的策略和计划。两个新的机构设立：《2030年议程》全国委员会，负责促进地方各级政府之间的合作和信息交流；以及全国可持续发展委员会，负责为可持续发展目标执行的落实提供政府。

资料来源： Ministerio de Asuntos Exteriores y de Cooperación (Spain), “Real Decreto 465/2017, de 5 de Mayo, Por El Que Se Designa Embajador En Misión Especial Para La «Agenda 2030» a Don Juan Francisco Montalbán Carrasco,” Boletín Oficial Del Estado108 (May 6, 2017); Resolution of 13 October 2017 of the Secretary of State for International Cooperation for Ibero-America and the Caribbean (DGPOLDES, “Primera Reunión Del Grupo de Trabajo Permanente Sobre Agenda 2030,” Noticias. Cooperación Española, December 1, 2017); Presidencia de Gobierno (Spain), “Real Decreto 419/2018, de 18 de Junio, Por El Que Se Reestructura La Presidencia Del Gobierno,” Boletín Oficial Del Estado 148 (June 19, 2018); Orden PCI/383/2019 of 2nd April publishes the Agreement of the Executive Commission for Economic Affairs on strengthening the governance of the 2030 Agenda [Ministerio de la Presidencia, Relaciones con las Cortes e Igualdad (Spain), “Orden PCI/383/2019, de 2 de Abril, Por La Que Se Publica El Acuerdo de La Comisión Delegada Del Gobierno Para Asuntos Económicos de 21 de Marzo de 2019, Relativo al Refuerzo de La Gobernanza Para La Agenda 2030,” Boletín Oficial Del Estado 80 (April 3, 2019)]; Alto Comisionado para la Agenda 2030 (Spain), “Informe de Gobernanza. Informe Sobre Los Mecanismos e Instrumentos de Coordinación Para La Implementación de La Agenda 2030 En España” (Madrid: Gobierno de España, February 15, 2019)。

专题：2019年新冠疫情的影响

自2019年新冠疫情的流行改变了各国政府原本的优先事项，将重点专注于短期内卫生应急情况和相关的经济和社会危机，并设法力求中期或更长期的恢复。这些变化影响了政府对资源和人力的配置情况。一些政府机构可能承担了太多关于传染病的职责，而在可持续发展目标监测、追踪落实和评审职责上有所偏离。例如，智利在2019年修改了可持续发展目标的执行架构，重组了《2030年议程》执行全国委员会，职能包括就《2030年议程》的监测向总统提供建议，并在国家层面协调可持续发展目标的监测。该委员会的技术秘书处由社会发展部（MIDESO）担任，负责协调可持续发展目标的监测和汇报进展。在智利总审计长负责的一项正在进行的审计过程中，审计人员发现，社会发展部主要关注于2019年新冠疫情，并推迟了完成委员会条令规定的任务。

资料来源：联合国经济和社会部门（UNDESA）公共机构和数字政府司为编写《世界公共部门报告》所进行的调查中提供的信息；The Council was created in May 2016 [Ministerio de Relaciones Exteriores (Chile), “Decreto 49. Crea Consejo Nacional Para La Implementación de La Agenda 2030 Para El Desarrollo Sostenible” (2016)) and reorganized in May 2019 (Ministerio de Relaciones Exteriores (Chile), “Decreto 67. Reemplaza El Texto Del Decreto Supremo No 49, de 2016, Que Crea Consejo Nacional Para La Implementación de La Agenda 2030 Para El Desarrollo Sostenible” (2019)]; Ministerio de Relaciones Exteriores (Chile), Decreto 67. Reemplaza el Texto del Decreto Supremo No 49, de 2016, que crea Consejo Nacional para la Implementación de la Agenda 2030 para el Desarrollo Sostenible. Article 14; Personal communication with audit coordinator (Oct. 16, 2020)。

在其他国家[如加拿大（截至2017年）、毛里求斯、摩洛哥、韩国]，多个主体之间存在相互冲突的监测、追踪落实和评审责任，而它们之间没有明确的协调机制，而且往往职责划分不明确。在塞拉利昂，由于一个领导的主体没有明确提出可持续发展目标监测的体制架构，其他机构往往不明确自己的角色，因此职责会相互冲突。[7]

最后，一些国家还没有为可持续发展目标监测、追踪落实和评审确定明确的角色和职责的具体体制结构。几个国家已经将这些职能集成到现存的系统当中。举例来说，新西兰与可持续发展目标一致的国家成果框架，由新西兰财政部监督。

一些国家随着时间的推移，修改了可持续发展目标监测、追踪落实和评审系统。有几个因素可以解释这种变化，包括政治考虑，比如政府变动影响了可持续发展目标的政治承诺水平，以及基于监测信息进行学习和调整。

虽然大多数国家已经确定了负责可持续发展目标监测、追踪落实和评审的机构，但是这些机构的安排和系统的表现并不总是有利于有效的追踪落实和评审。（见第2.4节）

2.2.2 国家层级开展可持续发展目标监测、追踪落实和评审的进程

有效的可持续发展目标的监测、追踪落实和评审需要过程充分，以确保及时和定期产生数据和

信息，制定衡量进展和报告的有效指标，并对行动和结果进行可靠的评估，确定瓶颈问题、优秀的做法和吸取的经验教训，并提出改进建议。许多国家没有建立这种程序，抑或是没有足够的资源予以支持。报告样本中的国家大约只有一半（24个国家中的13个）确定了国家层面的可持续发展目标追踪落实和评审的战略或计划。本节分析国家层面制定指标的过程，并确保评估可持续发展目标进展必要数据的产生，最后，聚焦于可持续发展目标的执行与进展。

2.2.2.1 衡量可持续发展目标进展：确定指标，确保数据及时

可持续发展目标的监测依赖于一个综合的框架，其中包括旨在协同运行的多级评审过程和指标。正如《2030年议程》第75段所述，“将使用一套全球的指标对各项目标和具体目标进行追踪落实和评审”。[8]这些指标将会由各地区和国家的成员国来进行完善。

指标

国家层级监测工作主要侧重于识别追踪和衡量可持续发展目标进展的指标。即使是没有建立可持续发展目标监测体制架构的国家也意识到全国层级的指标以及其实用性。然而，确定指标需要时间，而且仍在进行中，因为全球指标体系的修订以及国家级别和地方级别的统计能力、数据质量和可用性仍然面临严峻的挑战。[9]此外，国家级别的元数据的产生，也是一项漫长的过程，并影响数据的可用性。

有几个因素有助于解释为指标做出的努力。第一，联合国千年发展目标中汲取的经验教训。联合国千年发展目标的监测、追踪落实和评审最初包括18个目标和48项指标，2005年变为21个目标和60项指标。[10]因此，发展中国家以前有过追踪结果指标的经验，尽管联合国千年发展目标监测数据的产生频率不高。[11]第二，在《2030年议程》采用之前就制定了国家层级可持续发展战略或计划的国家（例如许多欧洲国家）已经制定了国家层级的指标，评估和衡量可持续发展事项。第三，通过可持续发展目标指标机构组和专家组（IAEG-SDGs）参与全球指标框架的制定，引发了一些国家的早期工作，并将重点放在指标上。例如，参加了指标机构组和专家组的哥伦比亚国家统计局（DANE），设立了一个内部工作组，领导了由60个主体参加的15个国家学习班，以确定可持续发展目标监测的国家级别指标。[12]

区域指标框架也促使在国家一级开展指标工作。这些框架旨在确保区域间的相关性，完善全球框架，优先考虑衡量工作并促进相互支持，以增加统计能力。[13]然而，这些也和国家层级的框架一样显示出局限性，例如设定可量化的目标和里程碑中的限制、数据的可用性以及指标和行动之间联系薄弱。（见专栏2.3）

根据其自身的背景，每个国家将选择最适合其实现可持续发展目标的指标。从尚未确定框架的国家到已经关注数据分类和质量的国家，可持续发展目标指标体系的稳健性和成熟度因国家而异。

大多数国家（报告样本中的24个国家中有23个国家）根据全球可持续发展目标指标体系开展了评估和确定国家指标的优先次序的工作，并确定了一套国家可持续发展目标指标（见图2.3）。然而，样本之外的一些国家在2018年（例如圣卢西亚、

图2.2　可持续发展目标监测框架的成熟度水平

资料来源：作者阐述。

专栏2.3 区域性指标体系

欧盟可持续发展目标体系——由欧盟委员会/欧盟统计局发布的2019年版本包括99个指标，其中55个与全球指标一致。这些指标中有16个有着官方的、可量化的欧盟目标（和战略相关），作为评估进展的参考。但是，对于大部分的指标，评估进展是通过确定指标是否朝着有关可持续发展目标的正确方向前进。2020的版本包括了100项指标，其中53项与全球框架一致。然而，专家指出，欧盟缺乏2020年后的长期可持续发展目标战略，影响了评估的稳健性，也不允许评估与可量化距离目标的差距。

拉丁美洲和加勒比区域指标——由154项指标组成，涵盖了所有可持续发展目标和169项子目标中的94项。这套指标包括最初由拉丁美洲和加勒比《2030年议程》统计协调小组技术秘书处提出的全球指标体系中的120个指标、30个补充指标和4个代理指标。

资料来源：ECLAC, Quadrennial Report on Regional Progress; Misty Montéville and Marianne Kettunen, “Eurostat 2019 Report Shows Mixed Picture of EU’s Progress on SDGs”；Misty Montéville and Marianne Kettunen, “IEEP Reviews EU’s Progress towards the Sustainable Development Goals (SDGs) Ahead of HLPF 2019,” IEEP (blog), July 8, 2019。

斯洛伐克和坦桑尼亚）和2019年（奥地利、波斯尼亚-黑塞哥维那、保加利亚、希腊、西班牙）仍然缺少指标体系。[14]

在指标数量方面，最近一项对30个国家的调查研究显示，平均每个国家制定了约112个国家级可持续发展目标的指标设置。[15]本节收集的指标（表2.1）显示，可持续发展目标指标的数量范围从60个（加拿大）到319个（印度尼西亚）不等。例如，印度尼西亚有一套包含319个指标的完整国家指标体系，其中有85个是和全球指标一致，165个是由全球指标转变而成，69个是对全球指标的补充。[16]然而，指标数量在其他国家则少了很多，很多国家关于全国的指标体系，只有100—200个指标。在一些国家，目前可用的数据只能衡量更小的一套指标体系。

指标的可用性在不同的时间点都进行了评估——类似于印度尼西亚在2016年发布了关于国家指标的技术性指导。[17]并不是所有的研究都使用了相同的参数（例如，有些国家明确考虑基于数据可用性和方法论的全球分类，而有些则不是），但这些国家也通过不同的方式进行——在一些国家，国家统计局领导（如法国、印度）；有些国家与其他部门进行协商（如智利、爱沙尼亚）；一些国家，可持续发展目标的协议主体领导这一进程（如印度尼西亚）；一些国家通过与利益相关者协调（如巴西、哥伦比亚、印度、印度尼西亚），而另一些则没有。

报告样本中的大多数国家确定了一套国家可持续发展目标指标，但确定国家目标、基线和标杆的国家相对较少（24个国家中的19个）。[18]这和2019年的自发性全国调查研究结果一致，该调查显示，47个国家中有17个报告选择了国家目标，而2018年只有7个。[19]大多数国家似乎依赖国际来源（包括联合国、欧盟统计局等），样本中只有10个国家在全球指标之外确定了国家代理指标或纯粹的国家指标（如哥伦比亚、爱沙尼亚、芬兰、印度尼西亚、意大利）。关于国家指标与全球指标的一致性的信息也很有限。这是一个关键问题，如专栏2.4中所阐述。

一些可持续发展目标对方法和数据可用性提

表2.1　可持续发展目标的追踪落实和评审的国家级指标

国　家	指标数量	制定者	国家目标值	改善数据质量的策略、计划和行动	地方层级的指标
巴西	82	巴西地理和统计研究所（IBGE），应用经济研究所［Ipea，国家可持续发展目标委员会（CNODS）］	无	无	有
加拿大	60[i]	加拿大统计局，可持续发展目标部门	有	有	无
智利	134	落实《2030年议程》全国委员会指标工作组	无	有	无
哥伦比亚	156	可持续发展目标委员会指标技术小组	有	有	有
哥斯达黎加	136	国家统计和人口普查研究所（INEC）	有	有	无
爱沙尼亚	82[ii]	爱沙尼亚统计局、可持续发展委员会、部际可持续发展工作组和政府办公室	无	无	—
芬兰	45可持续发展目标指标；158全球指标(SF)	国家可持续发展战略，芬兰统计局	有	无	—
法国	98	Institut National de la Statistique et des Études Économiques（INSEE），Conseil National de l'Information et de la Statistique（CNIS）	有	无	有
印度	297（国家指标框架）	统计和方案执行部（MoSPI）	有	无	有
印度尼西亚	319	国家发展规划局	有	有	无
意大利	130	意大利国家统计研究所（ISTAT）	有	有	有
肯尼亚	131	肯尼亚国家统计局（KNBS）	无	有	无
朝鲜	214	朝鲜统计局	有	无	有
毛里求斯	219[iii]	毛里求斯统计局	无	无	—
蒙古国	244[iv]	国际统计局	有	有	无
摩洛哥	102[v]	高级规划委员会（HCP）	有	有	无
尼泊尔	237	中央统计局（CBS）	有	有	有
新西兰[vi]			有	无	无
菲律宾	155	菲律宾统计局（PSA）	有	有	有
卢旺达	150	卢旺达国家统计研究所	有	无	无
塞拉利昂	176	塞拉利昂统计局	有	有	无
南非	128	南非统计局	有	无	有
西班牙	125	高级小组和国家统计研究所	有	无	有
土耳其	215[vii]	土耳其统计局	—	有	无

资料来源：作者文案研究。空单元格表示信息不可用或不确定。该表格是根据各国自行报告的信息编制的，有些国家数据包括了与该国相关的所有指标，有些国家对可获得的数据加以区分。

注：i　以草稿形式书写。

ii　不包括爱沙尼亚报告的5项文化空间活力指标和其他基于可持续发展目标指标的可持续发展指标[参见爱沙尼亚统计局, Indicators of Sustainable Development (塔林，爱沙尼亚统计局，2018)]。

iii　截至2019年，已有155项指标的数据。

iv　其中，2018年有118项可用。

v　目前正在编制的指标；截至2019年，有33项可用。(Cf. Haut-Commissariat au Plan, Morocco, "Analyse de La Cohérence et Des Interdépendances Entre Les ODD," nd.)

vi　新西兰财政部制定了生活水平指标，统计局制定了福祉指标，旨在衡量可持续发展目标的进展，但没有具体的可持续发展目标指标。[新西兰统计局，"Indicators Aotearoa New Zealand-Ngā Tūtohu Aotearoa and the UN's Sustainable Development Goals"(新西兰政府，2018年7月)。指标数据参见https://wellbeingindicators.stats.govt.nz/?_ga=2.237475392.1316205276.1612199595-820308203.1612199595]

vii　已确认。截至2019年，83项指标可用（土耳其政府，"Strong Grounds towards Common Goals. Turkey's 2nd VNR 2019. Sustainable Development Report," 2019)。

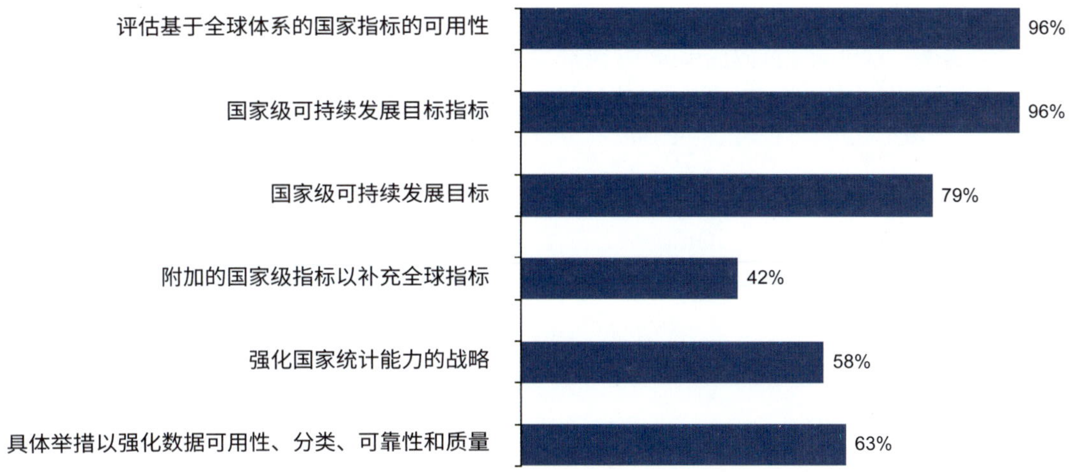

图2.3 监测可持续发展目标执行和进展的国家指标

资料来源：作者制作，基于各区域24个国家样本。

出了切实挑战。很少有国家确定了有关可持续发展目标16的国家指标，因为在数据生成方面存在重大限制，从而影响了确定国家目标、基线和里程碑。[20]

关于可持续发展目标16，例如参与度等，最近关于治理的统计工作建议各国至少考虑相关的全球指标，用于补充额外的数据和指标，以便评估如加强弱势群体参与的措施等具体层面。[21]可持续发展目标环境指标的国家指标也存在重大差距。[22]各国已开始解决这些差距。例如，亚美尼亚评估了全球可持续发展目标16指标，并开展了一项关于数据收集、可用性和互操作性的调查（使用开发署、毒品和犯罪问题办公室和人权高专办开发的调查模块），作为制定国家可持续发展目标16指标努力的一部分。[23]哥斯达黎加的国家环境信息系统（SINIA）仍处于早期阶段，它依赖多种信息来源，并有一个专门用于可持续发展目标指标的领域。[24]

数据可用性和质量

《2030年议程》要求提供高质量、可获取、及时和可靠的分类数据，以衡量实现可持续发展目标的进展，并确保不让任何人掉队。[25]然而，衡量和报告可持续发展目标指标的数据可用性和质量是一项重大挑战。2020年，20多个开展自愿国别评审的国家将数据差距和数据不足视为监测可持续发展目标进展的主要挑战。[26]虽然大多数国家明确承认这些问题，但它们没有系统地报告它们缺乏什么，[27]也没有许多明确的具体战略或行动计划来解决数据问题。在报告样本中，只有14个国家确定了战略或计划，或采取了具体行动来提高数据的可获得性、质量和分类，15个国家有结构化的过程或工具来改进从多个来源收集的数据。（见图2.3）

数据生产能力因国家和可持续发展目标而异，发展中国家普遍报告面临更大的挑战。[28]总的来说，很难得出全球可持续发展目标指标体系的采用是如何影响了提高国家统计能力以编制更多更好指标的努力的结论。根据拉丁美洲和加勒比经济委员会报告，与2017年相比，在拉丁美洲和加勒比地区，大多数国家在2018年的平均生产能力都有所提高（如哥斯达黎加和巴拿马平均提高了20%），并对其他国家进行了可行性分析，以改善一些指标的覆盖率（如智利）。[29]然而，其他研究强调了数据可用性方面的持续挑战。对2017—2019年的自愿国别评审报告的回顾表明，只有15个国家报告拥有60%以上的可用数据来衡量可持续发展目标进展。[30]在2019年新冠疫情的背景下，这些挑战进一步加剧。[31]然而，随着时间的推移，一些国家的数据可用性有所提高。例如，2015—2018年，蒙古国将数据的可获得性从可用指标的20%提高到

专栏2.4 哥伦比亚关于评估国家可持续发展目标的指标

全国经济和社会政策委员会3918条令（2018）定义了可持续发展目标全国执行战略。该文件优先考虑了147个目标和156个指标，这些目标和指标只取决于国家政策。其中，它进一步优先确定了16个可持续发展目标中国家追踪目标，包括基线、中间目标、负责主体和相关指标。

哥伦比亚最高审计机构对全国经济和社会政策委员会3918条令与可持续发展目标全球目标和指标的一致性进行评估后发现，在147项可持续发展目标中，18项与全球目标一致（12%），59项部分一致（40%），70项不一致（48%）。最一致的集中在可持续发展目标8、10和12，最不一致的集中在可持续发展目标15、14、16、17和2。

这些指标解释了国家指标之间缺乏一致性或一致性有限，该评价指出，用于制定指标的资料的可用性和充分性有限，这需要以一种整体的方式衡量指标，和缺乏额外的资料来源或衡量工具一样，以便在地方一级进一步分类和及时产生数据。评价还强调了数据分类方面的挑战。最后，评价还指出，根据历史趋势确定国家目标可能达不到《2030年议程》的转型目标。虽然哥伦比亚确定了全球可持续发展目标的具体国家目标，但是52.7%的全球目标并没有体现在全国经济和社会政策中。

资料来源： CGR, “Revisión de la integración de los ODS en el Documento CONPES 3918 de 2018” , 2019; https://www.dnp.gov.co/Paginas/Las-16-grandes-apuestas-de-Colombia-para-cumplir-los-Objetivos-de-Desarrollo-Sostenible.aspx; Colombia, “Presentación Nacional Voluntaria de Colombia. Los ODS como instrumento para consolidar la paz” 2016, pp. 9–10。

48%，[32]危地马拉从不足20%提高到2017—2019年的71%—80%，[33]并且仍有越来越多使用私营部门和民间社会的替代数据来补充现有的官方数据的努力（见2.3.3节）。然而，中心数据生产者在确保替代数据来源的质量方面发挥着关键作用。

部门统计能力影响整个可持续发展目标的数据可用性。各国的准备程度差别很大。在哥伦比亚，最大的差距与可持续发展目标6、12和14有关。[34]在蒙古国，一项评估发现，卫生（可持续发展目标3）和教育（可持续发展目标4）数据为62%—76%，贫困（可持续发展目标1）、粮食和营养（可持续发展目标2）、水（可持续发展目标6）和治理（可持续发展目标16）数据为45%—55%。[35]虽然很难确定趋势，但一些研究表明，总体而言关于社会经济目标的数据将会越来越多。[36]

有必要加强国家统计系统，以填补指标方面的空白，特别是在发展中国家。虽然现有战略不一定有过更新或与可持续发展目标保持一致（例如，芬兰的战略没有提及可持续发展目标），[37]但一些国家可利用这些战略推进可持续发展目标监测。哥伦比亚《2017—2022年国家统计计划》[38]考虑了五项加强可持续发展目标数据的战略，包括促进统计信息的获取、识别和推广行政记录的统计使用，以及加强领土统计能力。[39]哥斯达黎加《2018—2022年国家统计计划》还包括一项具体行动计划，以改进可持续发展目标指标的方法论和测算。[40]

在对国家统计能力进行评估后，一些国家制定了新的战略和行动计划来解决这些限制。在蒙古国，国家统计局制定了实施“可持续发展目标监测和报告系统”和“2030年可持续发展愿景”的路线图。[41]2020年，哥斯达黎加正在制订一项行动计划，以应对可持续发展目标的信息需求。

虽然各国普遍承认《2030年议程》不让任何人掉队的原则，但很少有国家报告通过数据分类和改进度量来落实这一原则的具体努力。[42]自愿国别评审报告中提到了数据分类方面的挑战，特别是发展中国家的报告，不过这个问题的覆盖面仍然有限。[43]大多数提到的是挑战，而不是为解决这些挑战而采取的行动。例如，在2020年，45个国家中只有15个提到了采取的行动。

虽然在加强性别数据分类方面做出了一些努力（2020年45个自愿国别评审的国家中有13个国家表示在这方面做出了努力[44]），但挑战依然存在。例如，在蒙古国，一项可持续性评估发现，统计系统应包括对现有和新的数据来源按性别分类的需要，并确定负责收集、分析和使用数据的机构，以确保足够的质量、可比性和及时提供性别数据以监测可持续发展目标进展。[45]

一些国家正在尝试更系统的方法，以加强可持续发展目标的数据分类，考虑到一些分类标准，如区域层面或特殊人口群体（如土著人民、残疾人）。[46]哥斯达黎加开发了根据部门要求和国家目标制定指标的工具，并根据若干标准加强数据分类，[47]包括关于残疾和族裔的举措（2018—2019年全国残疾调查；重新设计住户调查；2020年人口普查）。[48]（见表2.2）

现在评价改善统计生产和数据可用性和质量的行动的影响还为时过早，因为收集和标准化官方的统计数据需要时间——特别是在没有就指标的概念化和方法达成协议的情况下——以及采用新的统计程序以产生更好的信息。[49]支持这些努力是落实可持续发展目标能力建设实施的重要组成部分。（见第3章）

2.2.2.2 通过评估和同行评审来评估进展和成果

评估可持续发展目标的执行情况

各国日益认识到，有效的可持续发展目标监测、追踪落实和评审需要指标之外的额外信息。[50]至关重要的是，要评估政策、战略和规划，这些能够解释为何要实现目标，以及这些目标如何以及是否与一个或多个可持续发展目标相关。[51]评估和绩效审查（见2.3.2和2.4节）为改进实施提供了证据

表2.2 哥斯达黎加可持续发展目标和分类标准可提供的指标样本

可持续发展目标	可用数据	分类因素								
		性别	区域	区域单位	规划区域	活跃性	年龄	残疾	省份	其他
总计	136	41	21	1	16	5	26	1	17	60
可持续发展目标1	10	4	4		4	3	3		1	3
可持续发展目标3	24	12	1		1	2	12		11	10
可持续发展目标6	8	1	2	1	1		1		1	5
可持续发展目标14	1									1
可持续发展目标15	4									3
可持续发展目标16	11	5	1				2		1	6

资料来源：Instituto Nacional de Estadística y Censos (2019), cited in Government of Costa Rica, “Segundo informe nacional voluntario Objetivos de Desarrollo Sostenible Costa Rica 2020” , p. 106。

专题：2019年新冠疫情的影响

在更需要数据的时候，新冠疫情对国家统计系统的运作和业务连续性产生了巨大影响。与此同时，人们对实时或接近实时数据的兴趣日益浓厚，公众比以往任何时候都更需要及时和可靠的信息来指导、处理和应对新冠疫情的影响。全球的应对措施涉及物理距离和远程工作，影响了许多国家的数据收集工作，并暴露出数据收集过程中的系统性弱点。

正在进行或计划中的家庭调查、人口普查和其他需要现场访问的关键数据收集过程受到严重干扰。各统计部门已做出回应，以确保业务和关键统计方案的连续性，包括那些影响可持续发展目标监测的方案（例如进行电话调查）。更普遍的是，新冠疫情已经对数据价值链产生了重大影响，作为应对数据需求而增加管理这些系统性约束可以生成数据的可用性和质量中存在的问题，进而可能影响公众的信任以及高质量的公共政策（如社会政策的目标）。新冠疫情的影响说明需要建立技能和基础设施，以便更多地依赖可替代的行政数据来源和远程收集数据方法，并加强国家数据统计系统的协调。从积极的方面看，全球应对疫情加快了创新，帮助建立了新的伙伴关系，以推进与可持续发展目标监测有关的统计进程和业务。

资料来源：对联合国经济和社会事务部公共机构和数字政府司为《2021年世界公共部门报告》进行的调查的答复；联合国经济和社会事务部统计司新冠疫情响应（https://covid-19-response.unstatshub.org）。

基础，从而促进创新和持续学习。[52]

然而，很少有国家将对可持续发展目标执行情况的评估纳入其追踪落实和评审周期。在报告抽样的24个国家中，只有4个国家（17%）纳入了由国家主导的可持续发展目标评审条款。其他拥有完善的国家评估体系的国家正在为利用这些体系进行可持续发展目标评估奠定基础。

尽管样本很小，但在评估的频率、范围和方法、谁负责进行评估以及旨在获得结果的评估程序方面，各国存在差异。在发展中国家，这一进程可能依赖国际组织的支持和合作（例如尼日利亚的联合国儿童基金会[53]）。表2.3对其中的一些差异进行了系统的说明。

芬兰计划每4年进行一次定期评估，与选举周期保持一致，以最大限度地吸收评估建议，并将可持续发展目标纳入政策议程。[54]2018年，芬兰进行了首次国家可持续发展政策的独立全面评估。评估重点是根据国家指标、可持续发展目标和《2030年议程》的落实情况，以及外交政策中的可持续发展状况。[55]来自3个芬兰组织的跨学科小组进行了评估，其中可持续发展专家小组发挥了咨询作用。

调查结果指出了可持续发展目标监测框架和进程的局限性。例如，评估突出指出，关于可持续发展的资料丰富，但指标和数据很少用于政策制定。报告建议制定可持续发展目标路线图，并呼吁更好地定义国家可持续发展目标，并对其进行更系统的跟踪。[56]

尼日利亚正在对符合国家优先事项（可持续发展目标1、3和4）的具体可持续发展目标进行评估。成立了可持续发展目标评估技术工作组，以优

表2.3　可持续发展目标评估的新特点

制定化	与可持续发展目标实施计划相关的附加项目（如加拿大、芬兰）	纳入国家评价系统的主流（例如哥斯达黎加）
频率	定期（例如芬兰每4年一次）	不定期（例如西班牙结束行动计划，然后再开始新的国家可持续发展战略）
执行评估的主体	外部组织（如芬兰）	评估机构（例如哥斯达黎加、西班牙）
范围	全部的政府政策（例如加拿大、芬兰、西班牙）	具体的可持续发展目标或可持续发展主题（如哥斯达黎加）
如何影响政策周期	为可持续发展目标报告过程提供信息（如西班牙）	为可持续发展目标政策周期的其他阶段提供信息（例如芬兰的制定和实施）
制度化	没有利益相关方的参与	利益相关方的参与（例如哥斯达黎加、芬兰）

资料来源：作者制作。

先进行评估并解决能力差距问题。[57]这些评价的结果将用于改进自愿国别评审报告的质量。[58]

其他国家已将可持续发展目标评估制度化。加拿大、印度尼西亚和西班牙已经在其可持续发展目标战略和/或监管框架中纳入了进行评估的条款，尽管这些条款尚未落实。在印度尼西亚，规划部第7号条例要求每年或在任何必要的时候进行一次评估。[59]加拿大的2019年临时文件《迈向加拿大2030年议程国家战略》包括支持独立审查机制和同行审查程序的行动，以改进可持续发展目标的执行。[60]

西班牙计划在每个实施周期结束时对可持续发展目标行动计划进行独立评估。[61]第一次会议本应在2020年举行，但2019年新冠疫情可能影响了其实施。可持续发展目标执行高级别小组负责确保所有评价活动的一致性和协调性，新成立的公共政策评价研究所[62]隶属领土政策和公共事务部，负责建立一个协调系统，与不同部委的评价单位合作，并使评价方法与经合组织和欧盟保持一致。

一些国家已经建立了完善的国家或部门评价体系，它们已寻求创造协同效应，使评价和可持续发展目标后续和审查体系保持一致。然而，在协调、信息交换和集成方面存在挑战，因为这可能会产生重复（见第2.4节和专栏2.5）。

哥斯达黎加《2019—2022年国家发展和公共投资计划》明确提到评估，并辅之以高度制度化的《2018—2030年国家评估政策》。[63]由规划部（MIDEPLAN）[64]领导的多利益相关方国家评估平台为所有利益相关方提供咨询、参与评估过程和获取有关建议实施情况的信息的机会。[65]该平台负责监测《2019—2023年评估行动计划》的实施情况。[66]《国家评估议程》包括对符合可持续发展目标的规划和政策进行的15项评估。[67]从可持续发展目标角度进行的第一次评估侧重于可持续发展目标的优先事项以及与气候变化和生物多样性相关的其他目标。[68]但是，总审计长最近的一次审计发现，这项评价工作明显拖延。[69]

同行评审程序

同行评审已用于监测国家可持续发展战略（如比利时、欧盟、法国、加纳、毛里求斯、荷兰、英国）以及国家统计战略的进展和实施情况。[70]同行评审虽然可能涉及不同的工具和行动，但是同时保持一个主要特点——其他国家的专家参与审查现有计划或战略，并根据他们的经验提出建议。在一些地区，同行评审程序已经制度化很长时间（例如，自2003年以来的非洲联盟的非洲同行评审机制）。[71]

只有少数有与可持续发展目标相关的同行评审程序的例子（其中最重要的是德国）。大多数程序是面向改进和通报自愿国别评审的同行交流。一些实际上的同行交流也被用于支持在官方可持续发展目标报告中使用替代数据。[72]在这份报告的24个

专栏 2.5 将可持续发展目标纳入哥伦比亚国家评估体系的挑战

哥伦比亚1991年宪法认为需要一个评估体系来评价政府政策和项目的结果。国家评价和成果管理系统（SINERGIA）旨在提高与国家发展计划有关的公共政策的有效性；衡量和评价政策和方案的执行和影响；为资源分配提供信息，提高问责制。然而，这一评价体系并未纳入可持续发展目标的追踪落实和评估。2018年，哥伦比亚总审计长（CGR）发现，尽管国家评价和成果管理系统评估了国家发展计划中包含的战略政策，但报告是按部门、主体、规划和指标组织的，而不是根据与可持续发展目标相关的目标和指标组织的。这与国家可持续发展目标实施战略（全国经济和社会政策委员会3918条令）不同，后者强调了可持续发展目标与国家评价和成果管理系统之间标准化后续行动和审查的重要性。总审计长办公室建议制定一项行动计划，评估可持续发展目标的实施情况，并将其纳入国家评价和成果管理系统或可持续发展目标在线平台。此外，报告还建议将国家评估和成果管理系统中有关与可持续发展目标相一致的国家发展计划目标和指标进展情况的信息与可持续发展目标门户网站上的信息结合起来，确保两者之间的互操作性。

资料来源： Departamento Nacional de Planeación (DNP, Colombia), “¿Qué Es?,” SINERGIA. El Sistema Nacional de Evaluación de Gestión y Resultados, n. d.; and CEPAL, “Planificación de Colombia,” Observatorio Regional de Planificación para el Desarrollo de América Latina y el Caribe, n.d. Contraloría General de la República de Colombia, “Evaluación de la preparación para la implementación de la Agenda 2030y los Objetivos de Desarrollo Sostenible” (Bogotá, Colombia, December 27, 2018), 106–107。

国家样本中，只有加拿大、爱沙尼亚、芬兰、哥斯达黎加和塞拉利昂计划或实施了某种形式的同行交流。

在2009—2013年同行评审经验的基础上，2018年在可持续发展目标背景下对德国可持续发展战略进行了同行评审。来自加拿大、中国、欧盟、法国、墨西哥、荷兰、新西兰、挪威、瑞士和英国的同行评议者参加了评议。一些建议旨在加强监测、追踪落实和评审框架，包括需要解决偏离轨道的指标，扩大指标和跟踪进展活动的预算，并通过改善可持续性评估的可获得性和赋予相关立法委员会权力来加强议会审查。[73]

爱沙尼亚和芬兰国家可持续发展委员会就各自的自愿国别评审流程和可持续发展行动计划的结果进行了实际的同行交流。[74]芬兰还参加了与瑞士和莫桑比克的实际的同行审查，为自愿国别评审争取外部投入。[75]2020年2月，哥斯达黎加与来自伯利兹、哥斯达黎加和格鲁吉亚的代表进行了为期3天的同行评审交流，分享关于各国首个自愿国别评审的投入、第二次自愿国别评审的路线图和利益相关方的参与。[76]塞拉利昂目前正在进行类似的演习，为2021年的自愿国别评审做准备。

同行评审是加强可持续发展目标监测和执行的一个机遇领域。然而，要评估这些进程的发现和结果如何在实践中为可持续发展目标监测、追踪落实和评审系统提供信息，还为时过早。

2.2.2.3 可持续发展目标执行、进展和成果报告

随着时间的推移，关于《2030年议程》执行情况的国家报告有所改善。[77]各国现在定期报告如何将可持续发展目标纳入国家计划和战略，并更系统地让利益相关方参与报告。然而，在不同的可持续发展目标的报告中，有些可持续发展目标报告覆

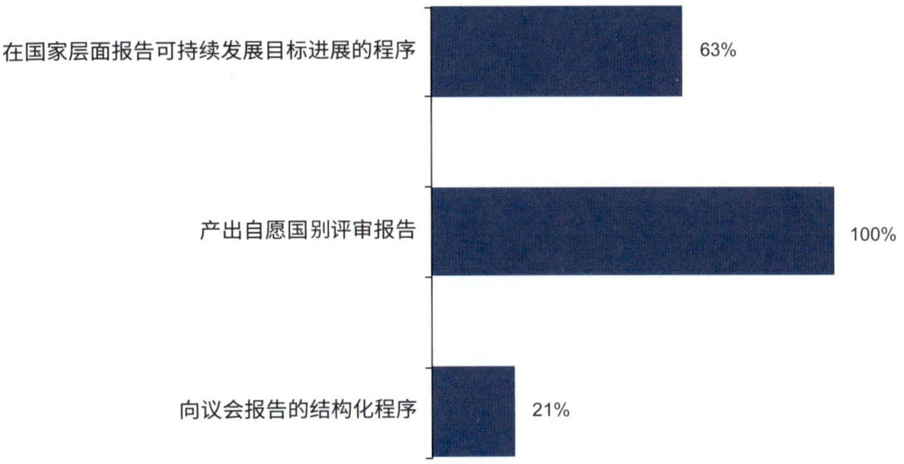

图2.4 报告可持续发展目标的进展

资料来源：作者制作，基于24个国家样本。

盖的领域较少，并且报告的关注度以及细节并不对称。本节探讨全球和国家层面的可持续发展目标报告，包括在线工具。

全球报告

高级别政治论坛是可持续发展目标追踪落实和评审系统的核心。全球报告是各国根据《2030年议程》第74段所确立的原则主导的一个自愿性流程。各国向高级别政治论坛提交自愿国别评审报告。自愿国别评审不应被视为国家间的问责机制，而应被视作对其公民的问责机制，并且是学习和分享知识的机会。自愿国别评审流程不仅包括报告，而且包括编写报告的过程中的参与性和包容性。

图2.4显示，报告样本中的所有国家都编写了自愿国别评审报告，而只有15个国家（63%）在自愿国别评审报告之后确定了报告可持续发展目标进展的国家程序。只有5个国家（21%）有向议会报告的结构化程序。尚未确定国家报告程序的国家往往将自愿国别评审作为一项国家报告工具。

2016—2020年，共有205起自愿国别评审的流程，该流程取得了重大进展。（见图2.5）这一进程

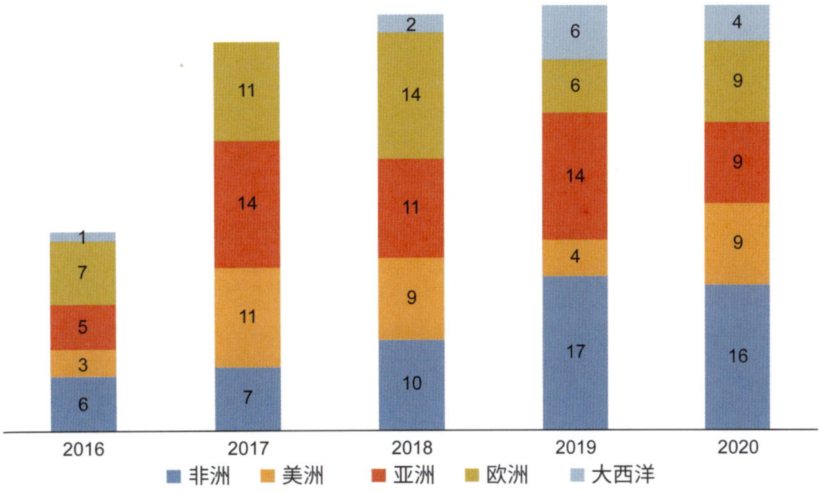

图2.5 按年份和地区向高级别政治论坛提交的自愿国别评审报告

资料来源：作者制作，基于https://sustainabledevelopment.un.org/vnrs/index.php?str=indicators#results_area可见的数据。

将重点放在指标之外的可持续发展目标监测、追踪落实和评审，并触发了国家一级的行动，包括次国家层级的镜像流程。此外，它为利益相关方更系统地参与提供了机会，加强了国家对可持续发展目标的自主权。自2016年以来，38个国家向高级别政治论坛报告了不止一次。从区域来看，大多数重复的自愿国别评审来自非洲和美洲（各11个国家），其次是亚洲（10个国家）和欧洲（5个国家）。[78]

总体而言，各国改进了自愿国别评审和报告本身的准备工作，越来越多地报告可持续发展目标执行的大多数方面。[79]然而，最近的研究发现，关于国际公共财政、地方程序、最佳做法和利益相关方贡献等关键领域的报告有所减少。[80]

总的来说，各国依靠可持续发展目标协调的现有机构结构来牵头编写自愿国别评审报告（如哥伦比亚、爱沙尼亚、毛里求斯）。许多这些多部门性质的制定安排有助于收集资料。在某些情况下，负责自愿国别评审报告的实体发生了变化，反映了可持续发展目标机构结构的变化（例如在摩洛哥，第一次自愿国别评审由外交部牵头，而可持续发展国家委员会下属的可持续发展目标追踪落实和监测委员会领导了2020年自愿国别评审）。[81]

少数国家已为其自愿国别评审确定了详细的程序。例如，芬兰承诺每四年提交一份自愿国别评审报告，并确定了一个为期约10个月的过程，从启动会议和书面输入的要求开始，直到报告的正式批准和出版。这个过程包括利益相关者参与和贡献的机会。[82]（见图2.8）

随着时间的推移，各国倾向于利用多样化收集信息和吸引利益相关方参与的工具。咨询受到广泛运用（如哥伦比亚、法国、印度、印度尼西亚、毛里求斯、摩洛哥）。一些国家将不同的工具结合起来，以提高信息的多样性和质量。2017年，哥斯达黎加设计了数据收集模板，与高级政府官员进行了半结构化访谈，并与弱势群体举行了咨询和验证研讨会。[83]对于2020年自愿国别评审，所使用的工具包括在线咨询、许多组织的报告和输入、私营部门的问卷调查和确定良好做法、挑战和经验教训的两次调查。[84]

一些国家公开自愿国别评审报告草案，在最后定稿之前进行评审。印度尼西亚举行了在线咨询和讲习班，以检验2019年自愿国别评审。[85]哥斯达黎加与不同利益相关方分享了2020年自愿国别评审报告草案，以获得反馈。[86]在哥伦比亚和毛里求斯，公共机构和一般公众应邀就报告草稿提供反馈和评论。[87]卢旺达对自愿国别评审报告草案进行了3轮验证，纳入不同利益相关方的意见。[88]

有几个对自愿国别评审程序进行独立评估的例子。加拿大2018年自愿国别评审强调了一些优势（例如，关于各级政府和各利益相关方所作努力的信息，以及对不让任何人掉队的一贯关注），但指出这份报告并没有经过议会批准，可能准备以更包容的方式被认可并且没有承诺定期报告。[89]此外，全球组织和研究人员每年都编写关于自愿国别评审的独立系统评价和分析（如加拿大国际合作理事会、CEPEI、评审伙伴）。经社部在联合国编制了自愿国别评审的年度综合报告，[90]发展政策委员会（CDP）编制了关于自愿国别评审如何处理选定主题的年度报告。[91]

对自愿国别评审进程的分析突出了各种局限性。

第一个局限，自愿国别评审报告包含了关于国家执行可持续发展目标而做出努力的丰富信息，但这是一项自我报告的工作，因此通常不突出缺陷或包括对体制机制和政策绩效的自我评估。[92]来自评估和审计的证据没有系统地纳入报告，以补充和平衡政府的记录。由于非国家行为者可获得的信息仍然不对称，将自愿国别评审信息与其他来源进行核对和三角定位是一项挑战。

第二个局限，与报告过程的连续性有关。[93]尽管各国自上次自愿国别评审以来报告进展情况越来越多（如2019年智利、印度尼西亚和塞拉利昂）[94]，但总体而言，重复的报告并没有系统和动态地说明进展情况、解释变化的原因。[95]自愿国别评审报告被认为是可持续发展目标在某一特定时间点的进展和执行情况的快照，而不是持续审查周期的一部分，应突出与前一份报告的不同之处和原因。[96]此

图2.6　芬兰自愿国别评审流程

资料来源：Finland Prime Minister's Office, "Voluntary National Review 2020 Finland. Report on the implementation of the 2030 Agenda for sustainable development" (2020), p.15。

外，除某些例外情况外，报告并不包括关于以前承诺的后续行动的资料。

第三个局限，涉及自愿国别评审报告的重点和内容。它们往往提供执行活动和产出的说明，但没有根据可持续发展目标的目标进行评估，也没有将方案和政策与结果联系起来。[97]此外，区域和地方观点的整合仍然是一个挑战。

最后，尽管自愿国别评审流程经常是国家可持续发展目标监测、追踪落实、评审和报告的起点，但是仍有机会在国家一级进一步嵌入自愿国别评审的流程，促进利益相关方的持续参与，并包括报告期之间的行动和里程碑以跟踪进展情况，评估影响并加强识别挑战和扶持因素的能力。

自愿国别评审之外的国家报告

报告可持续发展目标落实进展情况对确保对公民负责至关重要。然而，尽管各国制定了各种衡量和监测可持续发展目标进展的系统，但标准化或例行的国家报告和向议会报告仍存在提升机会。（见图2.6）

尽管有这些限制，一些国家（如哥伦比亚、芬兰、印度尼西亚、西班牙）在国家层面建立了定期和规范的报告程序。40个参与自愿国别评审的国家在2019年提供了国家报告信息，[98]2020年参与自愿国别评审的国家的可持续发展目标进展定期报告编制略有增加（如阿根廷、孟加拉国、贝宁、科摩罗、爱沙尼亚、印度、肯尼亚、利比里亚、摩洛哥、乌干达）。[99]在一些国家，虽然已经规划了国家报告程序，但尚未有效执行（如加拿大、智利）。而且，如上所述，还有一些国家将自愿国别评审视为国家报告的过程，也在国际上进行共享，但是没有发布任何单独的国家报告。

一些国家已经建立了与其国家进程相关的定期报告制度，而另一些国家则利用可持续发展目标启动定期报告。[100]一个不同之处在于，各国是只报告可持续发展目标（如西班牙，因为没有国家可持续发展战略），还是将报告可持续发展目标与报告已有的或其他独立的国家可持续发展战略和指标或发

专题：2019年新冠疫情的影响

2019年新冠疫情以不同形式影响了自愿国别评审的进程。2020年，47个自愿国别评审中有39个明确提及了2019年新冠疫情的影响，并且许多还包括了一个单独的章节讨论疫情的影响及应对措施。许多国家重申将以可持续发展目标作为恢复的路线图的承诺（如奥地利、格鲁吉亚、洪都拉斯、秘鲁）。2021年版《联合国手册》关于编制自愿国别评审建议中有一节是关于疫情对可持续发展目标实施的影响以及为确保可持续、绿色恢复而采取的措施。

由于社会隔离和封锁措施，此次疫情破坏了自愿国别评审的准备工作，导致计划活动的推迟、取消和变更。创新和数字技术是应对这些挑战和接触更广泛受众的关键。许多国家政府（如孟加拉国、贝宁、哥斯达黎加、马拉维、摩尔多瓦、尼泊尔、巴拿马、乌干达）已努力建立在线平台，安排在线讨论和虚拟会议。例如，马拉维利用不同的咨询平台与利益相关方进行接触，包括那些难以触及的领域。虚拟方式包括电话广播节目和采访等。虽然信息通信技术降低了自愿国别评审准备工作的费用，但一些国家和特定人口在使用和参与这些工具方面存在障碍。例如，为了囊括那些无法上网的人，科摩罗开展了关于保持社交距离的参观访问。除了利益相关方参与外，疫情还影响到信息和数据收集（如哥斯达黎加、刚果民主共和国、肯尼亚、马拉维、萨摩亚）。

资料来源：Irena Zubzevic, “Impact of COVID-19: Perspective from Voluntary National Reviews,” United Nations Department of Economic and Social Affairs (UNDESA) Policy Briefs, October 14, 2020; UCLG Community of Practice on VLRs and UN Habitat, Guidelines for Voluntary Local Reviews. Volume 1. A Comparative Analysis of Existing VLRs (Barcelona: UCLG and UN Habitat, 2020); United Nations Department of Economic and Social Affairs (UNDESA), “Handbook for Preparation of the Voluntary National Reviews. The 2021 Edition” (New York: United Nations, 2020); Partners 4 Review, “2020 Voluntary National Reviews,” 15–17。

展计划（如爱沙尼亚、芬兰、意大利）结合起来。

例如，哥伦比亚对可持续发展目标有两个报告程序，对国家发展计划有一个独立的报告系统。[101]可持续发展目标高级别机构间委员会必须提交年度报告，包括每个可持续发展目标和相应目标的进展信息。此外，在国家可持续发展目标战略（全国经济和社会政策委员会第3918条令）中确定的所有主体必须每6个月报告一次行动和追踪落实情况。这些信息根据国家规划部提供的指导方针进行汇总。到2030年年底，将会有关于全国经济和社会政策委员会第3918条令执行情况的最终报告。关于国家发展计划，国家规划部根据对公共主体的四年计划和年度行动计划的评价，将进展信息系统化，并在国家监测和评价系统中编写年度报告。[102]

各国在其可持续发展目标国家报告程序方面存在不同，包括报告的频率、负责主体以及报告的内容和重点。各国在是否为报告提供技术支持和指导以及可持续发展目标领导主体是否协调报告进程方面也存在分歧。

在频率方面，一些国家已承诺编制年度报告。然而，没有多少国家将该报告作为更长的监测和报告周期的一部分。芬兰是个例外，其年度报告是四年监测和报告周期的一部分（见专栏2.6）。一些国家计划每2年发布进度报告（如肯尼亚），一些国家（如智利）计划每3年发布报告。关于负责的主体，各国一般将报告责任归于负责落实可持续发展目标的主体或机构（如智利、哥伦比亚、哥斯达黎加、芬兰、西班牙），或是由国家统计局提供监测报告，重点是报告进展的数据（如加拿大、爱沙尼亚、意大利、肯尼亚、南非），抑或两者兼备（如印度）。

专栏2.6　芬兰在国家一级报告可持续发展目标的进展情况

2017年，芬兰建立了复杂而结构化的四年监测周期，报告可持续发展目标进展，包括年度报告和四年报告（见右图）。每年，所有相关部门都被要求将其落实《2030年议程》的政策和措施纳入政府向议会提交的年度报告。此外，国家指标每年在第二和第三季度更新，并且数据都附有解释性文本。指标和解释性文本公布在国家可持续发展委员会和总理办公室主办网站上。

政府承诺每四年会委托进行一项独立的关于国家执行《2030年议程》的情况的评估，编写基于事实的关于可持续性问题和可持续发展目标进展的内容。第一次评估于2019年春季发布，下一次评估预计在2022—2023年冬季发布。

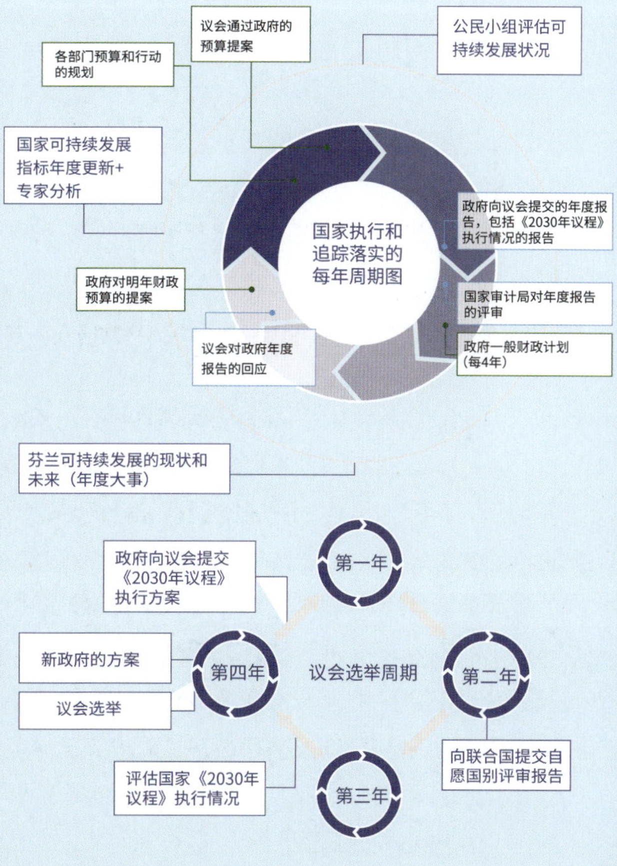

资料来源：芬兰2020年自愿国别评审报告。

一些国家已经确定了几个报告实体，并依靠年度会议来补充信息收集工作。在西班牙，可持续发展目标治理结构中的每个主体都准备自己的年度报告，特别是《2030年议程》高级专员。这些报告包括关于所有行为者和领土机构为执行《可持续发展目标国家行动计划》所做的工作和贡献的信息。由《2030年议程》高级专员、高级别小组、可持续发展理事会、《2030年议程》国家委员会和两院制立法委员会的代表参加的年度高级别会议将为编写国家报告做出贡献。[103]

关于可持续发展目标报告的内容，大多数国家报告涉及了可持续发展目标的所有方面，只有少数国家着眼于高级别政治论坛审议的可持续发展目标。[104]一些国家侧重于基于指标报告可持续发展目标或目标的进展情况（如爱沙尼亚、意大利），而其他国家则有更多更深入的报告，包括关于不同主体落实可持续发展目标以及如果有国家可持续发展目标行动计划（如哥伦比亚、西班牙）的举措和贡献的信息。像德国这样的国家将两者结合起来，并每两年根据指标报告进展情况，而联邦政府更普遍地为每4年报告进展情况。[105]

只有少数国家制定了具体的报告程序，包括时间表、技术指导以及报告模板和格式。在印度尼西亚，各级政府和非政府方案都规定了报告程序。[106]蒙古国财政部已经制定了相关部委报告《发展政策规划法》的格式，尽管在整合《蒙古国发展愿景》和可持续发展目标的报告程序以及其他发展政策的报告过程方面仍存在挑战。[107]

报告工具

随着各国利用各种信息和通信技术工具就可持续发展目标的进展和实施进行交流，在线报告有所增加。一些国家（如智利、哥伦比亚、墨西哥）建立了可持续发展目标网站，传播有关《2030年议程》的信息，包括可持续发展目标指标数据，并

专栏2.7 印度尼西亚报告过程的概述

在国家层面，各主体使用预先确定的格式向国家发展规划部提交进度报告。可持续发展目标实施小组的4个工作组与秘书处合作评审和验证进展报告。在秘书处协助下，每个工作组将整个报告及其审查结果提交执行小组主席，执行小组主席再将整个报告提交执行协调员，即国家发展规划部负责人。执行协调员每年至少向作为指导委员会主席的总统报告一次国家层级可持续发展目标的进展情况，必要时可随时报告。

在区域层面，每6个月，在省级可持续发展目标秘书处的协助下，国家工作组负责协调对可持续发展目标进展的讨论，会同非政府组织（包括区、市两级）讨论“包括实现每个目标和指标的项目和活动以及预算分配”。工作组在省可持续发展目标秘书处的协助下，以中央政府代表的身份向省长报告，并将报告转交中央可持续发展目标秘书处。省长向国家发展规划部负责人和内政部长提交一份进度报告。之后的流程和国家级别的流程类似。

就非政府行动而言，报告是自愿的，并以自我评估工具为基础。在可持续发展目标秘书处协助下，各工作组审议报告，并将结论提交可持续发展目标执行小组。非政府组织的评估机制是“通过可持续发展目标执行小组组成的独立专家小组进行的，该小组的成员来自能力、经验和诚信得到认可的利益相关方”。

资料来源：Ministry of Development Planning (Indonesia), “Pedoman Teknis”。

报告进展情况。哥伦比亚的可持续发展目标在线平台[108]提供关于可持续发展目标国家层面目标和指标进展的信息，考虑到国家可追溯目标和现有国家指标，并按性别、地区和年龄组分列。[109]它还按可持续发展目标和地区概述了可持续发展目标的进展情况，包括关于地方发展计划的信息。最后，它还提供了监测私营部门贡献的可持续发展目标企业跟踪系统（该系统于2020年6月启动，截至撰写本文时尚未获得相关信息）。[110]

在某些情况下，国家统计局维护的网站重点关注可持续发展目标指标和数据（如比利时、爱沙尼亚、毛里求斯、南非）。其他国家（如斐济、印度、印度尼西亚、马来西亚、蒙古国、菲律宾、乌干达）也在努力开发可持续发展目标智能仪表板。蒙古国开发了一个数据仪表板，以便利获取分类数据，提供有关进展的全面情况，并确定需要支持的具体领域。[111]在印度尼西亚，由国家发展规划部维护的可持续发展目标中心网站上有一个交互式仪表板，可按地区获取国家可持续发展目标指标。[112]

开放数据正在用于促进可持续发展目标进展和实施数据的使用和重复使用（如哥伦比亚、毛里求斯）。例如，哥伦比亚可持续发展目标委员会协调了关于大数据和开放数据的法规和政府政策，以支持可持续发展目标指标的监测和衡量。[113]可持续发展目标在线平台上的所有信息都是开源的。大约有20个国家使用通用的开源平台“OpenSDG”，包括吉尔吉斯斯坦和卢旺达。[114]吉尔吉斯斯坦的报告平台（开放的可持续发展目标平台）以开放数据格式和多种语言提供102个全球和57个国家可持续发展目标指标的数据和元数据。[115]

2.2.3 次国家层级的可持续发展目标监测、追踪落实和评审

次国家层级（包括地方）政府参与可持续发展目标的监测、追踪落实和评审，是执行《2030年议程》的任何本土化战略的重要组成部分。[116]次国家层级政府带来了具体的知识、经验、数据和实践，并对加强可持续发展目标的监测、追踪落实、评审和报告做出了强有力的承诺。然而，出于规划和基于结果的进程不够发达以及数据可用性有限等原因，它们也面临重大挑战。其中一些挑战与体制框架有关，包括协调环节薄弱和各级政府的优先事项不同。次国家层级政府执行可持续发展目标的能力和资源也存在不对称。

2.2.3.1 次国家层级可持续发展目标监测、追踪落实和评审制度化

在次国家层级，监测和评估机制的制度化进展不如国家一级。在报告的样本中，24个国家中只有8个国家在次国家层级建立了可持续发展目标监测、追踪落实和评审系统，只有7个国家在地方一级建立了该系统。在次国家层级建立可持续发展目标执行情况报告的结构化程序的国家有10个，在地方层级建立的有7个。类似地，只有 9个国家在次国家层级和地方层级建立了监测可持续发展目标进展的案例。（见图2.7）

关于政府系统的组织结构是否以及如何影响可持续发展目标监测、追踪落实和评审的体制安排，尚无确凿论据。[117]虽然联邦制或高度去中心化的国家通常具有更制度化的监测系统（如西班牙），但也有一些具有强大的次国家监测框架的统一制度的国家（如卢旺达）。[118]此外，联邦和非联邦国家在次国家层级政府参与方面表现出不同的协调模式。[119]

尽管如此，最近的权力下放和去中心化进程（如肯尼亚、尼泊尔）促进了次国家层级的监测。在肯尼亚，部长理事会秘书处内的可持续发展目标联络处促进了国家和47个次国家层级政府之间的协调。其他进行协调的方式包括由总统和理事会主席共同主持的首脑会议、部际论坛和政府间部门论坛。[120]国家政府与州长理事会[121]合作，制订了县级综合发展计划（CIDPs），以指导地方执行可持续发展目标。理事会设立了一个可持续发展目标部门，并与国家监测和评估部（MED）[122]合作，支持地方监测工作[123]。

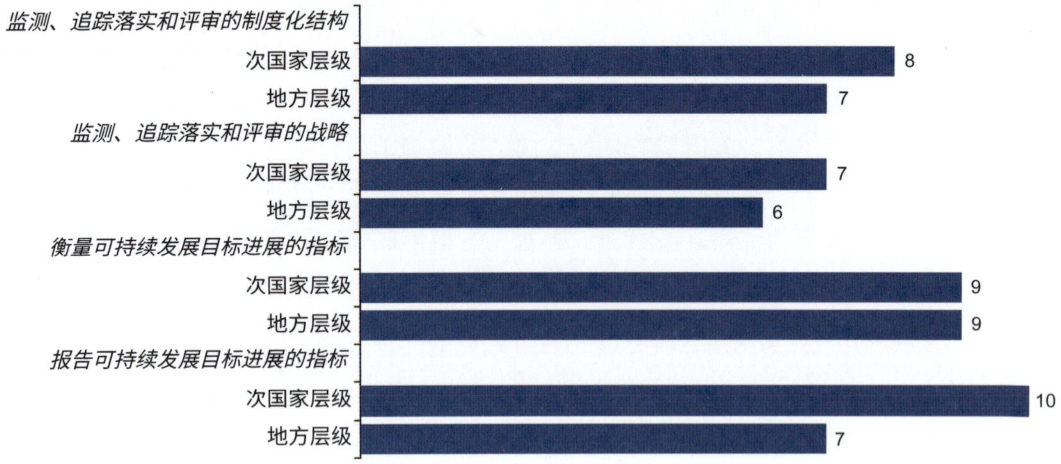

图2.7　次国家层级和地方层级可持续发展目标监测、跟踪和评审（绝对数字）

资料来源：作者制作，基于跨区域的24个国家样本。

注：[i] 报告至少存在一些在政府层级有关进行监测、追踪落实和评审的案例和倡议。这并不意味着整个区域都实行同样的体制制度。

表2.4　制定地方可持续发展目标指标的方法

国家层级推动	地方层级推动
• 国家政府确定次国家层级/地方层级的指标 • 次国家层级政府可以制定自己的基准线	• 次国家层级/地方层级政府适用官方指标 • 与官方指标有关或代表官方指标的有关地方指标和数据 • 基于一些硬数据的地方层级定性评估

资料来源：作者制作。

次国家层级政府在确定可持续发展目标监测、追踪落实和评审的作用、责任以及实施方面遇到了挑战。在摩洛哥，会计院强调有必要澄清国家和地方各级的作用、责任分配。[124]地方当局总局网站（Direction Générale des Collectivités Locales）没有提供任何关于地方政府参与可持续发展目标监测和评估的信息。[125]在塞拉利昂，一项可持续发展目标审计凸显了地方层面缺乏可持续发展目标监测和评审系统。[126]在次国家层级实现可持续发展目标的制度化方面存在巨大差异，从而加剧了这些挑战。这就需要量身定制的解决方案。例如，尼泊尔已经认识到有必要在监测和评估框架中引入不同的内容，以满足国家以下各级政府的不同规模和要求。[127]

2.2.3.2　在次国家层级评估可持续发展目标进展的系统和进程

鉴于国家指标在反映国家以下地区情况的复杂性方面面临的挑战以及次国家层级政府参与国家监测进程的障碍，加强次国家层级可持续发展目标的监测、追踪落实和评审至关重要。需要做出更多努力，将可持续发展目标的具体目标和指标地方化，并提高次国家层级的数据可用性。

指标及数据

分类和地方化数据不完整或无法获得，以及资源和能力方面的限制，损害了次国家层级政府使用指标监测可持续发展目标进展的能力。对这些挑战的应对措施差别很大，这取决于次国家层级政府网络和组织的支持，以及与国家政府的合作程度。[128]

对次国家层级指标的定义存在不同的方法。虽然一些次国家层级政府正在努力根据当地实际情况使用国家指标或使用国家体系，但其他地区的政府更侧重于制定自己的指标。[129]在某些情况下，次国家层级指标的定义是由国家政府推动的。例如，在尼泊尔，政府为7个省确定了117项可持续发展目标指标。[130]省级政府已经发布或正在编写可持续发展目标基线报告。[131]在菲律宾，国家经济和发展局（NEDA）通过内政部和地方政府部门，旨在通过确定省级和市级可持续发展目标指标，使国家和区域指标本地化。[132]

许多城市，特别是那些参与自愿地方评审的城市，正在开发自己的监测和评估工具。根据联合城市和地方政府的数据，在38份次次国家层级/地方报告中，74%使用指标，只有10份报告（26%）不依赖指标。[133]

当流程是地方层级驱动时，可以确定有三种主要方法。[134]首先，一些政府根据次国家层级情况调整了官方指标，修改了术语、方法和来源。例如，中国的德清市基于联合国官方指标；布宜诺斯艾利斯选择了一些联合国官方指标。其次，一些政府利用可持续发展目标或其主题来提出定性评估，偶尔基于硬数据（如赫尔辛基、纽约）。最后，一些地方审查尽可能系统地寻找“官方”指标与其相关数据集或补充它们的地方指标之间的相关性（如布里斯托尔、洛杉矶、曼海姆、墨西哥城）。例如，自2012年以来，巴塞罗那定期监测一套28项城市可持续性指标，并将其作为可持续发展目标遵守情况的初步衡量标准，同时该市继续将更多指标本地化。开普敦尽可能将接近官方指标的“驯化”指标与额外的地方指标合并，而西班牙次国家层级政府在制定可持续发展目标指标体系时遵循了多种方法（表2.5）。

地方政府协会和其他组织（如联合国人居署、伦敦经济学院大都会学院、经合组织领土倡议组织）支持指标的制定。例如，主要的城市和都市圈（大都会）与伦敦经济学院——大都市推广计划合作，制定了一套有限的指标。[135]联合国人居署的城市繁荣指数包括若干可持续发展目标指标，

表2.5　西班牙次国家层级的指标体系

次国家层级政府	关于指标方面的工作
安达卢西亚	安达卢西亚的《可持续发展战略》（2018年6月）包括43项指标，其中许多指标与全球可持续发展目标指标相对应。这些数据来自官方统计，确保了数据的质量
阿拉贡	具备实时可视化透明门户中的指示器面板
加泰罗尼亚	2016年，通过第十一立法期政府计划，承诺制订一个可持续发展目标国家计划和一个综合的目标和指标体系来评估进展。2019年4月，加泰罗尼亚统计研究所和可持续发展咨询理事会开始估算欧盟统计局的99项可持续发展目标指标
巴斯克	《2030年尤斯卡迪巴斯克国家议程》包括50项指标。通过年度报告以通报进展情况
加利西亚	加利西亚可持续发展战略将包括一系列适用于加利西亚并以可持续发展目标指标为基础的指标
纳瓦拉	该区域根据欧盟指标的建议制定了一套区域指标制度，并纳入了一些其他指标。这些指标酌情按性别分列。第一份进展报告将包括一项指标领土化指标的建议
穆尔西亚	制定《2020—2030年可持续发展目标区域战略》，包括绩效指标、追踪落实和评审机制
瓦伦西亚	为监测和追踪落实路线图确定基线，反映了与可持续发展目标相关的所有指标，为区域一级的进展报告提供信息

资料来源：作者制作。

专栏2.8 民间团体对监测哥伦比亚地方可持续发展目标执行情况的贡献

哥伦比亚城市网络（Red Como Vamos, RCCCV）是民间团队和私营部门之间的联盟，专注于为哥伦比亚城市的可持续性提供可靠、公正和可比较的信息。超过35个城市（包括13个省会城市）和130多个区域伙伴就16个方案进行合作。自2016年以来，哥伦比亚城市网络一直支持可持续发展目标在当地的本土化，包括为监测可持续发展目标开发可靠和标准化的信息。哥伦比亚城市网络支持了若干举措，如在城市设立一个可持续发展目标追踪落实的国家机构，一个旨在加强地方统计能力的领土统计方针，以及一个用于追踪落实和监测的数字开放数据平台。它根据客观指标和主观指标制定了两个综合指数来评估地方层面的发展问题（社会进步指数和综合城市指数）。2017年，《〈5个城市挑战：哥伦比亚城市迈向新的城市议程〉报告》为哥伦比亚城市的可持续发展目标监测确立了首个基线。分析发现，169项可持续发展目标中有78项是相关的，有信息可直接获得或可在短期内完成。该研究揭示了在城市背景下衡量某些可持续发展目标（如可持续发展目标12和13）所面临的挑战。

资料来源： https://redcomovamos.org; www.ciudatos.com。

联合国人居署还支持博茨瓦纳、哥伦比亚、厄瓜多尔和突尼斯等国的数据生产。[136]协会在若干国家（如巴西、哥斯达黎加、比利时的佛兰德斯地区、德国、荷兰）[137]发挥了关键的支持作用。在巴西，全国市政联盟（CNM）开发了可持续发展目标曼达拉，这是一个面向市民的可持续发展目标仪表盘。[138]

几个地方政府、地方政府协会和国际机构参加了由联合城市和地方政府以及联合国开发计划署支持的地方可持续发展目标指标和监测跨机构工作组。该小组对不同利益相关者制定的若干可持续发展目标监测和指标体系进行了深入和系统化研究。[139]民间团队也支持地方监测工作（见专栏2.8）。

地方一级的报告程序

次国家层级的报告提供了了解可持续发展目标落实在次国家层级进展情况的机会，使次国家层级的政府能够与全球的利益相关方联系，并有助于推进次国家层级的行政改革，以支持可持续发展目标的落实。[140]但是，次国家层级政府并没有很好地确立报告程序，除了次国家层级政府以前有过21世纪议程类似经验的国家除外（比如法国）。[141]此外，在一些国家，地区有法律义务报告可持续发展情况。例如，在法国，所有拥有5万名居民以上的地区集体都必须报告可持续发展方面的进展情况。[142]最近的一些报告提到了可持续发展目标（如2016年以来的阿基坦地区）。[143]（见专栏2.9）

按照自愿国别评审的模式，许多地方政府已承诺发展自愿地方评审。自愿地方评审有助于国家和次国家层级政府对可持续发展目标的监测，并促进次国家层级政府之间的知识共享和借鉴。[144]它们的影响超越了监测和报告，成为应对可持续发展目标实施挑战的进程。[145]例如，在洛杉矶，当地的评审过程使该市能够在当地背景下了解可持续发展目标，并在持续的基础上宣传执行工作和社区主导的可持续发展目标倡议。[146]

纽约市一直是全球自愿地方评审运动的领导者之一，[147]其他次国家层级政府也参与其中。2019年，在联合国大会期间启动了《自愿地方评审宣

专栏2.9 关于可持续发展的次国家层级报告：法国吉伦德省

吉伦德省被纳入21世纪议程已经超过15年。省级政府建立了可持续发展的战略愿景，并由副理事长在各自负责的领域执行。可持续发展年度报告的结构随着时间的推移而发生了变化。它目前被认为是“可持续发展承诺的问责报告”，旨在评估如何客观地把社会责任和环境责任联系起来。该省吸取了商界的经验和ISO26000标准（社会责任）。自2016年以来，该报告审查了与可持续发展目标相关的承诺。

资料来源：https://e-ceser.grandest.fr/wp-content/uploads/2019/10/contribution-sur-le-rapport-sur-lasituation-en-matiere-de-developpement-durable-adoptee.pdf。

言》，以鼓励次国家层级政府编写可持续发展目标本土化报告。[148]截至2020年5月，已有208个地方政府支持了这一承诺。[149]实际上，到2020年，已经制定了39个地方评审和6个次国家层级评审。[150]报告样本中的几个国家的次国家层级政府已经制定了自愿地方评审（如巴西、哥斯达黎加、法国、南非、西班牙）。

大多数报告程序集中于当地情况，没有明确识别与国家一级的关系。[151]例如，西班牙巴塞罗那、巴斯克地区、马拉加和巴伦西亚进行了地方性评审，[152]但都没有提及国家可持续发展目标实施战略和报告。那些与国家程序有联系的报告中，例如日本的富屋、下川、滨松和北九州等城市直接与自愿国别评审有关。[153]其他报告包括引用国家可持续发展目标战略（如墨西哥城、开普敦、布西亚、贝桑松）或自愿国别评审进程（如钦博特、坎特伯雷）。[154]

自愿地方性评审是异质性的。[155]其中一些遵循了自愿国别评审的指导方针和格式，但许多是自发报告、可持续发展目标本地化或执行报告，或是关于可持续发展战略、愿景或行动计划的报告。制度模式、方法也是多种多样的。一般来说，地方行政部门起主导作用，尽管也有一些自下而上方法的例子。[156]在加拿大温尼伯，可持续发展目标已被纳入以社区为基础的指标体系。[157]2019年，《〈我们的城市〉报告》聚焦温尼伯和可持续发展目标。该倡议由非政府组织领导，不过咨询小组有地方政府的代表，并提供了一些初始资金。[158]

尽管报告具有多样性，为本报告所进行的对10个选定的自愿地方评审的分析显示，所涵盖的主题在一定程度上是标准化的。[159]然而，大多数报告并未涵盖所有目标和具体目标，而是侧重于优先的可持续发展目标，这样就可以更深入地、个别地或相互联系地分析可持续发展的各个方面。

自愿次国家层级评审是最近才出现的。在贝宁、哥斯达黎加、厄瓜多尔、肯尼亚、莫桑比克和尼泊尔进行了全国性试点。其中一些报告已在其国家的自愿国别评审（贝宁、哥斯达黎加、厄瓜多尔和肯尼亚）中提及。[160]这些评审确定了次国家层级层面的可持续发展目标监测、追踪落实和评审挑战。肯尼亚的报告强调了地区与国家监测和评估部门的合作，以制定可持续发展目标郡县监测和评估框架。[161]有5个国家进行了自己的报告程序，并公布了其自愿地方评审，另一个国家在肯尼亚统计部门的支持下对相关的可持续发展目标指标进行了分类。[162]贝宁和厄瓜多尔的报告强调，需要改进国家统计和信息系统，并将关键指标分类，以便在次国家层级层面跟踪可持续发展目标的进展。[163]在哥斯达黎加、厄瓜多尔和尼泊尔，报告呼吁加强国家和地方政府之间的协调，以及地方监测可持续发展目

表2.6 次国家层级政府在自愿国别评审中的参与（2016—2020）[i]

	2016		2017		2018		2019		2020		总计	
每年报告的国家总数	22	100%	43	100%	46	100%	47	100%	47	100%	205	100%
高/中度地与地方和区域政府协作	10	45%	17	40%	21	46%	18	38%	26	55%	92	45%
较少地与地方和区域政府协作	6	27%	10	23%	7	15%	11	23%	5	11%	39	19%
无地方和区域政府协作	6	27%	14	33%	13	28%	10	21%	5	11%	48	23%
无选择			2	5%	4	9%	5	11%	8	17%	19	9%
无相关信息					1	2%	3	6%	3	6%	7	3%

资料来源：Global Taskforce of Local and Regional Governments, Towards the Localization。

注：[i] 数据截至2020年6月28日。

标的支持机制。[164]莫桑比克的报告还强调需要在地方一级调整监测机制和指标。[165]

参与国家报告进程

尽管随着时间的推移，次国家层级政府对可持续发展目标监测、追踪落实和评审，包括自愿国别评审等国家机制体制的参与度仍然不足。[166]2019年，只有5个自愿国别评审国家报告称已将次国家层级政府纳入监测，并且一个国家计划这样做。[167]根据世界城市和地方政府联盟（UCLG）统计（表2.6），2016—2019年，205个报告国家中有92个（45%）次国家层级政府宣布参与自愿国别评审报告过程和编制。与地方政府协作较少或不进行协作的国家数量虽然有所减少，但截至2020年，进行协作的国家所占的比例仍未超过55%。[168]

次国家层级政府参与自愿国别评审进程有不同的阶段和形式。在某些情况下，次国家层级政府通过提供数据（如贝宁、哥斯达黎加、厄瓜多尔、尼泊尔）或撰写自愿国别评审报告的相关部分（如布隆迪、科摩罗、芬兰、肯尼亚）做出贡献。[169]在一些国家，次国家层级政府通过参加会议或讲习班，对调查做出响应（例如奥地利、孟加拉国、爱沙尼亚、印度、摩洛哥、巴拿马、秘鲁、乌干达）。[170]

独立评估强调需要加强在次国家层级和与国家一级的监测和报告方面的协调。例如，在芬兰的独立评估中，[171]以及瑞典市政联盟提交的2020年自愿国别评审报告中关于地方层面可持续发展目标的章节中，都强调了这一点。[172]

一些国家加强了在各级政府间开展可持续发展目标监测和报告合作的机构空间。例如，西班牙于2019年成立了2030年议程国家委员会，作为政府间合作的机构空间。[173]西班牙还在可持续发展目标报告中强调了与次国家层级政府的合作，包括2018年自愿国别评审（其中有关于各区域和地方政府落实可持续发展目标的详细章节）[174]和国家执行报告。[175]

2.3 可持续发展目标监测、追踪落实和评审以确保问责制

2.3.1 立法监督

各国议会在监督可持续发展目标实施方面的参与度参差不齐，并且仍然缺乏详细信息。只有少数国家要求政府定期向议会报告可持续发展目标的实施情况。一些议会利用专门机构来监督可持续发展目标，少数议会有自己的机构战略来整合这些目标。尽管如此，大多数国家仍将重点放在提高认识上，并参与相关的国际活动。

从该报告中24个国家的样本来看，42%的国家（包括哥斯达黎加、芬兰、意大利、肯尼亚、蒙

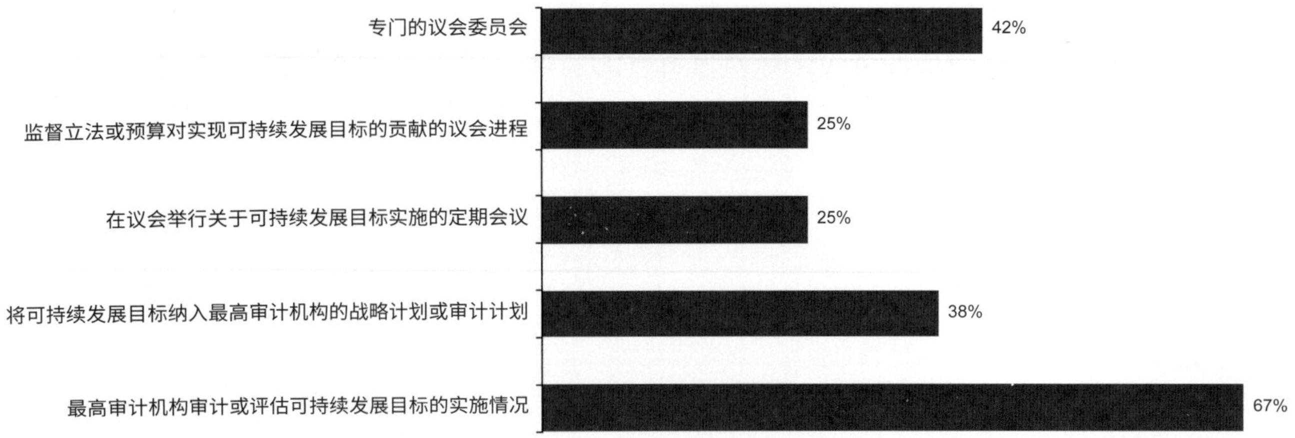

图2.8　议会和最高审计机构在可持续发展目标监测、追踪落实和评审中的作用

资料来源：作者制作，基于24个国家样本。

古国、尼泊尔、菲律宾、韩国、塞拉利昂和西班牙）设有专门的可持续发展目标立法委员会。然而，只有25%的国家确定了监督立法或预算对实现可持续发展目标的贡献的程序，只有1/4的国家举行了可持续发展目标执行定期会议（听证会、信息或监督会议）。（见图2.8）

2019年国际议会联盟对89个国家进行的调查发现，52%的国家报告说，至少有一个新的正式议会机制来监督可持续发展目标。[176]机构设置出现了3种主要模式：专门的监督委员会或附属委员会；将可持续发展目标纳入现有委员会的主流；以及相对分散的模式，如可持续发展目标协调中心或网络。尽管前两种模式并非相互排斥，但只有不到1/3的议会报告称两者兼备。[177]

在智利和阿拉伯联合酋长国，议会都有协调中心。[178]在智利，参众两院的协调中心参与国家网络2030年议程，并协助审查与可持续发展目标相关的所有公共行动（包括立法）。然而，在政府问责和向国会报告方面没有具体规定。[179]

国际议会联盟的调查显示，89个议会中只有43%将可持续发展目标纳入相关委员会的主流。加拿大和印度尼西亚是本报告样本中的案例。在加拿大，可持续发展目标问题由各委员会根据各自的职责处理，[180]而在印度尼西亚，这些问题由议会间合作委员会协调的现有委员会处理。[181]芬兰、意大利、牙买加、墨西哥、蒙古国、塞拉利昂、西班牙、斯里兰卡、特立尼达和多巴哥等国家都有专门的委员会。例如，塞拉利昂议会有一个可持续发展目标部门监督委员会。[182]自2017年以来，芬兰未来委员会受权开展可持续发展目标监测和追踪落实，并接收相关政府报告。

少数议会已将可持续发展目标纳入其机构战略或制定了具体战略。哥斯达黎加立法议会签署了《可持续发展目标国家公约》，并积极参与可持续发展目标监测工作（见专栏2.10）。议会还采取措施，向公众介绍其可持续发展目标监督职能，包括参与机制。[183]

报告对于实现对《2030年议程》的立法监督至关重要。可持续发展目标监测、追踪落实和评审过程的一个局限是缺乏确保问责的体制监督系统。向议会定期提供的有限的可持续发展目标执行报告就体现了这一点。根据国际议会联盟的数据，89个国家中只有51%表示政府提交了报告。一些政府报告可持续发展目标的整体情况，而另一些政府则报告具体的可持续发展目标。[184]除西班牙（见专栏2.11）外，定期向议会报告的国家包括丹麦、芬兰、法国、荷兰和阿拉伯联合酋长国。在法国，2019年可持续发展目标路线图预计将向议会每年提交年度进展报告。[185]

除政府外，议会还从包括最高审计机构在内

专栏2.10　哥斯达黎加促进可持续发展目标的多利益相关方国家公约

哥斯达黎加于2016年签署了《促进可持续发展目标国家公约》。政府的3个部门（包括议会）、最高选举法院、地方政府、公立大学、宗教组织、民间团体、工会和私营部门致力于调动资源、规划、预算、建设制度能力，并对落实《2030年议程》负责。

该公约的一个关键目标是在部门间基础上开展问责程序。2018年，联合国系统与该国可持续发展目标技术秘书处合作，在签署国中开展了一项促进可持续发展目标的调查。它收集了有关进展、优秀做法、挑战和教训的信息。66%的答复认为国家公约是在国家一级指导机构活动和促进部门间战略联盟、促进一致性的联合工作工具。

资料来源：SDG Technical Secretariat in Costa Rica, Sustainable Development Goals, Costa Rica 2020. Sustainable Development in Action: the Route to Sustainability (San José, Mideplan, 2020)。

专栏2.11　西班牙对可持续发展目标实施的立法监督

西班牙议会在可持续发展目标的追踪落实和评审中发挥了核心作用。根据可持续发展目标行动计划，政府必须就行动计划和可持续发展目标的实施情况向两院制委员会提交年度进展报告。议会在行使职权时，可以举行年度全体辩论，监督《2030年议程》的进展情况。此外，政府必须回应主管委员会在部门层面的立法监督请求。最初，参议院和国会（下院）的发展合作委员会讨论并发布了一些非法律提案来引导政府行动。然后，在2018年2月，一个两院制立法委员会成立。在议会解散之前，该立法委员会在2019年2—3月举行了3次会议。大选结束后，新一届议会上任，该委员会在2020年召开了4次会议。在设立两院制委员会之前，《2030年议程》高级专员曾两次向两院国际合作委员会提出报告。

在次国家层级，坎塔布里亚和纳瓦拉等一些自治社区也赋予其议会积极的监督作用。2016年11月，纳瓦拉地区议会要求政府准备一份关于落实《2030年议程》采取的行动、政策和计划的报告。作为回应，政府在2017年3月成立了一个跨部门委员会来进行准备。

资料来源：Gobierno de España, “Informe de España 2018,” 15, 130; Gobierno de España, “Informe de Progreso,” 11; Gobierno de España, “Plan de Acción Para La Implementación de La Agenda 2030. Hacia Una Estrategia Española de Desarrollo Sostenible,” 2018, 113; Congreso de los Diputados (Spain), “Comisión Mixta Para La Coordinación y Seguimiento de La Estrategia Española Para Alcanzar Los Objetivos de Desarrollo Sostenible (ODS),” n. d.; Gobierno de Cantabria (Spain), “Estrategia de Desarrollo Humano Sostenible de La Comunidad Autónoma de Cantabria 2018–2030,” 2018; Parlamento de Cantabria (Spain), “Comisiones Permanentes”。

的各种来源收到报告和信息。2017年，荷兰议会收到了来自行政部门和审计法院的信息。法院向众议院通报了对实施可持续发展目标的准备工作进行审查的结果。[186]

独立评估强调了改善向议会报告的必要性。在比利时，会计法院指出，有必要监测实施可持续发展目标的战略计划和措施，以确保定期向议会报告。[187]芬兰国家审计署指出，政府提交给议会的报告结构与可持续发展报告（国家审计署对此发表意见）不同，因此很难监测其执行情况。[188]

各国议会也在对可持续发展目标的实施情况进行自己的评估。英国下议院环境审计委员会2019年发布了《英国可持续发展目标追踪落实：英国的饥饿、营养不良和粮食不安全》，[189]强调了与英国可持续发展利益相关方工作相一致的结论。[190]在哥斯达黎加，立法议会制定了衡量可持续发展目标进展的方法。[191]它还报告称，有意创建一个在线工具来评估实现可持续发展目标的进展。在联合国开发计划署的支持下，在审查法案时监测和追踪可持续发展目标的指南和手册被用于纳入技术报告。[192]

议会还参与了与可持续发展目标相关的议会外活动，如多利益攸关方对话（如蒙古国）；国际活动，[193]包括参加高级别政治论坛的国家代表

表2.7　选定的审计报告中关于可持续发展目标监测、追踪落实和评审的相关发现

可持续发展目标监测、追踪落实和评审	报告发现	案　例
整合追踪落实和评审系统	11（包括1个地区）	不丹、博茨瓦纳、智利、哥斯达黎加、加纳、印度、密克罗尼西亚、菲律宾、所罗门群岛、坦桑尼亚、地区报告审计2.4（11个国家）
角色和责任的分配	23	阿尔及利亚、奥地利、不丹、波黑、博茨瓦纳、智利、哥斯达黎加、斐济、芬兰、加纳、印度、印度尼西亚、牙买加、马尔代夫、巴勒斯坦国、圣卢西亚、塞拉利昂、斯洛伐克、斯里兰卡、苏丹、坦桑尼亚、乌拉圭、赞比亚
可持续发展目标的指标	29（包括1个地区）	奥地利、比利时、不丹、波斯尼亚和黑塞哥维那、哥伦比亚、哥斯达黎加、厄瓜多尔、芬兰、格鲁吉亚、危地马拉、印度、印度尼西亚、马来西亚、马尔代夫、密克罗尼西亚、巴勒斯坦国、菲律宾、波兰、圣卢西亚、塞拉利昂、斯洛伐克、所罗门群岛、西班牙、斯里兰卡、苏丹、坦桑尼亚、乌干达、赞比亚、地区报告审计2.4（11个国家）
数据质量、可用性和分类	23	阿尔及利亚、奥地利、比利时、不丹、博茨瓦纳、哥伦比亚、加纳、印度、印度尼西亚、牙买加、马尔代夫、毛里求斯、密克罗尼西亚、巴勒斯坦国、菲律宾、塞拉利昂、斯洛伐克、所罗门群岛、斯里兰卡、苏丹、坦桑尼亚、乌干达、乌拉圭
报告过程和/或工具	15（包括1个地区）	奥地利、比利时、波斯尼亚和黑塞哥维那、智利、哥伦比亚、斐济、格鲁吉亚、印度、牙买加、马来西亚、毛里求斯、墨西哥、菲律宾、波兰、地区报告审计2.4（11个国家）
向议会报告	3	比利时、芬兰、西班牙
评估	1	比利时
利益相关方追踪落实和报告的参与	8	印度尼西亚、马来西亚、马尔代夫、菲律宾、所罗门群岛、坦桑尼亚、图瓦卢、乌拉圭

资料来源：作者制作，基于43份审计报告的样本（包括2份地区报告）。

团（如秘鲁）；[194]与政府合作，包括为自愿国别评审报告提供数据（如孟加拉国、不丹、印度尼西亚）；[195]与民间团体合作（如塞拉利昂）。根据最近的数据，在全球范围内，153个联合国会员国中有24.8%参与了某种形式的议会外活动。[196]

2.3.2 来自最高审计机关的外部监督

最高审计机构对政府实体、流程和政策的优势和局限性进行相关评估，包括与可持续发展目标实施相关的方面。[197]国际最高审计机构组织（INTOSAI）的2017—2022年战略计划有助于推动最高审计机构在《2030年议程》的追踪落实和评审中发挥作用。[198]

最高审计机构通常不是落实可持续发展目标的国家机构安排的一部分。[199]因此，在大多数国家，它们尚未正式纳入可持续发展目标监测、追踪落实和评审周期。然而，在一些国家，如芬兰，2017年实施议程的行动计划将国家审计确定为四年监测周期的一部分。[200]即使没有法律或正式规定，在许多国家，最高审计机构也对追踪落实和评审进程做出了积极贡献。[201]第一，将可持续发展目标整合入内部进程和审计计划；第二，审计政府落实可持续发展目标的具体目标的准备情况；第三，参与自愿国别评审的记录进程，为可持续发展目标监测、追踪落实和评审系统提供数据。

在一些国家，最高审计机构对可持续发展目标的参与渗透到组织战略中。芬兰国家审计署增加了围绕《2030年议程》绩效工作的资源分配，并正在制定将可持续发展目标纳入所有外部审计的模式。[202]哥斯达黎加最高审计机构已将可持续发展目标纳入其《2013—2020年机构战略计划》，并对关键公共服务进行审计，以支持可持续发展目标的实施。[203]阿根廷最高审计机构还将可持续发展目标纳入其战略计划，并授权将至少5项与可持续发展目标相关的审计纳入年度审计计划。[204]

最高审计机构的承诺已转化为大量倡议，为可持续发展目标的实施提供独立评估，包括监测、追踪落实和评审系统（截至2020年12月，国际最高审计机构组织[205]报告了73项倡议）。在该报告抽样的24个国家（67%）中，16个最高审计机构进行了与可持续发展目标相关的审计或评估。（见图2.8）这些举措包括评估各国政府落实可持续发展目标的准备情况的审计（主要在2017年和2018年进行，随后几年产出报告）。[206]大多数审计评估了政府中心为实施《2030年议程》所做的准备工作，但也有一些侧重于具体的目标（例如，11个拉丁美洲最高审计报告集中于目标2.4的准备工作，来自拉丁美洲和西班牙的16个最高审计机构集中于可持续发展目标5的准备工作）。

最高审计机构目前正在审计旨在推进具体可持续发展目标的规划的实施情况。塞舌尔审计长办公室根据可持续发展目标，特别是可持续发展目标14，对海岸管理进行了特别评审。[207]巴西会计法院正在协调一项关于可持续发展目标14和15选定目标执行情况的审计工作（包括拉丁美洲、葡萄牙和西班牙的最高审计机构）。[208]哥斯达黎加总审计长办公室对以下方面进行了审计：为弱势群体提供水服务（可持续发展目标6）、[209]以心理健康相关政策为重点的可持续发展目标3、[210]以可再生能源为重点的可持续发展目标7、[211]以国家粮食供应为重点的可持续发展目标2。[212]国际最高审计机构组织发展倡议支持于2021年对40个国家的强大和有韧性的国家公共卫生系统进行审计，审计工作与具体目标3.d有关。在最高审计机构国际组织发展倡议的支持下，哥斯达黎加最高审计机构正在牵头协调对拉丁美洲可持续公共采购目标12.7的执行情况进行审计。[213]

对国家指标和数据系统的评估仍处于初级阶段，但已有一些例子。苏丹最高审计机构评估了国家生产监测可持续发展目标数据的能力。[214]2020年，哥斯达黎加审查了《国家发展计划》中33个目标报告的信息质量，其中24个目标与可持续发展目标有关。[215]哥伦比亚最高审计机构评估了可持续发展目标国家指标与全球指标的一致性，并计划在2021年评估可持续发展目标监测数据的可用性和质量。[216]

专栏2.12 与可持续发展目标监测、追踪落实和评审有关的审计发现的案例

巴西：需要建立监测和评估的综合机制。

加拿大：需要监测会报告系统。

哥斯达黎加：需要对可持续发展目标5指标采取综合办法，这些指标和与性别平等有关的国家战略相分离。

格鲁吉亚：需要确定为32个指标编制数据负责的实体。

印度尼西亚：需要一个适当的、有可靠指标和反馈机制的监测机制。

牙买加：改善国家统计局与其他实体之间的协调，并考虑非国家行为者和次国家层级的数据。

毛里求斯：监测、衡量和报告系统，重点是追踪进展，不是没有适当的发挥作用就是尚未得到执行。

塞拉利昂：需要设计一个监测、评审和报告可持续发展目标进展的系统，并使政府机构意识到它们在这一领域的作用和责任。

苏丹：中央统计局的数据需要改进。

资料来源：作者基于审计报告制作。

这些审计产生了可持续发展目标监测、追踪落实和评审系统关键层面的相关信息和调查结果。（见表2.7和专栏2.12）

将审计信息整合入可持续发展目标追踪和评审系统

在一些国家，最高审计机构为自愿国别评审进程做出了贡献，并与政府合作，加强可持续发展目标的实施。2020年自愿国别评审报告中约30%称其已让最高审计机构参与自愿国别评审进程或可持续发展目标的实施工作。这与2019年相比有所增加，当时最高审计机构的参与率低于15%。[217]除了为自愿国别评审报告提供数据外，国家最高审计机构还参与了协商工作（如孟加拉国[218]），加入了参加高级别政治论坛的国家代表团（如巴西、印度尼西亚），并验证自愿国别评审报告初稿（如在巴勒斯坦，根据准备审计的调查结果）。[219]

对自愿国别评审报告的贡献则各不相同。在智利，自愿国别评审报告包括一份附件，概述总审计长的倡议和贡献。[220]哥斯达黎加的自愿国别评审有关于最高审计机构进行的审计和它们发现的信息，也有政府如何回应以及建议是否已经得到解决的信息。最高审计机构在自愿国别评审中还报告了他们在阿根廷、印度尼西亚（2019年）和萨摩亚国家的倡议。[221]

关于最高审计机构是否应该审计自愿国别评审进程存在不同看法。虽然一些最高审计机构组织，如非洲最高审计机构组织，向其成员推荐这项工作，但是目前还没有这项工作的案例。尽管如此，许多关于政府准备实施可持续发展目标的审计对报告过程进行了评估，包括自愿国别评审。[222]

最高审计机构还根据审计信息和调查结果与政府进行接触，其他利益相关方也利用审计建议改进可持续发展目标的实施。一些国家最高审计机构与规划部门和可持续发展目标指导机构合作，讨论审计结果（如博茨瓦纳、菲律宾、圣多美）。[223]危地马拉最高审计机构已与规划部（SEGEPLAN）

专题：2019年新冠疫情的影响

最高审计机构对政府应对大流行的措施进行关键监督，识别挑战和潜在风险（如公共财务管理和采购）。与此同时，由于采取了遏制疫情的措施，它们也在行动中遇到了具体挑战。在实践中，许多最高审计机构已经转向远程办公。虽然已经做出了许多调整，但一些最高审计机构无法维持正常运作，削弱了公众监督。对一些最高审计机构来说，信息通信技术的获取有限是一个重大挑战。其他最高审计机构的预算受到影响，其命令受到质疑，从而削弱了其职能独立性。

尽管如此，所有地区的最高审计机构都迅速做出了反应。它们正在审计紧急援助基金的使用情况，以减少腐败和管理不善的风险，并确保资金达到预期目的和其受益者（如巴西、牙买加、新西兰、秘鲁、美国）。最高审计机构还就公共采购进行了审计并提供了指导（如巴西），并强调了收集可靠数据和提供明确和一致的沟通的重要性。一些最高审计机构（如巴西、哥斯达黎加、秘鲁）启动了在线平台，以提高政府应对疫情的透明度。

现在开始的一个重要问题是，最高审计机构的审计计划如何平衡与2019年新冠疫情应对和恢复计划相关的工作，以及长期的例如可持续发展目标审计等优先事项。重要的是要确定最高审计机构与疫情相关的工作范围，并与立法机构和利益相关方协商，以确定适当的计划，最大限度地实现相关和适当的监督，并平衡短期和长期优先事项。可能的切入点是评估各国政府的恢复计划是否以及在多大程度上与可持续发展目标保持一致，将可持续发展目标纳入恢复的规划或纳入主流，以及紧急情况和相关应对措施如何影响实现国家可持续发展目标的进展。

资料来源： Aránzazu Guillán Montero and David le Blanc, Resilient Institutions in Times of Crisis: Transparency, Accountability and Participation at the National Level Key to Effective Response to COVID-19, UNDESA Policy Brief 74 (NY: United Nations Department of Economic and Social Affairs (UNDESA), 2020), 3; International Organization of Supreme Audit Institution (INTOSAI) Policy Finance and Administration Committee's COVID-19 Initiative, "Coronavirus Pandemic: Initial Lessons Learned from the International Auditing Community" (Government Accountability Office (GAO), September 2020)。

签署了一项协议，以监测与可持续发展目标一致的国家发展计划。[224]

确保向议会和相关利益相关方传达审计报告和建议对于加强问责至关重要。[225]不丹、格鲁吉亚和斯洛伐克的最高审计机构通过媒体传播可持续发展目标准备的审计的结论。乌拉圭最高审计机构报告说，民间组织对审计结果表示欢迎。[226]

最高审计机构与议会在加强对可持续发展目标的监督方面，面临着所有审计报告会影响审计业务的同样挑战。根据国际议会联盟2017年的报告，100个议会中只有66个制定了评估审计报告的程序。[227]然而，也有一些例外。在荷兰，审计法院关于政府落实可持续发展目标的准备情况的报告有助于加强与立法者在可持续发展目标方面的合作。[228]

2.3.3 由非国家利益相关方进行独立的监测、追踪落实和评审

更加重视可持续发展目标监测、追踪落实和评审的一个积极结果是，非国家行为者的参与更加制度化。民间社会组织（CSOs）已纳入可持续发展目标监测国家框架（如西班牙），对自愿国别

评审做出了贡献或编写了其自身的补充报告（见下文），并且是国家执行计划的签订方（如哥斯达黎加；见专栏2.10）。除了自愿国别评审报告之外，还需要进一步研究利益相关方的投入是否以及如何纳入政府计划和行动。

来自民间组织和其他非国家利益相关方的参与，[229]可以在可持续发展目标的追踪落实和评审中发挥宝贵作用。它有助于收集替代数据和分类数据，[230]并加强政府问责制。为了和全社会的做法相一致，一些政府动员民间组织和私营部门利用其监测和数据收集能力。例如，在尼泊尔，执行和监测委员会将私营部门、合作社和民间组织与政府机构充分结合在一起。[231]

有证据表明，社会参与可持续发展目标监测和问责的程度有所提高。报告样本中的所有国家（见图2.9）都有某种形式的利益相关方参与可持续发展目标的监测、追踪落实和评审。63%的国家对进展进行了独立的评估，而利益相关方参与有关发展和加强可持续发展目标指标的情况则不太常见。

民间社会组织对可持续发展目标监测、追踪落实和评审的贡献

民间组织对可持续发展目标监测、追踪落实和评审的贡献可以采取不同的形式，并遵循不同的背景驱动的战略。虽然民间组织的许多工作是在国家、次国家层级和地方各级进行，国际联盟和全球论坛——包括与《2030年议程》全球追踪落实和评审有关的议题——为民间社会组织提供了一个机会，促进政府问责、动员和组织以支持可持续发展目标（如喀麦隆、肯尼亚，多哥），[232]并取得了与政府相对的合法性（见专栏2.13）。

国际网络和机构支持民间组织参与。例如，联合国开发计划署，与开放政府伙伴关系和美国国际开发署合作，在萨尔瓦多、格鲁吉亚、印度尼西亚、南非、突尼斯和乌拉圭领导了一项试点计划，支持监测可持续发展目标16的包容性进程和方法。[233]区域机制还支持民间组织参与可持续发展目标监测。在联合国拉丁美洲和加勒比经济委员会的支持下，“拉丁美洲和加勒比国家民间组织参与可持续发展议程和可持续发展论坛机制”已用于组织和协调民间组织参与本地区可持续发展目标的追踪落实和评审。[234]

民间社会组织在政府发起或推动下参与国家层面可持续发展目标监测、追踪落实和评审的案例，包括菲律宾统计局组织的公民生成数据研讨会和印度尼西亚的一个数据的政策。印度尼西亚可持续发展目标国家秘书处在利益相关方参与下制定

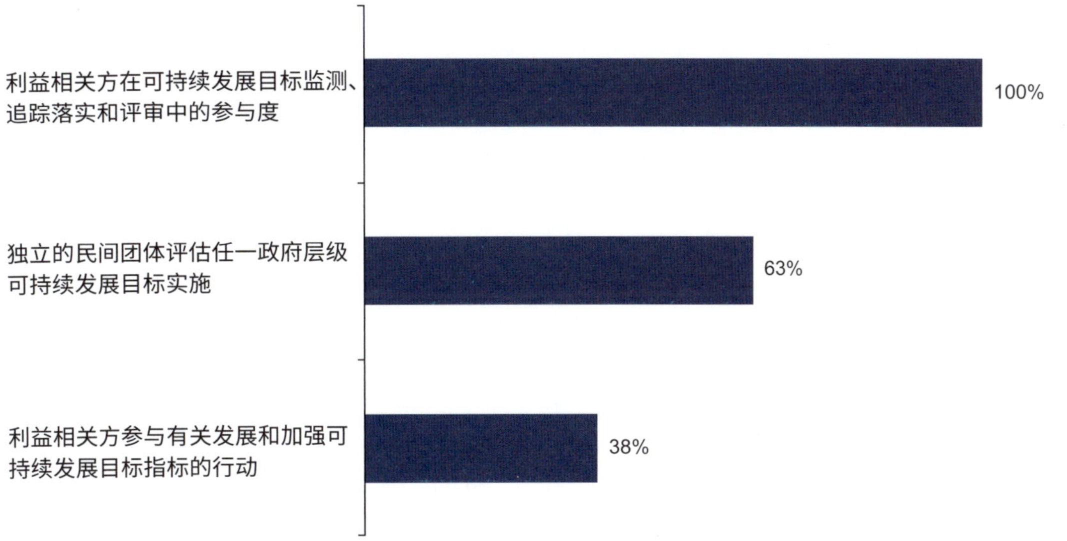

图2.9　非国家利益相关方在可持续发展目标监测、追踪落实和评审中的参与度

资料来源：作者制作，基于跨地区的24个国家样本。

专栏2.13　民间组织通过非洲民间社会组织论坛参与可持续发展目标监测

在喀麦隆、肯尼亚、塞拉利昂和多哥建立了关于《2030年议程》的民间社会组织论坛。他们都强调与政府进行建设性对话，并有效地获得了作为政府对手方的合法性。他们提供的数据已被纳入各自国家的自愿国别评审。

2015年成立的可持续发展目标肯尼亚可持续发展论坛，旨在通过伙伴关系、公民参与、能力建设、政策对话和活动，动员和协调民间组织的倡导，以实现可持续发展目标。从一开始，它就主张“应该鼓励、支持肯尼亚政府，并不断提醒其数据收集的本质，以及及时发布准确数据的重要性”。论坛与私营部门联盟共同主持机构间技术委员会（IATC），该委员会负责监督可持续发展目标的实施、监测和报告。论坛与政府在国家和次国家层级密切合作，监测可持续发展目标的进展。它发表了几份关于可持续发展目标的报告，并为肯尼亚的2017年自愿国别评审提供了数据。在喀麦隆，民间组织也组成了一个类似的网络。

在多哥，规划和发展部通过在利益相关方之间分发职权范围启动了自愿国别评审进程。该部分发了一份经过磋商的报告草稿，以征求意见。修订后的自愿国别评审报告纳入了反馈意见，并在有利益相关方参加的国家研讨会上得到验证。在此背景下，民间社会组织创建了可持续发展目标民间组织论坛。它被认为是一个合作并克服隔阂的难得机会。对于政府来说，这种合作具有附加价值，因为一些信息只对民间组织开放。它有助于将民间组织的投入纳入自愿国别评审，加强民间组织，并使不同行为者之间的竞争环境趋于平等。该论坛的模式已经在其他国家采用，例如贝宁。

资料来源：基于National CSOs Consultative Forum on Post 2015/CAP/SDGs Agenda (Kenya), “Enhancing Accountability, Ownership and Partnerships for the Post-2015 Development Agenda” (Silver Springs Hotel, Nairobi, May 15, 2014); SDGs Kenya Forum for Sustainable Development, “Annual General Meeting Report 2020” (Azure Hotel, Nairobi, January 30, 2020); Partners 4 Review, Cameroon; and Partners 4 Review, Togo: Mobilising Civil Society for the SDG Review (Bonn: GIZ, 2020)。

了可持续发展目标指标元数据指南。[235]它们包括用于监测和评价的报告流，包括民间社会组织的来源。[236]利益相关者在收集他们自己的数据时使用了这些准则。

在不同的背景下，参与性战略对自愿国别评审进程的贡献有所不同。一些民间组织在政府的邀请下参与了自愿国别评审的筹备工作（如印度）；[237]另一些倡议是由民间组织发起的，但目的是与政府合作（如芬兰）[238]，还有一些倡议则强调民间组织的独立性（如丹麦）。[239]

民间组织还帮助进行规划推进可持续发展目标（如哥伦比亚），收集替代和补充信息和案例（如北马其顿），并提供了可持续发展目标实施的独立评估。在某些情况下，如巴西，与其他行动者合作的民间社会团体是可持续发展目标监测和评价的主要催化剂之一。[240]在一些国家，民间组织采取了社会监测举措，以获取有关可持续发展目标执行情况的额外信息。[241]“哥伦比亚城市网络，我们如何行动”对地方一级的可持续发展指标、基线和报告进行了分析。[242]

公民记分卡

民间社会组织对《2030年议程》的追踪落实

和评审的独立贡献依赖多种工具。自2016年以来，“促进可持续发展目标行动（A4SD）”，一项支持《2030年议程》的全球民间社会平台，[243]推动使用调查或公民记分卡，从民间社会的角度评估国家层面可持续发展目标的进展。[244]20多个国家的民间组织联盟对2020年调查做出回应，该调查旨在概述可持续发展目标实施的前5年的进展情况。[245]总体而言，报告指出，民间社会组织认为在实现可持续发展目标方面取得的进展有限。例如，在本报告抽样的国家中，总体平均进展分数范围从尼泊尔、巴西、印度和南非的40%，到肯尼亚和西班牙的50%，印度尼西亚的60%和芬兰的近80%。[246]

民间组织的平行报告

在高级别论坛上，民间社会组织和联盟提交了独立审查各国落实《2030年议程》努力的影子报告、平行报告或聚焦报告。[247]一些国家报告中还包括了自己的可持续发展目标实施指标。自2016年以来，促进可持续发展目标行动已经提供了来自66个国家的83份影子报告和反思（见图2.11）。[248]3个国家（巴西、尼泊尔和多哥）分别在3个不同的年份发布了报告，另外有11个国家发布了两份报告。虽然这一时期很短，但每年报告的数量似乎在下降，即使考虑到2020年新冠疫情的困难背景。

对43份报告的评审表明，民间组织对可持续发展目标实施的普遍关切其连续性，并关注其监测进展。[249]这些报告的复杂性和结构千差万别：有些只是一般性的评估或对调查的回应，而另一些则是带有建议的快速评估。有些遵循了记分卡的形式、议程的结构或可持续发展目标的体制结构。

报告中最常见的问题是要求政府和民间社会加强参与，特别是建立正式体制，将利益相关方的意见纳入国家可持续发展目标进程。强调有意义地参与监测、报告和拟订建议。一些报告强调了不让任何人掉队、参与度和所有权问题。

另一个反复出现的问题是，要求政府对可持

图2.10 民间组织参与可持续发展目标追踪落实和评审的方式和切入点

资料来源：作者制作。国家层面使用的图片“参与监测和问责机制”，取自Laura van den Lande and Catarina Fonseca, Global Review of National Accountability Mechanisms for SDG6（伦敦：解决水资源缺乏，2018年）。

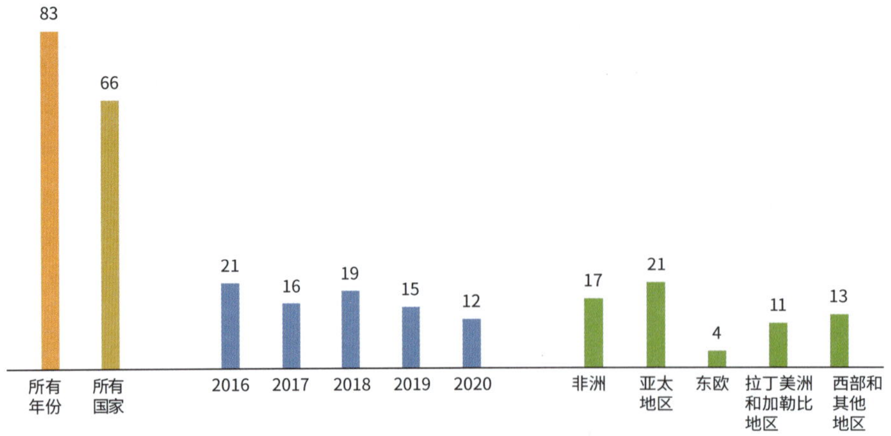

图2.11 民间组织呈递的影子报告和意见（按年份和地区）

资料来源：作者制作，基于促进可持续发展目标行动，Resources and Toolkits（https://action4sd.org/resources-toolkits/）。从图中可以看出，就每年来说，是该年度所有报告或意见的总数；就地区而言，是该地区至少提出一份报告或意见的国家的总数。

注：[i] 2019年，尼泊尔又提交了一份关于可持续发展目标16的报告。

续发展目标的执行情况进行更全面的评估，并提供后续信息和机制。更多和改进的指标，包括分类数据，以及各级政府的监测和报告，是各个报告中一致关注的问题。将全球和国家机制纳入追踪落实和评审从一开始就受到欢迎，并认为这是议程的一个关键因素，也促使民间社会的要求不断改进。可持续发展的国际方面也被提及，考虑到发达国家在支持国外可持续发展方面的承诺和责任（如丹麦、爱尔兰），以及需要国际支持的发展中国家的努力。

在2020年高级别政治论坛上提交的影子报告涉及当前的疫情，大致强调了对进展的潜在影响，并对可持续发展目标的实施可能落后表示担忧（如丹麦、尼泊尔、秘鲁）。一些报告（如丹麦、斯洛文尼亚）也对公民空间的减少表示担忧。

全球民间组织对可持续发展目标监测、追踪落实和评审的另一项实质性贡献是根据在高级别论坛上提交的自愿国别评审，编写年度系列报告，评估可持续发展目标的进展。[250]2020年版本表明，全社会的方式似乎正在转化为非国家利益相关方参与正式程序的收获。自2016年以来，70%的报告国家将非国家行为者纳入落实可持续发展目标的机构体制，非国家行为者直接参与编写自愿国别评审的比例从2018年的29%增加到2019年的53%——尽管在最终报告中实际纳入利益相关方建议的可核实性较低。该报告还表达了对世界各地公民空间减少的担忧。[251]

2.4 可持续发展目标监测、追踪落实和评审体系：优势、挑战和改进的机会

独立评估和审计提供了可加强可持续发展目标监测、追踪落实和评审的领域的循证评估。本节首先讨论了改善可持续发展目标监测、追踪落实和评审基本要素的机会，然后分析了关键的监测层面，包括协调、与基于绩效的系统的联系，以及利用证据改善可持续发展目标的实施。

分析的依据是最高审计机构的选定审计报告（41份国家审计报告、2份区域协调审计报告和1份基于审计结果的全球报告）、1份可持续发展目标评价报告，以及本报告收到的不同利益相关方的意见。虽然审计中发现的一些问题自公布以来可能

专题：2019年新冠疫情和虚拟利益相关方参与可持续发展目标监测和报告

全球新冠疫情给利益相关方参与可持续发展目标监测、追踪落实和评审带来了新的挑战。一些国家的民间社会组织（如丹麦）警告说，这一疫情造成了新的风险，例如减少了参与机会。虚拟工具的使用得以继续促进参与和包容，同时凸显了获取机会方面的不平等。

例如，在2020年紧急情况开始时，许多考虑利益相关方参与编写报告的国家刚刚进入磋商阶段。通过其他机制收集信息（如虚拟咨询、在线调查以及通过电子邮件收集的输入和反馈）是一种常见的响应。然而，通信和数字基础设施的限制可能会限制这些解决方案的有效性。

总体而言，人们普遍认为，2020年高级别政治论坛向虚拟参与的转变对利益相关方的参与产生了积极影响。2020年8月对主要利益相关方进行的一项调查发现，与前几年相比，参与人数似乎有所增加。对于46%的受访者而言，此次活动更具包容性，而对于31%的受访者而言，此次活动的包容性更低或低得多。此外，46%的人认为高级别政治论坛允许更多的国家行为者参与，而33%的人持相反看法。然而，绝大多数人认为官方计划没有提供足够的参与空间。在本地连接方面的限制被强调，一半的受访者认为在可变的互联网连接或技术连接方面存在挑战。

虽然组织虚拟高级别政治论坛的努力似乎取得了积极成果，但在通信基础设施、跨时区的参与能力以及积极参与和对话方面，仍存在一些挑战。会议强调，应采取行动消除数字鸿沟，特别是为弱势群体消除数字鸿沟，并采用额外的机制和工具，允许有意义的投入和参与（如在线汇集、书面问答）。建议还包括最大限度地发挥众包创意的潜力，确保包容性、采用混合模式，并制定高级别政治行动计划前后的国家追踪落实进程。

资料来源：评审伙伴对联合国经社部公共机构和数字政府司为编写《世界公共部门报告》所进行的调查提供信息；Danish 92 Group and Global Focus, Denmark's Challenges, 3; Javier Surasky, High-Level Political Forum 2020 Analysis: Beyond Virtuality (Bogotá, Colombia: CEPEO, 2020); and Action for Sustainable Development, "Inclusion of Civil Society in the Virtual HLPF 2020. Feedback from a Survey of Stakeholder Participation" (A4SD, September 2020)。这项利益相关者调查通过可持续发展行动协调机制面向所有主要利益相关者，收到了来自48个国家的130份回复，大多数受访者自称为非政府组织、妇女或儿童和青年。(Action for Sustainable Development, Inclusion of civil society in the virtual HLPF 2020)

已经得到解决，但它们表明各国可能存在相关的瓶颈。

2.4.1 可持续发展目标监测、追踪落实和评审的核心维度

角色和职责

虽然大多数国家政府都有责任对可持续发展目标进行监测、追踪落实、评审和报告，但有些国家却未能做到这一点（例如，当它们已有现存的发展政策时）。例如，尽管不丹的国民福祉委员会在实现可持续发展目标方面没有明确的授权，但并没有成立另一个可持续发展目标主体。[252]此外，责任主体并非总是可运作的（例如，由于缺乏能力或资源），现有机构的表现可能不利于有效的可持续发展目标监测、追踪落实和评审。（见图2.12）

不明确或支离破碎的责任，以及协调问题也会影响可持续发展目标追踪落实和评审系统的绩效（如塞拉利昂）。[253]非政府组织的积极参与是解决统计问题和确保数据质量的关键，但非政府组织在可持续发展目标监测方面的作用及其协调责任并不总是明确界定。例如，奥地利于2016年成立了一个部际工作组，负责协调可持续发展目标的报告而非实施。此外，2018年，联邦总理府和财政部即将建立自己的监测和报告系统，但没有明显的协调机制。[254]

在一些国家，负责主体可能没有有效履行其职能的支持机制和程序。在哥斯达黎加，政府确定了可持续发展目标监测和报告的负责主体，但由于缺乏支持程序，在监测频率、战略和使用的数据等方面存在不确定性。[255]

指标

尽管情况有所改善，但重大挑战影响了通过国家指标框架评估可持续发展目标进展的能力。2019年，一些国家仍缺乏可持续发展目标指标框架。波斯尼亚和黑塞哥维那以及斯洛伐克尚未确定国家目标和可衡量的指标。[256]在斯洛伐克，则是由于推迟核准一项长期远景文件。[257]2018年，波兰、圣卢西亚和坦桑尼亚也发现了类似情况。[258]在拥有可持续发展目标指标框架的国家，具体问题可能会削弱其有效性。存在缺陷的原因多种多样，包括缺乏适当的法律统计框架（如赞比亚）、没有更新现有指标以使其与可持续发展目标保持一致（如菲律宾）、能力和资源限制（如塞拉利昂、所罗门群岛、坦桑尼亚）。[259]

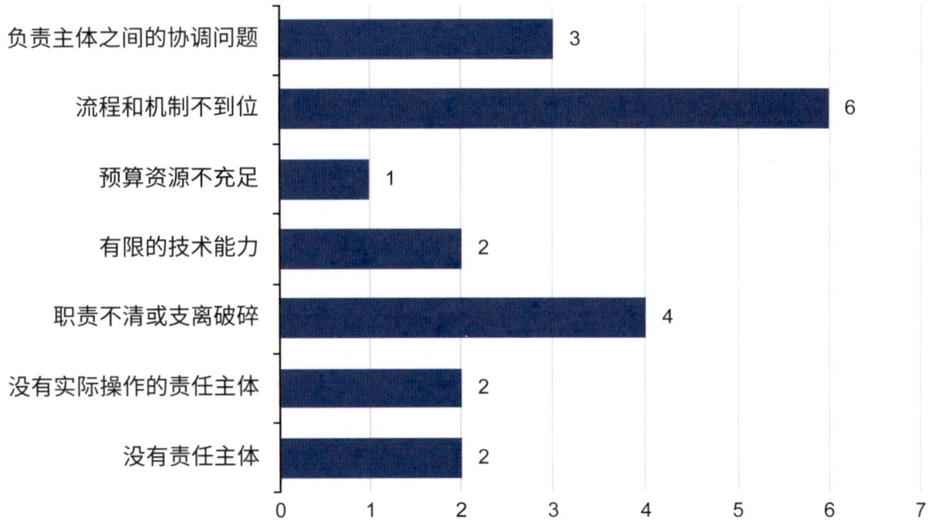

图2.12 改进基于外部审计的可持续发展目标监测、追踪落实和评审制度化的机会（调查结果数量）

资料来源：作者基于25份审计报告制作。

最高审计机构在一些国家（如比利时、不丹）确定了有限数量的可持续发展目标指标，在指标框架范围内存在问题（如芬兰），基线和里程碑不足或缺乏（如哥斯达黎加、印度、印度尼西亚），以及其他挑战。缺乏适当的调查和人口普查数据可能会导致基线产生问题（如印度尼西亚）。[260]在哥斯达黎加，现有的基线已经过时，因为它是基于2003年进行的一次全国调查，而且没有拨出预算来进行新的调查。[261]

需要加强利益相关方之间和各级政府之间的协调。例如，比利时各领土政府各自以自己的方式制定可持续发展目标指标，这些指标不一定与联邦统计当局定义的指标一致。[262]国家统计局、部门、州政府和非政府组织之间的协调问题是密克罗尼西亚指标确定不足的原因之一。[263]

哥伦比亚、印度和西班牙等国的审计突出表明，在次国家层级并非总能获得适当的指标。西班牙最高审计机构建议各级政府使用一致的指标和基线，以开展可靠的追踪落实。在印度这样的国家，一致性很重要，因为邦一级的监测是基于邦指标框架（SIF），该框架反映了次国家层级政府的优先事项、数据要求、基础设施和资源。政府报告称，在2020年，60%的邦开发了邦指标框架，30%的邦开发了地区指标框架（DIFs）[264]。2019年，印度最高审计机构在制定国家指标框架和确定数据来源方面发现进展不均衡。[265]

数据可用性和质量

在数据可用性、分解以及数据协调、协同和互操作性方面都存在约束。最高审计机构在奥地利、比利时、哥伦比亚、塞拉利昂、所罗门群岛、坦桑尼亚和乌干达等几个国家确定了在数据收集方面的挑战和数据缺口。不同可持续发展目标之间的数据缺口有所不同。例如，在毛里求斯，2018年的一份审计报告发现，可持续发展目标11、13和16的一半以上数据无法获得。[266]

不存在或不完整的数据来源、能力和资源不足、无效的收集系统（例如缺乏指导方针、频率不足）等因素可以解释这些制约因素。在奥地利，数据不完整是因为各部的提交是自愿性的。[267]在毛里求斯，[268]一些政府主体既没有提供所需的数据，也没有分析数据的不一致之处。协调问题也解释了数据收集方面的挑战。例如，在比利时的瓦隆地区，多个数据提供者在没有协调时间表的情况下发布数据。[269]

在加纳、所罗门群岛和菲律宾的审计中发现了数据质量问题。[270]其他国家在其2020年自愿国

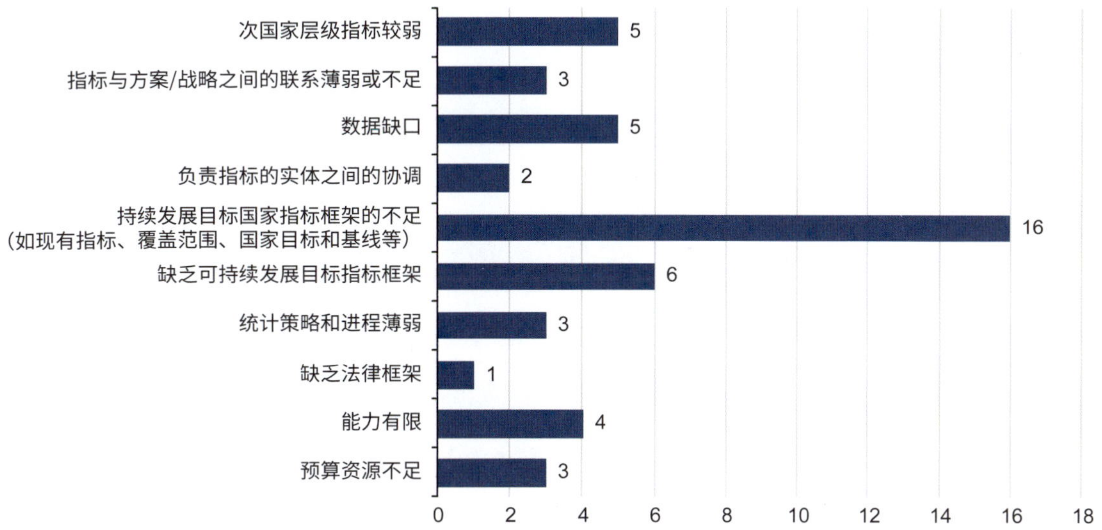

图2.13 改进基于外部审计的可持续发展目标指标体系的机会（调查结果数量）

资料来源：作者基于32份审计报告制作。

别评审报告中强调了这一担忧。[271]加纳最高审计机构报告指出政府已经与南非统计局合作开发了一个数据质量评估框架。[272]此外，分类数据的可得性有限是大多数2020年自愿国别评审国家[273]认识到并在审计报告中强调的一个重大挑战。乌拉圭和博茨瓦纳等国发现，国家调查和人口普查没有按照性别和其他特征提供足够的分类。[274]在哥斯达黎加，制定了确保按性别分类数据的指导方针草案，但到2018年尚未采用。[275]

数据的协调和互操作性是另一个约束。在一些国家，没有明确规定不同主体有义务共享数据，以便在一个地方提供有关可持续发展目标指标的信息。主体间统计知识的不对称和机构间信任的缺乏影响协调。在印度尼西亚，最高审计机构建议审查总统条例草案，以加强印度尼西亚统计局协调统计资源和加强数据提供方面的协调的权威。[276]毛里求斯最高审计机构[277]指出，毛里求斯统计局的数据收集相对较好，但某些领域的数据无法相互操作，要么分散在各个机构，要么以不同形式收集。报告建议加强数据生产者和用户之间的网络，评审、协同和加强数据收集，包括评审和执行有关数据收集的法律，解决数据缺口，改进复杂指标的编制。[278]

报告流程

最高审计机构已经发现报告的问题与流程及其范围和内容有关。两个关键问题是报告国家以下层面的可持续发展目标实施情况和非国家利益相关方采取的行动，以及在将行动和规划与可持续发展目标框架相关联方面面临的挑战。比利时的联邦法律要求提交几份报告，但它们只是陈述了实施的行动，没有对它们与可持续发展目标进行评估。[279]2017年，奥地利联邦总理府发布了第一份关于落实议程的国家进展报告。但是，该报告没有提供实施情况的简明概述，也没有载列各省、市政府、民间组织的措施或专家的贡献。[280]

各国正在利用信息通信技术（在线平台和仪表板）提供可持续发展目标实施信息。但是，一些审计（如毛里求斯）发现，各国可以用有关指标的信息来取代对执行情况的适当评估。

利益相关方参与

有限的透明度和信息是利益相关方参与可持续发展目标监测、追踪落实和评审的障碍。在印度尼西亚，提供可持续发展目标信息的网站没有提供实施进展的信息，因为政府认为这些信息可能包含国家机密/文件。最高审计机构认为，由于难以获得有关可持续发展目标实施的信息，使得社区参与

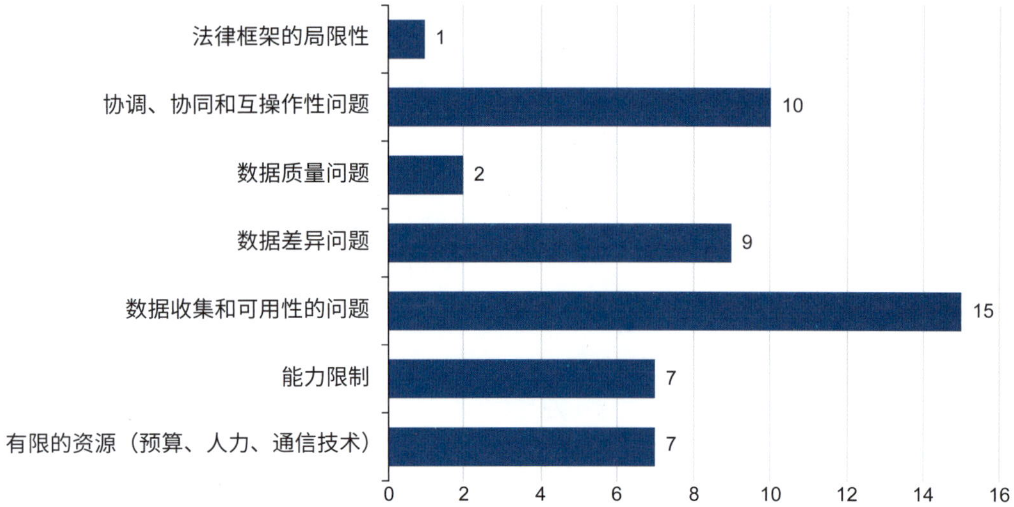

图2.14　改进基于外部审计的可持续发展目标数据框架的机会（调查结果数量）

资料来源：作者基于28份审计报告制作。

这些进程的效果不佳。[281]

此外，根据一些审计，利益相关方参与的有效性往往因缺乏利益相关方的规划而受到削弱，这些利益相关方可以对追踪落实和评审做出贡献。协调问题和缺乏技术指导是其他一些相关的挑战。

2.4.2 一些可持续发展目标监测、追踪落实和评审的关键维度

具体因素对可持续发展目标监测、追踪落实和评审的有效性有着深远影响。其中包括将可持续发展目标追踪落实和评审系统纳入其他监测系统，与绩效衡量系统挂钩，以及如何将监测信息反馈到政策周期中，以加强可持续发展目标的实施。

综合的监测、追踪落实和评审系统

现有的国家监测和评估系统，在可行的情况下，应成为理想的将可持续发展目标纳入国家监测、追踪落实和评审的基础。[282]调整这些系统以监测和报告可持续发展目标进展，对于避免平行系统的冲突并确保国家系统生成相关和及时的信息非常重要。鉴于系统的多样性，[283]这就需要采用量身定制的方法来评审和调整进程、标准和体制机制，考虑国家优先的可持续发展目标，并加强协调。

可以加强可持续发展目标与现有监测、评估和报告系统的整合。在报告样本的24个国家中，只有3个国家似乎在某种程度上与现有监测系统协调或整合了可持续发展目标的追踪落实和评审。（见图2.16）审计在这方面发现了多个改进机会。

已有评估和衡量可持续发展战略进展的国家在更新、修订、调整或使用这些指标衡量可持续发展目标进展方面面临挑战。[284]在芬兰，两套指标并存，[285]自2000年以来，芬兰一直在定期监测和报告一套可持续发展指标。这些指标每年更新，并在国家报告中公布。[286]最新更新的报告是2017年，包括组织在10个专题中的45个指标。其中约1/3对应全球可持续发展目标指标。[287]2019年，一项独立评估得出结论：用于衡量进展的多套指标会造成混淆。[288]

在一些国家，没有用于跟踪可持续发展目标进展的国家综合监测和评估系统。例如，在牙买加，审计确定了在不同发展阶段的3个不同监测机制，以跟踪可持续发展目标实施方案的进展。[289]即使有监测和评估国家发展政策和战略的体制框架，通常也不清楚是否以及如何使用它监测和报告可持续发展目标进展，以及/或是否存在一个独立的系统（如菲律宾）。这可能会为不同的规划和协调问题建立平行的监测进程，并使规划难以与可持续发

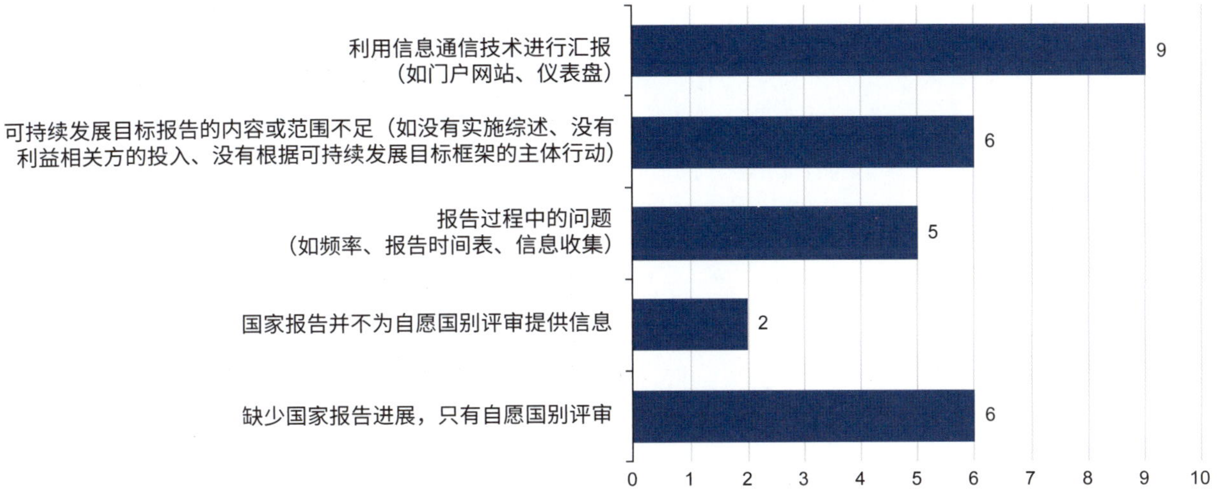

图2.15 改进基于外部审计的可持续发展报告流程和工具的机会（调查结果数量）

资料来源：作者基于15份审计报告制作。

展目标指标相联系。

哥斯达黎加规划部提出了一个长期评估机制，以评估部门成果对国家目标和可持续发展目标进展的贡献。[290]然而，尽管2019—2022年国家发展和公共投资计划与可持续发展目标一致，但是在以绩效为基础的管理，并为监督进展确定流程方面仍然存在挑战。在为2020年自愿国别评审开展的调研中的受访者强调，如何将国家行动与可持续发展目标指标联系起来（61%的人表示他们的工作涉及与可持续发展目标相关的指标，但与自身指标无关；39%的人回答说，他们不考虑指标，或对将各项举措与具体指标联系起来存在挑战）。结果，政府官员必须在不同时间向不同主体和进展提供相同的数据，造成监测效率低的现象。[291]受访者提到这些挑战的原因包括能力有限和缺乏国家目标和指标。[292]

在特定部门或政策领域（如环境、卫生、性别），将可持续发展目标监测、追踪落实和评审与现有系统相结合也存在问题，导致出现了平行的系统。即使在各部门已经建立了适当的监测和评估系统，但是这些系统往往早于《2030年议程》，并可能与可持续发展目标不一致。在西班牙，有监测性别平等政策的体制机制，这些机制应该用于可持续发展目标5的追踪落实和评审。但是，这些机制的重复、有限的协调和运作中的问题降低了它们的效力。[293]

这些综合挑战影响了产生信息的频率和质量，给协调和交换数据带来了问题，并往往导致现有实施可持续发展目标的规划与可持续发展目标的具体目标和指标脱节。因此，监测系统没有提供适当的追踪落实和评审所需的信息。（见专栏2.14）

有效的可持续发展目标监测、追踪落实和评审需要各级政府的合作与协调。[294]然而，整合跨各级政府和与现有的次国家层级的系统一直具有挑战性，影响到指标的一致性、跟踪进展和从次国家层级获取数据，以及将次国家层级提供的数据纳入国家报告。例如，密克罗尼西亚的一项审计强调，国家和州政府应建立一个综合系统，收集各州和地方政府的所有部门数据，以监测与可持续发展目标有关的项目的实施情况。[295]

在可持续发展目标的监测、追踪落实与评审与现有的地方监测和评估系统相结合方面也存在挑战。在尼泊尔，地区协调委员会——地方发展工作的主要监测和监督机构——鼓励其调整职能，并以有助于实现可持续发展目标的方式开展工作。[296]独

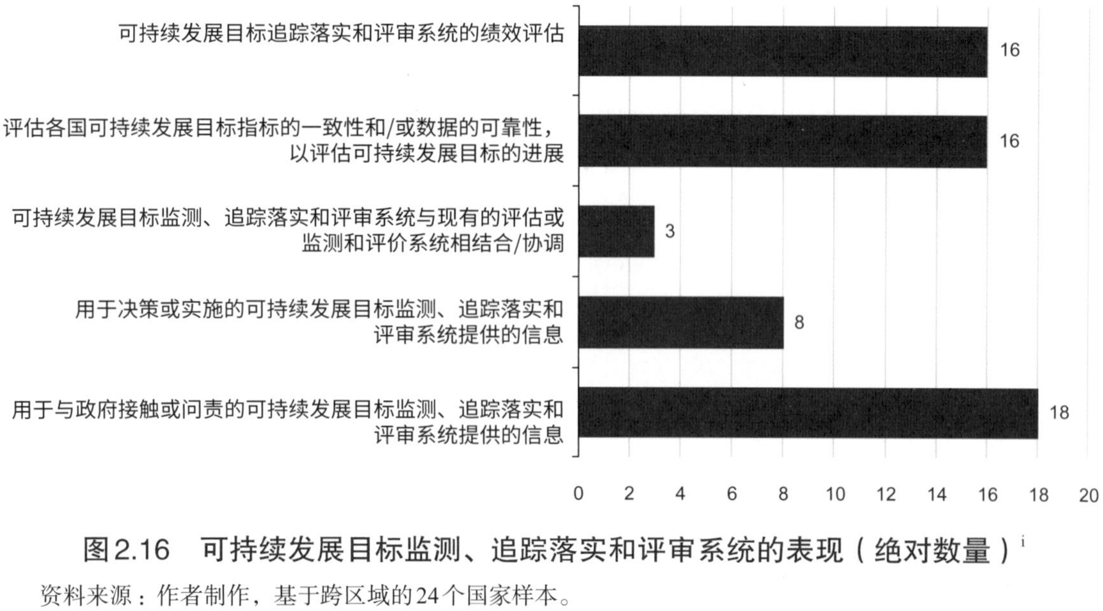

图2.16　可持续发展目标监测、追踪落实和评审系统的表现（绝对数量）[i]

资料来源：作者制作，基于跨区域的24个国家样本。

注：[i] 前两类包括审计、评估和其他有关评价。

专栏2.14　拉丁美洲监测可持续发展目标具体目标2.4进展的综合挑战

对拉丁美洲各国政府落实可持续发展目标具体目标2.4的准备情况进行的协调审计发现，2018年的监测工作面临重大挑战。在哥斯达黎加，审计强调缺乏任何战略和机制来监测、评估拟订和管理与目标2.4有关的公共政策的实体之间的机构间关系。有两项关键政策与可持续发展目标不一致。因此，监测不能与目标2.4的进展联系起来，也不能用于改进决策。审计的结论是：缺乏综合的监测和评估战略，可能导致无法发现可持续发展目标实施进展，影响监测、追踪落实和监督。这些发现和2020年自愿国别评审报告的信息相一致。

在智利，最高审计机构发现农业部和环境部都为15个项目和政策确定了责任和体制机制，这些项目和政策有助于实现目标2.4。然而，这些机制不是在《2030年议程》背景下建立的，也不符合可持续发展目标。因此，各主体没有就这一目标对它们进行监测。此外，一些关键的公共方案，例如国家可持续消费和生产方案，没有同指标2.4联系起来。作为监测目标2.4进展的一部分，环境部没有报告任何相关行动。

资料来源：Contraloría General de la República de Costa Rica, “Informe de Seguimiento de la Gestión del Centro de Gobierno para la implementación de la Agenda 2030 para el Desarrollo Sostenible” (San José, Costa Rica: CGR, 2018); Secretaría Técnica de los ODS en Costa Rica, “Segundo Informe Nacional Voluntario,” 87–88; and Contraloría General de Chile, “Informe Final 825 Respecto a Las Acciones de Preparación Para La Implementación de La Meta 2.4 de Los ODS” (Santiago de Chile: Contraloría General de Chile, 2018年6月)。

立评估强调了将可持续发展目标纳入省级和地方各级计划和规划并使其与可持续发展目标和指标相一致的障碍。[297]

为了应对这些挑战，肯尼亚在次国家层级建立了高度制度化的监测和评估系统。县综合监测和评估系统（CIMES）包括各级政府、非国家行为者（发展伙伴、私营部门、民间社会组织）和公民。[298]设立县综合监测和评估系统是为了解决国家和县两级监测和评估之间缺乏一体化的问题，这导致数据收集和报告不足。[299]它的目的是为县级绩效管理提供证据，并向国家监测和评估系统提供数据。[300]若干体制机制旨在整合规划、监测、监督和参与。[301]县政府间论坛连接国家和县政府。这一绩效管理系统需要与可持续发展目标相结合，“让所有利益相关方清楚地知道收集数据的重要性，如何利用这些信息为努力中的县政府和民间组织实现可持续发展目标提供信息，以及需要收集哪些信息”。[302]

与绩效系统相联系

大多数国家已经根据可持续发展目标修订或更新了它们的指标。然而，它们很少将可持续发展目标与现有的绩效体系和指标建立联系（例如，GDP指标之外的绩效预算和管理体系）。在奥地利，联邦政府部门2017年的成果目标中，80%的目标（102个中的81个）实质涵盖了可持续发展目标，但对绩效目标的解释没有提及《2030年议程》。[303]

虽然有些国家——如比利时、法国、意大利或新西兰——目标是建立这种联系，但报告体系似乎仍然相当脱节，尽管它们试图随着时间的推移增加一致性（例如在法国，计划的可持续发展目标报告和正在进行的超越国内生产总值指标的报告）。[304]

此外，尽管出于预算目的，一些现有的绩效指标会向议会报告（如意大利、新西兰），但议员们并不经常使用这些信息进行与可持续发展目标相关的问责。[305]

更一般地说，在公共行政中，绩效导向和使用绩效信息是许多国家的一项挑战。例如，尽管改善了报告系统的质量以加强绩效重点，但蒙古国的监测和绩效导向仍然薄弱。[306]政府机构必须根据标准化的基于结果的监测格式报告绩效，财政部已经开发了报告模板，将各部门的财务和绩效报告整合在一起。但是，存在着系统上的制约因素，例如监测和评价部门的人员不足和能力有限，缺乏交流数据的协调，以及发展战略和预算之间缺乏联系，导致各部有单独的报告和监测机制。因此，报告仍然以产出为导向，业绩信息反馈到政策制定和预算优先级程度有限。[307]

事实与政策之间的反馈回路

另一个相关挑战是如何利用来自监测、追踪落实和评审的信息为政府决策提供信息，以加强可持续发展目标的实施。芬兰独立评估的结论具有说明性。结论指出，决策者在制定政策时很少使用可持续发展研究成果和指标数据，而更狭隘的观点和利益——往往是经济利益——占据了上风。[308]

在报告的样本中，24个国家中的16个国家似乎使用了来自监测进展的数据，为可持续发展目标的实施提供信息和改进。对于来自其他国家行为者的信息，结果是类似的。由于对可持续发展目标审计的建议和调查结果的高度接受，半数以上的国家利用这些信息与政府就可持续发展目标的实施和/或问责进行接触。（见图2.16）

各国政府可以根据评估、外部审计、立法监

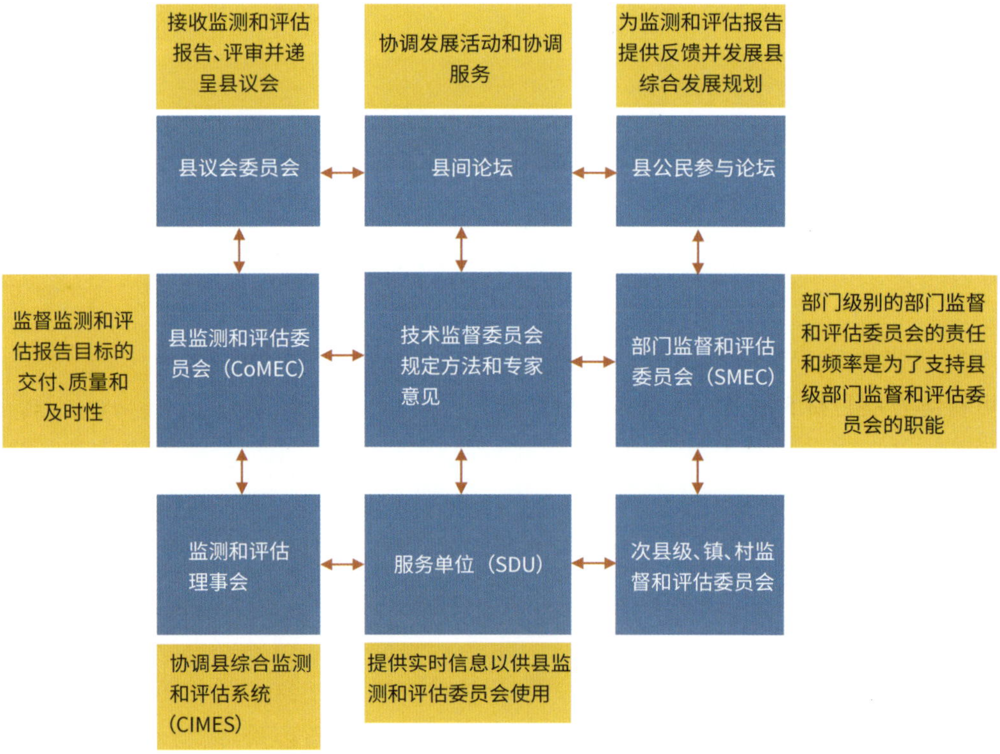

图2.17 肯尼亚县层级的监测和评估

资料来源：Government of the Republic of Kenya, “Guidelines for the Development of County Integrated Monitoring and Evaluation System” (Nairobi, Kenya: State Department for Planning and Council of Governors, April 2019), 34。

督和民间组织投入等多种来源调整可持续发展目标的实施情况。数据提供的时间是将反馈纳入决策的关键。在芬兰，可持续发展目标评估结果在竞选期间公布，并花了额外的时间向主要政党传达这些结果。因此，执政党采纳了《2030年议程》作为其政府计划的基础。它支持了两项评估的建议：将《2030年议程》作为政府政策的基础，并制定实现可持续发展目标的国家路线图。[309]

议会可将可持续发展目标监测的信息用于监督和立法活动。芬兰在利用监测为立法讨论提供信息方面提供了良好做法。自2016年以来，政府一直将可持续发展进展报告作为其政府年度报告的一部分，其调查结果在议会讨论，使其成员有机会监督可持续发展措施。

根据立法提供数据或要求做出改变的例子很少。2016年，纳瓦拉地区（西班牙）议会要求纳瓦拉政府准备一份关于实施《2030年议程》的行动、政策和计划的报告。作为回应，政府成立了一个跨部门委员会来编写报告。[310]

审计引发了可持续发展目标实施方面的变化。总的来说，大多数最高审计机构报告认为，审计建议已被政府接受。在博茨瓦纳、智利、哥伦比亚、哥斯达黎加、格鲁吉亚、加纳、马来西亚、菲律宾、斯洛伐克、西班牙和汤加等国，这些报告受到被审计机构的好评。[311]哥斯达黎加在其2020年自愿国别评审中纳入了关于对审计建议的回应信息：在与可持续发展目标5相关的可持续发展目标准备中，除了其中一项，其他全部建议均已得到实施，并且审计带动了一项关于性别平等的研究的发展。[312]政府报告称，正在考虑实施其他可持续发展目标审计建议的行动。[313]

由于审计发现和建议以及/或最高审计机构在审计过程中与政府接触，一些国家采取了具体行动。[314]智利和哥斯达黎加报告称，在对政府落实可持续发展目标5的准备情况进行审计后，若干机构批准了性别政策并改进了内部程序。根据审计建议之一，西班牙政府改变了可持续发展目标最高协调机构的组成。

2.5 结论

可持续发展目标的监测、追踪落实和评审日益受到重视。在一些领域取得了明显进展，如追踪落实和评审系统的制度化，以及自愿国别评审过程的牵引性及其在次国家层级的溢出效应。利益相关方的参与有所增加，越来越多的利益相关方有兴趣为可持续发展目标的后追踪落实和评审做出贡献。尽管面临挑战，但在制定国家指标框架方面也取得了进展。然而，本章也指出了今后改进的重要机会。这包括将可持续发展目标监测、追踪落实和评审与现有监测系统进行协调和整合，并加强次国家层级政府对可持续发展目标监测以及次国家层级政府报告进程的参与。其他制约因素涉及数据缺口、分类和质量、数据生产者的协调以及地方政府收集和分析数据的能力。同样值得注意的是，有必要在国家监测、追踪落实和评审的连续周期中纳入自愿国别评审。附件1总结了本章的结论。

尾注

1 Organisation for Economic Co-operation and Development (OECD), *Governance as an SDG Accelerator. Country Experiences and Tools* (Paris: OECD Publishing, 2019).

2 UN General Assembly, *Transforming Our World: The 2030 Agenda for Sustainable Development*, A/RES/70/1(New York: United Nations, 2015), § 72, 73, and 74. § 74 develops the principles in further detail.

3 UN General Assembly, § 79.

4 Stefano D'Errico, Tighe Geoghegan, and Ilenia Piergallini, *Evaluation to Connect National Priorities with the SDGs. A Guide for Evaluation Commissioners and Managers* (London: IIED, 2020).

5 然而，截至2019年，一些国家还没有确定责任主体，也没有建立可持续发展目标监测、追踪落实和评审的体制框架。参见2.4节。

6 Partners 4 Review, "2020 Voluntary National Reviews. A Snapshot of Trends in SDG Reporting" (Bonn: GIZ, 2020), 23.

7 Audit Service Sierra Leone, "Performance Audit Report on the Preparedness for Implementation of the Sustainable Development

Goals By the Ministry of Planning and Economic Development" (Sierra Leone: Audit Service Sierra Leone, April 2019).

8 全球指标框架由可持续发展目标指标跨机构和专家组制定，并在2017年3月联合国统计委员会第48届会议上达成一致。随后，大会于2017年7月6日通过了全球指标框架。UN General Assembly, *Work of the Statistical Commission Pertaining to the 2030 Agenda for Sustainable Development*, A/RES/71/313(New York, 2017).

9 Partners 4 Review, *Voluntary National Reviews Submitted to the 2019 High-Level Political Forum for Sustainable Development. A Comparative Analysis* (Bonn: GIZ, 2019).

10 ECLAC, "MDG Goals, Targets and Indicators," ECLAC Website, accessed December 2, 2020.

11 Sustainable Development Solutions Network (SDSN), "Indicators and a Monitoring Framework for the Sustainable Development Goals. Launching a Data Revolution for the SDGs" (New York: SDSN, June 12, 2015).

12 Diana Nova, "Data for All. Agenda 2030. 'Leaving No One behind' and Official Statistics" (DANE, Bogotá, Colombia, November 2017).

13 ECLAC, *Quadrennial Report on Regional Progress and Challenges in Relation to the 2030 Agenda for Sustainable Development in Latin America and the Caribbean* (Santiago, Chile: United Nations, 2019).

14 Ingeborg Niestroy et al., "Europe's Approach to Implementing the Sustainable Development Goals: Good Practices and the Way Forward" (Policy Department for External Relations, Directorate General for External Policies of the Union, European Parliament, February 2019), 21; Audit Office of the Institutions of Bosnia and Herzegovina, "Preparedness of the Institutions of Bosnia and Herzegovina to Respond to Commitments Made under the 2030 Agenda" (Sarajevo, BiH: Audit Office of the Institutions of Bosnia and Herzegovina, October 2019); Austrian Court of Audit, "The United Nations Sustainable Development Goals. Implementation of the 2030 Agenda in Austria" (Vienna, Austria: Austrian Court of Audit, July 2018); Office of the Director of Audit of the Government of Saint Lucia, "Performance Audit Report on St. Lucia's Preparedness to Implement the SDGs" (St. Lucia: Office of the Director of Audit of the Government of Saint Lucia, July 2018); Supreme Audit Office of the Slovak Republic, "Performance Audit of Preparedness for Implementation of the SDGs" (Slovak Republic: Supreme Audit Office of the Slovak Republic, 2018); National Audit Office of the United Republic of Tanzania, "Performance Audit on Preparedness for Implementation of the SDGs" (Republic of Tanzania: National Audit Office of the United Republic of Tanzania, March 2018); and Tribunal de Cuentas de España, "Informe de Fiscalización Operativa de La Preparación Para La Implementación Del ODS5" (Madrid, España: Tribunal de Cuentas de España, 2019).

15 Jeffrey Sachs et al., *The Sustainable Development Goals and COVID-19. Sustainable Development Report 2020.* (Cambridge: Cambridge University Press, 2020).

16 Audit Board of the Republic of Indonesia (BPK RI), "Performance Audit Report of the Preparedness for Implementation of SDGs Indonesia" (Jakarta, Indonesia: BPK RI, 2018).

17 United Nations Development Programme (UNDP), "Indonesia. Good Practices. Integrating the SDGs into Development Planning" (UNDP Asia and the Pacific, 2017); Gellwynn Yusuf, "Integrating SDGs into Development Plan" (Power point, Bappenas, Bangkok, Thailand, October 24, 2016).

18 参见2.4节。对于欧盟国家而言，目标设置中的限制已经由Niestroy 等人强调过，参见"Europe's Approach", 6。

19 Shannon Kindornay and Renee Gendron, "Progressing National SDGs Implementation. An Independent Assessment of the Voluntary National Review Reports Submitted to the United Nations High-Level Political Forum on Sustainable Development in 2019" (Ottawa: Canadian Council for International Cooperation, 2020), 25.

20 Praia City Group, *Handbook of Governance Statistics* (Praia City Group, 2020); United Nations Department of Economic and Social Affairs (UNDESA), *Sustainable Development Goal 16 Focus on Public Institutions* (New York: United Nations, 2018), 74.

21 Praia City Group, Handbook of Governance Statistics, 73.

22 Sachs et al., *The Sustainable Development Goals and COVID-19. Sustainable Development Report 2020.*

23 Republic of Armenia, "Sustainable Development Goals. Voluntary National Review Report," July 2020, 8.

24 Cf. Ministerio de Ambiente y Energía (Costa Rica), "Estadísticas, " Sistema Nacional de Información Ambiental de Costa Rica, 2019.

25 UN General Assembly, *Transforming Our World*, § 48. See also SDG targets 17.8 and 17.9.

26 United Nations Department of Economic and Social Affairs (UNDESA), "2020 Voluntary National Reviews. Synthesis Report" (New York: UNDESA, 2020), 79, https://sustainabledevelopment.un.org/content/documents/27027VNR_

Synthesis_Report_2020.pdf.

27 Kindornay and Gendron, "Progressing National SDGs, " 60.

28 Committee for Development Policy (CDP) Subgroup on voluntary national reviews, "Voluntary National Reviews Reports: What Do They (Not) Reveal?, " *CDP Background Paper*, no. 50 (July 2020): 3.

29 ECLAC, *Quadrennial Report on Regional Progress*, 90.

30 Kindornay and Gendron, "Progressing National SDGs," 60.

31 Sachs et al., *The Sustainable Development Goals and COVID-19. Sustainable Development Report 2020.*

32 Government of Mongolia, "Mongolia Voluntary National Review Report 2019. Implementation of the Sustainable Development Goals" (Ulaanbaatar: National Development Agency, June 2019), 42, 44.

33 Kindornay and Gendron, "Progressing National SDGs, " 60.

34 Gobierno de Colombia, "Presentación Nacional Voluntaria de Colombia. Los ODS Como Instrumento Para Consolidar La Paz" (Bogotá, Colombia, 2016), 19–20.

35 Government of Mongolia, "Mongolia VNR 2019, " 44, Annex 2.

36 Sachs et al., *The Sustainable Development Goals and COVID-19. Sustainable Development Report 2020.* 可以解释可持续发展目标3更容易实现的一个因素是，它是千年发展目标的一个主要主题，因此，可持续发展目标的具体目标更具体、更具有可操作性，指标也更精确。此外，各国可能有更多的内在能力来提供这些信息。

37 Statistics Finland, "Development Strategy for the Statistical Ecosystem," November 2020.

38 National Advisory Council of Statistics (Colombia), "National Statistical Plan 2017–2022" (Bogotá, Colombia, April 17, 2017).

39 Nova, "Data for All. "

40 Secretaría Técnica de los ODS en Costa Rica, "Segundo Informe Nacional Voluntario. Objetivos de Desarrollo Sostenible. Costa Rica 2020. 'Desarrollo Sostenible En Acción: La Ruta Hacia La Sostenibilidad'" (San José, Costa Rica: MIDEPLAN, July 2020), 106.

41 Ministry of Environment and Tourism (Mongolia) et al., *Sustainability Outlook of Mongolia* (United Nations, 2018), 21.

42 Committee for Development Policy (CDP) Subgroup on voluntary national reviews, "Voluntary National Reviews, " 4.

43 在2019年进行的一项欧盟研究中，只有两个国家（丹麦和罗马尼亚）提到了这个问题。Niestroy et al., "Europe's Approach," 28.

44 Committee for Development Policy (CDP) Subgroup on voluntary national reviews, "Voluntary National Reviews, " 10.

45 Ministry of Environment and Tourism (Mongolia) et al., *Sustainability Outlook of Mongolia*, 36, 37.

46 Contraloría General de la República de Colombia, "Revisión de la integración de los ODS en el documento CONPES 3918 de 2018 'Estrategia para la implementación de los Objetivos de Desarrollo Sostenible en Colombia" (Bogotá, Colombia: Contraloría General de la República de Colombia, October 7, 2019), 2; Republic of Indonesia, "Empowering People and Ensuring Inclusiveness and Equality. Voluntary National Reviews (VNR)" (Jakarta, Indonesia: Ministry of National Development Planning/ National Development Planning Agency, 2019), 36.

47 D'Errico, Geoghegan, and Piergallini, *Evaluation to Connect*, 15; CEPAL, "Plataformas de Seguimiento y Monitoreo de Los Objetivos de Desarrollo Sostenible En América Latina y El Caribe. Notas de Planificación Para El Desarrollo N°4," Observatorio Regional de Planificación para el Desarrollo de América Latina y el Caribe, November 20, 2019.

48 Ministry of Planning (MIDEPLAN, Costa Rica) et al., "Report Forum on Data for Sustainable Development 'The Roadmap for Costa Rica'" (San José, Costa Rica, April 24, 2018), 9–10.

49 *Sachs et al., The Sustainable Development Goals and COVID-19. Sustainable Development Report 2020*, 59.

50 例如欧洲议会指出，欧盟统计局报告中所包含的指标信息"单独无法全面反映可持续发展目标进展的所有方面"。欧洲审计法庭进行"快速案例审查、可持续性报道、欧盟机构体系盘点"(Luxembourg: European Union, June 2019, 55)。用哥伦比亚规划部一位前官员的话来说："当然，我们需要指标。但还有很多事情要做。公民社会组织和私营部门正在做很多工作。我们需要了解每个人在做什么，而光靠指标是不可能做到这一点的。" Partners 4 Review, *Colombia. Follow-up and Lessons Learned from Repeated VNRs* (Bonn: GIZ, 2020).

51 Thomas Schwandt et al., "Evaluation: A Crucial Ingredient for SDG Success," IEED Briefing (London, April 2016).

52 Dorothy Lucks et al., "Counting Critically: SDG Follow-up and Review Needs Interlinked Indicators, Monitoring and Evaluation," IEED Briefing (London, July 2016).

53 Terms of reference for the evaluation of SDG4 in Office of the Senior Special Assistant to the President of Nigeria on SDGs and UNICEF, "Terms of Reference. Independent Evaluation of the Effectiveness & Impact of the Sustainable Development Goal (SDG-4 Education) in Nigeria" (Abuja,

Nigeria, June 19, 2019).

54 VNR Lab 10, "What should institutions look like to support SDG implementation and how best to reflect it in VNR reporting?" (New York, 10 July 2020).

55 Annuka Berg et al., "PATH2030–An Evaluation of Finland's Sustainable Development Policy," assessment and research activities, Publications of the Government's Analysis Helsinki, Finland: Prime Minister's Office, May 13, 2019).

56 Berg et al., 4.

57 D'Errico, Geoghegan, and Piergallini, *Evaluation to Connect.*

58 D'Errico, Geoghegan, and Piergallini. A VNR report was submitted in 2020 but the evaluations were not yet available.

59 Ministry of Development Planning of the Republic of Indonesia (BAPPENAS), "Ministerial Regulation No. 7/2018 Concerning Coordination, Planning, Monitoring, Evaluation and Reporting on the Implementation of Sustainable Development Goals," Pub. L. No. 7 (2018) Article 19, paragraph 4. It states that an evaluation is carried out once a year or at any time if necessary.

60 Sustainable Development Goals Unit (Canada), "Towards Canada's 2030 Agenda National Strategy (Interim Document)" (Quebec: Employment and Social Development Canada, 2019).

61 Gobierno de España, "Informe de España Para El Examen Nacional Voluntario 2018," 2018, 130.

62 Ministerio de Política Territorial y Función Pública (Spain), "Real Decreto 307/2020, de 11 de Febrero, Por El Que Se Desarrolla La Estructura Orgánica Básica Del Ministerio de Política Territorial y Función Pública," *Boletín Oficial Del Estado 37* (February 12, 2020). The Institute replaced the Spanish Agency of Evaluation (AGEVAL): https://www.mptfp.gob.es/portal/funcionpublica/evaluacion-politicas-publicas.html#queeseliepp.

63 Cf. Ministerio de Planificación (MIDEPLAN, Costa Rica), "Política Nacional de Evaluación (PNE), " Ministerio de Planeación y Política Económica, June 25, 2019.

64 规划部（哥斯达黎加）作为国家规划系统和国家评估子系统的牵头主体，通过追踪落实、评审和评估促进公共政策的完善。监测报告每三个月、六个月和每年发布一次。

65 中央政府机构、学术界、评估网络、国会、总审计长、国防部、有组织的民间组织和国际行为体都参与其中。Secretaría Técnica de los ODS en Costa Rica, "Segundo Informe Nacional Voluntario, " 85.

66 D'Errico, Geoghegan, and Piergallini, *Evaluation to Connect*, 15.

67 Secretaría Técnica de los ODS en Costa Rica, "Segundo Informe Nacional Voluntario," 82–83. Cf. Ministerio de Planificación (MIDEPLAN, Costa Rica), "Agenda Nacional de Evaluaciones," Ministerio de Planeación y Política Económica, April 9, 2019, https://www.mideplan.go.cr/agendanacional-de-evaluaciones; and DEVAL, "Competence Development and Networking of Evaluation Performers in Latin America as a Contribution to the Agenda 2030. FOCELAC.," DEval. German Institute for Development Evaluation, 2019, https://www.deval.org/en/projekt-focelac-kopie.html.

68 D'Errico, Geoghegan, and Piergallini, *Evaluation to Connect*, 16. See also Ministerio de Planificación (MIDEPLAN, Costa Rica), "Ficha Técnica de Evaluación: "Cooperación Internacional No Reembolsable En Biodiversidad y Cambio Climático Costa Rica, 2010–2018, " February 1, 2021.

69 Contraloría General de la República de Costa Rica, "Informe de Auditoría de Carácter Especial Sobre El Cumplimiento Del Marco Normativo, Contenido, Rendición de Cuentas y Calidad de La Información Reportada En El Informe Final Sobre El Cumplimiento de Las Metas, Los Objetivos, Las Prioridades y Acciones Estratégicas Del Plan Nacional de Desarrollo y Su Aporte al Desarrollo Económico Soial Del País. Periodo 2019" (San José, Costa Rica: Contraloría General de la República de Costa Rica, April 30, 2020).

70 International Institute for Environment and Development (IIED), "Peer Review of The Netherlands National Strategy for Sustainable Development, " IIED, May 1, 2008.

71 "African Peer Review Mechanism (APRM), " African Union, accessed December 9, 2020, https://au.int/en/organs/aprm accessed 9 Dec.2020.

72 经社部公共机构和数字政府司为编写《世界公共部门报告》所进行的调查所获得的信息。

73 Helen Clark, "The 2018 Peer Review on the German Sustainability Strategy " (Berlin: German Council for Sustainable Development, 2018), 12–26, https://www.nachhaltigkeitsrat.de/wp-content/uploads/2018/05/2018_Peer_Review_of_German_Sustainability_Strategy_BITV.pdf.

74 Laura Viilup, Marja Innanen, and Eili Lepik, "The VNRs of Estonia and Finland," May 19, 2020. Government Office, Republic of Estonia, "Estonian and Finnish Sustainable Development Commissions Organised an Online Meeting," Government Office of Estonia (Riigikantselei), May 20, 2020.

75 VNR Lab 10, "What should institutions look like to support SDG implementation and how best to reflect it in VNR reporting?" (New York, 10 July 2020).

76 Partners 4 Review, *VNR Peer Exchange 2020*, VNR Lab, 2020.
77 Committee for Development Policy (CDP) Subgroup on voluntary national reviews, “Voluntary National Reviews,” 3.
78 作者，基于可获得的数据，来源于https://sustainabledevelopment.un.org/vnrs/index.php?str=indicators#results_area。
79 Kindornay and Gendron, “Progressing National SDGs,” iii, 64.
80 Kindornay and Gendron, iii, v. Committee for Development Policy (CDP) Subgroup on voluntary national reviews, “Voluntary National Reviews.”
81 Partners 4 Review, “2020 Voluntary National Reviews,” 56.
82 以下的视频将描述这个过程：The process is described in the following video: Finnish National Commission on Sustainable Development, *How Was the Finnish Voluntary National Review 2020 Made?*, 2020, https://www.youtube.com/watch?v=8ZV9UWvGhjk。
83 Kathrin Heidbrink, Eva Fenster, and Manfred Oepen, Tracking Progress Together: Emerging Practices in National SDG Review (Bonn: Partners 4 Review-GIZ, 2018), 13.
84 Secretaría Técnica de los ODS en Costa Rica, “Segundo Informe Nacional Voluntario,” 46, 48.
85 Republic of Indonesia, “Empowering People,” 36.
86 Secretaría Técnica de los ODS en Costa Rica, “Segundo Informe Nacional Voluntario.”
87 Government of Mauritius, Prime Minister Office, “Cabinet Decisions Taken on 07 June 2019,” 2020. Secretaría Técnicade la Comisión ODS (Colombia), *Reporte Nacional Voluntario 2018*. Colombia (Bogotá, Colombia: Departamento Nacional de Planeación (DNP), 2018), 13–15.
88 Republic of Rwanda, “2019 Rwanda. Voluntary National Review (VNR) Report,” June 2019, 15–16.
89 Shannon Kindornay, *Accountability for 2030 Agenda Implementation in Canada*, Good Practice in 2030 Agenda Implementation Series (Vancouver and Ottawa: British Columbia Council for International Cooperation and Canadian Council for International Co-operation, 2019).
90 United Nations Department of Economic and Social Affairs (UNDESA), “Voluntary National Reviews Database,” accessed December 14, 2020.
91 自2018年以来，发展政策委员会对上一年提交的所有自愿国别评审报告进行内容分析，以评估自愿国别评审如何处理选定的主题。“不让任何人掉队”和“全球伙伴关系”每年都被分析。2018年，发展政策委员会还讨论了政策权衡、2019年的教育质量以及2020年的性别平等（可持续发展目标5）和减少不平等（可持续发展目标10）现象。Committee for Development Policy (CDP) Subgroup on voluntary national reviews, “Voluntary National Reviews,” 2.
92 Partners 4 Review, *Voluntary National Reviews Submitted to the 2019*; Niestroy et al., “Europe’s Approach,” 169.
93 Partners 4 Review, *Voluntary National Reviews Submitted to the 2019*.
94 Kindornay and Gendron, “Progressing National SDGs,” 59.
95 Partners 4 Review, *Voluntary National Reviews Submitted to the 2019*.
96 Organization of Latin American and Caribbean Supreme Audit Institutions (OLACEFS/COMTEMA), “Coordinated Audit Sustainable Development Goals. Executive Summary” (Brasília, Brazil: The Federal Court of Accounts (TCU-Brazil), 2018).
97 Belgian Court of Audit, “2030 UN Agenda: Implementation, Monitoring and Reporting by the Belgian Authorities (Preparedness Review)” (Brussels, Belgium: Belgian Court of Audit, June 2020).
98 Kindornay and Gendron, “Progressing National SDGs,” 62.
99 Partners 4 Review, “2020 Voluntary National Reviews,” 23.
100 Niestroy et al., “Europe’s Approach,” 28.
101 CONPES (Colombia), “CONPES 3918. Estrategia Para La Implementación de Los bjetivos de Desarrollo Sostenible (ODS) En Colombia” (Bogotá, Colombia: CONPES-Departamento Nacional de Planeación, March 15, 2018), 57, https://colaboracion.dnp.gov.co/CDT/Conpes/Económicos/3918.pdf.
102 国家评估和成果管理系统的追踪落实是一个在线工具，旨在通过系统收集具体指标的信息，评估公共政策在政府提出的目标方面的进展和成就。Departamento Nacional de Planeación (DNP, Colombia), “SINERGIA. El Sistema Nacional de Evaluación de Gestión y Resultados,” n. d., https://sinergiapp.dnp.gov.co/#HomeSeguimiento.
103 Gobierno de España, “Informe de España 2018,” 130; Gobierno de España, “Informe de Progreso. La Implementación de La Agenda 2030 En España” (Ministerio de Asuntos Exteriores, Unión Europea y Cooperación, 2019), 11. Section V of Report on tools and mechanisms for coordination of the 2030 Agenda in Spain (Alto Comisionado para la Agenda 2030 (Spain), “Informe de Gobernanza”).
104 Partners 4 Review, “2020 Voluntary National Reviews,” 12.
105 Niestroy et al., “Europe’s Approach,” 29.
106 Ministry of Development Planning (Indonesia), “Pedoman Teknis Pemantuan Dan Evaluasi Pelaksanaan Tujuan Pembangunan Berkelanjutan (Technical Guidelines for Monitoring and Evaluation of SDG Implementation),” 2019.

107 UNDP et al., “Development Finance Assessment for Mongolia. Diversifying Finance for Sustainable Development,” 2018, 68.

108 Secretaría Técnica de la Comisión ODS (Colombia), *Reporte Nacional Voluntario 2018. Colombia*, 11, 90. Cf. Departamento Nacional de Planeación (DNP, Colombia) and DANE, “Agenda 2030 En Colombia, ” n.d.

109 哥伦比亚政府认为，可持续发展目标的22项目标是全球性的，不涉及国家责任；17项指标将仅根据调动资源和财政情况进行监测，44项指标目前还没有国家数据来源。Cf. Departamento Nacional de Planeación (DNP, Colombia), “Disponibilidad de Datos, ” Agenda 2030 en Colombia, n.d.

110 Departamento Nacional de Planeación (DNP, Colombia), “SDG Corporate Tracker, ” Agenda 2030 en Colombia, accessed December 15, 2020, https://www.ods.gov.co/es/sdg-corporate-tracker.

111 Government of Mongolia, “Mongolia VNR 2019, ” 44; United Nations Development Programme (UNDP), *Supporting the Implementation of the 2030 Agenda in Mongolia.* (Ulaanbaatar: UNDP in Mongolia, 2018), 8. The dashboard is available at http://sdg.gov.mn.

112 Global Partnership for Effective Development Co-Operation, “Monitoring Dashboard, ” accessed October 22, 2020, http://dashboard.effectivecooperation.org/viewer. SDG Dashboard, accessed 15 Dec. 2020, http://sdgs.bappenas.go.id/dashboard/.

113 Gobierno de Colombia, “Presentación Nacional Voluntaria, ” 21.

114 Rwanda, https://sustainabledevelopment-rwanda.github.io/; Kyrgyzstan, https://sustainabledevelopment-kyrgyzstan.github.io/.

115 Partners 4 Review, “2020 Voluntary National Reviews, ” 51.

116 United Cities and Local Governments (UCLG), *The Localization of the Global Agendas. How Local Action Is Transforming Territories and Communities*, Global Report on Decentralization and Local Democracy (GOLD), V (Barcelona: UCLG, 2019), 15. Localization is understood as the process of defining, implementing and monitoring strategies at the local level for achieving global, national, and sub-national sustainable development goals and targets (United Cities and Local Governments (UCLG), 21).

117 United Cities and Local Governments (UCLG), *The Localization of the Global*, 35.

118 Republic of Rwanda, “2019 Rwanda. Voluntary National Review (VNR) Report,” 22.

119 United Cities and Local Governments (UCLG), *The Localization of the Global,* 35.

120 United Nations Department of Economic and Social Affairs (UNDESA), “Compendium of National Institutional Arrangements for Implementing the 2030 Agenda for Sustainable Development” (New York: Division for Public Institutions and Digital Government (DPIDG), 2018), 106.

121 该理事会将47个县市区的长官召集在一起，目的是分享有关县的绩效信息、支持能力建设，并促进集体参与和协商。Council of Governors (Kenya), “The Council of Governors,” accessed December 29, 2020, https://cog.go.ke/20-thecouncil-of-governors.

122 监测和评估部门是国家财政和规划的一部分，负责协调所有政府监测和评估活动。United Nations Department of Economic and Social Affairs (UNDESA), “Compendium,” 106.

123 United Cities and Local Governments (UCLG), *The Localization of the Global.*

124 Royaume du Maroc Cour des Comptes, “Rapport thématique sur: L’état de préparation du Maroc pour la mise enœuvre des objectifs de développement durable 2015–2030” (Royaume du Maroc: Royaume du Maroc Cour des comptes, January 2019), 11.

125 Cf. Royaume du Maroc. Ministere de L’nterior, “Direction Générale Des Collectivités Territoriales,” Portail national des collectivites territoriales, n. d.

126 Audit Service Sierra Leone, “Performance Audit Report on the Preparedness,” 46.

127 Government of Nepal, “Nepal. National Review of Sustainable Development Goals” (Kathmandu: National Planning Commission, June 2020), 16.

128 United Cities and Local Governments (UCLG), *The Localization of the Global.*

129 United Cities and Local Governments (UCLG).

130 SDGs National Network Nepal, “Voluntary Peoples Review of SDGs in Nepal. ‘Amplifying Voices of the People: Closing the Gaps of SDGs.’ Draft Civil Society Spotlight Report on SDGs 2020,” 2020, 9.

131 UNDP Nepal, “Nepal’s Parliament Championing the SDGs, ” February 10, 2020.

132 National Economic and Development Authority (the Philippines), “Localization, ” n.d..

133 根据来自UCLG Community of Practice on VLRs and UN Habitat, Guidelines中关于地方和区域政府评审信息的分析。

134 根据来自LRG reviews included in UCLG Community of

Practice on VLRs and UN Habitat中关于地方和区域政府评审信息的分析。

135 Global Taskforce of Local and Regional Governments, *Towards the Localization of the SDGs. How to Accelerate Transformative Actions in the Aftermath of the COVID-19 Outbreak* (Barcelona: United Cities and Local Governments, 2020), 341.

136 联合国人类住区规划署对联合国经济和社会事务部公共机构和数字政府司编写《世界公共部门报告》所进行的调查信息。UN Habitat, "Preparing Cities to Monitor and Report on Goal 11. Tunisia, " UN Habitat website, accessed October 22, 2020.

137 Global Taskforce of Local and Regional Governments, *Towards the Localization.*

138 Global Taskforce of Local and Regional Governments, 113. The Mandala is available online at http://www.ods.cnm.org.br/mandala-municipal.

139 联合城市和地方政府对经社部公共机构和数字政府司编写《世界公共部门报告》所进行的调查的信息。

140 UCLG Community of Practice on VLRs and UN Habitat, *Guidelines*, 28; Global Taskforce of Local and Regional Governments, *Towards the Localization*, 15.

141 例如，在爱沙尼亚，地方政府执行可持续发展行动计划，并在《21世纪议程》的范围内制定了地方立法（如塔尔图、库雷萨雷、维尔扬迪和帕尔努）。Government Office, Republic of Estonia, "Review of the Implementation of the 2030 Agenda in Estonia" (Tallin, 2016), 15.

142 Article 255, Law n ° 2010-788 of July 12th, 2010 relating to national commitment for the environment (known as Loi Grenelle II). Commissariat Général au Développement Durable (France), "Éléments Méthodologiques Pour l'élaboration Du Rapport Sur La Situation En Matière de Développement Durable" (Paris: Ministère de l'Environnement, de l'Énergie et de la Mer, April 2016).

143 关于2018年的报告，参见Région Nouvelle-Aquitaine, "Rapport Développement Durable Nouvelle-Aquitaine 2017" (Bordeaux, FR, October 21, 2018)。

144 United Cities and Local Governments (UCLG), *The Localization of the Global*, 215.

145 Global Taskforce of Local and Regional Governments, Towards the Localization, 15.

146 City of Los Angeles, "Los Angeles SDGs, " 2021, https://sdg.lamayor.org.

147 UCLG Learning, "Module 3. On the Role of Local Governments and Associations in Reporting to Voluntary National and Local Reviews (VNRs &VLRs)," 2019; NYC Mayor's Office for International Affairs, "NYC Leads Global Voluntary Local Review Movement," n.d.

148 NYC Mayor's Office for International Affairs, "NYC and World Cities Unite to Join Voluntary Local Review Declaration," 2019.

149 NYC Mayor's Office for International Affairs, "International Affairs Commissioner Abeywardena Announces Major Milestone for NYC Declaration on the Voluntary Local Review," May 21, 2020.

150 UCLG Community of Practice on VLRs and UN Habitat, *Guidelines*,13.

151 基于数据来源于UCLG Community of Practice on VLRs and UN Habitat, 20–23。

152 UCLG Community of Practice on VLRs and UN Habitat, 37–41.

153 UCLG Community of Practice on VLRs and UN Habitat, 20–23.

154 UCLG Community of Practice on VLRs and UN Habitat, 20–23.

155 UCLG Community of Practice on VLRs and UN Habitat, 29.

156 UCLG Community of Practice on VLRs and UN Habitat, 25, 30.

157 参见International Institute of Sustainable Development (IISD) and United Way Winnipeg, "Peg," 2021。

158 Peg, "Our City 2019: A Peg Report on Winnipeg and the Sustainable Development Goals" (Winnipeg: International Institute for Sustainable Development and United Way Manitoba, 2019).

159 Luisa Franco Machado, "The Institutionalization of Voluntary Local Reviews." (Paper prepared as an input for the World Public Sector Report 2021. Mimeo, August 2020).

160 Global Taskforce of Local and Regional Governments, *Towards the Localization*, 12.

161 Council of Governors (Kenya) and County Assemblies Forum (Kenya), "Localization of Sustainable Development Goals by County Governments in Kenya" (Nairobi, Kenya, October 2020), 9.

162 Global Taskforce of Local and Regional Governments, *Towards the Localization*, 42.

163 Global Taskforce of Local and Regional Governments, 41, 42.

164 Global Taskforce of Local and Regional Governments, 41, 42, 44; Municipality Association of Nepal (MuAN), National Association of Rural Municipality in Nepal (NARMIN), and Association of District Coordination Committees of Nepal

(ADCCN), "Voluntary Review. SDGs Localization in Nepal" (UCLG, June 2020), 48.

165 Global Taskforce of Local and Regional Governments, *Towards the Localization*, 43; Associação Nacional dos Municípios de Moçambique (ANAMM), "Relatório Local Voluntario. Avanços e Desafios de 16 Municípios de Moçambique" (ANAMM, 2020), 52.

166 UCLG Learning, "Module 3," 15; Global Taskforce of Local and Regional Governments, *Towards the Localization*, 34.

167 Kindornay and Gendron, "Progressing National SDGs," 41.

168 Global Taskforce of Local and Regional Governments, *Towards the Localization*, 25.

169 Global Taskforce of Local and Regional Governments, 27.

170 Global Taskforce of Local and Regional Governments, 26.

171 Berg et al., "PATH2030," 63.

172 Government of Finland, "Voluntary National Review 2020 Finland. Report on the Implementation of the 2030 Agenda for Sustainable Development" (Helsinki, Finland: Prime Minister's Office, 2020), 43.

173 Section V of Report on tools and mechanisms for coordination of the 2030 Agenda in Spain (Alto Comisionado para la Agenda 2030 (Spain), "Informe de Gobernanza.")

174 Gobierno de España, "Informe de España 2018."

175 Gobierno de España, "Informe de Progreso," 9, 11.

176 Inter-Parliamentary Union (IPU), "New IPU Data Reveals Challenges for Parliaments in SDG Implementation," Inter-Parliamentary Union, accessed November 22, 2020.

177 Inter-Parliamentary Union (IPU).

178 Inter-Parliamentary Union (IPU).

179 一些议员认为，这对国会推进可持续发展目标实施进程是一个不利因素。"Diputado Patricio Vallespín Reflexiona Sobre Rol Del Congreso En Cumplimiento de ODS," Observatorio parlamentario. Biblioteca Nacional de Chile, January 29, 2018.

180 Inter-Parliamentary Union (IPU), "New IPU Data."

181 Franklin de Vrieze and Fotios Fitsilis, "Applying Post-Legislative Scrutiny to the Analysis of Legislation and SDGs in South and Southeast Asia," *Journal of Southeast Asian Human Rights* 4, no. 1 (June 17, 2020): 1–22.

182 Parliament of Sierra Leone, "Committee Mandate," Parliament of Sierra Leone, n.d.; Audit Service Sierra Leone, "Performance Audit Report on the Preparedness" ; Ministry of Social Welfare, Gender and Children's Affairs (Sierra Leone), "Country Report by Sierra Leone on Implementation of the Beijing Platform for Action (1995) and the Outcome of the Twenty-Third Special Session of the General Assembly (2000)," June 2014, https://sustainabledevelopment.un.org/content/documents/13190Sierra_Leone_review_Beijing20.pdf.

183 Costa Rica, "Costa Rica: Construyendo Una Visión Compartida Del Desarrollo Sostenible. Reporte Nacional Voluntario de Los Objetivos de Desarrollo Sostenible. Junio 2017" (San José, Costa Rica: Consejo de Alto Nivel de los ODS and PNUD, June 2017), 84. Paraguay's Senate also has an institutional program; Parlamericas and UNDP, "Parliament's Role in Implementing the Sustainable Development Goals. An Adapted Version for the Americas and the Caribbean" (Parlamericas-UNDP, October 2019).

184 Inter-Parliamentary Union (IPU), "New IPU Data."

185 Republique Française, "Agissons Pour Un Monde plus Durable et Solidaire. Les Acteurs Français s'engagent Pour La Mise En Œuvre Des Objectifs de Developpement Durable. Feuille de Route de La France Pour l'Agenda 2030," 2020, 31.

186 Netherlands Court of Audit (Algemene Rekenkamer), "Letter of 13 September 2017 from the Netherlands Court of Audit to the House of Representatives of the States General on the Government's Preparations Aimed at Achieving the Sustainable Development Goals" (The Hague, Netherlands: Netherlands Court of Audit, September 13, 2017); InterParliamentary Union (IPU), "New IPU Data."

187 Belgian Court of Audit, "2030 UN Agenda," 4.

188 National Audit Office of Finland, "Performance Audit Report on Promoting Sustainable Development" (Helsinki, Finland: National Audit Office of Finland, 2019), 7.

189 Environmental Audit Committee (UK Parliament), "Sustainable Development Goals in the UK. Follow up: Hunger, Malnutrition and Food Insecurity in the UK" (London: Parliament UK, January 10, 2019). See also, Jon Lunn, "Sustainable Development Goals: How Is the UK Performing?, " Insight. House of Commons, UK Parliament, July 4, 2019.

190 UK Stakeholders for Sustainable Development (UKSSD), "UK Stakeholders for Sustainable Development," UKSSD, n.d.

191 Nielsen Pérez, "Agenda 2030 in the Legislative Assembly of Costa Rica: Progress and Challenges. Accelerating Progress on Agenda 2030: Good Practices for Parliamentary Action."

192 The validation of the guide was underway in 2019. Pérez.

193 Indonesia's Inter-Parliamentary Cooperation Body of the Republic of Indonesia (BKSAP) (http://ksap.dpr.go.id)

organized the World Parliamentary Forum on Sustainable Development in 2018 and 2019 (for details, see House of Representatives of the Republic of Indonesia, "The 3rd World Parliamentary Forum on Sustainable Development," 2019).

194 Government of Peru, *Peru Presentation at the HLPF*, 2020.

195 根据2019年自愿国别评审报告，各国议会合作机构在编写报告时进行了磋商，并表示该机构"定期向议会提交有关可持续发展目标的立法、预算编制和（监督）的意见"。Republic of Indonesia, "Empowering People," 38.

196 Vrieze and Fitsilis, "Applying Post-Legislative Scrutiny."

197 Aránzazu Guillán Montero and David le Blanc, *The Role of External Audits in Enhancing Transparency and Accountability for the Sustainable Development Goals*, UN Department of Economic and Social Affairs (DESA) Working Papers 157 (New York: UNDESA, 2019), 3, https://doi.org/10.18356/3fe94447-en.

198 International Organization of Supreme Audit Institutions (INTOSAI), "Strategic Plan 2017–2022."

199 但也有一些明显的例外。哥斯达黎加共和国总审计长参与可持续发展目标治理结构。智利总审计长是国家2030年议程网络的成员，负责审查可持续发展目标的实施情况。菲律宾审计委员会是国家统计局的可持续发展目标协调中心。马尔代夫和萨摩亚最高审计机构也是可持续发展目标机构结构的一部分。INTOSAI Development Initiative (IDI), "Are Nations Prepared for Implementation of the 2030 Agenda? Supreme Audit Institutions' Insights and Recommendations" (Oslo, Norway: IDI, July 2019), 11. Guillán Montero and le Blanc, *The Role of External Audits*.

200 Partners 4 Review, "2020 Voluntary National Reviews," 22–23.

201 Jorge Bermúdez, "Presentation from the General Comptroller of Chile at Session VII on 'Strengthening SAI Capacities for Auditing SDGs'" (Joint UN-IDI Meeting, New York, July 20, 2018).

202 Partners 4 Review, "2020 Voluntary National Reviews."

203 Costa Rica 2017, "Costa Rica: Construyendo una visión compartida del desarrollo sostenible. Reporte nacional voluntario de los Objetivos de Desarrollo Sostenible" , p. 99.

204 来源于阿根廷最高审计机构对《世界公共部门报告（2021）》提供的信息。

205 最高审计机关网站上的数据由最高审计机关自行报告，不包括所有举措。INTOSAI Atlas on SDGs, accessed 18 December 2020, https://www.intosai.org/system/sdg-atlas?tx_news_pi1%5BoverwriteDemand%5D%5Bcategories%5D=63&cHash=49ec10bb56b3fee5f43aeee6efdd178c.

206 2016年启动的关于审计可持续发展目标的国际最高审计机构组织发展倡议(IDI)是这些努力的主要驱动力之一。该计划的目标是支持最高审计机构对可持续发展目标进行高质量的绩效审计。参见INTOSAI Development Initiative (IDI), "Auditing the SDGs"。荷兰审计法院还向阿拉伯区域的一些最高审计机构提供支持，对可持续发展目标的准备情况进行审查。参见https://intosaidonor.org/project/institutional-cooperation-with-sais-of-arab-region-sharaka/。

207 Office of the Auditor General of the Seychelles, "Special review report. Sustainable Development Goals 2030. Seychelles Coastal management", n.d.

208 The results of the audit will be available in the first half of 2021. OLACEFS/COMTEMA, "Informe situacional. Impacto de COVID-19 en los proyectos y actividades de COMTEMA" (TCU: Brasilia, May 2020).

209 Contraloría General de la Republica de Costa Rica, "Informe de auditoria operativa acerca de la eficacia y eficiencia del estado en la prestación del servicio de agua en comunidades vulnerables" (CGR: San José Septiembre 2018).

210 Contraloría General de la Republica de Costa Rica, "Informe de auditoria de carácter especial acerca de la rectoría del Ministerio de Salud en cuanto a las acciones de política pública vinculadas con elabordaje de la salud mental" (CGR: San José Diciembre 2018).

211 Contraloría General de la Republica de Costa Rica, "Informe de auditoría operativa coordinada sobre energías renovables en el sector eléctrico" (CGR: San José, Julio 2019).

212 Contraloría General de la República de Costa Rica, "Informe de Auditoría Operativa Sobre La Eficiencia y Eficacia de Los Servicios Agropecuarios Para La Disponibilidad Alimentaria Nacional" (San José, Costa Rica: CGR, November 2019).

213 INTOSAI Development Initiative (IDI), "IDI Cooperative Audits of SDG Implementation."

214 National Audit Chamber of the Republic of Sudan, "A Report on the Preparedness of the Republic of Sudan to Implement the Sustainable Development Goals 2015/2030" (National Audit Chamber of the Republic of Sudan, 2018).

215 来源于Contraloría General de la República de Costa Rica 为《世界公共部门报告（2021）》所提供的信息。参见Contraloría General de la República de Costa Rica, "Informe de Auditoría de Carácter Especial"。

216 Contraloría General de la República de Colombia, "Revisión de la integración de los ODS." 来源于Contraloría General de la República de Colombia为《世界公共部门报告（2021）》所提供的信息。

217 Partners 4 Review, "2020 Voluntary National Reviews," 22.

218 Government of the People's Republic of Bangladesh, "Accelerated Action and Transformative Pathways: Realizing the Decade of Action and Delivery for Sustainable Development. Voluntary National Reviews (VNRs) 2020," June 2020, 17.

219 United Nations Department of Economic and Social Affairs (UNDESA) and INTOSAI Development Initiative (IDI), "Report of the SAI Leadership and Stakeholder Meeting" (New York: UN Department of Economic and Social Affairs (UNDESA), July 19, 2018).

220 Consejo Nacional para la implementación de la Agenda 2030 de Desarrollo Sostenible (Chile), "2o Informe Nacional Voluntario. Chile 2019, " 2019, 242–44.

221 Republic of Indonesia, "Empowering People, " 38–39; Consejo Nacional de Coordinación de Políticas Sociales (Argentina), "Segundo Informe Voluntario Nacional. Argentina 2020," June 2020, 55–56; Government of Samoa, "'Improved Quality of Life For All. ' Samoa's Second Voluntary National Review on the Implementation of the Sustainable Development Goals" (Apia, Samoa: SDGs Taskforce, Ministry of Foreign Affairs and Trade (MFAT), 2020).

222 Organization of Latin American and Caribbean Supreme Audit Institutions (OLACEFS/COMTEMA), "Coordinated Audit Sustainable Development Goals. Executive Summary," 13.

223 INTOSAI Development Initiative (IDI), "Are Nations Prepared, " 11.

224 来源于Contraloria General de Cuentas de Guatemala为《2021年世界公共部门报告》所提供的信息。

225 Guillán Montero and le Blanc, *The Role of External Audits*, 17.

226 INTOSAI Development Initiative (IDI), "Are Nations Prepared, " 11.

227 Inter-Parliamentary Union (IPU), "Global Parliamentary Report 2017. Parliamentary Oversight: Parliament's Power to Hold Government to Account" (Inter-Parliamentary Union and UNDP, 2017).

228 Guillán Montero and le Blanc, *The Role of External Audits*, 12.

229 例如，韩国可持续发展企业协会被指定为韩国可持续发展目标企业部门小组的主体。它负责通过与约200家韩国公司、政府部门和其他利益团体密切沟通，在国家可持续发展目标框架的制定中倡导商业视角。参见WBCSD, "Korea-KBCSD, " World Business Council for Sustainable Development, December 20, 2020。

230 Partners 4 Review, "Advancing North Macedonia's VNR Process. 2020 VNR Stakeholder Workshop" (Mavrovo, North Macedonia: Partners 4 Review-GIZ, 2020). 肯尼亚、阿富汗和哥伦比亚的合作伙伴评审项目支持类似的生成替代数据和填补数据空白的项目（合作伙伴评审项目对经社部公共机构和数字政府司为编写《世界公共部门报告》进行调查并提供信息）。参见哥伦比亚城市行动网络我们如何行动（RCCCV）的工作。该网络是公民社会和私营部门之间的联盟，致力于围绕可持续性问题，为哥伦比亚城市提供可靠、公正和可比较的信息("La Red Colombiana de Ciudades Cómo Vamos (RCCCV), " Red de Ciudades Cómo Vamos, n.d.).

231 Government of Nepal, "Nepal. National Review," xi.

232 Partners 4 Review, *Cameroon. Civil Society Spotlight Report* (Bonn: GIZ, 2020).

233 虽然它不是试点的一部分，墨西哥开发了一个类似的方法。开发计划署对经社部公共机构和数字政府司为编写《世界公共部门报告》所进行的调查信息。

234 联合国拉丁美洲和加勒比经济委员会对经社部公共机构和数字政府司为编写《世界公共部门报告》所进行的调查信息。

235 United Nations Development Programme (UNDP), "Indonesia. Good Practices," 7.

236 Ministry of Development Planning (Indonesia), "Pedoman Teknis."

237 Wada Na Todo Abhiyan, *We, The People: Report by the Civil Society of India for the Decade of Action* (New Delhi: Wada Na Todo Abhiyan with support from UN India, 2020), 1.

238 一名来自芬兰非政府组织的代表在《VNR Lab 17》表示，他们更希望非政府组织的观点成为官方报告的一部分，而不是单独的影子报告。VNR Lab 17, "National experiences of the VNR process: Finland" (New York, 16 July 2020).

239 Danish 92 Group and Global Focus, *Denmark's Challenges in Achieving the Sustainable Development Goals. In the Shadow of the COVID-19 Crisis. Spotlight Report. English Summary* (Copenhagen: Danish 92 Group & Global Focus, 2020).

240 这方面的一些主要工作组是Estratégia ODS，主要由欧盟资助 (http://www.estrategiaods.org. br/); Civil Society Working Group for the 2030 Agenda (GT Agenda 2030, https://gtagenda2030.org.br/); and Rede ODS Brasil (https://www.redeodsbrasil.org/)。工作组侧重于特定的目标活指标，包括Rede Nacional de Primeira Infância,聚焦于与儿童和青年有关的目标和指标(http://primeirainfancia. org.br/); SDSN

Amazônia,聚焦亚马逊的可持续发展 (https:// www.sdsn-amazonia.org/); and SDSN Brasil,聚焦城市的可持续发展 (https://www.sdsnbrasil.org.br/)。

241 Secretaría Técnica de la Comisión ODS (Colombia), *Reporte Nacional Voluntario 2018. Colombia*, 91.

242 Confederación Colombiana de ONG (CCONG), *Cuarto Monitoreo Ciudadano a Las Recomendaciones Presentadas al Gobierno Nacional Para La Adopción, Ejecución y Monitoreo de Los Objetivos de Desarrollo Sostenible En Colombia* (Bogotá, Colombia: CCONG, 2019); *Confederación Colombiana de ONG (CCONG), Quinto Monitoreo Ciudadano. Seguimiento a Las Recomendaciones Presentadas al Gobierno Nacional Para La Implementación de Los Objetivos de Desarrollo Sostenible* (Bogotá, Colombia: CCONG, 2020).

243 网页https://action4sd.org/who-we-are/。另外参见：Amy Lieberman, "Civil Society Looks to Independent Review of SDGs, beyond Government Reporting," Devex, August 7, 2018。

244 每一项可持续发展目标的进展情况从1（无进展）到5（进展顺利）。Cf. Action for Sustainable Development, *Toolkit for a People's Scorecard on National Delivery of the 2030 Agenda* (A4SD, 2018).

245 Action for Sustainable Development, "People's Scorecard Summary" (A4SD, September 2020). 阿根廷、巴西、厄瓜多尔、萨尔瓦多、斐济、芬兰、加纳、危地马拉、印度、印度尼西亚、约旦、肯尼亚、吉尔吉斯斯坦、马拉维、毛里塔尼亚、尼泊尔、尼日利亚、秘鲁、俄罗斯联邦、南非、西班牙、多哥和乌干达都填写了记分卡。

246 Action for Sustainable Development, 11.

247 参见United Nations Department of Economic and Social Affairs (UNDESA), "Summary of Side Event: Shadowing SDG Implementation. Civil Society Action for Meaningful Participation and Accountability. High Level Political Forum (HLPF)" (HLPF, 2016); and United Nations Department of Economic and Social Affairs (UNDESA), "Shadowing SDGs Implementation: Civil Society Action for Implementation. Side Event. High Level Political Forum (HLPF), " UNDESA Sustainable Development, July 2016。

248 2016年,《2030年议程》高级别小组民间社会小组成员发表报告 "Champion to Be? Making the 2030 Agenda a Reality" (Stockholm: CONCORD Sweden, 2016)。该小组表示："公民社会组织小组还具有监督作用，以确保这9个国家政府不仅在执行议程方面，而且在监督和评审议程方面发挥领导作用，成为真正的领跑者。"

249 The Resources & Toolkits page of the Action 4 Sustainable Development网站提供了2016—2020年民间社会国家报告和高级别政治论坛的反思。(https://action4sd.org/resources-toolkits/) The sample analysed 包括42篇评估（10篇来自非洲，14篇来自亚太，3篇来自东欧，9篇来自拉丁美洲和加勒比，6篇来自西欧和其他地区）。

250 参见Bond, "Progressing National SDGs Implementation: Fourth Edition. An Independent Assessment of the Voluntary National Review Reports Submitted to the High-Level Political Forum in 2019, " Bond (UK), 2020; and Cooperation Canada, "Fourth Edition of Progressing National SDGs Implementation, " Cooperation Canada, n.d。

251 Kindornay and Gendron, "Progressing National SDGs, " iv.

252 Royal Audit Authority of Bhutan, "Performance Audit Report on the Preparedness for Implementation of the SDGs" (Thimphu, Bhutan: Royal Audit Authority of Bhutan, October 2018), 22.

253 Audit Service Sierra Leone, "Performance Audit Report on the Preparedness," 34.

254 Austrian Court of Audit, "The United Nations Sustainable Development Goals," 4.

255 Contraloría General de la República de Costa Rica, "Informe de La Auditoría Operativa Sobre La Eficacia de La Preparación Para La Implementación de Los ODS Con Énfasis En Género (ODS5)" (San José, Costa Rica: CGR, December 2018), 26.

256 Audit Office of the Institutions of Bosnia and Herzegovina, "Preparedness of the Institutions," 31–34.

257 Supreme Audit Office of the Slovak Republic, "Performance Audit," 22.

258 Office of the Director of Audit of the Government of Saint Lucia, "Performance Audit," 28–30; National Audit Office of the United Republic of Tanzania, "Performance Audit," 9, 36–37; and Supreme Audit Office of Poland, "Performance Audit Report on Preparedness to Implement the SDGs in Poland" (Warsaw, Poland: Supreme Audit Office of Poland, June 2018), 37–38.

259 Audit Service Sierra Leone, "Performance Audit Report on the Preparedness," 10; Solomon Islands Office of the Auditor General, "Performance Audit Report on Preparedness by the National System of Solomon Islands Government to Implementation of SDGs" (Honiara: Solomon Islands Office of the Auditor General, 2018), 39–40; and National Audit Office of the United Republic of Tanzania, "Performance Audit," 36–37.

260 Audit Board of the Republic of Indonesia (BPK RI), "Performance Audit," 46.

261 Contraloría General de la República de Costa Rica, "Informe de La Auditoría Operativa Sobre La Eficacia de La Preparación Para La Implementación de Los ODS Con Énfasis En Género (ODS5)," 27.

262 Belgian Court of Audit, "2030 UN Agenda," 4.

263 Office of the National Public Auditor of the Federated States of Micronesia, "Performance Audit Report on the Preparedness for Implementation of the SDGs" (Federated States of Micronesia: Office of the National Public Auditor of the Federated States of Micronesia, July 2019), iv.

264 Partners 4 Review, "2020 Voluntary National Reviews," 54.

265 Comptroller and Auditor General of India, "Audit of Preparedness for the Implementation of the SDGs" (Delhi, India: Comptroller and Auditor General of India, 2019), 28–29.

266 National Audit Office of Mauritius, "Performance Audit Report on Preparedness for Implementation of Sustainable Development Goals by the Ministry of Foreign Affairs, Regional Integration and International Trade" (Mauritius: National Audit Office of Mauritius, February 2019).

267 Austrian Court of Audit, "The United Nations Sustainable Development Goals," 6.

268 National Audit Office of Mauritius, "Performance Audit."

269 Belgian Court of Audit, "2030 UN Agenda," 57–60.

270 Ghana Audit Service, "Performance Audit Report of the AuditorGeneral on Government of Ghana's Preparedness for Implementation of the SDGs" (Ghana Audit Service, May 2018), 33–34; Commission on Audit (the Philippines), "Performance Audit of Preparedness for Implementation of SDGs" (Manila, the Philippines: Commission on Audit, 2018), 32; and Solomon Islands Office of the Auditor General, "Performance Audit," 41.

271 Partners 4 Review, "2020 Voluntary National Reviews," 53.

272 Ghana Audit Service, "Performance Audit," 34.

273 Partners 4 Review, "2020 Voluntary National Reviews," 53.

274 Office of the Auditor General of the Republic of Botswana, "Performance Audit on Preparedness for Implementation of the SDGs" (Botswana: Office of the Auditor General of the Republic of Botswana, March 2019), 21; and Tribunal de Cuentas de la República Oriental del Uruguay, "Auditoría de Desempeño de La Preparación Para La Implementación de Los ODS, Con Énfasis En El ODS5" (Montevideo, Uruguay: Tribunal de Cuentas de la República Oriental del Uruguay, 2019), 36.

275 Contraloría General de la República de Costa Rica, "Informe de La Auditoría Operativa Sobre La Eficacia de La Preparación Para La Implementación de Los ODS Con Énfasis En Género (ODS5)," 28.

276 Audit Board of the Republic of Indonesia (BPK RI), "Performance Audit," 58.

277 National Audit Office of Mauritius, "Performance Audit," 21.

278 National Audit Office of Mauritius, 4. 3101011001220200406.

279 Belgian Court of Audit, "2030 UN Agenda," 4.

280 Austrian Court of Audit, "The United Nations Sustainable Development Goals," 6.

281 Audit Board of the Republic of Indonesia (BPK RI), "Performance Audit," 60–61.

282 D'Errico, Geoghegan, and Piergallini, *Evaluation to Connect*; and Organisation for Economic Co-operation and Development (OECD), *Governance as an SDG Accelerator*.

283 包括松散的国家、部门和次国家层级机构网络；基于议会监督的制度；政府内部或独立于政府的中央集权系统，或以上两者的混合。World Bank Independent Evaluation Group, "The Global Evaluation Initiative (GEI)".

284 在欧盟方面，有10个国家将在可持续发展目标通过后更新其指标体系。Niestroy et al., "Europe's Approach," 21.

285 例如，2020年自愿国别评审报告包括两个统计附件：一个是芬兰可持续发展目标指标，另一个是与国家可持续发展战略相关的一揽子指标。Cf. Government of Finland, "Voluntary National Review 2020," annexes 1 and 2. (https://sustainabledevelopment. un.org/content/documents/26263VNK_2020_Annex_1_Statistics_Finland.pdf, https://sustainabledevelopment.un.org/content/ documents/26264VNR_2020_Annex_2.pdf).

286 Prime Minister's Office (Finland), "Monitoring," kestavakehitys.fi.

287 Prime Minister's Office of Finland, "Towards the Finland We Want by 2050. The State of Sustainable Development in 2020 in Light of Indicators and Comparative Studies" (Helsinki, 2020), 5.

288 Berg et al., "PATH 2030," 56.

289 Auditor General's Department of Jamaica, "Jamaica's Preparedness for Implementation of the SDGs" (Kingston, Jamaica: Auditor General's Department of Jamaica, September 2018), 35.

290 Ministry of the Environment and Energy (MINAE, Costa Rica) and UN Environment Programme (UNEP), *The Environmental Dimension in Sustainable Development*

Planning in Costa Rica: The Application of an Integrated Approach for the Implementation of the Sustainable Development Goals, nd, 15.

291 Ministry of the Environment and Energy (MINAE, Costa Rica) and UN Environment Programme (UNEP), 13.

292 Secretaría Técnica de los ODS en Costa Rica, "Segundo Informe Nacional Voluntario," 47.

293 Tribunal de Cuentas de España, "Informe de Fiscalización Operativa de La Preparación Para La Implementación Del ODS5," 38.

294 United Nations, "Working Together: Integration, Institutions and the Sustainable Development Goals," World Public Sector Report 2018 (New York: Division for Public Administration and Development Management, Department of Economic and Social Affairs, April 2018).

295 Office of the National Public Auditor of the Federated States of Micronesia, "Performance Audit," iv–v.

296 Government of Nepal, "National Review of Sustainable Development Goals" (Singhdurbar, Kathmandu: National Planning Commission, 2017), 9, 17; and Government of Nepal, "Nepal. National Review," 17.

297 SDGs National Network Nepal, "Voluntary Peoples," 7; and NGO Federation of Nepal, "Accelerating Localization of SDGs in Nepal (CSO Report 2019)" (Kathmandu: Nepal SDG Forum, National Secretariat, September 2019), 16.

298 United Nations Department of Economic and Social Affairs (UNDESA), "Compendium," 106.

299 Government of the Republic of Kenya, "Guidelines," 14.

300 Government of the Republic of Kenya, 15.

301 Government of the Republic of Kenya, 34.

302 Government of the Republic of Kenya, 20.

303 Austrian Court of Audit, "The United Nations Sustainable Development Goals, " 6.

304 Niestroy et al., "Europe's Approach," 26.

305 Niestroy et al., 28.

306 UNDP et al., "Development Finance Assessment for Mongolia," 68.

307 Government of Mongolia, "Mongolia VNR 2019," 68.

308 Berg et al., "PATH2030," 2, 39.

309 D'Errico, Geoghegan, and Piergallini, *Evaluation to Connect*, 21.

310 Gobierno de España, "Plan de Acción," 113.

311 INTOSAI Development Initiative (IDI), "Are Nations Prepared," 10.

312 Secretaría Técnica de los ODS en Costa Rica, "Segundo Informe Nacional Voluntario," 87–88.

313 Secretaría Técnica de los ODS en Costa Rica, 87–88.

314 INTOSAI Development Initiative (IDI), "Are Nations Prepared, " 10.

第3章

公务员实施《2030年议程》的能力建设

3.1 引言

众所周知，成功实施《2030年议程》与可持续发展目标，不仅需要各级政府进行能力建设，而且需要参与可持续发展目标实施、后续行动和审查的所有行为者进行能力建设。这一点已在《2030年议程》中得到认可，在《2030年议程》中，能力建设数据则为可持续发展目标实施手段中一个不可或缺的组成部分。目标17中的子目标9认可能力建设对支持实施所有可持续发展目标的国家计划至关重要。[1]《2030年议程》与可持续发展目标还强调了许多需要加强能力建设的专题领域（见专栏3.1）。

自2015年以来，各国政府、非政府行为体、国际组织和其他行为体做出了巨大努力，以此增强政府内外对可持续发展目标的认识，以及提高其建设实施可持续发展目标的能力。本章重点讲述了国家层面公务员的能力建设，其对公共管理有着更广的理解（见第3.1.1节）。

自《2030年议程》开始实施以来，人们就意识到，各级公共管理建设的能力对实施《2030年议程》至关重要。实现这些目标在很大程度上依赖于有效的国家公共管理。除其他方面外，各级公务员需要有能力去指导和支持《2030年议程》所需要的变革。

"能力建设"一词含义广泛，需由实际运作目的进一步界定。人们意识到，这一术语涵盖了一系列需求，从体制结构、系统和角色，到工作人员和基础设施，再到个人技能，最后到工具。有效的能力建设行动除了需要考虑更广泛的体制背景和文化背景，还需要考虑所有这些层面。通常来说，结构、系统和角色层面的行动更加困难，这些领域的变革需要更长的时间才能实施。[2]鉴于《2030年议程》的变革性质，这一点尤为重要。

专栏3.1 《2030年议程》文本中的能力建设

《2030年议程》的若干部分提到了能力建设，并将其纳入若干目标。

目标17中的子目标17.9表明："加强国际支持，在发展中国家开展有效和有针对性的能力建设，以支持南北合作、南南合作和三角合作等国家计划，实现所有可持续发展目标。"在"确保最不发达国家的技术银行和科学、技术和创新能力建设机制在2017年之前全面投入运作"的背景下，子目标17.8也提及能力建设，以及子目标17.18提到了能力建设，这与增加高质量、及时可靠的分类数据和发展中国家统计能力的子目标17.19相关。

子目标2.4、3.d、6.a、8.10、11.3、12.a、13.1、13.3、13.b、14.a、15.c、16.a和17.1中强调了加强特定部门能力的必要性。其中许多是"文字"目标，起草这些目标是为了提及执行手段，这在某种程度上补充了每个目标之下的其他目标。

作为执行手段的一部分，《2030年议程》第41段和第63段笼统地提到了能力建设。与气候变化（第32段），可持续发展目标后续行动和审查数据收集（第57段），全球可持续发展伙伴关系（第62段），贸易（第68段），科学、技术和创新（第70段），可持续发展目标后续行动和审查（第74段），以及加强统计系统（第76段）相关的其他段落也提到了这一点。

资料来源：联合国大会，《改变我们的世界：2030年可持续发展议程》，A/RES/70/1，2015。

本章的最初目标有两个：第一，旨在根据国家一级公务员可持续发展目标实施能力建设的行动来描述形势，并着眼于广泛的国家行为体和国际行为体的努力。第二，旨在评估所有行为体行动的结果和影响，并评估这些行动在多大程度上满足了各国需求。为了完成这项任务，本章着手调查了以下问题：政府和其他行为体为增强公务员对可持续发展目标的意识做了哪些工作？为评估实施可持续发展目标的能力需求和差距，并制定解决这些差距的战略对策，公共行政部门做了哪些工作？不同行为体如何为公务员实施可持续发展目标的能力建设做出贡献？截至2020年，能力建设工作的规模有多大？是否有任何可衡量的结果和影响？最后，在提高公务员实施可持续发展目标的能力方面，取得了哪些成就和面临哪些挑战，又是如何解决这些不足的？很显然，鉴于公开提供的关于所有相关领域能力建设举措的信息有限，我们对这些问题的回答在许多情况下欠缺信心。尽管如此，现有的信息足以描绘一幅总体图景，总结一些经验教训，并得出一些建议。

本章的结构如下。引言的其余部分定义了本章的范围，并介绍了收集信息的方法。第3.2节评估了现有的能力需求和差距，以及在国家公共管理中与可持续发展目标实施相关的国家能力建设战略。第3.3节简要描述了该领域的行为体。第3.4节概述了关键专题领域的能力建设产品。第3.5节重点介绍了本章研究的一般结果。第3.6节为结语。

3.1.1 章节范围

界定“可持续发展目标实施能力建设”的范围面临一个基本的实际困难，即可持续发展目标涵盖的范围非常广泛。这些目标是一个总括框架，而这个框架下几乎涵盖了人类活动的每一个部门。例如，由于农业生产率是可持续发展目标子目标2.3的主题，因此提高农业生产率所需的能力可被视为实施可持续发展目标所需能力的一部分。可持续发展目标涵盖的所有部门问题也可以提出同样的论据。因此，从广义上讲，可持续发展目标实施能力包括实现所有可持续发展目标所需的能力。这种解释不仅从概念的角度来看是有效的；毫无疑问，在试图评估与可持续发展目标具体目标相关的关键能力差距时，这种解释是完全相关的。事实上，这是许多国家选择在其自愿国别评审中反映的观点。然而，在可持续发展目标通过之前，不同部门的能力建设工作早已存在，并且可能不会因为可持续发展目标而发生根本性改变。这点，在许多情况下，都是显而易见的。

另一种解释来自将可持续发展目标视为一项行动纲领，并将重点放在实施该目标，以及具体目标或子目标层面所需的能力上。这种解释包括作为可持续发展目标实施固有部分的职能（如可持续发展目标本地化、可持续发展目标指标、可持续发展目标报告流程）和直接支持可持续发展目标实施的职能，比如规划。从这一角度出发，我们将重点放在可持续发展目标实施的系统性、交叉性职能和能力上，其中包括变革性变化、政策整合、科学政策接口，以及允许政府指导可持续发展目标实施的规划和预算过程等。这一解释有助于关注可持续发展目标的“不同之处”，或者换句话说，需要什么样的能力来实现、引导和支持实现可持续发展目标所需的转型。

本章采用后一种观点（见图3.1）。这种观点侧重于实施被视为一项行动纲领的可持续发展目标所需的能力。因此，本章研究聚焦跨部门职能的能力建设，而搁置部门（或目标）一级的能力建设研究。

当然，这两个领域之间的界限并不总是明确的。例如，子目标16.7中所反映的问责制和透明度等一些问题本质上具有交叉性质。类似地，与政府核心职能相关的领域，如规划、预算编制、地方政府职能及其与更高级别政府的互动，都早于可持续发展目标。例如，当考虑国家发展计划与可持续发展目标、可持续发展目标本地化和可持续发展目标评估的一致性时，它们一般远远超出了可持续发展目标的实施，但也与后者直接相关。我们把重点放在实施作为一项纲领的可持续发展目标的能力上，

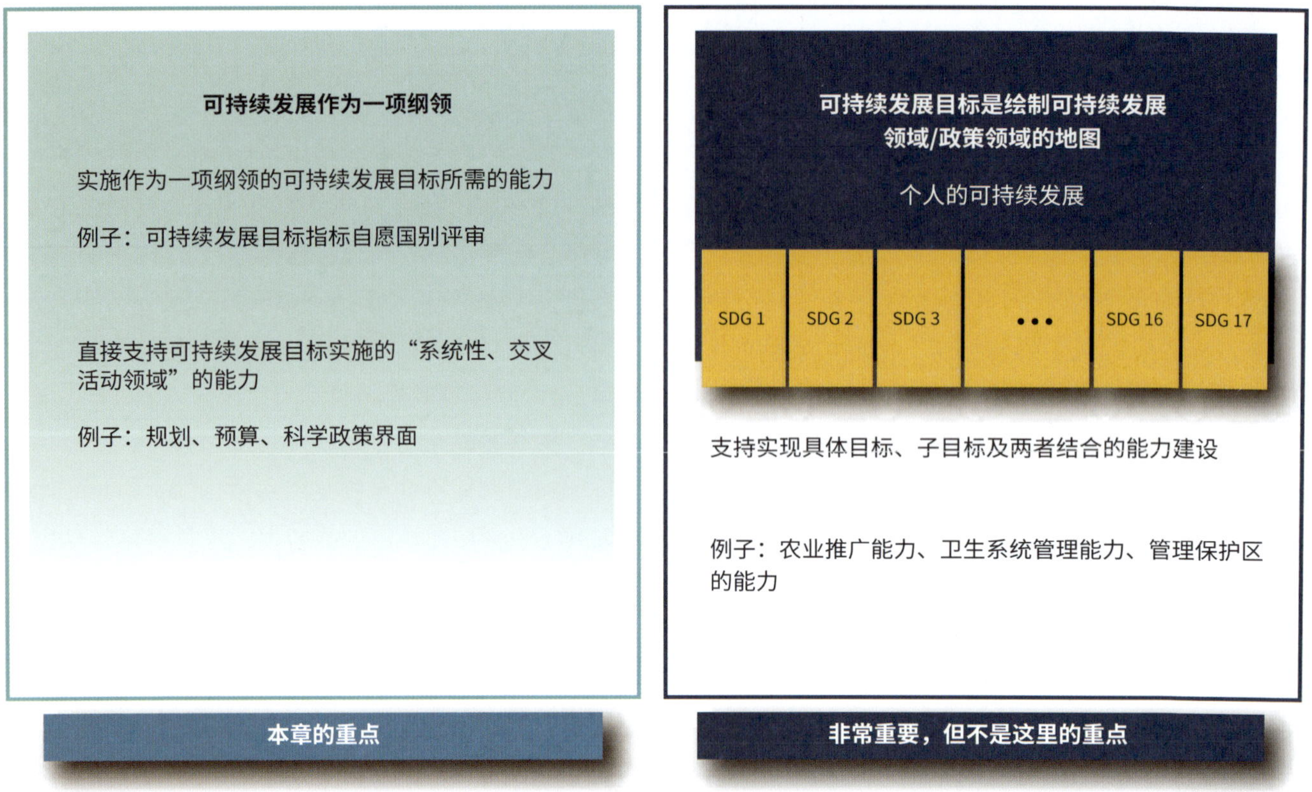

图 3.1　本章的主题范围

资料来源：作者制作。

应该最密切地审查公共管理的活动和职能，因为在这些活动和职能中，可持续发展目标的出现要求进行的变革最多。鉴于这些概念和实际困难，将能力建设活动纳入本章范围的做法是启发性的，而不是基于先验标准（见第 3.1.2 节）。

这个一般规则的例外是，本章不考虑与可持续发展目标实施有关的融资能力建设。虽然各国在联合国提交的自愿国别评审报告中一直强调这一领域的需求，但是这一领域的能力建设提议相对较新，国家一级活动为本报告进行的研究中发现的提议很少。[3]

如上所述，在这一专题范围内，本章的重点仅限于针对国家一级公共管理和公务员的能力建设活动。这包括由任何行为体或行为体联合发起和实施的活动，不论是公共活动还是非公共活动，国家活动还是国际活动。要注意的是，能力建设活动的接受者往往无法在公开来源中明确识别。当能力建设活动在接受者中显现出公共管理的某些特征时，它们就被认为与本章有潜在的相关性。

3.1.2　方法论

为了从公务员可持续发展目标的能力建设方面把握形势，该研究旨在确定能力建设产品，即与特定工具和交付模式相关的活动组合。[4]在每项活动中，尽可能尝试确定提供方（策划或开展活动的机构）和公共行政部门内的接受者。研究重点是国家层面文件，主要是报告样本中包括的 24 个国家文件，以及提供可持续发展目标实施能力建设的关键机构所发布的信息（包括国际组织、非政府组织、智库等）。前者提供了可持续发展目标实施能力建设“需求方”的见解；后者提供了“供给方”对能力建设的观点。对这两种主要来源的信息进行三角剖分是很重要的，因为信息往往是零碎和不完整的。

为了描述可持续发展目标实施能力建设的前景，下一步是对不同主题领域中的信息进行分类。目前对可持续发展目标实施的能力建设还没有公

专栏3.2 可持续发展目标实施的能力建设需求分类和差距分类

自2015年以来，全球和区域研究采用了各种能力建设需求分类、差距分类和活动分类。许多研究的一个共同特点是，它们都采用了先验分类，用于得出答案（在调查中）或分析文件（特别是联合国会员国在可持续发展高级别政治论坛上提交的自愿国别评审报告）。

例如，一份由联合国可持续发展目标司委托编写且基于111份自愿国别评审报告使用了以下类别：执行《2030年议程》的政策能力和立法能力，机构能力，监测能力和报告能力，人力资源和领导能力，融资能力，以及信息和技术能力。在研究加拿大可持续发展目标实施的能力建设时，金多内（Kindornay）和科卡塔（Kocaata）（2019）使用了以下类别：不让任何人落后，领导、治理和政策一致性，意识、参与和伙伴关系，土著知识、自决与和解，社区、市政当局和城市，以及学习、知识和研究。

资料来源：联合国，经济和社会事务部，《〈2030年议程〉执行的能力发展：来自自愿国别评审的需求和差距》，可持续发展目标司（纽约：联合国，2019年）；Shannon Kindornay和Zeki Kocaata，《加拿大〈2030年议程〉实施的能力发展》，《2030年议程》实施系列的良好实践，温哥华和渥太华，不列颠哥伦比亚国际合作委员会和加拿大国际合作委员会，2019年。

认的分类（见专栏3.2）。鉴于上述“可持续发展目标实施能力建设”的范围模糊，这一点并不令人惊讶。

鉴于此，对研究中确定的能力建设活动进行详尽的专题分类是一种启发性的做法，其依据是规范性框架和收集的数据之间的反复关系。作为出发点的规范性框架是由联合国公共行政专家委员会（CEPA）制定，并于2018年由联合国经济和社会理事会通过的一套可持续发展有效治理原则。[5]

总体而言，尽管联合国公共行政专家委员会的所有战略与治理有关，但我们发现，其中一些战略自2015年以来一直是可持续发展目标实施背景下许多能力建设活动的主题，而其他战略似乎没有受到那么多关注。联合国公共行政专家委员会框架中未被确定为个别战略的其他领域，已经开展了大量与可持续发展目标实施能力建设方面相关的活动，并被加入该框架中。

本章研究中的能力建设活动和产品的所有实例可分为三大类：长期转型，政策整合，将可持续发展目标纳入公共行政的规则、流程和常规。这三类可进一步细分为不同的主题。在第一类长期转型中，我们将活动进行分组，分别为有助于提高可持续发展目标的意识，旨在改变公共服务中的价值观、规范和态度，通过科学政策接口为政策过程提供信息。第二类为政策整合，涵盖三个横向整合层面的活动——促进协作、协调和跨组织边界合作的新方式、纵向整合——不同级别政府之间的协作以及与利益相关者的接触。[6]第三类活动包括促进可持续发展目标融入管理公共行政规范、规则和实践的活动，这些活动包括可持续发展目标本地化、规划、监测和评估系统以及其他行政实践的领域。

上述分类有助于对能力建设举措和产品进行分类，但这些类别和主题是相互交叉的，它们之间往往有密切的联系。具体的能力建设活动可以支持其中一些活动。例如，可持续发展目标让学术工作和政府工作相互联系，基于这种相互联系的能力建设举措支持科学政策接口、规划和政策整合，同时与可持续发展目标监测相关；可持续发展目标电子平台或可持续发展目标中心支持可持续发展目标

专栏3.3 联合国公共行政专家委员会关于可持续发展有效治理原则的战略指导意见

联合国公共行政专家委员会制定了一套可持续发展有效治理原则。这些自愿性原则的基本目的是在与实施《2030年议程》相关的一系列治理挑战中，给感兴趣的国家提供实用的专家指导。这些原则于2018年7月2日获得经济与社会理事会的认可，强调国家治理能力和地方治理能力务实改进和持续改进的必要性，以实现可持续发展目标。为此，这些原则与各种常用的战略相联系，以达到治理的回应性与有效性（共62项）。

在此原则下，个体战略的指导意见已进一步发展。指导意见旨在为政府各部门和各机构中可能不熟悉该主题的个人提供入门知识，并帮助他们确定如何调整其实践要素，以取得更好的结果，并且更好地将个人战略嵌入其组织中，并使之制度化。这些意见将所涉领域的主要学习、能力建设和发展合作举措相联系，从而成为能力建设资源的第一中心。

资料来源：联合国公共机构和数字政府司，“有效治理原则”，https://publicadministration.un.org/en/Intergovernmental-Support/CEPA/Principles-of-Effective-Governance。

监测、评估和报告，同时促进提高人们对可持续发展的意识。因为每章呈现的举措通常也与其他章节的内容相关，在阅读本章时牢记这种相互关联性很重要。

3.2 公共行政中实施可持续发展目标的能力需求和差距：我们知道什么？

本节从不同来源审查了国家一级公共行政中实施可持续发展目标的能力需求和差距评估方面的现有依据。

3.2.1 国家能力需求评估

无论是否参考可持续发展目标，一般来说，许多国家都将能力建设作为其特定部门自愿国别评审的优先事项。这反映了可持续发展目标被视为各部门总保护伞这一观点。

关于国家一级可持续发展目标实施的能力需求和差距的信息相对匮乏。公共行政能力建设在可持续发展目标实施方面的重要性得到广泛承认，这一点可以转化为国家一级的能力需求和差距评估，重点关注从国家到地方的各级政府和公共行政部门。然而，为本报告所做的研究表明，这种评估很少，至少在整个政府层面上是如此。在为本报告进行深入研究的24个国家当中，似乎很少有国家对公共行政实施可持续发展目标所需的关键能力进行了全面、政府层面的评估。

在某些情况下，可持续发展目标的能力需求评估为编写自愿国别评审提供了信息。例如，在哥斯达黎加，一项评估发现，除其他外，缺乏将可持续发展目标纳入组织行动的技术能力，以及需要加强与《2030年议程》一致的国家发展长期规划。[7]在毛里求斯，对可持续发展目标制度化的评估指出，利益相关者广泛协调能力的差距对与可持续发展目标保持一致的政策是一种挑战。[8]在其他情况下，评估表明，各级政府的机构能力瓶颈是确保实施和支持可持续发展目标监测和问责机制的主要障碍，[9]或者需要发展将可持续发展目标纳入国家、省和地方各级规划、设计、预算编制和实施过程的能力，以及加强监测和评估系统的能力。[10]

专栏3.4 摩洛哥实施可持续发展目标的关键能力建设要求

摩洛哥2020年自愿国别评审确定了关键的能力建设要求，包括：

- 增强行政部门和地方当局规划和实施可持续发展目标，以及监测和报告进展情况的能力；
- 巩固框架和机制，确保公共政策的一致性，以达到可持续发展目标实施的有效性和高效性；
- 加强可持续发展目标及其子目标在预算过程中的整合；
- 进一步发展国家统计系统的组织能力。

资料来源：摩洛哥，《国家可持续发展目标评估》，《国家资源审查报告》，2020年，第20页，https://sustainabledevelopment.un.org/content/documents/26406VNR_2020_Morocco_Report_French.pdf。

一些国家对政府实施可持续发展目标的准备情况进行了外部审计，这些外部审计为国家层面实施可持续发展目标的关键能力需求和差距提供了见解。[11]

在报告样本中，几个国家评估了国家统计系统在编制可持续发展目标相关数据方面的能力。例如，摩洛哥高级规划委员会评估了支持监测可持续发展目标进展所需数据生成的能力。[12]哥斯达黎加规划和经济政策部确定了可持续发展目标指标方面的若干能力差距，包括数据分析，数据通信技术运用，以及加强协调能力。[13]

最高审计机构还评估了国家统计系统内部的能力差距，确定了一些弱点，比如相关部委缺乏合格的统计员、缺乏建立可持续发展目标指标基线数据的行动，以及整个国家统计系统缺乏协调机制。[14]

3.2.2 全球和区域评估

我们对全球和区域一级可持续发展目标实施方面的能力需求和差距进行了研究。有些研究则是基于联合国会员国每年在高级别政治论坛上提交的自愿国别评审报告。其他的研究是基于特别调查。

尽管各份自愿国别评审报告提供的关于能力需求和差距，以及公共机构能力建设活动的信息有限，但是全球综合报告能够产生一个有助于了解需求和差距的总体情况。[15]随着时间推移，每年强调的能力需求和差距变化不大，包括机构能力发展、政府各部门之间和各级政府之间的协调能力、可持续发展目标监测、评估和报告能力、数据和国家统计系统、可持续发展目标融资动员。[16]总的来说，这些都反映了《2030年议程》中指出的需要增强能力的领域（见专栏3.1）。

联合国可持续发展目标司委托编写的一份报告，审查了2016—2018年102个国家发布的111份自愿国别评审报告的内容，以获取有关能力需求和差距的信息。为了分析各国提出的主题领域，这份报告使用了以下类别：实施《2030年议程》的政策能力和立法能力、机构能力、监测和报告能力、人力资源和领导能力、融资能力以及信息和技术能力。图3.2显示了这些大类别能力差距的国家数量。[17]更详细的分析表明，30多个国家报告了在以下方面的能力差距：综合决策面临的挑战、协同增效和权衡；横向协调；统计系统，包括数据生成、数据质量和数据分类。

国际组织已经开展了以具体可持续发展目标领域为重点的能力评估。例如，评估可持续发展目标11项子目标；[18]评估促进两性平等规划和预算编制，以及性别统计方面的能力需求和能力规划；[19]评估将可持续发展目标的环境层面纳入国家政策、规划和方案。[20]

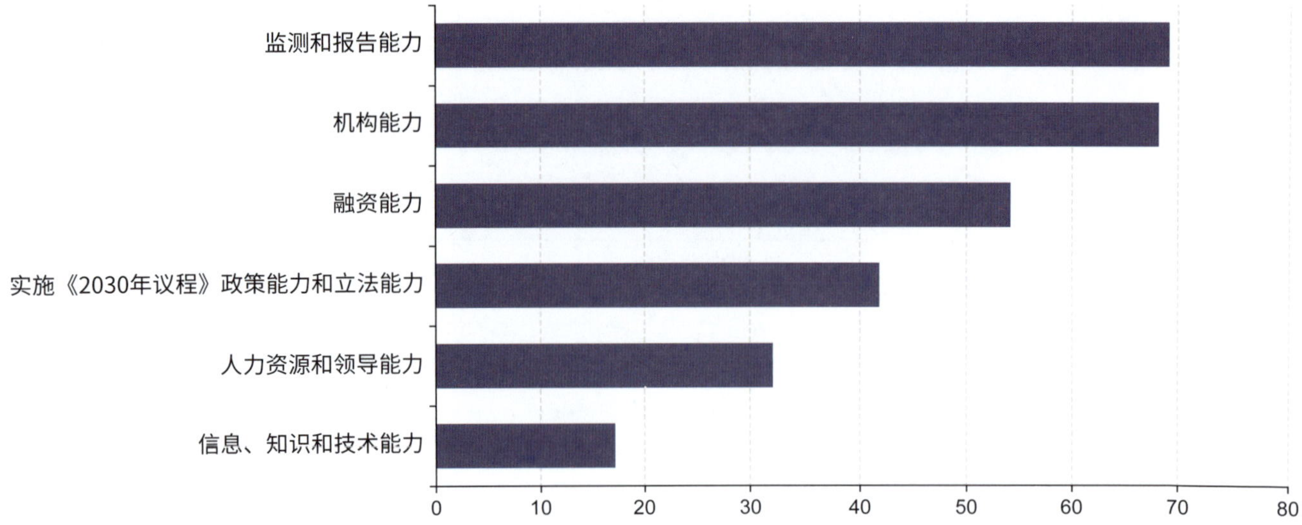

图3.2　自愿国别评审报告中报告能力差距的国家数量（2016—2018）

资料来源：UNDESA/Division for Sustainable Development Goals。

3.2.3　公共行政中可持续发展目标实施能力建设国家战略

截至2020年，整个政府层面实施可持续发展目标的能力建设战略和规划极为罕见。在为本报告深入审查的24个国家中，西班牙采取了政府层面的方法，去加强公共行政在国家一级实施可持续发展目标的能力。西班牙于2018年6月通过《〈2030年议程〉实施行动计划》（以下简称《计划》），《计划》包括这方面的可衡量目标，且其一旦实施，将会让可持续发展目标深入制度化，并纳入国家公共管理中（见专栏3.5）。

在一些国家，议会一直支持与《2030年议程》相关的能力建设制度化。比如，在2016年11月，蒙古国议会通过了一项决议，授权政府支持中央和地方行政机构在《蒙古国可持续发展愿景2030》背景下，就制定发展政策规划文件和加强机构能力方面提供全面管理和方法建议。[21]

与缺乏可持续发展目标实施的政府层面能力建设战略相比，许多国家已将可持续发展目标相关的问题纳入部门或专题层面的能力建设战略和规划中。这方面的一个突出例子是国家统计发展战略，其目的是建设国家统计系统所有要素的能力。在报告样本中，这些例子里包括蒙古国、菲律宾和卢旺达。与此密切相关的是，加强生成监测可持续发展目标数据的能力也是许多自愿国别评审中反映的一个优先事项。鉴于《2030年议程》对加强国家统计系统和建立有效的国家可持续发展目标后续和审查系统的至关重要，这两个重点领域并不令人意外（见专栏3.1）。

3.3　参与公共部门可持续发展目标实施能力建设的行为者

国家层面公务员实施可持续发展目标的能力建设是由国家和国际令人印象深刻的各种行动者所提供。根据为本报告进行的案头研究，图3.3阐述了相关行为者的范围。

在国家层面，政府机构和公共行政学院是针对公务员可持续发展目标实施能力建设活动的主要“自然”提供者（见第3.4.3节）。在许多国家，学术界发挥着关键作用，经常与政府合作。学术界已参与制定可持续发展目标课程，就可持续发展目标相关问题培训公务员，维护可持续发展目标平台，以及加强可持续发展目标的科学政策接口。非政府组织也很活跃，它们的作用因国家而异，在意大利

专栏3.5　西班牙政府在国家层面加强可持续发展目标实施公共行政能力的做法

西班牙采取了一种政府层面的做法，以加强国家层面在公共行政中实施可持续发展目标的能力。向公职人员提供实施可持续发展目标的知识和能力是十大跨领域转型措施之一，这些措施是为了支持西班牙《〈2030年议程〉实施行动计划》中确定的《2030年议程》(2018年6月通过)。[a]领土管理和公共职能部负责这项措施。

根据《计划》，到2022年，国家行政总局[b]的公职人员将100%了解《2030年议程》，直接负责实施的官员将有能力支持实施进程。《计划》确定了国家层面的3个具体目标:(1)到2022年，所有进入公务员队伍的选拔过程都将纳入《2030年议程》(到2020年，由国家公共行政研究所管理所有中央公共行政部门公务员群体的选拔过程);(2)到2020年，所有获得最高级别公务员（A1组和A2组）的选拔过程都将纳入与落实《2030年议程》相关的能力和技能发展;(3)到2019年，国家行政总局的所有公职人员能力建设计划将纳入《2030年议程》。

这一跨领域的措施不是基于对能力建设差距的评估，而是似乎已经被确定为一种通过整合与《2030年议程》相关的内容，利用现有的能力建设机构和方案支持可持续发展目标实施的方法[i]。

在这一政府层面做法的框架内，西班牙政府报告了2019年在能力建设子目标方面采取的一些行动和取得的进展。根据2019年《进展报告》[c]，与可持续发展目标相关的特定内容已纳入考试，以检验一些公务员群体及其水平。在一个部门（劳动、移民和社会保障部），把与可持续发展目标相关的内容纳入考试，以检验所有公务员群体和确定其工资级别。

资料来源：

[a] 西班牙，《实施〈2030年议程〉的行动计划：迈向可持续发展战略》，2018年，http://www.exteriores.gob.es/Portal/es/SalaDePrensa/Multimedia/Publicaciones/Documents/PLAN%20DE%20ACCION%20PARA%20LA%20IMPLEMENTACION%20DE%20LA%20AGENDA%202030.pdf。获得批准后，请参见https://www.lamoncloa.gob.es/consejodeministros/Paginas/enlaces/290618-agenda2030.aspx。

[b] 根据第40/2015号法律（Régimen Jurídico del Sector Público）第55条的定义。

[c] 西班牙，《进展报告：西班牙2030年议程的实施情况》，2019年，第35、36页。http://www.exteriores.gob.es/Portal/es/PoliticaExteriorCooperacion/Agenda2030/Documents/Informe%20de%20Progreso%202019.pdf。

注：

[i] 转型措施被确定为低挂果实，具有巨大潜力，可在实施过程中发挥作用。参见西班牙，《〈2030年议程〉实施行动计划：迈向可持续发展战略》，2018年，第145页。

等国的能力建设中非常明显。

许多其他行动者提供了培训，尤其是具有高度相关性的工具和参考资料。这些材料根据行为者的专业化，往往针对特定的能力需求。例如，市政协会一直非常积极地研发关于可持续发展目标本地化的能力建设材料。

在国际层面，许多组织非常积极。在可持续发展目标实施初期，联合国发展集团为联合国国家工作队提出了将《2030年议程》的实施纳入主流的指导意见。指南的续本[22]在《2030年议程》强调的关键领域引入了一系列能力建设工具和方法，比如提高建设的意识、多方利益相关者方法、让可持

专栏3.6　蒙古国统计发展和能力建设的国家战略

能力评估与战略行动之间的联系往往不明确。蒙古国是一个例外，在2014—2017年对统计系统进行全面评估后，该国发布了数据生态系统的影像和评估。[a]

为应对统计系统总体能力以及可持续发展愿景和可持续发展目标监测方面的制约因素，蒙古国于2016年批准了国家统计发展战略，以解决国家统计系统所有要素的能力建设问题。

这项战略侧重用户需求，以及数据制作和决策数据使用及应用方面的能力建设措施。它还根据中央层面的监测系统，采取措施去增强地方层面监测系统的效力。[b]

资料来源：

[a] 联合国开发计划署等，《蒙古国金融发展评估——可持续发展多元化金融（2018）》，2018年，第83页；蒙古国，《蒙古国自愿国别评审（2019）：实施可持续发展目标》（乌兰巴托，2019年），第12、44页。

[b] 联合国开发计划署等，《蒙古国金融发展评估——可持续发展多元化金融（2018）》，2018年，第83页。

国家层面

- 中央政府-部门或机构主要实施可持续发展目标
- 中央政府-其他部门
- 议会
- 最高审计
- 次国家各政府，如州、地区、行政区或者同等地区
- 地方政府
- 专业协会
- 基于行动者的国家网络、协会
- 民间社会
- 学术界
- 公共行政学院
- 国家智库

国际层面

- 基于行动者的国际网络、协会、组织，如议会联盟、世界城市和地方政府联盟、最高审计机构分组
- 民间社会组织、全球网络
- 全球、地区智库
- 学术界-国际网络
- 公共行政学院-地区网络和全球网络
- 联合国系统，包括联合国开发计划署、专门机构、联合国经济社会事务部
- 其他国际组织，如经济合作与发展组织
- 双边发展机构，如德国国际合作机构

图3.3　参与针对公务员可持续发展目标实施能力建设的主要行为者

资料来源：作者制作。

续发展目标适应国家、次国家和地方环境、横向和纵向的政策一致性、监测和报告等。这种办法产生了多项准则，并在国家层面开展了能力建设，主要侧重于政府行为者。早日开始可持续发展目标实施的能力建设活动得益于过去支持千年发展目标的活动，千年发展目标极其关注提高发展中国家的规划和监测能力。最新发展包括由联合国开发计划署（UNDP）维护的可持续发展目标整合工具包的研发，该工具包提供了大量直接支持可持续发展目标实施能力建设的工具库。[23]

专栏3.7　用于可持续发展目标能力建设活动的交付渠道

广泛的渠道和方法被用于向公务员提供关于可持续发展目标的培训和能力建设。宣传的渠道包括宣传手册和海报、游戏材料、会议和市政厅。通过会议和研讨会、讲习班以及传统培训课程（初始和连续）提供更详细的内容。数字渠道越来越多地用于发布官方信息和可持续发展目标数据仪表盘；提供传统在线课程和大规模开放在线课程（MOOC）；并维护实践知识库，包括指南和工具包。在新冠疫情期间，电子渠道在很大程度上取代了提供培训和能力建设的传统渠道（如网络研讨会取代了讲习班），这既带来了机遇，也带来了挑战。

资料来源：作者制作。

双边发展机构和国际网络等其他行为者关注特定类型的国家机构。例如，各国议会联盟（IPU）、国际最高审计机构发展倡议组织（IDI），以及世界城市和地方政府联盟（UCLG）也高度重视可持续发展目标实施的能力建设。

本报告中所描述的许多能力建设活动涉及不同层面行为者之间的协作。例如：联合国开发计划署、其他联合国机构和政府之间的合作，有时与其他国家和国际组织之间的合作；联合国机构与其他国际组织之间的合作；民间社会组织和双边开发机构之间的合作。

3.4　关键能力建设举措和产品概述

自2015年以来，各国政府单独或与地方、国家和全球行为者合作，开展了一系列广泛举措，以提高公务员的技能和对可持续发展目标的认识。本节阐释了不同专题领域的能力建设举措和行动，重点是研究举措数量最多的领域。

3.4.1　提高公务员对可持续发展目标的认识

一些渠道被用来提高公务员和公职人员对可持续发展目标的认识，包括组织讲习班、研讨会和年度活动，并使用大量提高认识的产品。

公共机构和民间社会编制了可持续发展目标传播和宣传的材料。在法国，生态与团结过渡部和法国发展署（AFD）于2017年5月发布了“可持续发展目标工具包”。它是为所有参与者而设计，包括可持续发展目标的教学支持材料，如抽认卡、棋盘游戏、贴纸等，以及7个提供不同主题信息的文件（可持续发展目标介绍、可持续发展目标指标、参考书目等）。[24]许多国家都有类似的工具包。

在印度，9个州编制了能力建设的资源材料。他们用不同的工具，比如可持续发展目标手册、培训模块、信息手册和工具包。[25]在阿萨姆、印控阿鲁纳恰尔邦、安得拉邦、哈里亚纳邦、泰米尔纳德邦、中央邦、奥里萨邦 、特里普拉和比哈尔，国家政府组织了一系列研讨会和会议，以提高政府官员对可持续发展目标的敏感度。哈里亚纳邦制定了可持续发展目标沟通战略，以提高所有利益相关者的认识，尤其是州政府部门。[26]

联合国和其他全球行动者编写的有关内容已被翻译成各国语言。[27]可持续发展目标图标就是一个突出的例子，其已被翻译成多种语言。在塞拉利昂，《2030年议程》的简化版本被分发给不同人员，例如议会议员。[28]可持续发展目标提高认识产品的例子包括关于《2030年议程》及其核心原则的两页简介，[29]以及一段关于议程及其5个维度和17项可持续发展目标的短片。[30]其他产品包括向芬兰学校免费分发可持续发展目标海报，[31]或在塞拉利昂各部委和政府机构张贴可持续发展目标海报，[32]以及图片展览。[33]

一些旨在提高公务员认识的产品通过网站和在线平台提供。模式和结构因国家背景而异。例如，哥斯达黎加的司法机构利用在线渠道提高其工作人员对可持续发展目标的认识。[34]西班牙已经就具体的可持续发展目标和子目标开发了在线课程。[35] Facebook（脸书）和 WhatsApp（国外一种即时聊天的应用）等社交媒体通信平台，也被用于传播《2030年议程》和可持续发展目标，如肯尼亚。[36]这一领域的另一个产品是虚拟大学环境与可持续发展（UVED）制作的慕课“可持续发展目标：迎接挑战！”。虽然慕课没有明确针对公务员，但其内容显然与公务员有关。[37]

意大利特伦蒂诺市的网站是次国家层面提高认识产品的例子，[38]每周审查与该地区实施可持续发展目标有关的不同方面。

总体而言，关于可持续发展目标提高认识的活动所取得的成果似乎没有得到系统的评估。现有的评价往往来自最高审计机构的备案审计，这些评价指出了提高认识举措的弱点，这些举措可能在没有具体计划的情况下实施，[39]可能无法兼顾到首都以外的官员，因为针对地方当局提高认识的活动宣传活动较少，[40]或者可能不全面、不够集中或持续。[41]

3.4.2 中小学教师和大学教师可持续发展目标的能力建设

中小学校和大学可以帮助学生和专业人士建立理解和解决可持续发展目标的能力，制定基于事实的解决方案，促进跨部门对话和行动，支持基于可持续发展目标的政策设计等。[42]一些能力建设活动侧重于大学和学术界通过教学、研究、行动和领导在促进《2030年议程》方面发挥的作用。

教师是可持续发展目标能力建设活动的中心目标。我们通过在中小学校和大学课程中引入可持续发展目标，从而建立与可持续发展目标相关的能力。一个例子是，作为旨在促进可持续发展教育新课程的一部分，在联合国教科文组织的支持下，我们对圣保罗市教师进行可持续发展目标培训，并制定可持续发展目标学习指南。[43]另一个例子是一个教育网站，这个网站为芬兰教师提供信息、练习和视频，以及将这些材料纳入课堂课程的指导。[44]教师的能力也通过《2030年议程》和可持续发展目标上的电子学习课程得到了发展（见专栏3.8）。

有几个例子说明了促进中小学校和大学参与可持续发展目标实施的指导方针（见表3.1）。一般而言，学校指导方针旨在向教师提供资源，帮助他们理解可持续发展目标，传授学习知识，获取教育资源，并为每个可持续发展目标提供案例研究。例如，可持续发展解决方案网络为大学制定的指导方针——把可持续发展目标纳入高等教育机构的工作提供了指导，首先是构建大学范围内参与的案例（在影响、伙伴关系、获得新资金等方面）。

3.4.3 将可持续发展目标纳入公务员的初始和持续培训

在许多国家，政府部门编制了关于可持续发展目标的培训材料，并开展了培训活动。在印度尼西亚，国家发展规划部在联合国开发计划署印度尼西亚和TANOTO基金会的支持下，成立了可持续发展目标印度尼西亚学院，这是一个政府官员的学习平台，包括可持续发展目标领导认证、移动学习等项目，还包括治理和政策，创新解决方案、监测和报告。[45]塞拉利昂规划与经济发展部和肯尼亚国家规划部分别就可持续发展目标开展了培训，以建设关键部委、各部门和各机构实施可持续发展目标的能力，[46]并担任其组织能力建设的培训师。[47]毛里求斯环境和可持续发展部公布了一门“可持续发展基础课程”。[48]哥斯达黎加制定了一项建设公职人员能力的总体战略或计划。[49]总体战略或计划对参加公共行政的公职人员有标准化的培训计划，能力建设是职业发展的一项要求（见专栏3.9）。

一些国家已经为议员组织了关于可持续发展目标的培训。例如，印度下议院于2015年7月、

专栏3.8　向意大利教师提供可持续发展目标材料

在意大利，意大利国家可持续发展联盟开发了一个关于《2030年议程》和可持续发展目标的可持续发展电子学习课程，以提高学校教师对可持续发展目标的认识。本课程由20个专题模块组成，阐述了所有可持续发展目标和子目标的当前进展。

迄今已有超过7万名学员（包括6.1万名教育工作者）从该课程中受益。通过意大利国家文献、创新和教育研究所的在线平台，全国80万名教师也可以使用电子学习课程。可持续发展大学网络中的大约70所大学也可以学习该课程。[i]

自2019年以来，一个名为“学校2030：价值创造教育”的自学门户网站允许教师访问受《2030年议程》价值观和愿景启发的教育自学内容、资源（文档、照片、可视化等）和自学材料。[ii]

意大利教师可利用的另一个资源是《联合国教科文组织手册》的意大利语译本，该手册是实现可持续发展目标教育的培训师指南。[iii]

注释：

[a] 意大利可持续发展联盟，《意大利与可持续发展目标》，罗马，2019年，第64页。另见：https://asvis.it/corso-e-learning-l-agenda-2030-e-gli-obiettivi-di-sviluppo-sostenibile/ 和 http://www.indire.it/2020/03/06/educazione-allo-sviluppo-sostenibile-apre-a-tutti-il-corso-gratuito-online-di-asvis-su-agenda-2030/，似乎教师以外的个人需要支付费用才能访问电子学习课程。

[b] 该举措是教育部、大学和研究部（MIUR）与意大利可持续发展联盟签署备忘录的成果，http://scuola2030.indire.it。

[c] 资源来源于：联合国教育、科学及文化组织、都灵大学和意大利可持续发展联盟之间的伙伴关系，http://www.unesco.it/it/News/Detail/440。

表3.1　中小学校和大学可持续发展目标指南示例

标题	由谁发展	目的	统一资源定位地址
大学可持续发展目标的启动	澳大利亚、新西兰和太平洋可持续发展解决方案网络区域网络	帮助大学参与可持续发展目标、规划现有活动、参与利益相关者以及报告可持续发展目标贡献的实用指南和工具	https://resources.unsdsn.org/getting-started-with-the-sdgs-in-universities http://ap-unsdsn.org/wp-content/uploads/University-SDG-Guide_web.pdf
学校可持续发展教育	巴西政府	关于可持续发展目标的9项指导方针，以视频和《2030年议程》的一般介绍支持教师	可持续发展目标2指南：https://unesdoc.unesco.org/ark:/48223/pf0000375077
可持续发展基础：可持续发展目标教学指南	加拿大马尼托巴国际合作理事会	信息、教育资源和其他支持，包括将可持续发展目标问题纳入课程	http://mcic.ca/pdf/SDG_Primer_FINAL.pdf
可持续发展教育目标：学习目标	联合国教科文组织	可持续发展目标学习目标指南。该指南有6种联合国官方语言以及韩语和葡萄牙语版本	https://unesdoc.unesco.org/ark:/48223/pf0000247444

资料来源：作者基于案头研究制作。

专栏3.9 哥斯达黎加公务员培训中的可持续发展目标

公务员事务总局下属的能力建设和发展中心（CECADE）负责实施公务员能力建设战略、计划和方案，以推动公共行政专业化，并向公民提供优质服务。[a]2020年能力建设计划将可持续发展作为其12个主题优先事项的一部分。2020年计划中包括的所有培训活动都与国家发展和公共投资计划（NDPIP），以及可持续发展目标保持一致。所有培训活动与特定的可持续发展目标相联系。[b]

规划部知识管理和能力建设在线平台于2019年7月启动。在线和面对面培训课程的目录包括与可持续发展和可持续发展目标相关的若干课程。面对面交流中有关于可持续发展目标和《2030年议程》、2017年可持续发展指数与国家发展和公共投资计划等的简短研讨会。[i]

司法机构在联合国开发署的支持下，在设计虚拟内容后，于2020年5月组织了几次在线课程：

（1）通过在线平台C@pacitate.提供可持续发展目标在线课程。这将是一个强制性学习课程，重点关注《2030年议程》和可持续发展目标相关的方面，包括司法机构的举措。

（2）提供了多个与可持续发展目标相关主题的在线课程（包括司法、公民参与、性别、反腐败）。

（3）此外，还以在线形式提供了若干与环境管理有关的不同主题的培训和能力建设课程。

资料来源：

[a] 哥斯达黎加，《公务员制度条例》，第13章，第155条，2017年11月6日通过40608-MP号法令发布。

[b] Centro de Capacitación y Desarrollo, “Oferta de capacitación 2020”, 2019, https://docs.google.com/document/d/1v_cV_nihX1JFXn6XoE TROPJgidM3QV6rwKq5wOPXZCc/edit.

注释：

[i] 参见https://www.presidencia.go.cr/comunicados/2019/07/plataforma-virtual-fortalecera-capacidades-en-el-sector-publico/; https://www. mideplan.go.cr/oferta-de-capacitacion; https://capacitacion.mideplan.go.cr。

2016年8月和2016年12月为两院议员举办了关于可持续发展目标的研讨会。[50]

几乎在所有国家，公共行政学院都在公务员的初级培训和职业培训中发挥着关键作用。公共行政学院参与可持续发展目标的程度从有限到非常积极。在该报告对24个国家的抽样调查中，公共行政学院通过以下渠道参与可持续发展目标：将可持续发展目标纳入未来和当前公务员的现有课程中；为初始或持续培训制定与可持续发展目标相关具体课程；为更广泛的受众开发与可持续发展目标相关的产品，比如大规模在线开放课程；以及建立由其他组织和机构参与者制作的可持续发展目标相关的存储库。在这方面，公共行政学院经常与合作伙伴通力合作。公共行政学院还组织了针对可持续发展目标的活动或暑期课程。

在巴西，国家公共行政学院是推进不同利益攸关方能力建设举措的主要催化剂之一。它一直在努力建立一个巴西《2030年议程》的知识和信息库[51]，以及为公共部门官员提供议程相关课程[52]，并让感兴趣的人在线获得其中的一些课程。[53]该学院的行动包括推出一本关于“巴西联邦公共行政部门实施可持续发展目标议程的挑战和条件”的手册，[54]以及开展关于《2030年议程》和可持续发展具体目标多个研讨会的发布会。[55]2018年，联合国开发署与国家劳动行政官培训与提高学校（ENMAT）为开展研究签署了一项技术合作协议，这项研究通过对可持续发展目标中目标4、目标8和目标16的比较分析，侧重于了解不同国家组织劳动管辖权的方式。[56]在其2017—2018年报告中，国家可持续发展目标委员会关注委员会在地方政府的合作伙伴提供的举措数量，从管理《2030年议程》的培训到支持地方发展规划诊断的实施。[57]报告中强调的一个伙伴关系是与国家公共行政学院（Enap）建立的能力建设伙伴关系，该伙伴关系旨在赋予次国家层面地方行为者对可持续发展目标进行管理的能力。[58]

在加拿大，魁北克国家公共行政学院（ENAP-魁北克）和法语国家国际组织（OIF）通过其附属机构法语国家促进持久发展研究所（IFDD），用法语开设了一门关于“在公共政策中考虑可持续发展目标”的慕课。慕课的首次交付在2020年。[59]

意大利总理府内的国家行政学院（SNA）评估，其45%的培训方案与17项可持续发展目标中的一项至少直接相关，整个培训计划涵盖了所有目标。[60]

毛里求斯公务员学院（CSCM）开设了一门名为“2030年战略思维”（与2030年愿景相关）的课程，旨在帮助高层管理人员推进可持续发展目标实施规划。[61]

在印度马哈拉施特拉邦，政府已指示州一级的行政培训机构YASHADA将可持续发展目标的学术课程纳入其现有的政府官员培训模块。同样，在泰米尔纳德邦，可持续发展目标的培训已被纳入该邦培训机构的常规培训方案中。[62]

国家公共行政学院也与政府部门合作。例如，在肯尼亚，国家公共行政学院与肯尼亚政府学院和其他主要培训机构的合作旨在开展变革性领导力能力培训和能力建设。[63]在毛里求斯，公务员与行政改革部（现为公共服务、行政和体制改革部）与公务员学院之间的合作旨在将包容性绿色经济和可持续发展目标纳入现有课程。在西班牙，国家公共行政研究所（INAP）的活动和能力建设规划与可持续发展目标保持一致，并传达给负责相关主题能力建设的职能部委。[64]在尼泊尔，国家计划委员会和尼泊尔行政职员学院在11个城市试点组织了可持续发展目标本地化培训和部署了协调员的培训。[65]

国家公共行政学院还与大学合作开发可持续发展目标相关的课程。在西班牙，国家审计署根据公职人员实施可持续发展目标所需的技能和能力，制定了具体的内容和课程，包括注册公共经理课程模块和公共管理与领导力新硕士课程，其中考虑了实施可持续发展目标所需的技能和能力。[66]塞拉利昂因通过大学和公共行政学院合作，从而将可持续发展目标纳入课程中。[67]

国际网络在支持国家公共行政学院与可持续发展目标相关的能力建设方面发挥了积极作用。在联合国经社部的支持下，《可持续发展目标全球治理举措》通过全球公共行政学院网络，让公共行政学院和区域公共行政协会参与进来（见专栏3.10）。[68]

经合组织政府全球网络学院已经运作了好几年，并组织了以可持续发展目标为中心的会议和其他活动。[69]区域公共行政网络和公共行政学院协会也积极参与了这一领域。例如，CLAD学校的虚拟校园提供与可持续发展目标有关跨领域主题的培训课程。[70]联合国系统职员学院还为巴西、中国、印度、印度尼西亚、墨西哥和南非等国的公务员提供了与《2030年议程》有关的培训。[71]最后，联合国训练研究所（训研所）也积极参与了这一领域，就《2030年议程》各方面提出了一系列电子课程，包括电子课程和慕课。[72]

自2016年以来，全球和区域层面的公共行政伞式协会和网络在其会议和其他活动中探讨了《2030年议程》和可持续发展目标的能力建设层面。国际行政科学研究所（IIAS）及其附属机构，如国际学校和行政机构协会（IASIA）在这方面与联合国经社部合作，非洲公共行政和管理协会（AAPAM）、非洲公共部门人力资源管理网络（APS HRMnet）和非洲地方治理学院也是如此。这些活动直接影响培训公务员的学术界和公共行政学院的工作。

专栏3.10 可持续发展目标全球治理举措

2017年，联合国公共机构和数字政府司制定了可持续发展目标全球治理举措（https://unpan.un.org/capacity-development/global-initiative-on-governance），以推动将可持续发展目标纳入公共行政学院和知识共享学校课程的主流。全球举措旨在发展政府和公务员（在知识、技能、态度、能力和心态方面）支持可持续发展目标实施的能力。它还旨在支持南北和南南良好做法交流，以确保相互交流和相互学习。全球举措将让公共行政学院、公务员学院和类似培训机构的董事和培训者合作，为整体性、参与性和行动导向的学习体系奠定基础，这对于促进公共服务的积极变化和可持续发展至关重要。联合国公共机构和数字政府司与公共行政学院和其他合作伙伴合作，正在最后确定可持续发展目标的治理课程，其中包括与可持续发展目标相关的治理关键层面对培训师工具包进行相关的培训。该工具包用于为期5天的能力开发研讨会或虚拟能力开发活动。参与该举措的公共行政学院是全球工作队的一部分（https://unpan.un.org/communities/gtfs），旨在加强所有利益相关者对《2030年议程》和可持续发展目标的宣传，并创造、扩展和交流《2030年议程》相关知识，从而发展个人能力、组织能力和机构能力。

资料来源：联合国公共机构和数字政府司。

3.4.4 将可持续发展目标纳入公共服务日常实践的指南

培养公务员能力以实施和促进《2030年议程》战略的一个关键组成部分是为他们提供一般性指导和指南，使他们能够将可持续发展目标纳入日常工作中。这可以从提升公务员对所在机构的基本认识、培训课程以及更多的将可持续发展目标融入组织的各个流程（从采购到沟通汇报）的描述资料中获取。

一些政府很快就认识到这一需要。例如，在比利时，2017年佛兰德斯政府编制出版了一本政府组织手册，描述了可持续发展目标对其日常实践的影响。[73]

可以通过培训提供指导。例如，哥斯达黎加立法大会在立法工作中对立法者和议会工作人员（行政和政治）就实施可持续发展目标方面进行了培训。根据与各委员会工作相关的可持续发展目标，哥斯达黎加立法大会已向立法委员会提供了特别培训。[74]

在法国，可用的宣传工具包括国家标准组织AFNOR开发的基于网络的自我评估问卷，法国不同层面的组织和地方政府可以使用该问卷了解其在各项可持续发展目标的定位。[75]另一个基于网络的工具——包括带有相关工具包和资源的实用表格——帮助法国地方政府和其他行动者评估其行动对可持续发展目标的贡献。[76]

将可持续发展目标纳入日常实践的指导意见也侧重于具体的可持续发展目标领域和具体的行动者。例如，可持续城市计划由12个与可持续发展目标一致的主题轴构成。它提供工具和方法，在可持续发展目标11的框架内支持公共管理和城市规划。它还提供了一个良好的数据库做法，以及指南和出版物，以支持公共管理人员和民间社会制定包容性政策以及监测数据和指标（见专栏3.11）。[77]在法国，大学校长协会（association of university of President of university）发布了一份关于高等教育机构在促进可持续发展目标作用的指南——通过绘

专栏3.11　人居署可持续发展目标项目评估工具

联合国人居署开发的可持续发展目标项目评估工具是一种对用户友好的离线、数字化工具，用于指导城市当局制定更具包容性、可持续性和有效性的城市项目。可持续发展目标工具旨在：在规划、发展和设计阶段提高城市项目的质量，以增强可持续性和包容性；促进有利环境，确保项目在中长期实行的可行性；引导地方当局及其合作伙伴之间的参与过程，以制定战略、优化项目，从而与可持续发展目标保持一致性。

资料来源：https://www.globalfuturecities.org/sdg-project-assesment-tool。

专栏3.12　妇女署对促进两性平等规划的支持

自2015年以来，联合国妇女署不断提高财政部、部委和地方政府在促进两性平等方面的规划和预算编制能力。这项工作与加强国家发展计划和公共财政系统直接相关，以便将资源用于实施两性平等政策和方案。

这种能力建设工作通常侧重于技术层面的工作人员，包括规划师和预算干事，以便他们能够将新技能和学习应用到日常实践当中。然而，越来越清楚的是，以高级公共行政官员为对象的能力建设有助于加强政治认同和机构参与，从而将两性观点纳入公共行政主流中。因此，重要的是在更高级别官员和各部的技术协调中心之间取得平衡。

资料来源：联合国妇女署为《世界公共部门报告（2021）》提供的数据。

制不同专业相对于可持续发展目标的职能图——以此作为增强大学对可持续发展目标实施承诺的一种方式。该指南为英译本。[78]

3.4.5　长期发展规划和可持续发展目标本土化

长期发展规划是自《2030年议程》通过以来一直备受关注的领域之一。如前注释所示，《2030年议程》第55段中所设想的将可持续发展目标本土化融入国家环境中，是自2015年以来大多数国家的一项关键活动，在某些情况下甚至更早（见第2章）。这也是联合国系统，特别是联合国发展集团和联合国开发计划署支持和能力建设的一个关键优先领域（见第3.3节）。各国政府在这一领域非常积极，国际机构，特别是联合国系统也是如此，它们为发展中国家的相关活动提供了援助。

国家政府机构已采取行动提高长期发展规划能力，以实施《2030年议程》。在印度尼西亚，作为可持续发展目标实施协调员，国家发展规划部/Bappenas已经开展了将可持续发展目标纳入发展计划主流，以及制订行动计划的能力建设活动。[79]哥斯达黎加规划部开发了一门旨在将可持续发展目标的实施纳入各级规划过程的课程，以提高政府制订和实施发展计划的能力。[80]尼泊尔国家规划委员会开发了知识产品，并将此作为省级规划委员会的资源，以加强可持续发展目标所需的发展规划。[81]在蒙古国，一个易于使用的政策筛选工具有助于在规划阶段将与环境相关的可持续发展目标纳入社会经济发展政策的主流。该工具有助于加强政策执行者实施可持续发展目标的能力，确保政策的一致性，并以统筹的方式进行规划。[82]

在次国家层面，政府和非政府行为者开发了一系列能力建设工具，以支持符合可持续发展目标的规划（见表3.2）。

在一些国家，如印度尼西亚，能力建设的目标是将可持续发展目标纳入地方发展计划的主流。在制订中期发展计划之前，来自省、地区和市的政府官员受到关于国家可持续发展目标和地区发展优先事项的培训。[83]在南非，市政一级的中、高级管理官员参加了关于《2030年议程》的研讨会，以促进市政运营计划与可持续发展目标的一致性。[84]在肯尼亚，所有州长代表的机构与国家政府之间的合作有助于次国家一级规划和预算官员关于可持续发展目标能力建设的组织。[85]在智利，国家可持续发展目标实施委员会和区域当局之间的合作有助于确定与每个区域相关的可持续发展主题（见专栏3.13）。

表3.2 根据可持续发展目标支持次国家层面规划的工具示例

标题	由谁开发	目的	网址
2030年城市基本面，巴西2020	巴西圣卡塔里纳建筑与城市化委员会	支持制定符合可持续发展目标的参与性城市总体规划指南	https://www.causc.gov.br/post/onu-habitat-apoia-evento-sobre-planos-diretores-participativos-e-ods/
将可持续发展目标纳入县综合发展计划和年度发展计划的主流	国家政府与肯尼亚州长委员会合作	培训以提高官员将可持续发展目标纳入规划、预算编制、实施和监测主流的能力，以及制定基于可持续发展目标战略、跟踪和报告的能力	https://sustainabledevelopment.un.org/content/documents/26360VNR_2020_Kenya_Report.pdf; p.19
可持续发展目标和地方政府KILA中心	印度喀拉拉邦地方行政学院（KILA）	将可持续发展目标纳入地方发展规划主流的工具和能力建设方案	https://sdgactionawards.org/initiative/1912
可持续发展目标学院	印度尼西亚国家开发计划署、联合国开发计划署和塔诺托（Tanoto）基金会	廖内省可持续发展目标区域行动计划指南	https://www.bloomberg.com/press-releases/2019-10-10/sdg-academy-indonesia-to-fast-track-the-nation-s-sdg-progress
特伦蒂诺（Trentino）的可持续	意大利可持续发展联盟	以可持续发展省级战略为重点的《2030年议程》培训	https://agenda2030.provincia.tn.it/In-evidenza/Formazione-Agenda-2030-dedicata-alla-Strategia-provinciale-per-lo-Sviluppo-Sostenibile
地区一致性计划（SCOT）	法国区域环境、规划与住房局	城市规划指南，让部门政策协调一致（在生活环境、流动性、商业发展、环境和景观方面）	http://www.nouvelle-aquitaine.developpement-durable.gouv.fr/boite-a-outils-odd-scot-r4583.html

资料来源：作者制作。

专栏3.13　智利各级政府围绕可持续发展目标开展对话

国家可持续发展目标实施委员会技术秘书处与次国家各级当局合作，在该国各地区组织了区域对话和传播研讨会。这些能力建设活动是为了提高对《2030年议程》的认识，确定与每个区域相关的可持续发展主题，并加强协调，以推进实施可持续发展目标的行动。每次研讨会都讨论了与每个区域有关的可持续发展问题。还成立了自治协调机构，以推动有利于可持续发展目标的行动。研讨会通过网络以流媒体形式进行。

资料来源：智利，《智利〈2030年议程〉和可持续发展目标的诊断和实施信息》，2017年，第26页。

3.4.6　可持续发展目标本地化

可持续发展目标本地化是自2015年以来备受关注的一个能力建设领域。在众多现有产品中，世界城市和地方政府联盟开发了培训师培训模块，以帮助分享有关可持续发展目标本地化过程的知识。这些模块主要针对地方政府和区域政府的成员。[86]第一个模块是本地化介绍。本地化作为当地战略的一部分，能够让推动者举办提高对可持续发展目标认识的研讨会。第一个模块是关于公共政策与可持续发展目标的一致性，这个模块提供了从规划到实施地方公共政策的指南。[87]第三个模块侧重于报告，[88]它给出了自愿国别评审和自愿地方评审的示例、练习和工具。即将推出的模块将侧重于分散化合作和可持续发展目标。[89]

可持续发展目标本地化平台（local2030.org）是为利益相关者开发的一站式可持续发展目标本地化资源和工具。[90]它包括由联合国、国家政府和地方政府、民间社会组织和其他合作伙伴开发的文件、工具、指南、解决方案和工具[91]，以支持地方一级制定、实施、监测和审查可持续发展目标的行动。工具箱允许地方政府官员获取用于启动可持续发展目标进程的资源，从而为可持续发展目标实施和能力建设做出制度安排。[92]该平台还允许用户通过提供空间发布可持续发展目标本地化和相关活动的最新信息进行互动。

各国政府一直积极参与这一领域的工作。在印度，特里普拉地区的地方法官被要求确定街区和地区进行强化训练的培训经理，以实现可持续发展目标的本地化。在古吉拉特邦，大约100名高级地区官员，包括来自所有地区的地区规划官员和地区统计官员，都接受了州以下级别可持续发展目标本地化的培训。来自查谟和克什米尔的一组政府官员在国家统计系统培训学院接受了可持续发展目标的培训。同样，拉克沙群岛为处理统计监测可持续发展目标数据的官员开展了一项培训计划。米佐拉姆成立了一个技术委员会，以评估各职能部门实施可持续发展目标计划的能力，这一点将作为其核心职能之一。委员会为政府部门官员、区级官员和选定的非政府组织举办了培训。[93]

市政联合会在提高地方政府实施可持续发展目标的能力方面发挥了积极作用。西班牙省、市联合会作为可持续发展目标地方观察站，为地方政府官员开发了与《2030年议程》和可持续发展目标相关的在线课程和面对面课程。[94]智利地方政府协会组织了一个暑期学校，对45名市长和议员进行可持续发展目标本地化培训。[95]巴西全国市政联合会（CNM）开发了一个网站，用于提供可持续发展目标本地化能力建设、监测和评估的信息。[96]巴西全国市政联合会还发布了《巴西城市可持续发展目标定位指南——城市管理者需要了解的内容》[97]以及《巴西城市可持续发展目标整合指南》[98]，作为向地方当局介绍可持续发展目标的基本手册。Mandala 工具由巴西全国市政联合会开发，并被翻译成多种语言，支持监测可持续发展目标本地化的能力建设。[99]它包括市一级主要数据的可视化和在线工具包[100]，这套工具可检查数据与可持续发展目标的一致性，并为地方政府启动监测和评估过程提供指导。

指导文件有助于为本地化类型指明方向，并提供地方一级可持续发展目标制度化的实际案例。[101]工具支持将这些可持续发展目标纳入法国的领土战略[102]，并协助地方当局实施可持续发展目标，例如巴西[103]。一些工具有助于市政当局在其领土上参与可持续发展，以此为可持续发展目标做出贡献。一个例子是工具包是教育和宣传材料、会议计划和实用指南的组合，有助于确定相关行为体并推动其参与进来。[104]

还可以通过学习可持续发展目标如何在州和市一级本地化的具体例子来发展能力（如在印度[105]和摩洛哥，见专栏3.14）。

这一领域能力建设工作的规模和成果信息也很有限。目前尚不清楚可持续发展目标本地化工具的影响能否抵消地方政府在某些情况下在获取知识方面遇到的挑战。

3.4.7 加强国家统计系统和可持续发展目标指标

强化国家统计系统在《2030年议程》中被列为优先事项，强化包括编制可持续发展目标相关数据，因此受到高度重视。一些国家在这方面通过了国家战略。国际组织支持发展中国家在这方面的能力建设。

在国家层面，尼泊尔政府（和其他行动者）已采取强化国家统计系统的行动，以提高国家和次国家各级编制分类数据的能力。[106]为尼泊尔国家统计局的工作人员提供了培训活动，以提高其数据和统计能力，用于基于证据的自愿国别评审和可持续发展目标监测，以及制定和发展可持续发展目标指标（和改进指标的方法）。在其统计建设战略背景下，卢旺达国家统计研究所培训中心在统计和数据科学培训和思维领导发挥着中心作用。[107]在菲律宾，统计局制订了统计能力综合框架和行动计划，以提高

专栏3.14　将摩洛哥的市政计划和项目纳入可持续发展目标

2017年，在世界城市和地方政府联盟的支持下，摩洛哥Chefchaouen 市的市政工作人员和社区领导人接受了培训，以进行市政行动的联合监测和评估。可持续发展目标本地化的方法有助于参与者根据一套标准对市政项目进行优先排序，从而能够实现社会、经济、环境、文化和人文行为层面和市政投资的可视化。

一个特设工具帮助分析市政项目相对于可持续发展目标的优先事项，尤其是在城市的弱势社区。关键举措是让市政项目与一个或多个可持续发展目标保持一致，并根据城市优先事项确定一套可持续性标准，对市政项目进行分类。这项工作将2016—2022年社区行动计划和市政预算中的63个项目与可持续发展目标框架进行对比，并确定了未来几年的优先事项。

资料来源：

世界城市和地方政府联盟，“《城市地图中的可持续发展目标》”，2017年，https://www.uclg.org/sites/default/files/the_sdgs_in_the_municipal_map_0.pdf 与世界城市和地方政府联盟，“《全球议程的本地化》”，2019年，第66页，https://www.uclg.org/sites/default/files/goldv_en.pdf。

国家统计局工作人员的能力。[108]

在可持续发展目标监测方面，有必要强化国家统计系统，特别是不同官方统计生产者之间的协调与协作。在许多国家，可持续发展目标指标的很大一部分是由不同的政府部门所编制，这些政府部门在统计编制方面有着不同的经验和知识。这方面的行动包括国家统计局开展的能力建设举措，重点是监测数据生产者和用户的可持续发展目标，例如在摩洛哥和菲律宾。[109]

在次国家层面，哥伦比亚国家统计行政部向地方政府提供了技术支持，以加强市、地区和部门的统计工作。它使用领土统计能力指数作为系统和多层面的指标，衡量可用于编制统计信息的知识、技能、资源和体制环境。[110]

自2015年以来，联合国统计司、联合国开发计划署、联合国专门机构、世界银行和其他国际组织等全球行动者支持制定国家统计发展战略，加强国家统计局可持续发展目标指标监测和报告的能力，以及优化国家和地方各级可持续发展目标指标编制和使用的体制机制和程序。[111]

联合国统计司每年都组织联合国可持续发展数据世界数据论坛（联合国世界数据论坛），这是一个大型的全球多方利益相关者活动，汇集了数据、统计专家和用户，以刺激数据创新，动员全球多方利益相关者对数据的高级别政治支持和财政支持，并为可持续发展构建更好的数据通道。[112]

联合国统计司在各国开展了诸多能力建设活动。例如，一个项目是与来自非洲和亚洲的20个国家合作，以提高国家指标的可用性，包括支持增加可用指标的数量，以及通过传播可持续发展目标的国家数据和元数据平台使其更容易获取。[113]其他计划包括 Data 4 Now 计划[114]和全球统计培训机构网络。[115]

联合国支持强化统计信息系统和机制，以监测、报告和评估摩洛哥的可持续发展目标。[116]除此之外，全球行动者还提供了技术援助，以监测蒙古国迈向可持续发展目标方面的进展。[117]

2019年，由以数据和统计为重点的发展实践者、技术专家和倡导者组成的多方利益相关者社区成立“伯尔尼发展筹资数据网络”。[118]该网络力求解决数据和统计更好地提供资金方面的主要挑战，目前正在为此目的开发一个关于发展数据融资的信息交换所。该在线平台将提供信息和服务，以满足数据融资的供求，并促进捐助者和缔约方之间的协调。

国际组织还通过促进系统性政策审查的方法论工具，向一些国家提供可持续发展目标监测和报告，以及国家可持续发展战略实施的国际支持。[119]全球行动者也为提高议会和省议会委员会监测尼泊尔可持续发展目标实施情况的能力做出了贡献。[120]

专栏3.15　开普敦可持续发展数据全球行动计划

《开普敦可持续发展数据全球行动计划》是可持续发展目标全球统计能力建设的总体框架。它于2017年1月15日在南非开普敦举行的第一届联合国世界数据论坛上非正式启动，并于2017年3月在联合国统计委员会第四十八届会议上通过。

该计划为实现《2030年议程》所需的国家主导的统计能力建设的设计和实施提供了战略指导。它确定了6个战略行动领域：可持续发展数据的协调和战略领导，国家统计系统的创新和现代化，加强基本统计活动和方案，数据传播和应用，多方利益有关者伙伴关系，资源调动和协调。

资料来源：

参见 https://unstats.un.org/sdgs/hlg/Cape-Town-Global-Action-Plan/。

在联合国各区域委员会的支持下，区域和次区域两级也进行了能力建设。一个例子是非洲经济委员会向非洲统计中心提供资助，以提高可持续发展目标指标编制和应用所需体制机制和程序建设的能力。[121]另一个例子是拉丁美洲和加勒比经济委员会支持数据和统计能力建设，以便为可持续发展目标整合统计和地理空间信息，诊断国家统计能力，以制定可持续发展目标指标，并确定监测该区域可持续发展目标指标的优先次序。委员会还提供了技术援助、面对面培训和虚拟课程，从而将性别做法纳入官方统计的主流，以监测可持续发展目标。[122]

围绕可持续发展目标数据和指标开展的能力建设活动成果，反映在许多国家全球可持续发展目标指标和国家可持续发展目标指标可用性的增加。例如，强化国家统计能力让哥斯达黎加能够增加国家指标的可用性（从2017年的117个增加到2019年的136个），并按性别、领土、年龄、残疾和其他特征改进数据分类。国家统计系统衡量和监测可持续发展目标实施进展情况的能力有所提高。[123]在印度尼西亚，作为规划部于2016年提供的指标制定培训的一部分，一些地区开始制定反映其优先事项的可持续发展目标指标。[124]

3.4.8 进度报告和可持续发展目标评估

由于《2030年议程》强调了这一点，自2015年以来，国家层面可持续发展目标进展的报告受到高度重视，并成为联合国系统牵头的能力建设工作的主题。在许多国家，联合国国家工作队支持各国政府编制自愿国别评审报告。联合国秘书处编制了《自愿国别评审手册》，该手册有法文版本和英文版本，每年更新。[125]每年，联合国经社部和联合国区域委员会为在可持续发展问题高级别政治论坛上提出自愿国别评审的政府官员举办一系列研讨会，以通过与同行交流建设政府的能力。[126]评审伙伴等组织也支持能力建设，以支持对可持续发展目标实施情况的国家评审。

如本报告第2章所述，可持续发展目标评估是一个迅速发展的领域，国家层面和国际层面的不同行为者都参与其中。以评价为重点的培训和能力建设活动由政府部门组织。在旨在实现可持续发展目标制度化的行动计划范围内，尼泊尔开展的能力建设包括“评估员和专员”模块，以及为200名国家规划委员会官员提供的影响评估培训（见专栏3.16）。联合国开发署独立评价办公室为各国开发

专栏3.16 强化尼泊尔的可持续发展目标评估

尼泊尔国家规划委员会制订了一项国家综合评估行动计划，旨在将可持续发展目标纳入国家监测和评估体系。

该行动计划的主要目标是促进尼泊尔各机构之间的协同努力，以提高国家评估能力，产出基于评估的实证，而这些实证有利于可持续发展目标的良好定位与有效实施。

具体目标是：

（1）为该国的评价制度化创造有利环境；

（2）在监测和评估可持续发展目标的机构和个人能力建设方面加强联网和协调；

（3）扩大注重公平和促进两性平等评价的覆盖面，并将其用于政策进展。

资料来源：尼泊尔，国家规划委员会，《尼泊尔综合国家评估行动计划（2016—2020年）》，导言，表2-能力建设，2017年7月，https:// www.npc.gov.np/images/category/Integrated_Evaluation_Action_Plan_2016-2020.pdf。

了一个在线自我评估工具，旨在促进可持续发展目标的国家评价框架。[127]

最高审计机关在这一领域尤其活跃（参见第2章，了解最高审计机关在国家层面可持续发展目标实施后续行动和评审中所起作用的详细概述）。自2016年以来，世界审计组织发展倡议在世界范围内开展了一项工作，以建设国家审计机关的能力，对政府实施可持续发展目标的准备情况进行绩效审计，并对可持续发展目标的实施情况进行绩效审计。[128]在该报告对24个国家的抽样调查中，几个最高审计机关参与了该方案，以及与可持续发展目标审计有关的其他活动，包括哥斯达黎加、印度、印度尼西亚、肯尼亚、毛里求斯、菲律宾和塞拉利昂。在2020年年初，世界审计组织发展倡议发布了世界审计组织发展倡议可持续发展目标审计模型（ISAM），该模型为最高审计机关进行可持续发展目标实施绩效审计提供了指导。[129]2017—2019年，联合国环境署和国际开发协会组织了国家审计机关领导层和利益相关者的联席会议，以分享世界各地可持续发展目标审计的经验。[130]最高审计机构还开发了其他相关培训材料。例如，爱沙尼亚国家审计署在环境审计领域开发了对可持续发展目标的大规模在线公开课程。[131]

一些国家审计机关，例如智利总审计长，已经为其工作人员组织了关于其在实施《2030年议程》中作用的能力建设。[132]在西班牙，最高审计机关工作人员参加了培训和能力建设活动，以强化其对可持续发展目标进行审计的技能。[133]古巴新审计准则中包括了为实施可持续发展目标而编制审计方案的各个方面。[134]作为与特定可持续发展目标相关的协调审计的一部分，哥斯达黎加的审计员接受了培训。

3.4.9 国家可持续发展目标平台

如第1章所述，报告样本中的大多数国家都建立了中央“一站式”可持续发展目标平台（有时称

表3.3 国家可持续发展目标平台示例

平台标题	由谁开发	目的	网址
摩洛哥《2030年议程》：可持续发展目标	摩洛哥高级规划委员会	传播可持续发展目标的信息，获取包括跟踪摩洛哥进展情况在内的文件	https://odd.hcp.ma/
SDO平台		可持续发展目标指示仪表板	http://plateforme-odd.hcp.ma/ODD_HCP/fr/
可持续发展目标	印度尼西亚发展规划部	可持续发展目标信息的中央存储库，包括法律、官方文件和能力建设材料	http://sdgs.bappenas.go.id/
可持续发展目标仪表板	印度尼西亚	可持续发展目标指标仪表板，在次国家级别进行映射	http://sdgs.bappenas.go.id/dashboard/
法国《2030年议程》	法国生态和团结过渡部	可持续发展目标信息的中央存储库，包括法律、官方文件和能力建设材料	https://www.agenda-2030.fr/
国家监测可持续发展目标的指标	法国国家统计研究所	可持续发展目标指示仪表板	https://www.insee.fr/fr/statistiques/2654964
卢旺达可持续发展目标指标数据	卢旺达国家统计研究所	可持续发展目标指标数据	https://sustainabledevelopment-rwanda.github.io/sdg-indicators/
迪戈自行车	尼泊尔政府	可持续发展目标信息的中央存储库，包括政府活动、数据和资源	www.digobikas.gov.np

资料来源：作者制作。

为可持续发展目标中心），收集有关可持续发展目标的信息，包括官方文件、指南、研究报告和各行为体发布的报告、工具库和做法，以及与可持续发展目标相关的事件和新闻。同时，许多国家拥有由国家统计局维护的可持续发展目标数据平台或仪表盘，让公众和政府用户能够访问关于可持续发展目标的统计数据，这些数据通常采用开放数据格式，例如与映射功能相结合，国家可持续发展目标指标的数据，在次国家层面提供可持续发展目标指标的可视化。

这些平台在提高对可持续发展目标的认识方面发挥着关键作用，因为它们为社会所有行动者提供了共同的参考，并促进了信息的获取。它们还通过参考其他国家和区域提供的工具包来推进能力建设。

其他致力于可持续发展目标的国家平台已与国家公共管理学院或大学（如巴西和南非）建立了合作。其中一些合作旨在加强科学政策接口，以实施《2030年议程》（见第3.4.10节）。还有在次国家层面建立的平台示例，例如，肯尼亚47个县政府之间的知识共享和学习平台将可持续发展目标列为其搜索选项。[135]

3.4.10 可持续发展目标的科学政策接口

《2030年议程》正式承认科学政策接口对实施该议程的重要性，议程由一群独立的科学家每年编写的一份全球可持续发展报告授权。第一份报告于2019年发布，预计它将为今后的能力建设活动开辟途径。芬兰可持续发展专家小组于2020年3月根据2019年报告的框架出版一本小册子，以促进芬兰向可持续发展的系统转型。[136]

可持续发展目标综合决策所需的一项关键技能是理解和运用系统思维。理解各种可持续发展层面的实质性问题、可持续发展目标和子目标，以及在这些问题上运作的机构之间的联系，是有效管理权衡和培育协同效应的先决条件。

自2015年以来，这一领域的能力建设工具和活动源自国际机构和学术界所做的大量工作。许多网站现在提出了关于可持续发展目标与相关知识产品之间相互联系的综合数据，对可持续发展目标的认识是综合决策的关键一步（见表格3.4）。[137]可持续发展目标建模工具成倍增加，涵盖一系列重点领域，包括监测和评估可持续发展目标的进展、评估和管理可持续发展目标之间的相互联系、实现可持续发展目标的可持续性转型，以及探讨可持续发展目标与全球行星边界和阈值之间的一致性。[138]斯德哥尔摩环境研究所与若干国际组织和网络合作，正在柬埔寨、哥伦比亚、蒙古国和斯里兰卡进行能力建设，使用基于方法论的工具包分析内部制定的可持续发展目标之间的相互作用。[139]该工具包（可持续发展目标协同增效方法）正在作为免费在线工具开发。[140]

iSDG（由千禧年研究所发展）[141]、CLEWS（最初由瑞典皇家理工学院开发）[142]和OSeMoSYS（用于长期综合评估和能源规划的开源建模系统）[143]等建模工具已被用于支持许多国家政府官员在国家层面的能力建设，其中包括建立可持续发展目标之间相互作用的情景。其中一些能力建设方案由学术界和联合国各机构合作实施，包括联合国开发计划署和联合国经济和社会事务部。[144]联合国开发计划署提供了一个关于若干可持续发展目标建模工具的信息库，该库还提供在线课程。[145]

在一些国家，大学和政府部门有时通力合作，共同开发电子平台工具包，专门侧重于科学政策界面（见表3.4）。促进科学和政策合作与对话的行动还包括组织暑期学校，让科学家、研究人员、决策者、地方机构、国家机构和国际机构以及其他人聚集在一起，强调研究界在实现可持续发展目标方面的作用，例如法国的暑期学校。[146]在印度尼西亚，可持续发展目标大学卓越中心支持研究和课程开发的能力，以促进可持续发展目标的知识和创新。[147]

3.4.11 政策一体化和政策一致性

尽管政策一体化和政策一致性有着悠久的历史，但自《2030年议程》通过以来，它们受到了越来越多的关注。《2030年议程》提到，可持续

表3.4　与可持续发展目标科学政策接口相关的工具包和平台示例

名字	由谁开发	目　　的	网　　址
JRC互连工具	欧盟联合研究中心	显示可持续发展目标之间的相互关联	https://knowsdgs.jrc.ec.europa.eu/intro-interlinkages
可持续发展目标互连分析和可视化工具（V3.0）	IGES（日本）	根据文献综述和可持续发展目标指标相关国际咨询过程的结果，展示与可持续发展目标相关目标之间的因果关系	https://sdginterlinkages.iges.jp/
可持续发展目标工具包个人学习者在线课程	澳大利亚国际发展理事会	通过运用系统思维和协作反应，实施可持续发展目标培训模块，以实现集体影响和领导力，包括在危机情况下	https://acfid.asn.au/learning/sdg-toolkit-individual-learner-online-course
可持续发展目标学院	哥伦比亚大学（美国）	关于可持续发展和可持续发展目标的一系列电子课程	https://sdgacademy.org/courses/
可持续发展目标中心	比勒陀利亚大学（由科学和创新部授权）	将决策者与实施《2030年议程》所需的研究和创新联系起来	http://sasdghub.up.ac.za/
可持续发展各目标中心	印度尼西亚大学	作为所有可持续发展目标活动和方案的中心，强化与利益相关者的合作伙伴关系	iser.sci.ui.ac.id/sustainable-development-center

资料来源：作者制作。

专栏3.17　南非可持续发展目标中心

由可持续发展目标中心科学和创新部授权（http://sasdghub.up.ac.za/），建立在线平台，旨在将南非决策者与实施《2030年议程》所需的研究和创新联系起来。可持续发展目标中心位于比勒陀利亚大学，提供办公空间和行政支持，并收到咨询委员会与南非政府、多边组织、发展伙伴和学术界代表的意见。

该平台通过大学机构知识库发布可持续发展目标相关研究的开放访问（它使用文本分类工具识别研究所涉及的可持续发展目标）。该中心还组织关于可持续发展目标相关主题的公开讲座和研讨会，并发布由南非26所公立大学编写的可持续发展目标简报。

资料来源：http://sasdghub.up.ac.za/。

发展目标是不可分割和相互依存的，需要一起解决。政策一致性问题在一项专门的可持续发展目标“17.14：加强可持续发展的政策一致性”中得到解决。最重要的是，可持续发展目标为分析议程不同部分之间的协同作用和权衡提供了一个共享地图。在许多国家，国家政府（特别是规划部）做了大量工作，以分析国家背景下的协同作用和权衡，分析政策一致性，并寻求加强政策一体化。

专栏3.18　改善蒙古国的政策一致性

蒙古国政府已开始对所有战略、计划和政策（总共567项政策）的政策一致性进行全政府评审。评审的目的是废除过时的政策文件，并修订不符合长期目标的政策文件。在斯德哥尔摩环境研究所的支持下，制定了评审方法。评估过程将包括决策的所有部委和公共机构的参与。作为这一进程的一部分，政府旨在培训所有领域的政策规划者。

资料来源：蒙古国，《评估可持续发展目标的相互联系、相互作用、协同作用、联系和权衡》，国家开发署发展政策和规划司司长 Doljinsuren Jambal女士在关于在一体化和政策一致性框架内优化可持续发展目标实施的专家组会议上的发言，2019年7月，第12页，https://unosd.un.org/events/2019-expert-group-meeting-optimizing-sdgs-implementation-framework-integration-and-policy。

自2015年以来，政策一体化和政策一致性方面的能力建设发展迅速。经济合作与发展组织（简称“经合组织”）编制了一份可持续发展政策一致性的工具包，[148]并在这方面向各国提供技术援助。在编制全球可持续发展目标指标17.14.1时，预计将向国家统计局提供能力建设，联合国环境规划署是这一指标的归属机构。[149]

2016年，经合组织启动了PCSD合作伙伴关系，这是一个多方利益相关者平台。[150]除其他目标外，伙伴关系旨在建设分析政策一致性挑战的能力，评估政策对可持续发展的影响，强化政策一致性的监测和报告系统，包括支持国家报告可持续发展目标子目标17.14的进展情况。经合组织和联合国系统职员学院（UNSSC）于2020年6月和7月、2021年2月和3月举办了免费的可持续发展政策一致性在线课程。[151]

在外部审计方面，分析政策一致性的专用工具已经存在很长时间。美国政府问责局有一个分析分散、重叠和重复的工具，该工具已被广泛使用。该工具以指南的形式提供，[152]其中包括以下几个方面：如何界定审查范围；如何收集有关方案的信息；如何收集和评估关于碎片化、重叠和重复的潜在影响的信息；以及如何评估评价的合理性。巴西最高审计机关康塔斯·达乌尼昂法庭（TCU）对该工具进行了调整。

3.4.12　利益相关者的参与

正如议程21所强调的那样，利益相关方的参与始终是可持续发展的一个基本组成部分。包括指导文件在内的能力建设行动旨在帮助公共部门官员促进国家和次国家层面公众参与可持续发展目标的实施、监测和评估。

公共部门机构可以使用若干工具来提高其与非国家行为者接触的能力。联合国经济和社会事务部和联合国训练研究所（训研所）制定了一份指南。[153]除了概述与《2030年议程》利益相关者有意义参与相关的原则和支持者外，指南还提供了政府代表在制定和实施参与计划时可以采用的具体示例、工具和方法。全球行动者还制定了一份与议会和议员合作促进、支持及跟踪《2030年议程》实施的指南。[154]训研所一直在开展关于加强利益相关者参与《2030年议程》实施与评审的慕课。[155]瓦赫尼根大学发展创新中心开发了一个关于多方利益相关者伙伴关系的工具包。[156]

在区域层面，联合国亚洲及太平洋经济社会委员会（简称“亚太经社会”）提供了一系列培训，帮助亚太地区国家实施参与进程，支持有效实施《2030年议程》和可持续发展目标。[157]利益相关者参与规划和评估工具，有助于为《2030年议程》

专栏3.19　印度尼西亚：多方利益相关者伙伴关系准则

该指导方针由规划部发布，旨在为所有利益相关者提供方便的指导，提供动态资源，鼓励利益相关者建立新的伙伴关系，进一步发展现有伙伴关系，并支持各层面实现可持续发展目标的能力建设。

作为实现可持续发展目标战略和行动的工具，该指南介绍了发展多方利益相关者伙伴关系（MSP）的重要性。它们概述了在印度尼西亚建立多方利益相关者伙伴关系的关键机遇、挑战和有利环境。它们介绍了建立多方利益相关者伙伴关系的指导原则和5个合作伙伴阶段。每个模块被分解为详细的任务，并提供相应的原则、战略问题、成功秘诀和支持工具。

资料来源：https://collections.unu.edu/eserv/UNU:7354/Panduan_Kemitraan_Multipihak_24_Februari_2019_-_Versi_Cetak.pdf。

确定利益相关者有意义参与的层面，以及给利益相关者提供有意义参与的指标和评估指南。亚太经社会还与联合国大学国际会计学院合作，制定了多方利益相关者伙伴关系准则。[158]在国家层面，印度尼西亚规划部发布了关于为实现可持续发展目标建立多方利益相关者伙伴关系的指南（见专栏3.19）。

尽管存在许多关于利益相关者参与《2030年议程》的工具包和指南，但是为本报告进行的研究并未提供不同参与者参与的实证。这方面能力建设行动的结果也不得而知。

3.5　研究的一般性结果

本节重点介绍了从公务员可持续发展目标实施能力建设的报告案头研究中得出的关键见解。

3.5.1　评估能力建设工作和成果公共来源的局限性

一般而言，自愿国别评审报告是各国政府实施可持续发展目标的主要信息来源，但在描述可持续发展目标实施的能力建设方面贡献相对较小。除了描述不同目标领域下的能力建设活动外，自愿国别评审报告中关于能力建设的文本往往侧重于《2030年议程》中提到的主题领域，如可持续发展目标的本土化和本地化、支持制定国际可持续发展目标指标和国家可持续发展目标指标的活动，以及强化国家统计系统。各国还经常提供资料，说明其在编制自愿国别评审报告时开展的提高认识和能力建设的活动。自愿国别评审报告中对能力建设举措的描述往往是零碎的。报告的大多数活动是研讨会和其他会议，主要集中在提高对可持续发展目标的认识。通常很难评估能力建设活动的规模、接受者及其结果。

有许多因素可以解释这一有限的覆盖面，包括从其他主题到报告中专题的竞争、自愿国别评审报告的初始自愿指南对于如何反映可持续发展目标实施的能力建设并不十分具体、缺乏可持续发展目标实施能力建设内容的明确性，以及难以从为不同受众提供服务的大量能力建设提供者那里收集分散的信息（见第3.3节）。

其他公开的政府文件也存在同样的限制。总体而言，向公众报告在中央政府内部开展的可持续发展目标实施能力建设活动似乎不是政府的优先事项。除一些例外情况外，中央政府倾向于强调为其他行为者利益而开展的能力建设活动，包括地方政府和民间社会，或者就发达国家而言，为发展援助受援国开展的能力建设活动，而不是针对中央政府工作人员的活动。这些活动往往是用一般术语来描述的，例如提高认识。目标受众和接受者对此并无明确的界定。

相比之下，一些非政府行为体和国际组织倾向于让公众更多地了解其在可持续发展目标实施方面的能力建设活动。然而，即使这些提供者也很难在公共来源中找到关于能力建设方案范围和影响的信息。

与能力建设活动规模、影响和效力有关的公共信息更为匮乏。关于各行为者为在公共行政中实施可持续发展目标能力建设所花费的资源信息并不容易获得。因此，国家层面对这方面的资源有一个统一的看法是不可能的。[159]同样，为本报告所做的研究几乎没有任何证据能够表明，对提高公务员、议员和其他公共机构工作人员能力的工作进行了评估。[160]

因此，公开提供的信息不容易让人们综合了解个别国家层面正在进行的努力。在未来这样做将会被认为从大量提供者的内部文档中收集信息，而这似乎没有明确的授权或主要参与者。提供能力建设的组织之间的竞争不鼓励分享这方面的信息。

在2019新冠疫情流行的背景下，能力建设工作从不同方面均受到影响（见专栏 3.20）。一个明显的趋势是转向在线渠道来管理培训和其他活动。

专栏3.20　2019年新冠疫情对公共部门能力建设的影响

为报告提供数据的国际组织指出，该疫情对系统层面、机构层面和个人层面开展能力建设提出了挑战。

在系统层面，2019新冠疫情的资源分配不足，导致优先活动可能产生对原培训活动的缩减。该疫情还影响了能力建设交付模式——例如，由于旅行限制，在线培训有所增加，而非面对面培训有所增加。虽然对其没有进行衡量，但是由于经验培训减少，或政府对长期能力建设工作的重视程度降低，它可能对能力建设行动的质量产生影响。

在机构层面，培训员人数的减少可能影响能力建设举措的连续性。资金水平低、缺乏足够的数字工具和网络，以及以在线形式开展有效培训的能力薄弱，可能限制了远程可访问能力建设方案的实施。

在个人层面，由于需要对该疫情造成的多重紧急情况迅速采取行动，公务员能够投入学习活动的时间可能大大减少。此外，低连通性——尤其是在偏远地区的地方政府层面——以及低水平的技术素养可能降低了在线能力开发的效率。

这一疫情还为公共行政部门内的进一步数字化和更大的创新创造了一些机会，以利用信息和通信技术的潜力，促进在线协作以及分享经验教训和良好做法。在数字基础设施健全的国家，信息和通信技术的使用可能有助于通过一次行动动员大量受训人员，增加能力建设方案的覆盖面，同时让培训时无法获得的官员能够在稍后阶段获得录音。

为了抓住这些机会，能力建设提供者需要灵活变通，能够迅速调整交付方法。培训内容需要适应数字化交付，提取面向学习环境和受众、以行动为导向的简明信息。有人提到，新出现的在线培训疲劳是一个令人关切的问题，这可能进一步需要创新能力来制定更具吸引力的在线培训方案。从长远来看，需要对信息和通信技术进行投资，并制定战略，加强数字政策以及公共机构和公务员的技术能力，以充分利用数字化的潜力。

资料来源：各国际组织提供的信息。

这反映在对报告做出贡献的国际组织所提供的答复中。然而，除此之外，对于公共行政能力建设活动的接受者对远程学习做法的接受，或者由于转向在线活动而可能发生的学习成果变化，我们知之甚少。各国政府必须衡量这些变化，特别是因为自该流行病开始以来所观察到的向数字渠道的过渡可能只会加速提高发达国家和发展中国家数字化程度而增强影响的趋势。虽然数字化显然为公务员能力建设开辟了新的可能性，例如通过使用在线区域或全球培训方案和异步学习，但是正如传统所理解的那样，我们在技能的可转让性、社会和机构网络方面也可能存在限制。

3.5.2 正在发展但缺乏完整性的前景

为本报告开展的研究发现了大量针对国家公共机构的能力建设举措（见第3.4节）。随着时间推移，所开展的能力建设活动和产出的材料量显著增加。总的来说，给人的印象是扩散。一些国家通过案头研究发现的举措数量表明，情况非常分散，针对不同部委、机构和公共机构的活动不一，它们之间几乎没有协调。可能的情况是在一些国家，没有一个行动者对某一特定时间点开展的活动范围有全面的了解（见专栏3.21）。

分散可能导致工作和能力建设材料的重复。例如，一些组织已经出版了用英语编写的自愿地方评审的手册。在某种程度上，这可能不值得担心。即使可能已经存在类似的产品，活跃于某一部门的国际组织通常会自行编制培训材料和能力建设材料。具有类似名称的产品可能针对不同受众（在这种情况下，来自发达国家或发展中国家的城市，在不同的权力下放制度下运作），具有不同的复杂程度，并根据不同的雄心壮志进行定制。不同产品的存在旨在服务于同一利基市场，可以为用户提供多样性，并允许他们选择最适合其需求的产品。然而，让用户（在本例中为国家公共机构）从中进行选择的信息并不存在。一些已经在收集和提供能力建设材料

专栏3.21 蒙古国与可持续发展目标有关的公共行政能力建设活动

尽管范围有限，但为本报告开展的研究确定了自2015年以来针对蒙古国公共机构开展的大量与可持续发展目标实施相关的培训和能力建设活动。

提高认识、能力建设和技术援助由国家政府、联合国开发计划署、联合国经社部和联合国教科文组织等联合国实体、亚洲开发银行、双边发展机构和各国议会联盟提供。培训和能力建设活动的接受者包括国家开发署、各部委和政府部门、国家统计局、地方州长办公室和议会。形式多种多样，包括讲习班、研讨会、各部委和机构之间的协商以及长期技术援助。

主题涵盖：可持续发展目标实施的能力需求评估、加速可持续发展目标实施；蒙古国如何实现可持续发展目标的路线图；政策与国家2030愿景战略的一致性；部门政策之间的协调；全经济建模工具；机构间协调；可持续发展目标监测和指标，包括可持续发展目标4的指标；蒙古国绿色发展议程指标；以及政策审查和评价。

这一范围广泛的活动，以及许多其他侧重于绿色经济或气候变化等与可持续发展目标相关领域的活动，似乎表明支持这些活动的国际组织可能不会积极协调。还可能出现一个问题，即政府是否能够全面评估能力建设活动对公务员实施可持续发展目标能力的影响。

资料来源：作者基于案头的研究。

储存库的组织和联盟可能会在这方面发挥作用。

现有数据似乎表明，至少在《2030年议程》通过后的最初几年，能力建设工作主要由供给方推动。国际组织很早就在具体目标领域和与《2030年议程》交叉原则相关的能力建设方面开始提供能力建设，包括可持续发展目标本地化、将可持续发展目标纳入国家战略和规划文件、政策一体化和政策一致性以及可持续发展目标指标。在一定程度上，对早期能力建设工作的重视可能是从千年发展目标（MDG）中吸取的经验教训，国家和国际行为者花了几年时间才交付了千年发展目标，以及希望尽早开始将可持续发展目标的实施工作下放到国家层面。然而，显然易见，一些能力建设举措是由《2030年议程》本身提供的框架推动。《2030年议程》和目标确定了强化国家能力的优先领域（见专栏3.1），为所有行动者，特别是国际行动者提供了一个明确的方向，让他们能够迅速向前迈进。拟订《2030年议程》的包容性进展也有利于所有行动者的拨款，包括能力建设。这一点在《2030年议程》本身的后续行动和评审中最为明显。通过描述这方面不同层面的预期工作领域，该议程能够快速启动旨在加强国家监测可持续发展目标、全面评估进展和报告能力的活动（见第1章和第2章）。

总的来说，目前能力建设工作在多大程度上更多地受到国家能力需求和差距的驱动尚不清楚，因为全面的、政府范围的能力需求评估仍然很少。举措和产品的激增表明，许多举措实际上是临时性的，是根据国家情况而产生的，而不是国际行为者之间或国家行为者之间的战略协调。

在某种程度上，《2030年议程》的范围之广以及在这一领域开展活动的参与者的数量使得分裂难以避免。然而，从个别国家的角度来看，如果能在现有的提议上提供更多的能见度就更好了。除此之外，鉴于过去几十年能力建设工作的经验教训，缺乏关于正在进行的举措目标水平的信息特别令人关切，从机构和系统到工作人员个人和基础设施，再到技能和工具，以及在这些不同层面促进变革的成功方法。

3.5.3 能力建设举措相互促进的未开发潜力

随着能力建设材料不断从世界各地涌现，最初在一个国家或个别组织开发的产品已开始传播、翻译并适应其他国家。这种能力建设材料传播的突出例子包括：提高可持续发展目标认识的一般材料，如可持续发展目标图标，已翻译成许多国家语言和方言，并在各种支持下使用；可持续发展目标基本手册；以及由国际网络编制并翻译成不同语言的指南（见表3.5）。类似地，以问题为基础的国

表3.5 适应不同国家提高认识和能力建设产品示例

产　品	适　应	统一资源定位地址
可持续发展目标图标	许多国家，翻译成当地语言有13种语言	https://www.un.org/sustainabledevelopment/news/communications-material/
曼荼罗可持续发展目标	最初产于巴西，翻译成法语、西班牙语和英语	https://www.learning.uclg.org/file/themandalatoolpdf
议会联盟/联合国开发署议会可持续发展目标自我评估工具包	有13种语言	https://www.ipu.org/resources/publications/toolkits/2017-01/parliaments-and-sustainable-development-goals-self-assessment-toolkit
世界城市和地方政府联盟、可持续发展目标本地化模块	翻译为13种语言	https://www.learning.uclg.org/sdg-learning-modules

资料来源：作者制作。

际网络，如专注于可持续发展目标本地化的 Local 2030（local2030.org），已经形成了与能力建设相关的指导方针、培训材料、报告和研究以及国家实例的存储库，这为国家一级的能力建设工作提供了非常有用的出发点。

这种扩散反映了一个现实，即尽管国家机构实施可持续发展目标的能力存在国家间差异，但是与特定机构（如议会）和政府职能（如规划、监测）相关的需求在各国之间有许多共同点。

在这方面，似乎有一个尚未开发的跨国共享和“施肥”潜力。在某些情况下，为现有材料的翻译和改编提供更多资源，而不是为新产品的开发提供特权，可以为解决国家层面的能力差距提供高效和有效的解决办法。

3.6 结论和建议

本章试图描述自2015年以来国家公共行政开展可持续发展目标实施能力建设活动的情况。公开信息的相对稀缺让这成为一项困难的任务。与其他活动相比，无论是联合国会员国在全球层面提出的自愿国别评审中，还是在国家政策文件等所示的国家层面中，报告公共行政能力建设活动并不是各国政府一贯的高度优先事项。《2030年议程》确定了需要国际社会进行能力建设和支持的领域，如可持续发展目标本地化、强化国家统计系统、可持续发展目标指标和政策一体化，这些都受到了国家行为者和国际行为者的高度关注。因此，相关的能力建设活动在公共文件中具有很高的知名度。这并不意味着其他领域不受关注，但这些领域的报告被视为不那么相关或不那么紧迫。因此，从为本报告所做的研究中得出的结果是光线不均的景观，最好将其视为近似情况。鉴于确保公共行政部门具备足够的技能和能力实施《2030年议程》至关重要，加强公共行政所有部门相关活动的跟踪和报告将具有高度相关性。

尽管存在这些局限性，本报告收集的数据突出了一些教训，并支持一些建议。

一方面，各层面行动者似乎都同意，加强公共机构实施可持续发展目标的能力至关重要。有明确证据表明，针对国家公共机构的可持续发展目标实施能力建设活动在《2030年议程》通过后很早就开始了，并一直持续至今。能力建设工具和培训材料已经积累起来，由各类行动者使用不同的形式、支持和传播渠道制作，所有这些都有助于一个国家公共机构可以经常随时获得全面的培训材料和方式。

另一方面，能力建设举措的前景似乎又是不完整的，实施这些举措的行动者之间几乎没有明显的协调。在某种程度上，《2030年议程》的范围之广，以及在这一领域开展活动的参与者数量使得分裂难以避免。然而，从个别国家的角度来看，如果能在现有基础上提供更多的可见性成果就更好了；同样重要的是，在一定程度上，自2015年以来所有相关行动者所做的能力建设工作的总和填补了最初的能力缺口，以及所需要的能力需求。

如上所述，关于公务员能力建设活动的规模、所用资源、影响和效力的信息很少。然而，这对于评估能力建设工作的充分性和相关性至关重要，因为这些工作似乎极为分散。换句话说，在《2030年议程》开始实施5年后，支持政府实施可持续发展目标的能力建设工作是否充分的问题仍然悬而未决，需要更多的努力来解决。

根据本章的调查结果，可以提出以下建议：

第一，鼓励各国在国际社会的适当支持下，就公共机构实施可持续发展目标的问题定期进行政府范围的能力需求评估和差距评估。在理想情况下，此类评估应成为国家可持续发展目标后续行动和评审过程的一部分。它们应包括政府的所有部门，包括次国家以下层面和各级公共行政工作人员。

第二，鼓励各国政府与国际组织和其他国家行为者通力合作，系统地收集有关各级公共机构在实施可持续发展目标（包括监测和评价）方面能力建设工作的信息。这方面的努力应旨在整合现有的部门信息，以及来自所有相关能力建设提供者的信息。至少应收集如下：专门用于培训和能力建设资源的信息，提供能力建设和培训的专题领域信息，受助人的人数、性别和级别信息，学习措施和其他相关成果信息，以及能力建设工作的持续性信息。

第三，鼓励各国政府评估其在不同级别政府实施、监测和评估可持续发展目标能力建设工作的充分性和有效性。这种评价可以由具有这方面经验的专门机构实施或支持。

第四，各国政府可以考虑内部和外部更易获得与可持续发展目标实施有关的能力建设活动的信息，因为这些信息可以通过重复使用和改编培训和能力建设材料，使政府的所有部门受益，以及使参与设计和交付能力建设产品的各种非政府行为者受益，并支持它们之间的协同作用。

第五，自愿国别评审是传达能力建设评估和需求的重要工具。各国可以考虑更多地利用自愿国别评审来实现这一目的。为了更详细地报告可持续发展目标实施方面的国家能力建设工作，可以修改联合国秘书长关于自愿国别评审的自愿准则，并在这方面提供更详细的建议。

第六，联合国系统可以构建和维持一份与可持续发展目标实施有关的能力建设活动的映射，映射是由系统不同部分在国家层面开展，以期找出差距、协同作用及可能的重复和重叠。这种映射最好基于公共模板进行。

第七，在同一领域运作的国际组织（如政策一体化）可以考虑在国家层面促进其能力建设干预的协同性和连贯性。在没有能力建设和培训的情况下，协作努力的目标可以是建立能力建设和培训材料的储存库，并提供信息，让用户能够选择最适合其需要的方法和工具。在存在大量材料的领域，可以拨出更多的资源来改编和翻译不同语种的现有材料，以促进相互交流，提高能力建设工作的效率。

尾注

1 联合国大会：《变革我们的世界：2030年可持续发展议程》，A/RES/70/1，2015年。

2 克里斯托弗·波特和理查德·布拉夫：《系统能力建设：需求层次》，《卫生政策和规划》，2004年9月，第19、5、336—345页。

3 在《2030年议程》背景下，国家综合融资框架知识共享的参考资料，参见https://inff.org/。与可持续发展目标融资相关的其他能力建设举措，参见联合国开发计划署金融部门中心服务门户网站，https://v2.sdgfin.org/。

4 例如，快速影响评估（RIA）是一个工具示例，为联合国开发计划署用来帮助各国政府将可持续发展目标本土化所用；可以通过技术援助、研讨会等方式开展以此为重点的能力建设。

5 参见《经济和社会理事会的正式记录，2018年，补编第24号》（E/2018/44），第3章，B节，第31段。

6 联合国，《共同努力：一体化、体制和可持续发展目标》，《2018年世界公共部门报告》，纽约，2018年。

7 哥斯达黎加，《第二次〈哥斯达黎加可持续发展目标自愿国别评审报告（2020）〉：可持续发展在行动——迈向可持续发展之路》，2020年，第50页。

8 毛里求斯，《外交、区域一体化和国际贸易部》，《毛里求斯自愿国别评审报告（2019）》，2019年。

9 蒙古国，《蒙古国自愿国别评审（2019）：实施可持续发展目标》（乌兰巴托，2019年），第61—62页。另见第18、39页。

10 尼泊尔，国家规划委员会，《需求评估、成本计算和融资战略（2018）》，2018年12月，第94页。

11 世界审计组织发展倡议和世界审计组织知识共享与知识服务委员会，《各国是否准备好实施2030年议程？最高审计机构的见解和建议》，奥斯陆，2019年7月，https://www.idi.no/elibrary/relevant-sais/auditing-sustainable-development-goals-programme/949-are-nations-prepared-for-implementation-of-the-2030-agenda/file。

12 摩洛哥，《国家可持续发展目标评估》，《国家资源审查报告》，2020年8月；联合国非洲经济委员会，《马格里布可持续发展目标的总理报告》，2018年8月。

13 哥斯达黎加，国家计划和政策经济部等，《关于可持续发展数据论坛的报告：哥斯达黎加路线图》，2018年，第13、14页。

14 对于摩洛哥，参见会计院，《可持续发展目标准备工作报告（2015—2030）》，2019年1月，第9、10页。对于印度尼西亚，参见印度尼西亚共和国审计委员会（BPK），《印度尼西亚可持续发展目标准备工作绩效审计报告》，2018年，第215段。

15 特别是联合国经济和社会事务部编写的《自愿国别评审报告》的年度综合报告，以及民间社会组织联合会以《推进可持续发展目标实施》为题发表的报告。

16 参见联合国经济和社会事务部，《自愿国别评审综合报告》，纽约，2019年和2020年，以及香农·金多内和泽基·科卡塔《2030年议程实施的能力发展》,《〈2030年议程〉实施系列的良好实践》，温哥华和渥太华：不列颠哥伦比亚省国际合作委员会和加拿大国际合作委员会，2019年。

17 联合国经济和社会事务部,《〈2030年议程〉实施的能力发展：自愿国家审查的需求和差距》，可持续发展目标司，纽约，2019年。

18 联合国人类住区规划署，https://unhabitat.org/sdg-11-synthesis-report-2018-on-cities-and-communities, https://unhabitat.org/sites/default/files/2020/06/status_of_human_settlement_statistics.pdf。

19 联合国促进两性平等并赋予妇女权力实体对《世界公共部门报告（2021）》的投入，如肯尼亚国家性别统计评估、乌干达性别统计能力建设方案（2018—2023）。

20 亚洲开发银行,《加强亚洲及太平洋可持续发展目标的环境层面：评估各国对可持续发展目标的反应》，2019年，第12、14、15、64页。

21 蒙古国,《蒙古国可持续发展愿景（2030）》，2016年，第53页。

22 联合国发展集团,《2030年可持续发展议程主流化，联合国国家工作队参考指南》，2017年3月更新，纽约，2017年3月。

23 https://sdgintegration.undp.org/knowledge-bank.

24 https://www.agenda-2030.fr/ressources/materiel-de-communication-pour-les-objectifs-de-developpement-durable-150.

25 印度,《可持续发展目标印度指数基线报告（2018）》，2018年。

26 印度,《可持续发展目标本地化——印度的早期教训（2019）》，2019年，https://niti.gov.in/writereaddata/files/LSDGs_July_8_Web.pdf。

27 例如，一份可持续发展目标指南被翻译成基尼亚卢旺达语，并通过财政和经济规划部网站在线传播，参见卢旺达,《2019年卢旺达自愿国别评审报告》，2019年6月14日；同样，摩洛哥、尼泊尔和南非已将可持续发展目标材料翻译成国家官方语言。

28 塞拉利昂，财政和经济发展部,《塞拉利昂目标适应情况高级报告草稿》，2016年7月，https://sustainabledevelopment.un.org/content/documents/10720sierraleone.pdf。

29 联合国系统职员学院,《可持续发展入门》，n.d., https://www.unssc.org/news-and-insights/news/primer-sustainable-development/。

30 由联合国职员学院—可持续发展知识中心开发，https://www.unssc.org/news-and-insights/knowledge-assets/explainer-video-understanding-dimensions-sustainable-development/。

31 芬兰，总理办公室,《自愿国别评审芬兰2020,〈2030年可持续发展议程〉实施情况报告》，芬兰赫尔辛基，2020年，第47页。

32 塞拉利昂，规划和经济发展部,《塞拉利昂可持续发展目标的自愿国别评审报告（2019）》，2019年6月，第14、27页，https://sustainabledevelopment.un.org/content/documents/23378Sierra_Leone_VNR_FINAL.pdf。

33 塞拉利昂审计署,《规划和经济发展部关于可持续发展目标实施准备情况的绩效审计报告》，2019年4月，https://www.auditservice.gov.sl/wp-content/uploads/2019/06/Performance-Audit-Report-on-the-Preparedness-for-the-Implementation-of-the-SDGs_v2.pdf。

34 司法部门,《司法部门〈2030年议程〉和可持续发展目标实施进展情况第四次报告：2019年7月至2020年7月》，哥斯达黎加圣何塞，2020年。

35 西班牙，https://www.um.es/web/17odsesiones/。

36 https://planning.go.ke/wp-content/uploads/2019/10/SDGs-Status-Report.pdf, 第6页。

37 https://www.uved.fr/mooc-odd. 发言者来自税务局（IRD）、法国可持续发展研究所（IDDRI）、政府、国际科学联盟理事会（ICSU）和其他机构的可持续发展专家，包括全球可持续发展报告团队中的法国科学家。2018年，MOOC被欧洲协会“MyMOOC”评选为“年度最佳慕课”。

38 https://agenda2030.provincia.tn.it/Rubriche.

39 毛里求斯国家审计署,《〈关于可持续发展目标实施准备工作的绩效审计报告〉——外交部、区域一体化与国际贸易部》，2019年2月。

40 尼泊尔，可持续发展目标论坛,《中央勤务组织（CSO）关于〈尼泊尔可持续发展目标实施情况的报告〉》，2017年，第22、23页；毛里求斯国家审计署,《〈关于可持续发展目标实施准备工作的绩效审计报告〉——外交部、区域一体化与国际贸易部》，2019年2月，第2页。

41 印度主计长和审计长,《主计长和审计关于〈可持续发展目标实施准备情况审计报告〉》，https://saiindia.gov.in/sites/default/files/audit_report_files/Report_No_8_of_2019_Preparedness_for_the_Implementation_of_Sustainable_Development_Goals_Union_ Government_Civil_NITI_Aayog.pdf。

42 可持续发展解决方案网络,《大学可持续发展目标指南》，2-3，https://ap-unsdsn.org/wp-content/uploads/2017/08/University-SDG-Guide_web.pdf。

43 参见联合国教育、科学和文化组织对《世界公共部门报告（2021）》的投入，该报告涉及与圣保罗市的合作项目。有关《可持续发展目标学习指南》，请参见https://educacao.sme.prefeitura.sp.gov.br/wp-content/uploads/2020/03/ods-no-curriculo.pdf。

44《2030年的世界：可持续发展目标——芬兰和全球南部》，参见maailma2030.fi。

45 https://www.bloomberg.com/press-releases/2019-10-10/sdg-academy-indonesia-to-fast-track-the-nation-s-sdg-progress.

46 塞拉利昂审计署，《规划和经济发展部关于〈可持续发展目标实施准备情况的绩效审计报告〉》，2019年4月，第20页，https://www.auditservice.gov.sl/wp-content/uploads/2019/06/Performance-Audit-Report-on-the-Preparedness-for-the-Implementation-of-the-SDGs_v2.pdf。

47 https://planning.go.ke/wp-content/uploads/2020/07/Final-VNR-2020-FOR-KENYA.pdf,18.

48 毛里求斯，外交部、区域一体化和国际贸易部，《毛里求斯自愿国别评审报告（2019）》，2019年，第10页。

49 经济合作与发展组织，《拉丁美洲和加勒比公共行政全景》，巴黎，2020年，https://books.google.com/books?id=j2rXDwAAQBAJ&pg=PA116&lpg=PA116&dq=Costa+Rica+capacitacion+administracion+publica&source=bl&ots=zlLlcTHGTt&sig=ACfU3U10DQ-j4glUkZnIWfvmXcItasvJyA&hl=en&sa=X&ved=2ahUKEwjf99fh0c3qAhXbgnIEHVg1B8I4ChDoATACegQIBxAB#v=on epage&q=Costa%20Rica%20capacitacion%20administracion%20publica&f=false。

50 印度，《关于可持续发展目标实施情况的自愿国别评审报告》，2017年，第3页，https://sustainabledevelopment.un.org/content/documents/15836India.pdf。

51 国家公共行政学院，*ODS-Banco de Práticas*, https://repositorio.enap.gov.br/handle/1/3551.

52 https://www.gov.br/mdh/pt-br/assuntos/noticias/2019/abril/ministerio-promove-curso-de-capacitacao-com-foco-no-desenvolvimento-sustentavel.

53 政府秘书处提供的所有课程和方案，包括Escola National de Administraço Pública建立的课程和方案，均可通过以下途径获得：https://www.escolavirtual.gov.br/catalogo。

54 https://repositorio.enap.gov.br/handle/1/3411.

55 所有可用的资料都可以通过https://exposicao.enap.gov.br/collections/show/12获得。

56 Nações Unidas Brasil, "PNUD firma cooperação para estudos sobre jurisdição trabalhista" 2019年, https://nacoesunidas.org/pnud-firma-cooperacao-para-estudos-sobre-jurisdicao-trabalhista/.

57 Comissão Nacional para os Objetivos de Desenvolvimento Sustentável (CNODS), "Relatório de Atividades 2017–2018", 2017年, 第8页。

58 Comissão Nacional para os Objetivos de Desenvolvimento Sustentável (CNODS), "Relatório de Atividades 2017–2018", 2017年, 第50页。

59 https://formation.ifdd.francophonie.org/clom/odd-p, olitiques-publiques/.

60 Pia Marconi在2019年4月15日举行的公共行政培训论坛上的演讲。另见https://asvis.it/news/718-4053/open-sna-2019-il-primo-forum-di-confronto-sulla-formazione-della-pa。

61 毛里求斯公务员学院，http://www.cscm.mu。请参见http://www.cscm.mu/index.php/courses/list-of-courses。

62 印度，《可持续发展目标本地化——印度的早期教训（2019）》，2019年。

63 肯尼亚，《公共服务转型框架》，n. d, http://psyg.go.ke/docs/PUBLIC%20SERVICE%20TRANSFORMATION%20FRAMEWORK.pdf, 第33页。

64 https://www.inap.es/alfresco/alfresco?pathInfo=%2Fd%2Fd%2Fwor kspace%2FSpacesStore%2Fcbc69928-7de8-4737-947e-6c549e6c44d1%2FPlan%2520de%2520formacion%25202020.pdf.

65 尼泊尔可持续发展目标国家网络，《尼泊尔人民对可持续发展目标的自愿评审，可持续发展目标民间社会聚焦报告草案（2020）》，2020年，第9页。

66 https://www.inap.es/alfresco/alfresco?pathInfo=%2Fd%2Fd%2Fworkspace%2FSpacesStore%2F74495765-0937-491c-a561-e8c3e853d3c6%2FMemoria_MU_DLP_22062019.pdf.

67 例如，塞拉利昂大学公共行政与管理学院、麦肯尼大学拥有可持续发展硕士学位计划，以及恩加拉大学，其在发展研究方面拥有硕士学位课程。参见塞拉利昂规划和经济发展部，《塞拉利昂2019可持续发展目标自愿国别评审报告》，2019年6月。

68 https://unpan.un.org/capacity/Initiative.

69 http://www.oecd.org/gov/schools-of-government/.

70 https://eiapp.clad.org/.

71 联合国系统职员学院——可持续发展知识中心对《世界公共部门报告（2021）》的投入。

72 https://www.unitar.org/free-and-open-courses.

73 比利时，佛兰芒地区（佛兰德斯），《政府组织可持续发展目标手册》，不让任何人掉队，总理府和公共治理部，布鲁塞尔，2017年。

74 介绍《哥斯达黎加立法议会〈2030年议程〉：进展与挑战》，2019年帕拉米里卡议会，https://www.parlamericas.org/uploads/documents/2-PPT_Paraguay_ODS_Nielsen_Pérez_FINAL_ENG.pdf。

75 参见例子 the "Auto-évaluation e-Engagé Contributeur ODD", see: https://certification.afnor.org/developpement-durable-rse/engage-contributeur-odd。

76 https://www.methodd.fr/la-methodd/.

77 https://www.cidadessustentaveis.org.br/inicial/home.

78《可持续发展目标，法国ESR行业的贡献是什么？》，大学校长会议，2018年，http://www.cpu.fr/wp-content/uploads/

2018/06/Guide-ODD-m%C3%A9tiers-esr web1.1-1.pdf。

79 印度尼西亚，国家发展规划部/国家发展规划署，《自愿国别评审：在不断变化的世界中消除贫困和促进繁荣》，2017年，第104页，https://sustainabledevelopment.un.org/content/documents/15705Indonesia.pdf。

80 https://www.presidencia.go.cr/comunicados/2019/07/plataforma-virtual-fortalecera-capacidades-en-el-sector-publico/; https://www.mideplan.go.cr/oferta-de-capacitacion; https://capacitacion. mideplan.go.cr.

81 Puspa Raj Kandel博士，国家计划委员会副主席，《可持续发展目标本地化》，引领尼泊尔变革和希望的时代，发展倡导者，2019年，第17页。

82 该工具由蒙古国家开发署（NDA）在亚洲开发银行的支持下，通过技术援助项目“支持在亚洲及太平洋与环境有关的可持续发展目标实施”http://nda.gov.mn/1604.htm.l。

83 印度尼西亚，国家发展规划部/国家发展规划署，《自愿国别评审：在不断变化的世界中消除贫困和促进繁荣》，2017年，第104页，似乎表明，这些培训活动属于国家发展规划部提供的培训活动，该部是印度尼西亚可持续发展目标实施的协调员。

84 南非，《2019年南非自愿国别评审：赋予人民权力并确保包容性和平等》，2019年，第28页，专栏2——可持续发展目标和地方发展规划——埃切克维尼市，https://sustainabledevelopment.un.org/content/documents/23402RSA_Voluntary_National_Review_Report__The_Final_24_July_2019.pdf。

85 https://planning.go.ke/wp-content/uploads/2019/07/VNR_FOR_ KENYA_FINAL.pdf,47.

86 世界城市和地方政府联盟，https://learning.uclg.org/onlines_courses/online-course-introduction-to-localizing-the-sdgs/。

87 世界城市和地方政府联盟，https://www.learning.uclg.org/module-2。

88 世界城市和地方政府联盟，https://www.learning.uclg.org/module-3。

89 这些单元是由世界城市和地方政府联盟与联合国人类住区规划署、联合国开发计划署和巴塞罗那迪普塔奇在欧盟委员会的支持下共同开发的，https://www.learning.uclg.org/sdg-learning-modules。

90 本平台由联合国人类住区规划署、世界城市和地方政府联盟以及联合国人类住区规划署共同开发。本平台于2016年10月启动，自2019年起由Local2030接管和管理，https://www.local2030.org/about-us.php。

91 https://www.local2030.org/discover-tools.

92 https://www.local2030.org/library/tools/capacity-strengthening.

93 印度，《可持续发展目标本地化——印度的早期经验教训（2019）》，2019年。

94 六门课程，内容与可持续发展目标相关（2017年10月至2019年11月），参见：http://formacion.femp.es/cursos/buscar?text=ods&categoria_curso_id=&teleformacion=&fecha_desde%283i%29=&fecha_desde%282i%29=&fecha_desde%281i%29=&fecha_hasta%283i%29=&fecha_hasta%282i%29=&fecha_hasta%281i%29=&x=0&y=0。

95 本活动于2019年1月21—25日在智利圣地亚哥举办，得到了拉加经委会（拉丁美洲经济委员会）、智利联合国开发计划署、FLACMA、加拿大城市协会（FCM）和世界城市与地方政府联盟的支持，https://www.local2030.org/story/view/278。

96 http://ods.cnm.org.br/.

97 2016, https://www.cnm.org.br/cms/biblioteca/ODS-Objetivos_de_ Desenvolvimento_Sustentavel_nos_Municipios_Brasileiros.pdf.

98 2017, https://www.cnm.org.br/cms/biblioteca/Guia_para_Integra%C3%A7%C3%A3o_dos_ODS.2017.pdf.

99 世界城市与地方政府联盟和巴西城市全国联合会，《曼荼罗工具》，2016年，https://www.uclg.org/sites/default/files/the_mandala_tool.pdf。

100 https://sidems.cnm.org.br/mandala/selecione-municipio/ano/2020.

101 例如，参见联合国拉丁美洲和加勒比经济委员会/拉丁美洲和加勒比经济和社会规划研究所，拉丁美洲和加勒比地区规划观察站，《2030年机构属地化》，文件Anexo1, n. d., https://comunidades.cepal.org/ilpes/sites/default/files/2019-10/TERRITORIALIZACI%C3%93N%20DE%20LA%20AGENDA%202030.pdf。

102 布列塔尼环境、规划和住房区域局开发了“方法”，这是一个基于网络的工具，旨在促进地方政府对可持续发展目标的所有权，并将其纳入领土战略和项目，以符合《地方议程21》。另见委员会21，《法国社区〈2030年议程〉实用指南》，2019年，http://www.comite21.org/docs/doc-non-mis-en-ligne/2019/guide-oddetcollectivites-2019-a4-pap-interactif2.pdf。

103 巴西，全国城市联合会，《巴西城市可持续发展目标定位指南——城市管理者需要了解的内容》，2017年；《巴西城市可持续发展目标整合指南》，2017年，https://www. cnm.org.br/cms/biblioteca/ODS-Objetivos_de_Desenvolvimento_ Sustentavel_nos_Municipios_Brasileiros.pdf. and https://www.cnm. org.br/cms/biblioteca/Guia_para_Integra%C3%A7%C3%A3o_dos_ ODS.2017.pdf。

104 法国，阿基坦环境、规划与住房区域局，《我的领土，行动，过渡》，n. d, http://www.nouvelle-aquitaine.developpement-

durable.gouv.fr/boite-a-outils-a10585.html。

105 印度，国家转型机构，《印度可持续发展目标的早期经验本地化》，2019年，https://niti.gov.in/writereaddata/files/LSDGs_July_8_Web.pdf。

106 尼泊尔，国家规划委员会，《可持续发展目标国家评审》（加德满都，2020年6月），第17页，https://sustainabledevelopment. un.org/content/documents/26541VNR_2020_Nepal_Report.pdf。

107 卢旺达，《第三次国家统计发展战略（NSDS3）》，2019年10月，第25页，http://statistics.gov.rw/publication/nsds3。

108 2016—2017年，该机构累计开展了77项培训计划，提升了统计和非统计政府机构共1 713名参与者的知识和技能，见菲律宾，《菲律宾统计发展计划（2018—2023）》，2018年，https://psa.gov.ph/philippine-statistical-system/psdp/program/2018-2023。

109 对于摩洛哥，作为2017—2021年题为《支持摩洛哥实现、监测和评估可持续发展目标》的联合方案的一部分，见联合国非洲经济委员会，《马格里布持久发展目标实现过程中的总理报告》，2018年10月。对于菲律宾，见《菲律宾统计发展计划（2018—2023）》，2018年，https://psa.gov.ph/philippine-statistical-system/psdp/program/2018-2023。

110 https://redcomovamos.org/webinars-planeacion-territorial-ods-y-fortalecimiento-estadistico.

111 例如，巴黎21，参见https://gsdrc.org/document-library/a-guide-to-designing-a-national-strategy-for-the-development-of-statistics-nsds/；世界银行，https://projects.worldbank.org/en/projects-operations/project-detail/P157987?lang=en;联合国人类住区规划署通过其城市数据和指标监测工具和指南，与国家统计局合作，支持可持续发展目标的监测和评价。联合国人类住区规划署对《世界公共部门报告（2021）》的投入。

112 https://unstats.un.org/unsd/undataforum/about/.

113 https://unstats.un.org/capacity-development/unsd-fcdo/.

114 https://unstats.un.org/capacity-development/data-for-now/.

115 https://unstats.un.org/gist/.

116 在摩洛哥，外交和国际合作部负责协调2017—2021年联合国政府联合方案的实施，该方案题为《支持实现蒙古国〈国家开发数据计划（2017—2020）〉》，https://www.en.nso.mn/page/52。

117 监测和评估可持续发展目标。见联合国非洲经济委员会，《马格里布持久发展目标实现过程中的总理关系》，2018年，第10页。

118 https://bernnetwork.org/.

119 2018年，联合国经济和社会事务部支持伯利兹和哥斯达黎加，https://www.un.org/development/desa/capacity-development/sdg-monitoring-and-reporting-in-belize-and-costa-rica/.

120 在联合国的支持下，200多名尼泊尔议员参加了若干此类培训方案。能力发展活动包括为议员翻译可持续发展目标手册，参见https://www.np.undp.org/content/nepal/en/home/projects/PSP-activities-accomplishments.html。

121 联合国非洲经济委员会，“非洲英语国家数据和元数据共享与交换次区域研讨会——2018年9月19日星期三至2018年9月21日星期五——卢旺达基加利”，https://www.uneca.org/sub-regional-workshop-data-metadata-exchange-2018。

122 联合国拉丁美洲经济委员会和加勒比对《世界公共部门报告（2021）》的投入。在计算指标方面提供帮助，也在审查和改进统计业务方面提供帮助，以便为计算提供基本数据（如住户调查、产生分类数据的小面积估计技术、使用行政记录编制官方统计数据、使用地理空间信息和卫星图像编制具体的可持续发展目标指标）。

123 哥斯达黎加，《第二次国家自愿报告：哥斯达黎加2020年可持续发展目标——可持续发展行动：通往可持续发展的道路》，2020年，第11页。

124 印度尼西亚，国家发展规划部/国家发展规划署，《自愿国别评审：在不断变化的世界中消除贫困和促进繁荣》，2017年，第104页。

125 联合国经济和社会事务部，《自愿国别评审编制手册》，2019年，纽约，https://sustainabledevelopment.un.org/content/documents/20872VNR_hanbook_2019_Edition_v2.pdf。

126 https://sustainabledevelopment.un.org/vnrs/。

127 联合国开发计划署独立评估小组，《可持续发展目标时代国家评估诊断和战略制定选择的在线工具》，2019年，http://66.36.242.207/about。

128 世界审计组织发展举措，《各国准备好实施〈2030年议程〉了吗?》，奥斯陆，2019年。

129 世界审计组织发展举措，《IDI的SDG审计模型（ISAM）》，奥斯陆2020年，https://www.idi.no/elibrary/relevant-sais/auditing-sustainable-development-goals-programme/isam/1089-isam-idi-s-sdg-audit-model。

130 例如，参见联合国经济和社会事务部，联合国国际发展研究所关于“最高审计机构发挥作用：审计可持续发展目标的执行情况”会议的报告，2019年7月22—23日，纽约。

131 爱沙尼亚国家审计署（NAO）与塔尔图大学合作开发了以下网络课程，其研究材料包括环境治理/法律框架中关于可持续发展目标的详细信息：“公共部门环境审计导论”，2016年；“基础设施的环境影响审计”，2017年；“审计水问题”，2018年，https://www.riigikontroll.ee/Suhtedavalikkusega/Pressiteated/tabid/168/ItemId/1059/amid/557/language/en-US/Default.aspx以及“审核废物管理”，https://www.ut.ee/en/mooc/auditing-waste-management。

132 有关研讨会的最新版本，参见https://seminario.contraloria.cl/#programa。

133 西班牙会计院于2018年和2019年组织了两次研讨会，约75名审计员参加了研讨会，其中包括国家以下审计机构的审计员。

134 这些标准将于2021年1月1日生效。古巴代表大会对要求为报告提供投入的呼吁的答复。

135 肯尼亚，Maarifa中心，由省长理事会（肯尼亚所有省长的代表机构）主办，信息发展中，n.d.，https://maarifa.cog.go.ke/。

136 https://www.kestavyyspaneeli.fi/wp-content/uploads/sites/41/2020/03/Finnish_Expert_Panel_on_Sustainable_Development_Publications_1_2020.pdf.

137 例如，参见联合国亚洲及太平洋经济委员会（亚太经社会）提供的资源，https://www.unescap.org/sites/default/files/Session%202_6.%20Interlinkages%20of%20SDGs_ESCAP%20Aneta%20Nikolova.pdf。

138 Cameron Allen，Graciela Metternicht，Thomas Wiedmann，《支持国家实施可持续发展目标的科学优先事项，回顾进展和差距》，《可持续发展》，2021年1月20日发表在网上，https://doi.org/10.1002/sd.2164。

139 https://www.sei.org/projects-and-tools/projects/sustainable-development-goals-colombia/.

140 https://sdgsynergies.org.

141 https://www.millennium-institute.org/isdg.

142 http://www.osimosys.org/country-clews.html.

143 http://www.osemosys.org/.

144 https://un-modelling.github.io/modelling-tools/#clews.

145 https://sdgintegration.undp.org/knowledge-bank.

146 法国，参见2016年：http://www.aix-etudiant.fr/IMG/pdf/cp_ecole_ete_odd_final.pdf（一）https://guyane.ird.fr/toute-l-actualite/evenements/ecole-d-ete-des-objectifs-de-developpement-durable.2018年：https://ecoleodd.fr/home。

147 联合国开发署印度尼西亚办事处，https://www.id.undp.org/content/indonesia/en/home/presscenter/pressreleases/2019/indonesian-universities-and-research-centers-set-up-a-national-p. html。

148 http://www.oecd.org/governance/pcsd/toolkit/#d.en.377019.

149 参见联合国环境规划署，《可持续发展目标指标17.14.1的方法：增强可持续发展政策一致性的机制》，2020年，https://city2city.network/methodology-sdg-indicator-17141-mechanisms-place-enhance-policy-coherence-sustainable-development。

150 http://www.oecd.org/governance/pcsd/thepcsdpartnership.htm.

151 https://www.unssc.org/courses/policy-coherence-sustainable-development-0/.

152 https://www.gao.gov/products/gao-15-49sp.

153 联合国经济和社会事务部和联合国训练研究所，《利益相关方参与和〈2030年议程〉：实用指南》，纽约，2020年4月。

154 2030年，《让议会参与〈2030年议程〉和可持续发展目标：代表性、问责制和实施，公民社会手册》，2018年7月，http://www.partners-for-review.de/wp-content/uploads/2018/12/Engaging-parliaments-on-the-2030-Agenda-and-the-SDGs.pdf。

155 联合国训练研究所，https://www.unitar.org/event/full-catalog/mooc-strengthening-stakeholder-engagement-implementation-and-review-2030-agenda-2020。

156 Herman Brouwer和Jan Brouwers，《MSP工具指南：促进多方利益相关者伙伴关系的60种工具—MSP指南的配套文件》。瓦赫宁根：瓦赫宁根大学与研究，CDI，2017年。

157 https://sdghelpdesk.unescap.org/knowledge-hub/thematic-area/stakeholder-engagement-and-partnerships.

158 联合国亚洲及太平洋经济社会委员会和联合国大学可持续性高级研究所，《可持续发展伙伴关系：亚洲及太平洋实施〈2030年议程〉的多方利益相关者伙伴关系指南》，东京和曼谷，2018年3月。

159 就发达国家在官方发展援助范围内向发展中国家提供的活动而言，可持续发展目标子目标17.9的唯一全球指标，并没有将能力建设支出与其他用途支出分开。

160 除其他方面外，评价可考虑：与现有需求相比，分配给能力建设的资源是否充足；提议是否符合已知需求；拟议的能力建设活动形式和交付模式是否恰当；知识产品是否充足，包括何时从现有需求中调整外部环境；在提高受训人员能力方面取得的成果；以及与专业网络等建立的伙伴关系是否有助于提高影响和维持成果“缺乏经过测试的工具/技术来评估公务员基础培训的影响”。

第4章

新冠疫情对国家机制落实可持续发展目标的影响

4.1 引言

本章探讨了在落实《2030年议程》和实现可持续发展目标的过程中，新冠疫情大流行及各国政府的应对措施对国家机制系统造成的影响。

自第二次世界大战以来，新冠疫情大流行对各国社会和经济造成的冲击可谓是达到了新高度。它使各国经济社会系统的多个方面同时承压。世界各地都同时面临着多个层面的挑战，如公共卫生突发事件、经济危机以及新冠疫情大流行带来的其他社会和政治影响，但是影响程度不一。[1]

大量文件表明，此次危机对大部分可持续发展目标的推进产生了负面影响。[2]它极大地影响了各个层面的治理安排，正如目标16所反映的那样，我们需要“创建和平、包容的社会以促进可持续发展，让所有人都能诉诸司法，在各级建立有效、负责和包容的机构”。表4.1表明，新冠疫情大流行和政府出台的应对措施对目标16的绝大多数具体目标造成影响。

表4.1　新冠疫情大流行对可持续发展目标16的各项具体目标造成影响的示例

可持续发展目标16的具体目标	新冠疫情大流行造成的影响示例
16.1　在全球大幅减少一切形式的暴力和相关的死亡率	据报道，在新冠疫情大流行期间，一些国家对妇女的暴力行为有所增加，家庭暴力表现得尤其明显。基于性别的暴力有所增加。只能获得有限的医疗保健、警察、司法、社会服务及其他服务，或上述服务完全被阻断，同时导致暴力事件更难被报道，幸存者更难获取支持[a]
16.2　制止对儿童进行虐待、剥削、贩卖以及一切形式的暴力和酷刑	儿童更容易遭受暴力、剥削和虐待。在某些情况下，经济困难会导致童工和贩卖人口增加[b] 教育的持续中断也可能导致童工和童婚增加[c]
16.3　在国家和国际层面促进法治，确保所有人都有平等诉诸司法的机会	各国政府采取的应对措施对司法行政、获取法律救助和（正式或非正式的）争端解决机制造成了干扰[d] 许多国家采取的紧急措施妨害了个人自由。[e]紧急状态法律的通过可能会对人权造成长期的负面影响[f]
16.4　到2030年，大幅减少非法资金和武器流动，加强追赃和被盗资产返还力度，打击一切形式的有组织犯罪	如果将资源转用于应对新冠疫情大流行，那么打击非法武器流动的斗争就会受到阻碍[g] 某些情况下，有组织的犯罪集团在新冠疫情大流行期间蓬勃发展。他们可能会影响向弱势群体分配商品和服务，并参与洗钱活动[h]
16.5　大幅减少一切形式的腐败和贿赂行为	事实证明，医疗卫生系统很容易受到与新冠疫情相关的腐败行为的影响[i] 针对医疗卫生和长期经济复苏的紧急措施（例如一揽子经济刺激计划），可能会影响公共资源的公平分配和使用，包括公共采购[j]
16.6　在各级建立有效、负责和透明的机构	新冠疫情大流行对政府的运作、法律的执行和基本服务的供给造成影响。机构可能无法正常开展业务，从而导致立法监督和立法职能遭到破坏、司法执行和公民诉诸司法受限。[k]相关公共政策缺乏透明度、数据共享和使用缺乏透明度等都可能会降低公众信任度[l]
16.7　确保各级的决策反应迅速，具有包容性、参与性和代表性	新冠疫情大流行对代议制机构，尤其是议会的运作带来了挑战。许多国家已经找到了创新解决方案，比如利用数字工具恢复运作等 有人呼吁在新冠疫情大流行期间保护公民和民主空间[m]，确保妇女能够领导和参与应对计划[n]。社区组织和网络应获得授权，并能够与社区主导的应对系统相衔接[o]
16.8　扩大和加强发展中国家对全球治理机构的参与	新冠疫情对这一子目标造成的影响尚未可知
16.9　到2030年，为所有人提供法律身份，包括出生登记	新冠疫情对这一子目标造成的影响尚未可知。在法律身份尚未普及的地区推广法律身份的努力可能因资源的重新分配而被削减[p]
16.10　根据国家立法和国际协议，确保公众获得各种信息，保障基本自由	在新冠疫情大流行期间，获取信息的权利受到限制或被中断。一些国家的政府机构和民间社会组织成功地克服了这些限制[q] 在新冠疫情大流行期间，各国政府一直在各自的国家门户网站、移动应用程序或社交媒体平台上提供信息[r]

续 表

可持续发展目标16的具体目标	新冠疫情大流行造成的影响示例
16.a 通过开展国际合作等方式加强相关国家机制，在各层级提高各国尤其是发展中国家的能力建设，以预防暴力，打击恐怖主义和犯罪行为	新冠疫情对这一具体目标造成的影响尚未可知
16.b 推动和实施非歧视性法律和政策以促进可持续发展	新冠疫情的暴发引发了对“特定种族和被认为接触过该病毒的人”的歧视行为。[s] 在执行紧急措施及其他措施的过程中过度使用武力的行为也更多地发生在少数民族、低收入群体、边缘化社区和无家可归者身上[t]

资料来源：

[a] Interagency Network on Women and Gender Equality, Compendium on Integrating Gender Considerations in the Response to COVID-19: Key Messages and Actions from UN Entities, 35, 55.

[b] Biraj Swain, “Children Will Be More Vulnerable to Trafficking After COVID-19”, The Wire, April 13, 2020, https://thewire.in/rights/child-rights-trafficking-covid-19; and National Child Traumatic Stress Network, “The Impact of COVID-19 on Child Sex and Labor Trafficking”, 2020, https://www.nctsn.org/sitesdefault/files/resources/fact-sheet/the_impact_of_covid-19_on_child_sex_and_labor_trafficking.pdf.

[c] United Nations Sustainable Development Group, Shared Responsibility, Global Solidarity: Responding to the socio-economic impacts of COVID-19 (New York, March 2020), 9.

[d] International Development Law Organization, “A Rule of Law Based Response to the Covid-19 Pandemic”, statement by Jan Beagle, 27 March 2020, 3.

[e] Aránzazu Guillán Montero and David le Blanc, Resilient Institutions in Times of Crisis: Transparency, Accountability and Participation at the National Level Key to Effective Response to COVID-19, UNDESA Policy Brief 74 (New York: United Nations Department of Economic and Social Affairs, May 2020), https://www.un.org/development/desa/dpad/publication/un-desa-policy-brief-74-resilient-institutions-in-times-of-crisis-transparency-accountability-and-participation-at-the-national-level-key-to-effective-response-to-covid-19/.

[f] United Nations Sustainable Development Group, Shared Responsibility, Global Solidarity: Responding to the socio-economic impacts of COVID-19, 11.

[g] United Nations, “Spread of 1 Billion Small Arms, Light Weapons Remains Major Threat Worldwide, High Representative for Disarmament Affairs Tells Security Council”, February 5, 2020, https://www.un.org/press/en/2020/sc14098.doc.htm.

[h] Vanda Felbab-Brown and Ariel Fernando Ávila Martínez, “COVID-19 and Organized Crime: Latin American Governments Are in a State-Making Competition with Crime.” Brookings (blog), May 12, 2020. https://www.brookings.edu/on-the-record/covid-19-and-organized-crime-latin-american-governments-are-in-a-state-making-competition-with-crime/.

[i] Felbab-Brown and Ávila Martínez, “COVID-19 and Organized Crime: Latin American Governments Are in a State-Making Competition with Crime.”

[j] Guillán Montero and Le Blanc, Resilient Institutions in Times of Crisis: Transparency, Accountability and Participation at the National Level Key to Effective Response to COVID-19.

[k] Guillán Montero and Le Blanc, Resilient Institutions in Times of Crisis: Transparency, Accountability and Participation at the National Level Key to Effective Response to COVID-19.

[l] United Nations Sustainable Development Group, Shared Responsibility, Global Solidarity, 6.

[m] United Nations Sustainable Development Group, Shared Responsibility, Global Solidarity, 18.

[n] United Nations Sustainable Development Group, Shared Responsibility, Global Solidarity, 17.

[o] United Nations Sustainable Development Group, A UN framework for the immediate socio-economic response to COVID-19 (New York, April 2020), 30, https://unsdg.un.org/resources/un-framework-immediate-socio-economic-response-covid-19.

[p] https://unstats.un.org/legal-identity-agenda/COVID-19/.

[q] Guillán Montero and Le Blanc, Resilient Institutions in Times of Crisis: Transparency, Accountability and Participation at the National Level Key to Effective Response to COVID-19.

[r] For April: United Nations Department of Economic and Social Affairs (UNDESA), COVID-19: Embracing digital government during the pandemic and beyond, DESA Policy Brief 62 (New York, April 2020). For November: UNDESA, Compendium of Digital Government Initiatives in response to the COVID-19 Pandemic (New York, Division for Public Institutions and Digital Government, November 2020), 1.

[s] World Health Organization, A guide to preventing and addressing social stigma associated with COVID-19 (Geneva, February 2020), https://www.who.int/publications/m/item/aguide-to-preventing-and-addressing-social-stigma-associated-with-covid-19?gclid=EAIaIQobChMIyfDFtaag6gIVx9SzCh2R2QRqEAAYASAAEgLTJfD_BwE.

[t] https://worldjusticeproject.org/world-justice-challenge-2021/fundamental-rights-and-non-discrimination.

新冠疫情大流行是如何影响国家机制落实可持续发展目标的呢？本章从两个层面进行探讨。

第一个层面是将可持续发展目标作为行动纲领，各国政府必须加以指导。此次新冠疫情大流行通过多种渠道对国家机制这一方面的能力造成直接影响，其中包括：在抗击新冠疫情大流行及管理其后果等紧急优先事项的背景下，可持续发展目标的政治重要性可能出现下降；各国用于落实可持续发展目标及资助建立相关机构体制的资源可能会减少；此次危机的负面影响可能削弱了政府协调及监控可持续发展目标落实的能力；各国实施的复苏计划与支持可持续发展目标的长期行动之间可能缺乏一致性。

第二个层面是更广泛的制度体系。无论何时，国家机制都是政府和其他利益相关者促进可持续发展目标取得进展的关键推动因素。各机构以多种方式协调政府和其他利益相关者的行动，在新冠疫情大流行的背景下，四种方式特别重要：

一是公共机构的质量对单个目标的实现至关重要（如医疗和教育）。这里的"质量"包含几项重要指标，分别是充足的资源、有责任心的领导，以及公务员的能力、干劲和操守。此外，政府行动的交叉领域也是政府危机管理能力的重要决定因素，例如危机准备、科学政策衔接、沟通和数字政府的采用情况。

二是国家机制促进政策整合的能力，对于制定符合《2030年议程》的愿景、战略和计划，对于计划、制定和实施连贯一致的政策以及相应地分配资源至关重要。横向整合、纵向整合和与非国家行为者接触的机构安排对实现可持续发展目标至关重要。

三是机构体系推动问责制、提升公共支出效率，以及限制腐败的能力，会根据具体情况的不同而对可持续发展目标的落实产生积极或消极的影响。

四是从更广泛的层面上看，机构建立和实际运作的方式会影响人们对它们的信任度，以及它们在社会层面促进转型的能力（如改变社会规范），而这是实现可持续发展目标所必不可少的。

新冠疫情大流行及各国政府采取的应对举措对国家机制的上述所有方面都产生了影响。新冠疫情大流行对整个政府的运作和具体的公共职能，包括决策、提供基本服务、执法和司法系统等造成重大破坏。它极其严苛地考验了各个部门的机构资源。保持社交距离的举措对议会和法院等机构的工作方法和程序提出挑战，面对面会议被迫取消，业务无法正常开展，立法和立法监督职能可能因此遭到破坏，司法执行、公民诉诸司法等行为也会因此受到限制。[3]为了应对疫情，各国采取的限制措施也会对公共机构与民间社会之间的正常接触产生负面影响，至少短期内是如此。

新冠疫情大流行期间，公共机构促进各方面政策整合的能力也经受了考验。横向整合（即政府部门协同工作的能力）已成为疫情之下的一项关键要求。垂直整合也已成为迄今为止世界各个地区面临的关键挑战之一。与非国家行为者的接触（政策整合的另一个关键方面）也遭受了考验。

为缓和疫情对经济和社会造成的冲击，各国逐渐开始落实各项紧急和非紧急举措，例如一揽子刺激计划等，这些举措可能会增加欺诈和腐败，冲击问责制度和廉政作风。

在新冠疫情之下，一些政府对政治和机构体系进行了更广泛的结构性改革，如通过紧急状态法，允许通过法令进行统治，临时限制个人自由等。这些制度视具体的发展情况可能会对公共机构和人权，尤其是边缘化群体造成长期的负面影响。对许多国家而言，疫情之前各机构之间的权力平衡可能会持续改变，进而影响国家与公民之间的关系，影响社会为自身制定目标的能力及实现可持续发展目标的途径。

本章其余部分的内容如下。第4.2节探讨了新冠疫情大流行对被视为行动纲领的可持续发展目标造成的影响。第4.3—4.6节回顾了影响可持续发展目标实施的四个渠道：被选择的交叉机构机制的质量、政府在政策整合方面的能力、国家问责制，以及公共机构促进社会变革的潜力和能力。第4.7

节为结语部分。

4.2 新冠疫情大流行对作为行动纲领的可持续发展目标造成影响

2015年9月，联合国会员国承诺实施《2030年议程》和可持续发展目标。实施的最初几年，各级单位都政治动力满满，责任感很强。然而，新冠疫情大流行给社会造成的大规模冲击给《2030年议程》带来了一系列风险。

随着疫情的持续，这些风险也变得日益凸显。本节简要回顾了其中一些风险。

4.2.1 可持续发展目标的政治显著性面临下降风险

疫情开始后不到6个月，公共领域就掀起了关于可持续发展目标作为全球行动框架的相关性的激烈辩论。这场辩论在学术界最为激烈。例如，从知名专家在《自然》(*Nature*)杂志上发表的一系列文章上看，对于如何处理可持续发展目标存在以下广泛视角：国家和国际社会是否应该加倍努力？为了适应后疫情时代，各国是否应调整目标，还是应该专注于更有限的优先事项？[4]有些人认为，大多数可持续发展目标在新冠疫情之前也未走上正轨[5]，疫情之后遭受了进一步的负面影响，包括贫困、获得粮食和充足营养、健康、教育和经济增长等，本次辩论对此做出了回应。[6]

自一开始，联合国的官方立场就是，可持续发展目标提供了应对危机和灾后重建的最佳框架。[7]事实上，的确有人指出，如果可持续发展能取得更大进展，危机造成的负面影响就不会那么严重。[8]

这种辩论的发生表明，面对疫情造成的巨大压力，各国政府和国际社会很难对《2030年议程》和可持续发展目标保持持续承诺和关注。许多政府都面临资源的激烈竞争，并且有充足的理由优先处理紧急事务。

4.2.2 新冠疫情大流行对政府管理和监测可持续发展目标的能力造成影响

新冠疫情大流行对各国政府实施和监测可持续发展目标的能力产生了负面影响。例如，保持社交距离的举措可能减缓了一些机构（如国家可持续发展委员会）落实可持续发展目标的节奏。疫情期间，可供这些机构使用的资源也可能会减少。

在2020年7月举行的联合国可持续发展问题高级别政治论坛上，大多数提交自愿国别评审报告的国家都提到了疫情对不同目标和具体目标的影响，以及政府为应对疫情所做的努力。[9]然而，疫情对可持续发展目标相关机构的影响并不是这些报告的重点。

数据的可用性与疫情对国家统计局的影响有关，国家统计局在可持续发展目标的监测方面发挥着关键作用（见专栏4.1）。

《2020年自愿国别评审报告》中涵盖的另一个方面，即疫情对自愿国别评审报告过程本身造成的影响，在2021年各国准备的报告中也进行了讨论。大多数国家报告说，新冠疫情大流行扰乱了自愿国别评审报告的准备工作，特别是利益相关者协商流程，这也是自愿国别评审报告程序的基石之一。为减轻新冠疫情大流行带来的负面影响，各国政府已经做出了创新安排，包括更多地依靠虚拟协商和网络研讨会，动员政府机构和民间社会的现有网络，以及将协商工作向公众开放、邀请公众参与等。各国政府还报告说，它们利用替代安排来缓解偏远地区上网率低的问题，如通过电话或当地电台进行采访。一些国家决定，2021年在自愿国别评审程序的极早期（相比于疫情之前）便开展磋商。虽然更多地依赖数字解决方案要求政府机构和其他行为者改变流程和做法，但负责协调自愿国别评审的机构也意识到，与传统解决方案（如面对面研讨）相比，它们能触达更多不同的参与者。[10]

专栏4.1 新冠疫情大流行对国家统计局的影响

不难发现，截至2020年8月，这场危机已经对全球统计和数据系统的日常运作造成了干扰。联合国和世界银行进行的一项调查显示，96%的国家统计局部分或全部停止了面对面数据收集。低收入和中低收入国家90%的国家统计局因资金限制而遇到困难，其中一半以上曾削减资金。61%的受访者表示，他们需要外部支持来应对与新冠疫情大流行相关的挑战。这些挑战可能会持续地影响各国为大量可持续发展目标指标提供及时、分类数据的能力。

随后的几轮调查显示，许多国家统计局已经迅速适应了新冠疫情大流行带来的挑战，其中不少已经在政府应对新冠肺炎大流行中发挥了重要作用。新的伙伴关系对于应对新的数据需求至关重要，也有助于国家统计局采取措施，永久地改变一些国家的统计程序。

资料来源：United Nations Department of Economic and Social Affairs (UNDESA), Impact of COVID-19 on SDG progress: a statistical perspective, UNDESA Policy Brief 81 (New York, August 2020); and UNDESA, COVID-19: How the data and statistical community stepped up to the new challenges, UNDESA Policy Brief 96 (New York, March 2021)。

4.2.3 落实可持续发展目标所需资源方面存在风险

新冠疫情大流行是自第二次世界大战以来，对各国经济冲击最严重的一次危机。2020年国民生产总值（GDP）的下降幅度，远大于2008年全球金融危机期间的降幅。经济活动减少带来的负面影响已经转化为税收下降。对于发展中国家来说，官方发展援助今后几年更是有很大可能出现下滑。[11]

与此同时，政府不得不增加一些关键部门的额外开支，如卫生、教育、公共服务、社会安全网络和公共行政部门等。而其他公共服务，比如公共交通则产生了巨大赤字，主要因为其持续运营对国家正常运转至关重要，国家不得不持续投入，但新冠疫情大流行期间其使用率明显较低。[12]

为了减轻部分国民经济停摆带来的负面影响，各国政府采取了广泛的财政支持措施。截至目前，各国政府甚至已经推出了更大规模的复苏计划。

这些财政支持和复苏计划导致公共债务大幅增加。国际货币基金组织（IMF）估计，2019—2020年，全球政府债务总额占GDP的比例从83.7%上升到97.3%。[13]在7个拉丁美洲国家的样本中，2019年年底至2020年年底，公共债务存量占GDP的比重增加了7.7个百分点，升至20.2个百分点。[14]这种增幅引起了一些发达国家，甚至是发展中国家的警觉，其公共债务甚至在疫情暴发之前就已经十分令人担忧了。[15]

除了财政可持续性问题之外，疫情导致的大规模财政压力也带来了高昂的机会成本，因为今天的支出减少了子孙后代可以利用的财政和政策空间。这本身就可能危及可持续发展目标的实现。因此，确保各国政府正在实施的复苏计划与支持实现可持续发展目标的长期行动保持一致至关重要。政府一定要负责任地规划上述支出。

与过去的其他危机一样，在新冠疫情大流行的影响下，一些政府实施的法律和监管改革也可能会为未来某些可持续发展目标往负面方向发展铺平道路。环境法规方面表现得尤其明显（见专栏4.3）。

4.2.4 从以往危机中吸取教训

想要实事求是地评估复苏计划对落实可持续

专栏4.2 疫情对教育造成的一些影响

新冠疫情大流行大大加剧了教育不平等，并带来了“历史上最大规模的教育系统破坏”。它对已经承受了极端教育不公平的儿童影响最大。在病毒的第一波传播高峰期，有16亿儿童和青年人从中小学及大学辍学——占世界总数的90%以上，校园关闭4个月预计将使这些学生的终生收入总计损失10万亿美元。世界银行预测，随着政府、家庭和国际捐助者不断削减支出，教育资金可能会被转移，从而带来“三重资金冲击”。

资料来源：Steven and Williams, Governance and COVID-19: A background paper for the SDG 16 Conference。

专栏4.3 新冠疫情大流行期间环境监管的倒退

新冠疫情大流行期间，一些国家中止了环境监管，为未来的负面环境后果铺平了道路。例如，在美国，疫情暴发的第一个月，联邦机构放宽了新车的燃油效率标准，冻结了烟尘污染规定，提议取消液化天然气接收站的审查要求，寻求加快获取近海海洋渔场许可；提出了一项关于发电厂汞污染的提案——该提案很容易导致政府得出监管成本过高、收益无法被证明的结论。政府还放宽了疫情期间污染者进行报告的规定。2020年3月，环境保护局（Environment Protection Agency）宣布，疫情期间将停止对国家污染主体的监督。

资料来源：见尾注36和37。

发展目标的影响，回顾过去的危机可能很有帮助。将一场危机的暴发吹捧为“按下了重置按钮”，这已经不是第一次了。2008年金融危机及其带来的后果催生了今日绿色转型之类的呼声。经过几年的深入了解，我们发现，在加速全球经济转型，更好地推动可持续发展的过程中，商业依然很大程度上占据了上风，而且需要进一步发展。[16]

2008年全球金融危机只引发了政府的短期刺激。紧接着是“十年紧缩”，127个国家（占世界人口的80%）削减了公共支出。100多个国家以使自身社会保护制度合理化为目标，采用的方式是“在经济危机和困难时期将大部分弱势群体排除在外”。[17]社会和经济排斥反过来又破坏了政治共识。根据一项多国研究，紧缩对两极分化产生了显著影响，使得“建立稳定的政府联盟和就可持续的政策解决方案达成一致变得更加困难，而这两者都是在经济不安全时期进行治理所必需的。”[18]

比较而言，东亚地区的各国政府为应对1997年亚洲金融危机而采取的措施带来了更加积极的影响。它们通过大力投资社会保障体系重建了社会契约，尽管非正式工人等群体基本上仍然被排除在外了。[19]这些政策在全球范围内产生了一定影响力，因为各国政府和国际组织都承认，“为了保护民众免受不良事件的影响，他们迫切需要找到新方法”。[20]

为建立更具弹性、更有效、更负责任的机构来更好地应对疫情，各国政府和国际社会能从这段并不太远的过去中获得什么教训和启示呢？其中一点是，各国政府和国际社会需要从更长远的角度来看待疫情的冲击，应将其视为长期内有可能反复发生的事件，而非例外事件，应基于充分理由采取综合行动来应对长期挑战，比如贫困、日益严重的不平等、气候变化和公共机构丧失民众信任等。[21]

4.3 公共机构的质量和新冠疫情大流行的影响

为应对新冠疫情大流行，保护风险人群，确保机构履行关键职能，各国政府纷纷对规则和程序进行临时修改，包括国家教育系统在内的具体机构必须在很短的时间内调整其程序，以应对国家层面的危机。除特定部门外，政府管理危机的能力也受到一系列交叉领域的影响。本节简要探讨以下方面：各国政府对疫情的准备情况、人力资源、科学政策衔接、沟通、数字政府。

4.3.1 危机防范情况

自疫情暴发以来，越来越多的报道指出，政府对危机缺乏防范（见专栏4.4）。

在许多发达国家，国家风险评估程序或类似的程序已发出过警告，它们指出发生重大传染病的风险很高；一些国家采用了广泛的模拟和角色扮演游戏来模拟冠状病毒等病毒的暴发和传播情景，探索其对政府的影响以及可能的应对方案。但这些警告并未获得政治层面的重视，也没有转化为公共管理的准备工作。[22]从全球来看，2019年，全球防备监测委员会（Global Preparedness Monitoring Board）发布了一份报告，敦促各国政府和国际社会加大力度，持续努力，做好重大传染病防范工作。[23]

缺乏防范加剧了新冠疫情大流行初期的决策难度。一些曾被认为有能力应对重大传染病的国家，感染率和死亡率都居高不下[24]，这表明人们对

专栏4.4　政府对疫情的防范情况：从法国参议院（French Senate）和英国国家审计署（National Audit Office）得出的结论

法国参议院2020年12月发表了一份报告，分析政府在疫情防范工作方面的欠缺。报告指出，公共卫生系统在应对疫情方面疏于防范，压力几乎都集中于医院。即便如此，报告也认为医院在这场危机面前准备不足。报告指出，在与医院外的医疗专业人士进行沟通方面也出现了问题。报告建议加强医疗应急防范与应对的内部协调试点工作，特别是可通过制订专门计划，提高公共行政部门的医疗应急反应能力。最后，报告还建议加强主要公共机构（如法国公共健康局）的预测和评价能力。

英国国家审计署发现，预先存在的疫情应急计划缺乏一系列详细计划，包括：大量应被保护人员识别和支持的计划，就业支援计划，为地方当局提供财政支持的计划，为应对新冠疫情而造成的学校教育大规模中断的计划。报告建议，政府应针对那些能带来重大影响的事件制订详细计划，包括一些影响程度高但发生概率相对较低的事件，以提高政府未来应对紧急事件的能力。这些行动也可能会带来其他好处，比如建立新的关系或增进组织之间的相互了解。

资料来源：见尾注44和45。

防范工作的预期与现实状况之间存在差距。

从新冠疫情中吸取的教训表明，公共卫生防范评估并未充分考虑到国家和国际层面的政府应对和恢复工作。[25]除了对医疗健康的影响之外，决策者在处理这场危机的经济后果时，几乎没有有效的案例研究，而可供借鉴的其他研究也十分有限。[26]

这次疫情表明，亚洲许多国家在应对这一紧急情况时防范更为充足。这与该地区前些年的非典型肺炎应对经验、民众遵守政府指示的意愿高，以及文化较容易接受口罩有关。这也表明，社会和文化因素在疫情防范方面极为重要，重要性甚至超过了技术和行政因素。

4.3.2 人力资源：公职人员与疫情

疫情的突然暴发扰乱了公共机构的正常运作，影响了关键政府职能的发挥及进程的推进，破坏了政府行动的效力。由于遏制传染势在必行，因此公共行政人员到岗工作受到限制，影响了各级公共服务部门履行行政职能的能力。各项限制措施及保持社交距离的举措对所有公共机构的工作方法、程序及公共服务供给都提出了挑战。可用于实施参与性流程的备选方案极为有限（见专栏4.5）。特定政府机构（如警察和教育系统）被要求调整其程序来更好地应对危机。除个别机构以外，新冠疫情几乎影响到了整个机构系统，同时影响到了公共机构与人互动的方式。

第一批初步遏制措施确定之后，世界各地的公共行政部门和公职人员队伍开始调整、调动和重新部署人力资源（如增加医疗卫生部门的人手），开始采用新的方法来持续为当地提供公共服务，开始调整行政程序来保持特殊情况下（如公共采购）的速度和灵活性。他们利用数字工具与公民保持联系，调动非国家行为者的能量和资源，群策群力，共同思考疫情解决方案。

为了尽量减少新冠疫情对个人和社区造成的负面影响，许多国家的公职人员都已迅速调整或适应了提供服务的方式。例如，一些因新冠肺炎患者过多而出现医疗设施崩溃的地方，建立或加强了远程医疗和远程健康等在线工具，为患者提供非紧急医疗服务。在一些情况下，公职人员发挥聪明才智，通过多种方式提供服务，惠及众多服务使用者。[27]为使公共服务不中断，很多公职人员甚至冒着生命危险在工作。一项研究表明，截至2020年

专栏4.5 疫情对参与性流程的初步影响：土耳其安卡拉的参与性规划

当新冠疫情的第一条新闻和官方解释出现在媒体上时，安卡拉市的公民大会（Citizens Assembly of the City of Ankara）正在规划专题参与性会议。由于与城市议程和城市问题相关的活动多是采用面对面方式及各种类型的会议（如大型会议、焦点小组和咨询机构）等方式进行讨论，所以关于无限期停止此类会议的公告在大会的利益相关者、与大会密切合作的公职人员及市政管理人员中引起了轻微的震动。既不能开展普通的集体活动，又要保证在不传播病毒的情况下完成工作，这种相互交织的感觉让人们感受到了艰难。但很快，高管和管理层最初的焦虑就被敏捷的组织运动所取代，尤其是在医疗和关键的物料部门。

资料来源：Savas Zafer Sahin, “Turkey’s COVID-19 Pandemic Response from a Practitioners’ Perspective”, in Joyce, Maron and Reddy, Good Public Governance in a Global Pandemic, 105–107。

专栏4.6　新冠疫情改变了公共行政管理人员的工作环境：意大利的例子

正如一位观察家所说，在意大利，“经理们变成了决策者和战略家，他们不得不在一夜之间改变组织内部的能力组合和能力分配。通常需要与内外部利益相关者分析或讨论数月或数年之久，才能做出的决策，如今要在很短的时间内完成，而且要由经理们直接做出，不可能等待决策者的指导。这为高层管理团队提供了高度的自由裁量权和管理自主权……经理们也必须在财务状况不确定的情况下展开运作……虽然通常情况下，经理们在财务不确定的情况下会停止运作，但是在疫情期间，他们却不得不承担起资源分配的全部责任”。

资料来源：Amelia Compagni, Alberto Ricci and Francesco Longo, “Italy: Experiences of Multi-Level Governance with the COVID-19 Crisis”, in Joyce, Maron and Reddy, Good Public Governance in a Global Pandemic, 105–107。

9月，仅医疗卫生工作者的全球死亡人数就超过了7 000人。[28]

应对新冠疫情大流行的各项措施表明了公共服务创新的蓬勃发展。从韩国的“免下车”检测站点和密接者追踪应用程序，到卢旺达利用机器人执行医疗任务（如体温测量）来尽量减少感染患者与医护人员之间的接触，公职人员们发挥创造力，积极创新，通常只用很少的预算便能制定出独特而又迅速的危机应对方案。[29]由于此次疫情对社会的影响是普遍的、全面的，几乎没有可用指导，所以很多动员和创新都是从内部发生的。公共行政人员无法依靠通常情况下指导他们行动的传统规划和实施周期。

新冠疫情大流行对公共行政部门的人员配置提出了挑战。为了保证业务的连续性、更好地应对未来公共服务需求的波动和暴发，各国政府正在加大对激增能力的投资，并在短期内重新规划和调动工作人员。[30]

总的来说，新冠疫情大流行加强了国家的合法性及其作用，至少在疫情暴发初期是如此。公职人员发挥了重要作用，贡献巨大，这点很多例子可以证明，无需赘言。政府该如何利用这一经验教训，促进公共服务创新，推动全社会转型，支持可持续发展目标的落实呢？这将是未来几年的关键问题。（见第4.6.4节）

4.3.3　科学与政策的衔接

新冠疫情大流行证明了科学与决策衔接机制的重要性，即通常所说的“科学与政策的衔接”，也暴露了政府在管理疫情中存在的一些科学与政策衔接方面的问题。

科学证据和技术可能性对政策制定的影响程度，因政府和社会而异，但可能影响有限。世界各地并不乏各种各样的国家科学咨询系统，包括新冠疫情等紧急情况下可能触发的特设专门咨询机制。[31]科学咨询小组的职权范围和权力在不同国家差异很大，其机构设置和实际组织也是如此。[32]

在新冠疫情大流行期间，科学与政策的衔接在公众面前获得了非同寻常的曝光度，这不仅因为疫情控制方面的相关决策（如封锁）产生了明显的实质性影响，也因为医疗健康、经济和社会条件的迅速变化导致这些机制持续发挥作用，频繁产出建议和报告。[33]学术界也几乎是在时时地评估现有的科学与政策衔接机制。[34]

科学咨询机制在新冠疫情大流行期间发挥了一系列作用，包括：基于累积数据对新冠病毒及其影响进行实时分析，不同应对举措之下病毒的传播情况分析，卫生政策和疫情管理（如封锁）方面的建议，制作直接面向公众的疫情报告或简报等。

与此同时，公众争论，政府在有效医疗协议、追踪和测试政策、关闭或重新开放经济方面的失误，病毒的全新性，以及科学家的学习曲线等，都表明科学政策衔接面临局限。正如疫情初期的一篇学术社论所言："这么多拥有先进科学咨询系统的发达国家都失败了，他们没有及时行动，也未能做出明智决策，这令人震惊。尤其是，世界公共卫生界非常清楚SARS、MERS、埃博拉、禽流感等历史上曾经出现过的流行病带来的威胁，但现在我们依然面临如此境况，这太出乎意料了。"[35]

一方面，这场疫情提高了数据驱动决策、"遵循科学"、加强科学与政策衔接的呼声，这种呼声不只出现在医疗健康领域。然而，随着疫情的发展，我们也不难发现，政府显然不能仅仅"遵循科学"。疫情期间的决策必然会涉及重大机遇和相互权衡，因此不可避免地会显现出明显的政治性。评论员指出，当咨询小组提出的建议支持政府的选择时，政府会采纳，使其行动方案合法化，但在提出的建议不符合自己的政治利益时，也会无视这些建议。[36]同样，如前所述，许多国家的科学咨询机制都指出了与疫情相关的风险，但其建议并没有被政府落实。

另一方面，对不同国家现有科学咨询机制的审查，导致了对科学咨询机制合法性和充分性的讨论，一些评论也指出了未来可能进行的改进。[37]一些科学小组因其专家涉及的领域比较有限而遭受批评，批评者认为，新冠疫情大流行带来的交叉影响和多种权衡需要广泛的专业知识。也有一些因依附于政府，缺乏独立性而遭受批评。还有一些国家，其政府收到的科学建议缺乏透明度，这也十分令人担忧。[38]

4.3.4 沟通

事实证明，沟通在此次危机中至关重要，尤其是在政府和公民之间建立信任方面扮演了关键调解人的角色。要让公民对机构的应对措施充满信任，就必须让他们知道政府在做什么，保证他们能够获得可靠信息，包括：与病毒相关的事实，与疫情传播及影响有关的主要数字，应对危机的公共政策及其所依据的假设和情景。[39]

疫情期间，多数政府都持续在其国家门户网站、移动应用程序或社交媒体平台上公布信息。根据联合国经济和社会事务部的全球调查，2020年4月，86%的政府门户网站提供了新冠疫情的相关信息，而到了2020年11月，这一比例达到了97%。[40]

各国政府也建立了专门针对新冠疫情的直接沟通渠道。例如，韩国政府每天提供两次简报，公布疫情发展情况及政府的应对措施。[41]韩国抗击MERS的教训之一就是风险沟通至关重要。新冠疫情背景下，韩国政府已将危机沟通中的政治干预降至最低，这似乎有助于增强公众对政府的信任。[42]印度尼西亚中爪哇省（Central Java）省长在疫情期间利用社交媒体与公众平台进行个人沟通，传递感染率和预防措施等方面的信息。[43]

疫情期间，很多国家的网站都实时为公民提供关于疫情进展的本地化信息。根据国家的不同，这些网站可能由政府、学术界或民间社会管理，也有很多是由包括私营部门在内的不同行动者合作的产物。[44]在保加利亚、印度尼西亚、蒙古国和南非等国，政府开发了在线资源门户，通过单一入口向外提供与新冠疫情相关的信息和资源，以此提高透明度。[45]

疫情期间，各国政府与民众的沟通也并非一帆风顺。有批评者指出，政府在沟通面的努力过多地展示出政府希望控制有关疫情和应对措施的话语权，导致传播表现出单向、自上而下的特点，未能反映多种观点。根据国家的不同，可能存在政府预防信息和所推荐措施的不准确或不一致，政府战略和政策方面的沟通频繁变动或不连贯。有人认为，在疫情传播的最初几个月里，尽管媒体已越来越关注这一事态，但政府一开始并不愿意广泛传播病毒可能带来的风险。在一些国家，政府在沟通中隐瞒了关键信息（如按地区和城市分列的病例信息等）而导致地方政府无法有效抗击疫情，这种沟通方式也招致了批评。此外，政府沟通的内容和语气也受到了批评。[46]

自疫情暴发以来，政府和其他行动者就面临一个挑战，即应对“信息传播”：病毒和政府应对措施的错误信息或潜在破坏性信息，通过各种媒体平台和社交网络广为传播。最近几个月，与疫情相关的错误信息和虚假信息激增，对有效应对新冠疫情大流行造成了阻碍。[47]跨越国界的虚假信息越来越多，只有通过集体行动才能解决。[48]社交媒体平台可通过标记或删除来加以应对，也可以通过提高信息准确度、有效度来解决，比如采用世界卫生组织等机构提供的准确信息源。[49]杰出的公众人物扮演了极为重要的角色，他们的帖子能在社交媒体上引发很高的参与度。在近期和中期的疫情常态化状态下，各国仍需努力解决这一紧迫课题，包括处理许多国家的部分民众对疫苗接种持反对态度的问题。

4.3.5 在疫情应对和恢复阶段，数字政府的前景和局限

新冠疫情大流行增加了对虚拟服务和公共部门运营的需求，数字化正从“可有可无”变成“必须拥有”。例如，广泛推广的远程办公、重新配置劳力的敏捷工具、财务管理和采购、技术增强型的精简人力资源管理流程（如招聘和培训）。[50]

疫情暴发的前几个月，数字政府曾被誉为应对疫情的关键解决方案。用于追踪、管理相关人员的数字应用程序应运而生。包括议会在内的公共机构采用了数字程序，以保证疫情期间能够持续运作。公共和私营部门都鼓励远程办公。世界各地的许多公共部门组织都提供数字化服务，来保证封锁期内仍能运作，同时它们也在增强内部系统，以实现远程办公。整个教育系统几乎是一夜之间就从线下教学转为远程学习。[51]

为应对新冠疫情大流行，各国政府频繁与非国家行为者合作，部署了一系列令人印象深刻的解决方案。例如，联合国经济和社会事务部2020年年中向各国政府发出呼吁之后，收到了500多个针对新冠疫情大流行的数字化实例，涉及信息共享、线上参与、电子健康、电子商务、密接者追踪、社交距离和病毒追踪、在家工作和学习、数字政策和伙伴关系等。[52]

除了针对特定部门的临时举措之外，新冠疫情大流行还促使许多政府加快推进行政流程和公共服务的数字化。此外，为了解决新冠疫情大流行造成的各种问题，各国政府也不断采用创新方法与非国家行为者接触，包括众包、公开电话、挑战赛和黑客松等。[53]

然而，人们很快就意识到，数字政府面临许多障碍和制约因素，因此人们的热情有所下降。首先，发展中国家和发达国家无法逃避一个现实，即数字鸿沟，这也无可避免地导致人们无法公平地受益于数字解决方案。贫困人口通常无法接触数字化，或缺乏熟练度，无法选择远程办公，他们也通常无法从其他一些措施中受益。（图4.1对教育情况做了阐释）因此，数字解决方案的使用在一些情况下其实加剧了不平等。

其次，整个机构系统迅速转向数字解决方案也可能会面临能力及其他方面的限制。例如，新冠疫情大流行加速了教育向数字化的转变。然而，一无所有的学生从在线学习中受益的可能性也最小。同时，远程学习也给公共教育系统的治理带来了挑战。公共教育系统一直难以有效实施这些措施，因为“即便是最好的教育系统也几乎不可能快速、大规模地为所有学生提供在线学习服务”。[54]数字化方法的局限性已成为众多公共部门的重要关注对象。

各国政府已经意识到这些问题，而且许多政府已经采取措施，以防止疫情期间实施的数字化解决方案进一步加剧不平等。例如，一些国家通过一系列配套措施支持向在线教育转变，如为学校提供在线资源和指导，为学生提供电脑和平板电脑等，保证网络不发达地区的学生能通过教育设备接入互联网，等等。哥斯达黎加政府目前向无法联网地区的学生提供拷贝了学习材料的硬盘。[55]

随着疫情不断得到控制，确保数字化不加剧不平等就变得极为重要，即不使弱势群体更难获得

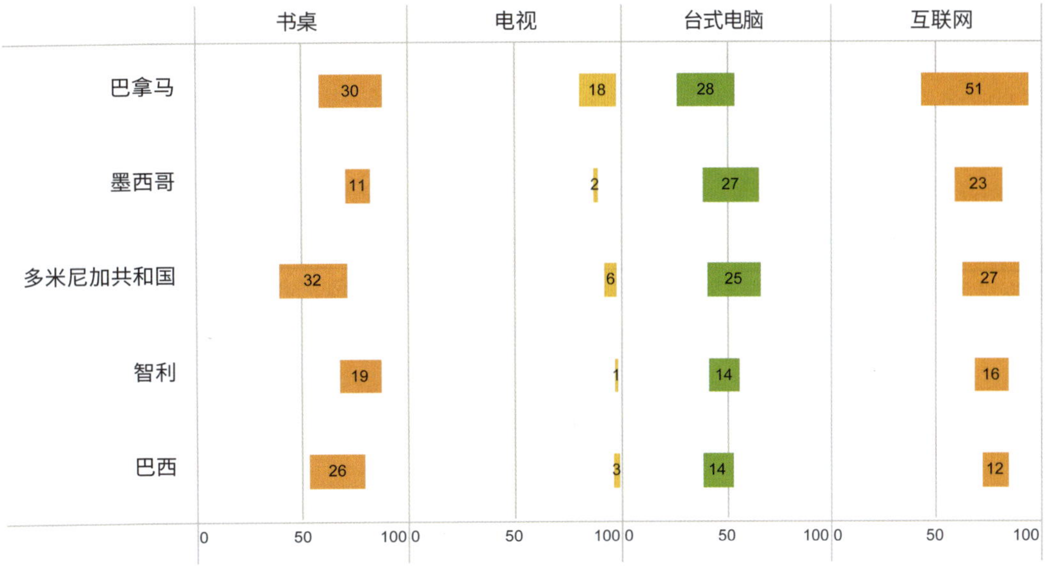

图4.1 拉丁美洲部分国家最贫穷和最富裕学生在获取学习设备方面的差距

资料来源：Luis Felipe Lopez-Calva, "Hey teachers, (don't) leave the kids alone! Connectivity and education disparities in times of COVID-19", Blog "Graph For Thought" (April 27, 2020), https://www.latinamerica.undp.org/content/rblac/en/home/presscenter/director-s-graph-for-thought/hey-teachers---dont--leave-the-kids-alone--connectivity-and-educ.html。

服务。这就要求缩小现有的数字鸿沟，包括提高数字素养和数字技能。[56]其他一些担忧也必须得到解决，比如政府和私营企业带来的监视和信息安全等方面的问题。

数字化的潜在负面影响不仅仅表现在获取数字服务、数字技能和成果方面的直接差距。整个社会模式（通过教育和工作维系）都受到了新冠疫情大流行的突然冲击。家庭暴力、心理健康问题和社会两极分化等后果已开始显现，长期来看只会更加明显。

从长远来看，疫情暴发之前出现的与数字化政府和包容性相关的问题也必须予以解决，例如在各种行政和商业系统中使用人工智能所导致的歧视，以及“数字福利国家”方面的问题。《联合国极端贫困和人权问题特别报告》就十分犀利地指出，这些系统可能侵犯人权，可能会对弱势群体造成侮辱。[57]

从某种意义上说，新冠疫情大流行影响下的2020年，全球就好比一个大型实验场，在这场实验中，大部分人口不得不适应加速发展的数字化。各国政府及各方行动者需格外谨慎，避免其可能带来的长期负面变化，包括收入和阶级不平等扩大化，人们与其家庭、同胞和政府的疏远等。从这个方面看，过去几十年，数字包容、在线参与、个人权利保护和更普遍的电子政务等方面的经验教训或许有所帮助。

4.4 新冠疫情大流行期间及之后政策整合的重要性

政策整合是可持续发展的基本原则之一。[58]《2030年议程》和可持续发展目标强调大目标和具体目标之间的不可分割性和相互依存性，这将政策整合和政策一致性方面的考量提升到了一个新水平。整合是指有效解决跨政策领域存在的紧张局势和相互较量，发挥相互之间的协同作用。整合可从多个维度进行分析，其中3个方面十分有帮助：横向整合，即政府部门协同工作的能力；纵向整合，即不同管辖级别参与者之间的协同和合作；政府与非国家行为者的参与。

4.4.1 横向整合

横向整合——政府各部门协同工作的能力——已成为新冠疫情大流行背景下的一项关键要求。要控制疫情蔓延，落实防疫措施，逐步消除疫情影响，就需要协调卫生、警务、公共交通、教育、经济政策和一系列社会安全网络等不同政策领域的政策和行动。除国家政府外，地方政府在应对新冠疫情大流行方面发挥了关键作用，它们采用的方式包括：政策整合、捆绑部门政策、在任务领域之间转移资源以及全局视角等。[59]

新冠疫情大流行同时给国家社会经济系统的多个部分带来了压力，也因此暴露并加剧了不同政策领域之间新的紧张局势和较量。发展中国家和发达国家都面临这种紧张局势，受疫情影响严重的国家，此类紧张局势更加明显。各级政府都面临着政策整合方面的挑战。

为了阐述疫情对横向整合的影响，本节重点讨论三大难题：控制疫情和经济开放之间的权衡问题、防止疫情及防疫措施加剧不平等，以及代际公平问题。

控制疫情和经济开放之间的权衡

疫情影响严重的国家面临的最大问题，可能是控制疫情与稳定国民经济之间的权衡问题。以欧洲国家为例，在第一波疫情暴发之后，许多欧洲国家都重新开放了自己的经济，包括旅游业。但是，到2020年6月为止，很多曾被认为疫情已得到控制的国家，开始暴发第二波疫情，一些国家甚至比第一波还要严重。这又重新迫使一些国家关闭经济。最终的结果就是经济关闭与重新开放之间的循环往复。这也表明，平衡二者之间的关系是多么困难。

在处理两者的紧张关系时，各国政府采用的方法不尽相同，即便是发展水平相似的国家也是如此，从德国、新西兰、澳大利亚和挪威等发达国家的案例研究中就可窥见一斑。对单个国家而言，两者的紧张关系会随着时间的推移不断演变。[60]事实上，很多人都拒绝承认经济和生命健康之间存在权衡。国际货币基金组织将拯救生命和拯救生计之间的权衡描述为“错误的两难境地”。[61]然而，这种权衡其实有目共睹，媒体和民众都注意到了。政府面临巨大压力，很多利益集团和公民都要求开放经济，而很多政府也已经就限制经济活动的速度和力度展开了激烈的辩论。

除了找到能够持久控制病毒传播的有效手段之外，并没有其他简单方法能化解这一紧张局势。在无法控制病毒传播的情况下，社会可能面临传染、封锁、重新开放学校和经济、传染加剧的循环往复，直到绝大部分人口接种疫苗。

防止疫情及防疫措施加剧不平等[62]

防止疫情及防疫措施加剧不平等是另一个需要进行政策整合的问题。总的来说，疫情对最脆弱的群体和个人造成的负面影响更大，因此加剧了现有的不平等，发达国家和发展中国家都不例外。边缘化人口由于处于社会经济不利地位，更难获得医疗保健机会，且面临系统性的歧视和劣势，加之疫情的影响，他们就变得更加脆弱。[63]无论是高收入国家还是低收入国家，贫穷地区或少数民族地区的人口都遭受了更严重的健康威胁。[64]之所以说这是一个政策整合问题，是因为新冠疫情从多个方面对弱势群体造成了冲击，包括就业、教育、获得医疗保健以及其他基本需求和权利。例如，低收入或非正式职业人员几乎没有能力做到社交隔离和远程工作。生活在拥挤环境中的人们也不太可能采用社交隔离措施。住房拥挤、收入更低、少数民族居民占比更高的社区往往更容易暴发集中感染事件。[65]少数民族和其他被排斥群体面临的健康风险更大，而年轻人和妇女则承受了更大的经济压力。低收入群体使用互联网的机会更小，疫情期间发展的在线教育系统也不太可能惠及他们。[66]

许多国家缺乏缓解脆弱性的社会保护体系。即便是在正常时期，社会或经济风险降临时，很多国家的绝大多数人口也很难得到保护。2019年，全世界55%的人口享受不到任何一项社会保护福利[67]，相较于男性而言，妇女获得失业保险等安全

专栏4.7 经济开放与遏制病毒传播之间的权衡：新西兰和澳大利亚的例子

为保护本国民众免受病毒侵袭，新西兰政府迅速采取措施，暂停国际旅行。在这个案例中，新西兰政府迅速采取措施控制国际旅行，或许可被视为本国政府将民众的生命与健康看得极为重要的重要指标之一。然而后来，虽然边境仍然封闭，但严格的限制措施逐渐放松。在摆脱危机的过程中，新的辩论暴露了经济与生命健康之间的紧张局势——既要保证人民群众的生命健康，又要进行就业和社会支持，另外，第二波疫情暴发的可能性以及经济前景不明，又进一步加深了对未来的不确定性和人们的焦虑。

在澳大利亚，保护经济一开始就是中心问题，但健康问题仍是重中之重，无法被取代。澳大利亚并未采取新西兰遏制病毒传播的方法，主要是担心其可能带来的潜在经济影响。随着感染曲线逐渐平缓，经济衰退成为既定事实，医疗卫生和经济之间的权衡也在持续改变。

资料来源：Joyce, Maron and Reddy, Good Public Governance in a Global Pandemic。

网络保护的概率更小。[68]

新冠疫情大流行期间，很多国家实施了紧急干预措施解决上述问题。根据世界银行的统计数据，到2020年9月，200多个国家和地区实施了1 000多项社会保护措施，人均支出水平远远高于2008年全球金融危机时的水平。[69]仅现金转移方案一项的覆盖面就扩大到了13亿人，即世界人口的17%。

然而，新冠疫情大流行对弱势群体的影响是多方面的，因此也必须实施综合性政策。许多国家的政策并没有做到这一点，他们采取的措施仅仅是部门性措施，加在一起可能并不足以解决问题。

代际公平问题

在新冠疫情大流行的影响之下，代际公平问题变得益发尖锐。死于新冠病毒感染的老年人数远远高于中年人和青年人。许多疗养院和养老院在疫情暴发之初没有任何防备，缺乏有效应对战略，导致病毒快速传播，又因缺乏有效且及时的治疗方案，所以这些机构的老年人口死亡率居高不下。新冠疫情大流行对老年人的负面影响包括：无法得到除新冠肺炎治疗之外的其他医疗护理，机构重视度不足和护理设施滥用，贫困和失业增加，羞辱和歧视带来的创伤。[70]老年人口的大量死亡也给社会带来了影响，导致人力资本流失，使得原来由老年人参与的工作、儿童保育、社区支持及社会和文化活动受到影响[71]。从宏观经济层面看，这场危机也影响了代际资源转移，包括发达经济体养老系统筹措资金所依赖的财政资金。这些负面影响已经在许多国家显现出来。[72]年轻人也面临着危机带来的负面影响，包括教育差距、更难积极面对生活、失业率上升等。在疫情的恢复阶段，解决代际公平问题需要采取微妙的平衡措施，比较理想的处理方式是，各个国家广泛征求民众意见。

4.4.2 纵向整合

迄今为止，纵向整合是世界各地都面临的关键挑战之一。新冠疫情大流行迫使各级政府通力合作，共同抗疫，其中地方当局发挥着关键作用。[73]为了保持应对措施的一致性，支持处于最前线的地方卫生系统，并保证向地方社区提供一揽子援助计划，各级政府之间的协调合作就变得至关重要。缺乏纵向整合可能会导致各个领域的混乱，尤其是在责任不明确的情况下。当地方政府没有行政自主权或财政手段来履行其应提供的职能或服务时，更是如此。[74]完全分权的方法也可能迫使次国家级的行政区域和地方政府相互抢夺关键设备，疫情暴发最初的几个月，多个国家都出现了这种现象。如果中央政府在做出决定之前未听取下级政府的意见，那么可能会导致规则的应用或政策的执行出现混乱，甚至会给地方政府带去重大社会问题，比如一些国家强制封城造成数千名非正式工被迫离开工作地。

中央政府和地方政府的关系框架决定了各级政府在应对疫情方面的协调合作状况。各国的情况差别很大，有些国家中央高度集权，有些国家则权力特别分散。当然，在国家紧急情况下也可能会发生变化（见专栏4.8）。

在许多国家，各级政府展开行动所需的协调性以及地方应对措施的灵活性，是随着时间推移不断发生变化的。比如，德国在“疫情的第一阶段，各个州和地方政府分散实施遏制措施，并未进行统一的协调。而在疫情的第二阶段，根据联邦政府的建议，各地实施的政策无论在横向上还是纵向上都更加注重相互之间的协调（Robert Koch Institute，RKI）。跨行政区域的统一行动成为主流。”[75]

在一些高度分权的国家，国家发布了各级政府应遵循的联合准则，以此来解决中央政府无法强制要求下级政府执行决策的问题。德国就采用了这种解决方案。[76]此外，2020年3月底，挪威134个市镇实施了地区管制，防止病毒进入医疗能力低下的地区。国家政府起初并不推荐上述地方法规，而是出台了得到企业组织强烈支持的国家指导方针，但很快，国家就撤销了该指导方针的强制性，这也就意味着一些市政当局会继续坚持自己的地方性法规。[77]

自新冠疫情大流行以来，国家级以下的各级政府就开始面临财政困难了。一方面是自身收入来源遭受影响，收入缩水；另一方面是分享国家税收份额的一块也受到了影响。[78]与此同时，为了应对新冠疫情大流行，许多地方政府又要增加开支，例如在医疗卫生和教育方面增加开支。一些国家的中央政府选择为地方政府提供支持，以补偿其收入损失。

一些情况下，由于地方政府失去了重要的收入来源，财力不足，所以中央政府在疫情期间做的一些决定会在地方政府的领导人中引起争议。[79]中央政府和地方政府之间的收入分配规则有时也会导致二者面临紧张的政治关系，例如，一些国家的部分大城市由不同的政党共同管理，而不是由中央政府管理，就会产生这种问题。[80]

专栏4.8　在紧急卫生情况下，各级政府之间关系框架的变化

在印度的联邦政府结构中，医疗卫生部门的管辖归属于各邦或州的权力范围。但为了应对新冠疫情大流行，印度援引《国家灾害管理法》（National Disaster Management legislation），赋予国家政府发布命令、准则和议定书的权力，各州必须遵守。

西班牙的行政权力高度分散，各地方政府拥有很高的行政管理权力。17个自治区拥有广泛的政治自主权。医疗卫生责任（初级医疗和医院管理）归属于各自治区。在宣布国家紧急状态的前几天里，各自治区和地方实体承担了应对疫情的重任，他们出台条例，进行管辖，在某些情况下甚至实施封锁、关闭学校和休闲娱乐空间。随着国家宣布进入紧急状态，应对疫情的权力便开始向上集中，交归中央政府，尤其是，在涉及医疗健康和警务方面的事宜时更是如此。

资料来源：见Joyce, Maron and Reddy, Good Public Governance in a Global Pandemic, various pages。

专栏4.9 新冠疫情大流行期间，不同层级政府之间在教育系统方面的紧张关系

从机构视角来看，教育部门是一个复杂的部门，因为它的顺利运作需要两到三级政府，甚至更多层级的政府共同努力，从提供教育的基层政府，到各中间层次的政府，再到国家政府，它们需要相互协调、共同完成教育任务、课程、预算、税收和补贴、教师培训和流动、安全等方面工作。新冠疫情大流行迫使整个教育系统转向线上，因此上述所有方面都面临新的问题。与此同时，新冠疫情大流行还导致教育成本上升，而可供政府使用的资源却在减少。这也成为一些国家各级政府之间出现紧张关系的重要导火索。

资料来源：Marcin Matczak, “When Politics Mixes with Fighting the Virus: Response to the COVID-19 Pandemic in Poland”, in Joyce, Maron and Reddy, Good Public Governance in a Global Pandemic, 349–359。

在应对新冠疫情大流行的过程中，许多国家都缺乏纵向整合，这与各级政府之间的政治紧张关系有关。在某些情况下，高度集中的应对措施根源于普遍存在的政治和行政管理文化。此外，还与其他一些因素有关，比如：近期或正在进行的去中心化改革；社会动荡或冲突；不同级别的公职人员之间的信任度低，导致公职人员处于政治旋涡之中，阻碍了不同层级政府之间的合作。[81]

这些情况有时也会导致不同层级公共行政部门的努力相互抵消。[82]公职人员必须缓解这些政治和行政紧张局势，同时为水火不容的行政程序找到新的解决方案。各国国家监督机构逐渐开始发布政府在疫情管理方面的评估报告，从这些报告中我们不难发现，上述紧张局势及其对疫情造成影响的案例会成倍增加。

此次疫情带给我们的教训之一是，未来在管

专栏4.10 法国各级政府在新冠疫情大流行期间的关系：议会评估

法国参议院最近发表了一份新冠疫情大流行期间政府管理方面的评估报告，审查了新冠疫情大流行期间各级政府的纵向协调问题。

报告发现，中央政府“下放权力”的组织方式有一些成效，但总体上不适合管理此次危机。报告指出，地方行政长官与区域卫生机构（Agences Régionales de Santé, ARS）之间的交流互动不足，区域卫生机构对当地实际情况的关注度不够。

报告指出，上一级政府在做出影响地方政府的决定（如关闭绿色公共空间）之前，与地方政府的协商不足。报告强调，应让地方政府更好地参与到危机管理中来，包括增强他们对决策的参与，更好地与地方民选官员协同，以及授权地方制订防疫计划等。

资料来源：République Française, Rapport fait au nom de la commission d’enquête pour l’évaluation des politiques publiques face aux grandes pandémies à la lumière de la crise sanitaire de la covid-19 et de sa gestion。

理类似的危机时，不能简单地从权力下放的程度来判断一国能否做出最简单、有效的应对措施。此次危机也表明，国家法律规定的危机应对机构与疫情中实际需要的机构之间存在差距。然而，也有人指出，即便是在各级政府面临政治紧张关系的情况下，彼此之间的竞争有时也会带来增强福利的举措。同时，德国和挪威等权力高度下放的国家的例子也表明，在影响公共卫生和公民自由的决策方面，可以通过协调的方式实现高度一致。[83]

展望未来，各国应对新冠疫情大流行的经验可能会导致各国重新制定管理危机的法律框架，甚至在新冠疫情大流行之后的“正常”时期，也可能会通过宪法改革等方式改变各级政府之间的权力分配方式。这些改变将如何促进各级政府之间形成协调与合作的文化，并最终影响可持续发展目标的实现，还有待观察。

4.4.3 利益相关方参与

各国政府在应对新冠疫情带来的紧急风险时，面临重重挑战。事实证明，让民间社会、专家、企业家、私营部门，以及公民参与进来，意义重大，他们不仅能够帮助找到更好的应对方法，还有助于增强公众信任。各国采用的参与式应对战略包括：开发和使用新的数字化平台和工具，采用众包、黑客大会等方式让更多人参与数字工具和解决方案的集体开发，利用社交媒体进行沟通联系等。[85]

为应对新冠疫情大流行，世界各地的民间社会也已纷纷行动起来了。他们采用的应对措施包括：形成志愿者团体和各种社区协会（参与者包括居民、企业、神职人员、教师和其他人员），进行线上集会、开展线上活动，通过社交媒体平台为人们提供疫情风险提示，提供基本服务（如食物和关怀）。例如，在意大利、西班牙、美国纽约等地，志愿者团体自发行动，为儿童提供辅导、为公众提供心理健康服务、为老年人和慢性病患者等弱势群体提供食物等。[86]从为社区发放洗手液和口罩、提供健康和权利相关的消息，到封锁期间为最弱势群体分发数百万份食物[87]，我们发现，最不富裕社区的大部分疫情应对措施往往是由平民领导的，政府发挥的是支持作用。在一些国家，数字参与越来越多，很多市民通过 WhatsApp 和 Facebook 的问答会议参与新冠疫情相关的决策，协助绘制疫情暴发和食物缺乏的虚拟热点地图。[88]公共机构可以利用这些应对措施，确保应对措施的有效性和包容性。

多方参与也是地方政府应对疫情的重要方面。事实证明，与居民、社区领袖、专家、企业家和私营部门的合作对于地方政府提供创新性的应对措施极为重要。在众多因素中，重点关注公众参与是越南取得应对成效的关键所在，他们努力让各方都参与进来，所利用的渠道包括传统媒体、大众媒体、政府网站、基层组织，甚至医院、办公室、住宅楼和集市上的海报，以及电话和短信等。[89]

2020年4月，米兰市发布了其新冠疫情适应策略草案，公开向市民征求意见，为期一个月。草案公布3周后，该市收到了来自市民的300多份建议。[90]Dcise Madrid是一个旨在让公民参与决策的门户网站，目前已使用多年，解决了众多问题，它鼓励市民提出解决方案，并向市民提供与基本服务有关的信息。[91]

新冠疫情大流行期间，公民、社区和民间社会大规模参与到应对疫情中来，而且取得了良好效果。展望未来，社会在加强公民参与方面拥有巨大机会。在这一方面，各国政府接下来的当务之急应是，探索新方法，将疫情中取得成效的包容性创新方法持久地应用到公民参与中来。

4.4.4 结论：政策整合对经济复苏甚为重要

在后疫情时代，要实现可持续发展目标，政策整合和政策的一致性甚至变得比以往任何时候都更重要了。让全社会参与进来，共同商讨未来的机会与挑战，并找到得到各方认可的解决方案，应是未来几个月各国政府最关心的问题。新冠疫情大流行期间以及大流行之后，维持公民空间和政府问责制，将是更好地进行政策整合的必要条件之一。[92]

专栏4.11 动员全社会：新加坡的案例

新加坡通过严格的筛查、密接者追踪、隔离令、社交距离和安全措施等，做到了在不关闭学校和企业的情况下进行防疫。这些应对措施在新冠疫情大流行早期赢得了新加坡民众的赞誉。然而，容纳了30万农民工的集体宿舍突然暴发疫情，紧接着病例数迅速上升，最终导致该国实施部分封锁措施。这次暴发不仅影响了早期的努力，还暴露出疫情应对计划中弱势群体被忽略了。

总体而言，新加坡在控制社区传播方面取得了成功。协调一致的政府整体方案能够有效地跨机构部署人力和资源，也能保证各机构与利益相关者进行合作的自主权。这一方法之所以在新加坡行之有效，是因为新加坡长期投入了时间和精力，培育了跨部门的网络系统来共同制定政策，提供公共服务，在国家和社会之间营造了信任环境。

资料来源： Celia Lee, “Responses of Singapore to COVID-19 Pandemic: The Whole-of-Government Approach”, in Joyce, Maron and Reddy, Good Public Governance in a Global Pandemic, 205–219。

4.5 国家问责制的作用[93]

新冠疫情大流行给信息透明和问责制带来了独特挑战。国家和国际行为者对这些挑战做出了迅速而有力的反应。一些国家的问责机构，如最高审计机构、信息获取和隐私监督机构，一直在监测并公布政府防疫政策和条例带来的影响。民间社会在监督政府行动和提出创新解决方案方面发挥了关键作用，有时它们也与政府展开合作，为的是增强机构的韧性。国际组织和网络也在发挥重要作用，它们收集创新做法，通过在线知识库、论坛、指引和知识产品等多种工具帮助不同国家维持其自身公共机构的基本职能。

4.5.1 透明度和信息获取

透明度对于问责制和获取公众信任极为重要。要让公众信任机构推出防疫措施，就要让公众知道政府在做什么，而且要让他们能获取可靠信息，这些信息包括：有关病毒的基本事实、与疫情传播及其影响有关的数据、应对危机的公共政策，以及这些数据的前提假设和具体情景。[94]

要保证有效的透明度，就要采取积极主动的沟通战略，帮助弱势群体及风险人群以适合的形式获取他们需要的信息。例如，墨西哥政府创建了一个微型网站，为残疾人提供新冠疫情相关的信息。[95]公民和民间社会也向政府提出了多项改进网站的建议。[96]在另一些国家，非国家行为者正在努力行动，帮助人们获取新冠疫情相关消息。在阿根廷，平等和正义公民协会（Civic Association for Equality and Justice）与托尔夸托·迪特拉大学（University Torcuato di Tella）、布宜诺斯艾利斯大学（University of Buenos Aires）合作发起了一项倡议，倡议提出，要保证弱势群体能够获取与新冠疫情相关的法律信息。该项目分析了与新冠疫情相关的法规，特别是那些影响最脆弱人群的法规；还将这些信息翻译成易于读懂的语言，满足特定群体（如残疾人、贫民窟居民、儿童和青年）的需要；同时还寻找出这些法规的漏洞，并建议政府填补漏洞。[97]

透明度对于地方当局的问责制和地方当局获取公众信任至关重要。许多城市都建立了专门网站，向公众提供新冠疫情相关的一站式信息。例如，罗马创建了RomaAiutaRoma 网站，这是获取该市新冠疫情相关信息的单一权威入口，提供的信息包括该市所提供服务的实时更新、各类交通和在线教育信息、心理支持等，公众也可从其他机构的门户网站跳转到该网页。[98]保证透明度有助于地方政府获取公民信任，也有助于政府的各项防疫措施更好地被社会所接受。正如首尔市政府所指出的那样，持续、有效的沟通是这一战略取得成功的关键。[99]

透明度对于国际层面的合作与应对至关重要。保证透明度能够帮助更好地协调应对措施，分享经验教训，支持各国根据自身情况调整应对措施。新冠疫情暴发以来，国际组织和网络一直在这方面积极开展活动。世卫组织/欧盟卫生系统反应监控器（The WHO/EU Health System Response Monitor）[100]记录了样本国家的危机应对措施，包括阻断传播、医疗人力资源管理、各类资源和治理系统方面的信息，可对国与国之间的应对措施进行比较。联合国新冠疫情数据中心（the UN COVID-19 Data Hub）提供地理空间数据网络服务，所提供的数据可以以地图或其他可视化方式呈现，也可用于分析，且能进行多种格式的下载。[101]美洲开发银行（Inter-American Development Bank）开发了一个看板，显示拉丁美洲应对新冠疫情的政策信息，并分析这些政策在该地区的影响。[102]经济合作与发展组织（OECD）也有一个一站式信息库，储存了有关疫情影响、国家应对措施和其他方面的信息。[103]亚洲开发银行（Asian Development Bank, ADB）拥有一个在线政策数据库，涵盖了各国政府为抗击疫情而采取的经济和非经济对策方面的信息。[104]

一些国家为应对新冠疫情大流行而采取的措施影响了信息获取权利方面的国家监管框架及其实施。民间社会一直在监督透明度和信息获取立法方面的变化和例外情况。[105]例外情况一般会导致信息获取权利受限，但一些国家的政府机构已采取了一些应对举措。在阿根廷，政府通过暂停行政期限的紧急法令之后，信息专员（Information Commissioner）发布了一项决议，解除或取消与获取信息和隐私有关的限制措施。[106]该决议援引了相关国际标准，并指出，阿根廷尚未满足国际法规定的紧急状态条件，并以此作为解除限制的理由。它还指出，专员在处理上诉时将会考虑例外情况。在加拿大，信息专员就当前情况下尊重知情权的重要性发表了一条信息，呼吁联邦机构负责人树立榜样。专员进一步指出，“各机构应发挥领导作用，主动披露与加拿大公民根本利益相关的信息，尤其是在疫情期间，公民希望从政府那里寻求信任和保证，不希望信息披露被无故延迟”。[107]在欧盟，欧盟委员会和理事会承诺，继续保持15天内回复公众信息请求，同时承认目前情况下可能会出现延误。[108]

相关部门已经制定了指南和其他指引文件，用以支持公职人员和公民在紧急情况下行使获取信息的权利。格鲁吉亚信息自由发展研究所（Georgia’s Institute for Development of Freedom of Information）也已经发布了公共信息指南，建议政府机构在新冠疫情大流行期间积极向公众发布信息。[109]在西班牙，“获取信息”（Access-Info）组织编写了一本指南，帮助公民了解国家进入紧急状态可能带来的影响，并阐述如何行使获取信息的权利。[110]

4.5.2 问责制和反腐败

强有力的立法机构在新冠疫情大流行这样的紧急情况下至关重要，它们可以平衡权力并发挥独立监督的作用，能够代表人民的需要和要求，并能通过立法将公共资源配置给有需要的人。阿尔巴尼亚、哥伦比亚、马尔代夫和蒙古国的立法机构修改了全体会议程序，允许开展线上讨论。[111]巴西议会（Brazilian Senate）采用了远程审议系统（Remote Deliberation System），使得议员们可以通过视频和一个安全的个性化应用程序进行辩论和投票。[112]不同国家（如亚美尼亚、印度尼西亚）的立法者纷纷采用社交媒体更新疫情动态，并与选民接触。[113]各国议会联盟（Inter-Parliamentary Union, IPU）也通过多种方式支持不同国家的议会应对紧急情况，包括：分享各国议会如何应对疫情的信息，为各国

专栏4.12 疫情期间最高审计机构面临的挑战

调查显示，最高审计机构在疫情期间面临着内外部挑战。从内部来看，其关键业务挑战是缺乏进行远程审计所需的信息技术。世界审计组织与捐助机构（INTOSAI Donor Cooperation）发出了一项调查，49家最高审计机构参与了调查，其中47%的受访者表示，他们的笔记本电脑数量不足。除运营影响外，一些最高审计机构的财务预算也出现了下降，限制了其运营的独立性。世界审计组织发展倡议的报告指出，疫情期间，最高审计机构在独立性方面（包括授权、独立性、可获得性、能力）正面临越来越大的压力，这可能会影响他们应对疫情的能力。其面临的压力包括削减资金、最高审计机构的授权遭受质疑、宣布最高审计机构的服务为非关键服务，以及将应急资金指定为预算外项目等。尽管处境艰难，但很多最高审计机构仍在努力为其公民发挥监督和问责作用。

资料来源：US Government Accountability Office, Coronavirus pandemic: Initial lessons learned from the international auditing community, report for external stakeholders from the International Organization of Supreme Audit Institutions Policy finance and Administration committee’s COVID-19 initiative (Washington, D.C., September 2020), https://intosaicovid19.org/wp-content/uploads/2020/10/LESSONS_LEARNED_FINAL.pdf。

议会提供问题和答案，[114]为立法者制定指导方针，在远程工作方法方面为议会提供技术支持等。[115]

开放议会电子网络（Open Parliament e-Network）的成员在新冠疫情大流行期间，众包、共享了公民参与和开放会议路径方面的国家数据。[116]ParlAmericas和Legical Directory发表了一篇论文，列举了美洲新冠疫情大流行期间立法方面的良好做法和建议[117]。

新冠疫情大流行期间，最高审计机构在独立监督政府行为方面，发挥了关键作用。为了及时监督与疫情有关的支出，他们调整了工作方法。除了一些正在进行的疫情应对审计工作之外，美国政府问责办公室（the USA’s Government Accountability Office）还获得授权，每两个月向国会报告一次疫情支出情况。[118]

作为应对危机的一部分，哥斯达黎加总审计长（the General Comptroller of Costa Rica）开发了一个在线平台，旨在提高政府应对新冠疫情的透明度，包括公共采购的透明度[119]。2020年6月，总审计长办公室（Comptroller’s Office）启用了网站MonitoroCGR，用以提供公共预算和州财政的最新信息和分析。[120]用户可通过总审计长官方网站访问该平台。该平台根据预算周期按年度提供信息。此外，总审计长办公室定期发布的报告也将迁移到此平台。到目前为止，与国家财政相关的各项信息都已集中到该平台，而且会及时发布。对于一些大家感兴趣的主题，该平台会采用简单通俗的表述方式，力求在不牺牲分析深度的情况下，让读者更好地理解。本平台也提供多种格式的下载选项。巴西会计法院（Brazilian Court of Accounts）启动了一项特别方案（Coopera），其中包括一项监测计划，用以识别公共资源使用、采购流程、经济刺激行动、社会方案和政府防疫行动方面的风险、弱点和偏差。用户可通过一个专用网站获得或接触信息、指南、资源和在线监测小组。[121]捷克共和国最高审计署设立了一个网站，提供与该国疫情有关的公共资金支出的详细分析。[122]

现在，越来越多的最高审计机构开始公布新

冠疫情大流行期间公共资金使用的审计结果了。例如，为了缓解疫情影响，牙买加推出了针对个人和企业的临时现金转移计划，2020年5月，该国最高审计机构公布了该项目的初步审查结果。新西兰最高审计机构也正在密切监测政府的防疫支出，截至2020年7月，审计结果表明，该国内阁批准的新支出都是合理的。在南非，总审计长审查了政府新冠疫情倡议中的财务管理情况，发布了两份特别报告。第一份报告指出，该国数十亿美元的救济方案是一份折中方案。该国最高审计机构已发布相关报告，警示相关政府部门，目前的应急响应措施存在财务管理控制不足和问责制缺乏等问题。[123]哥斯达黎加共和国总审计长发表了若干与疫情相关的特别审计报告。[124]欧洲审计院（European Court of Auditors）公布了两份欧盟应对疫情的审查报告。[125]

《2030年议程》承诺建设和平、公正和包容性的社会，可持续发展目标16.5作为其一部分，承诺将“大幅减少各种形式的腐败和贿赂”。[126]新冠疫情暴发之前，腐败就已经蔓延开来，其带来的成本估计可达全球GDP的5%。[127]而这场疫情更是雪上加霜，又带来了新的重大风险。

紧急情况下机构的应对措施（例如，在没有立法监督的情况下通过法令）可能会对政府问责制的存在基础带来挑战。既得利益集团可能会拿下医疗用品紧急采购项目。此外，经济救援和恢复的一揽子计划可能会为公共组织的违规操作、公共资源的不合理分配和使用、公共采购等政府核心职能的滥用创造机会。[128]一项调查发现，新冠疫情应对计划“很少关注治理和腐败方面的问题”，反腐败机构也很少能成为多部门行动的核心中枢。[129]紧急情况下的快速反应及其他措施的关注重点往往是长期经济复苏，例如一揽子经济刺激计划。

许多国家的医疗卫生系统本身存在系统性弱点，在新冠疫情大流行的冲击下，更容易受到腐败的影响。新冠疫情大流行期间的腐败一般与下述因素有关：应急资金使用、采购、员工治理、招聘及管理不透明，盗窃现有物资、哄抬价格、在灰色和黑色市场进行转售，不合格产品和伪造产品越来越多地进入市场，一线交付中的轻微腐败，研究和开发的不透明等。[130]

立法监督有助于减少违规行为和行政失当的发生。例如，肯尼亚议会要求该国卫生部门在疫情期间提供公共资源使用和分配、医疗资源分配以及医疗用品和设备采购等的具体信息。卫生部门确实向议会提交了书面简报，回答议员们的问题。[131]新冠疫情大流行期间，很多政府都在行使紧急运作权力，因此议会的监督就比以往任何时候都更为重要，为了加快政策执行速度，克服封锁期间的政策评审难题，他们可能需要额外的支持。[132]

在识别公共财政管理和采购系统中的潜在风险、提供交易保证、提高透明度以及提供关键信息和数据进行政府追责方面，内部和外部的审计人员发挥着关键作用。新冠疫情大流行期间，最高审计机构和其他问责主体不断探索创新合作模式来保证有效监督，包括监督政府应对新冠疫情大流行的措施。

如果监督机构能够获得足够的职权和资源，那么在新冠疫情大流行期间及之后，他们就可以在监督和揭露腐败及资源滥用方面发挥关键作用。在新冠疫情大流行期间，美国政府在其经济刺激计划中为政府问责局（国家最高审计机构）提供了额外资金，旨在加强其协助国会监督政府支出的能力。[133]

主要的透明度和反腐败组织呼吁，公共当局应努力保证透明度，以防止国家紧急状态期间的腐败发生，同时要加强对吹哨人的保护。一封公开信的签字人指出，透明度极其重要，它能够保证市民对政府和企业的监督权利，签字人同时列举了一些不同领域已经暴露出的不当行为，包括卫生系统的管理和公共采购中的一些问题。[134]诸如信息自由发展研究所（Institute for Development of Freedom of Information）等的民间社会组织也纷纷发力，开发出了新冠疫情大流行期间公共采购方面的透明度准则。[135]乌干达推出了高达240万欧元的一揽子计划，用以抗击新冠疫情，其中一部分流入了立法者的个人账户，随后其高等法院裁定，立法者必须偿还其个人账户中收到的款项，并将其用于其所在选区的抗疫活动。[136]同样，利比里亚主要的问责组织也发出呼吁，要求加强对紧急经济刺激计划和外国援助资源使用情况的监督，要求增加透明度，防止分配给部分立法者的抗疫资源遭到滥用。[137]

让公民公开参与制定政策、监督政策实施，可能能更好地曝光腐败和资源及权力滥用行为。例如，开放政府合作伙伴关系（Open Government Partnership）鼓励各国政府在政策实施中保证透明度、实施问责制，同时让公民、民间社会和企业更好地参与其中，保证政府的各项承诺能够落到实地。[138]向公众公开抗疫数据，能帮助公民更好地追踪复苏计划在实施过程中是否做到了诚实和公平。巴拉圭和乌克兰在新冠疫情期间实行了开放式承包政策，向公众提供了投标和合同方面的相关信息。[139]保护而非扼杀或攻击媒体，也有助于曝光资源或权力滥用行为。[140]

近期抗击卫生和人道主义紧急情况（如埃博拉疫情、卡特里娜飓风）的经验表明，降低腐败风险、保证廉洁、推行问责制十分重要，也为目前抗击新冠疫情大流行提供了宝贵的经验教训。世界审计组织发展倡议近期发表了一份报告，回顾了以往危机中全球卫生基金管理、卫生应急援助中的腐败，以及卫生部门反腐败方法等方面的实例和经验教训。[141]

应对腐败和其他滥用行为的成功模型，对于疫情后的社会重建至关重要。近些年，世界银行和20国集团等国际和国内层面的各种反腐败倡议及政治领导，提高了反腐败的声量，也为这一领域内能力不足的国家提供了支持，所以未来几年反腐败可能能取得新进展。[142]在新冠疫情大流行的影响下，政府以外的利益相关方，比如宗教领袖或前国家元首也在倡导反腐败方面发挥了重要领导作用。[143]

4.5.3 结论：透明度和问责制在复苏中的重要性

大多数国家仍在努力限制疫情传播、管理疫情带来的直接健康风险、减轻疫情造成的更广泛的经济和社会影响。随着各国从紧急危机响应阶段过渡到长期社会恢复阶段，评估新冠疫情大流行如何影响国家机制系统的主要方面（如问责制、透明度和参与度），就变得十分重要。这对保护现有机构系统取得的成果、避免对公共机构和人权造成长期负面影响意义重大。加上可持续发展目标16中提到的其他关键原则，这些机构维度将为国家机制抵御未来外部冲击提供方向标。

此外，评估疫情和政府所采取的应对措施将对更广泛的问责体制造成怎样的影响，重新调整利益相关方之间的关系来应对不断变化的局势，开辟新的合作机会，也将十分重要。

4.6 公众对公共机构的信任以及机构促进社会变革的能力[144]

4.6.1 国家与公民之间的关系，以及公众对公共机构的信任

联合国秘书长在其2020年纳尔逊·曼德拉演讲（Nelson Mandela Lecture）中呼吁建立一个新的社会契约，以“使年轻人能够有尊严地生活……确保女性拥有与男性相同的前景和机会……并保护病人、弱势群体和各种少数群体。”[145]他说，新冠疫情大流行可能是一个建立更可持续、更包容的社会的契机，从而更好地“解决当今世界的不平等和脆弱性问题。”

联合国开发计划署将社会契约定义为一种协议，通过该协议，“政治社区中的每个人都认可国家权力，无论是明确支持还是默许”，人们“为了追求更广泛的共同目标而遵守国家法律、规则和条例”。[146]该协议通过治理程序来维系，“公民和团体能够表达自己的利益诉求，行使自身的权利和义务，并能调解分歧”。[147]从这个角度看，良好的治理为包容和可持续提供了基础。它能保证社会在必要时采取集体行动来应对复杂挑战、提供公共产品，并能以和平与富有成效的方式调解和解决冲突。

相反，脆弱的机构和非法的机构削弱了社会应对内外压力的能力。[148]当人们在感到被排除在权

力、公共服务和安全之外时，不满情绪就会增加，对和平与发展造成的威胁也就越大，这会加速破坏国家和公民之间的社会契约。[149]

《2030年议程》将信任人民的责任放到了政府和机构肩上。领导人一再强调，他们承诺采取“共同行动和努力”来实现可持续发展目标[150]，并明确承诺要邀请社会各界和“所有人”参与议程的实施。但是，几乎没有证据能够表明政府对人民的能力充满信心。公共部门对民众的信任程度偏低，而且可能还在下降。许多政府正在使用越来越复杂的工具监督公民，还将社会援助资格或纳税责任等方面的“举证责任”转嫁到公民身上。[151]这不仅让政府将《2030年议程》中的承诺变成了谎言，也破坏了信任的互惠属性。

新冠疫情大流行凸显了社会契约在国家层面的基本作用。新冠疫情大流行不仅复杂，而且持续时间长，它给社会各个阶层都带来了压力，但对处于不利地位的弱势群体造成的健康和经济影响更大。公共卫生方面的限制措施和其他政府政策涉及社会的各个阶层，对个人自由造成了广泛限制。

如果公众对机构的质疑加深，那么机构在履行职责时就会承压。由埃德尔曼信任晴雨表（Edelman Trust Barometer）可知，民众对政府的信任度不如企业（企业比政府更高效），对企业的信任度不如非政府组织（非政府组织在道德层面被认为更有优势）。[152]

新冠疫情大流行期间，人们对机构的不信任得到了较大缓解。[153]某些情况下，政府对疫情的响应增加了公众信任，至少短期内是如此。[154]疫情期间，人们高度依赖机构的支持，而政府也因此受到激励，增加了对公民的信任，尤其是相信民众会遵守紧急条例。于是，信任就变成了“公民和政府当局的双向通道”。[155]

但是此次疫情也暴露了机构与公众之间关系的薄弱环节，并且使得本就薄弱的环节雪上加霜。[156]公众对政府的不信任，以及政府对公众的不信任都使得公共卫生方面的限制措施更难达成共识。[157]一些国家的应对措施越来越两极分化，对是否限制短期经济活动以减少疫情传播的分歧越来越大。[158]这种两极分化长期来看可能会破坏社会契约。[159]然而，虽然疫情还在持续，其对公共机构信任的影响也只能事后总结，但一些国家似乎成功地维持住了公众对公共机构的高信任度。这需要一种微妙的平衡（见第4.4节）。在这方面，挪威是经常被提及的一个成功案例（见专栏4.13）。

专栏4.13 新冠疫情大流行期间成功维系社会契约的例子：挪威

据称，挪威的成功在于平衡了危机管理能力和民主合法性之间的关系。总的来说，挪威的主要决策风格是协商一致，它以务实的合作方式为基础，将辩论和反馈结合起来。这其实反映了挪威的政治文化。当局呼吁各界团结一致，呼吁公民增加对政府的信任，民众也确实表现出了对当局的信任。

当然也有一些十分富有挑战的辩论，例如：如何平衡政治决定和专家建议、与例外法有关的程序、国家标准化措施与地方适应性和灵活性之间的平衡、透明度，以及取消抗疫法规的时机。

总的来说，公民对政府的信任度在新冠疫情大流行期间得到了很大提升。民众对政府、卫生当局、议会以及国家和地方政客的信任增加了，对总理的信任也增加了。2020年1—4月，公民对民主的满意度从57%上升到了72%，这在国际上算是一个非常高的评价了。

资料来源：Christensen and Lægreid, “The Norwegian Government Response to the COVID-19 Pandemic”, various pages。

专栏4.14 新冠疫情期间，政策制定过程中的制度化参与

在肯尼亚，负责监督新冠疫情应对措施的参议院委员会，邀请公众直言疫情对他们造成的影响以及他们认为该如何有效应对。在起草疫情应对方案和管理法案时，参议院参考并审议了公民意见。

荷兰政府就放松疫情封锁措施的问题，听取了3万名公民的意见。他们告知参与者每一项措施可能产生的影响，同时询问他们更赞成哪些措施。

4.6.2 政治包容与公民空间

可持续发展目标16.7承诺，“确保各级决策反应迅速，具有包容性、参与性和代表性”。[160]《2030年议程》还强调保证妇女和女童政治参与的重要性，并认为年轻人是“变革的关键推动者”，年轻人应利用《2030年议程》来“将自己无限的行动能力用于创造一个更加美好的世界”。

根据世界银行的说法，当参与性政治进程激励领导人们努力提供关键公共品之时，它就是改善治理的关键一环，但是当它加剧两极分化之时，就会对治理产生负面影响。[161]反过来说，由大量公民参与的更具包容性的机构能够提升规范程度，更好地支持集体行动。此外，包容性政治还能使社会更好地抵御系统性冲击（如新冠疫情大流行）。

新冠疫情暴发之时，许多国家正面临公共空间日渐缩小的局面。[162]一方面，新冠疫情大流行期间，许多国家的和平集会和抗议权利受到了限制。紧急权力、限制媒体自由、禁止政治竞选等政策挤占了参与空间。[163]然而，仍然有迹象表明，公民活动具有韧性。新冠疫情大流行期间爆发了许多抗议活动，无论是否都与政府的危机管理有关。一项多国研究阐述了青年领导的团体是如何满足政府未能满足的社区需要的，他们也在把握机会，大力倡导政府出台长期政策，以促进建立更加具有包容性的社会。[164]

另一方面，一些政府在新冠疫情大流行时期也在鼓励公民参与。例如，丹麦政府在新冠疫情大流行期间就出台了政策，对政治会议和示威等“影响舆论的集会”进行豁免，以达到鼓励公众持续参与治理的目的。[165]一些国家鼓励非政府利益相关者提出和实施解决方案，为公民参与提供空间，还有一些国家利用公民小组和其他社会对话机制，就防疫措施提供信息并达成共识（见专栏4.14）[166]。

问题在于，各国将多大程度上为公民提供制度化的参与机会，让他们帮助识别长期优先事项，并为政策的设计和制定建言献策。[167]其实机会现在就有，各国政府可以采取战略方针，让人民参与决策、释放压力和不满情绪，让他们在社会重建进程中发挥建设性作用。[168]但在面临机会的同时也存在风险。随着疫情对经济的影响不断加深，抗议活动也在加强。一些政府可能会更难以容忍异见，也不愿让更多人参与进来，从而导致社会契约被破坏，令“除了暴力，没有其他可选途径能表达不满和挫折”的观念大行其道。[169]

4.6.3 社会包容和经济包容

《2030年议程》的核心原则是，绝不让任何人掉队。[170]在致力于达成该议程的过程中，各国承诺，他们将努力做到最落后者优先，致力于促进“社会、经济和政治包容所有人，不论其年龄、性别、残疾与否、族裔、出身、宗教信仰、经济地位或其他任何方面有何不同”。社会包容和经济包容是社会契约的起点，它们为政治参与提供了基础，并保证所有人和群体在行使其权利、保护其利益时都有机会采取有意义的行动。

到目前为止，相对贫困的人口首当其冲地承受着疫情带来的健康和经济代价。[171]如果政府要重建社会契约，就要更加努力地做到公平，共担风险，而不是让某些人承担更大更多的风险。

社会保护制度不仅要保护人们免于贫困，也要保护人们免于其他风险。在缺乏安全网络的情况下，如果社会受到剧烈冲击，弱势群体就会首当其冲，导致社会凝聚力下降，政治领导人采取有力对策的动机也会相应下降。[172]

各国政府在新冠疫情大流行期间采取的临时社会保护措施对社会契约造成了两个方面的关联影响。一方面，在某些情况下，政府措施的保护范围会显著增加，将被排除在外的群体大范围涵盖其中。一些国家增加了医疗卫生服务的可获得性，为非正式工人提供收入支持，甚至将覆盖范围延展到移民和没有合法身份的人身上。[173]另一方面，它为长期使用社会保护措施解决不平等问题创造了空间，这也反映出，人们越来越相信，社会保护可以减少经济、社会和政治排斥。[174]

然而，目前实施的大多数社会保护措施都是临时性的。与2008年全球金融危机之后一样，各国在财政可持续方面普遍面临挑战，2020年提供普遍社会保护方面的资金缺口高达12亿美元，相当于发展中国家 GDP的3.8%。[175]东亚危机之后，各国不断将临时措施制度化，持续覆盖更多被排斥群体，将方案设计和问责参与机制主流化，而此次疫情可能标志着普遍保护正加速贯穿整个生命周期。最理想的情况是，此次疫情会推动机构创建出一个能够响应当前需求并适应未来挑战的机构架构。但也不排除会出现糟糕情况，比如一些政府也可能会在财政紧缩期间减少努力，只提供最低限度的“安全网络”，并且可能取消疫情期间的过渡性保护措施，破坏社会契约，削弱社会在未来危机面前的恢复力。

政府社会和经济包容战略的一个关键组成部分是在公共管理中对抗歧视。新冠疫情大流行暴露了很多歧视少数群体的现象，这些现象往往是在延续以往的歧视方式。例如，执法部门在实施紧急措施和其他措施时过度使用武力，且往往更多地落到少数群体和低收入群体、边缘化社区和无家可归者身上。然而，也有一些证据表明，一些政府在强调，要在保证符合公共卫生准则的前提下，继续推动执行就业不歧视法。[176]公共机构还发布了公共场所安全和准备工作指南，以解决残疾与否、年龄、族裔和国籍方面的歧视问题。[177]系统解决问题其实为重新构想公共服务提供了一个契机，因为很多改革都侧重于通过社区成员和公共行政部门之间的非正式参与和伙伴关系来实现信任、实施问责制。

为更好地进行疫后重建，就要破除公共服务中的排斥和歧视模式，增加社会的包容性，促使各级公共服务（包括高级公务员、立法机构、公共雇员、公共服务委员会、司法系统和警察）更大程度地代表全体民众，这也为重新构想公共服务提供了进一步契机，因为多样性更能促进行为发生改变，并推动变革。[178]

4.6.4 提升公共服务能力，促进社会变革

新冠疫情大流行证明了国家的重要性，也证明了全世界都需要公共行政能力。新冠疫情大流行不仅凸显了政府在必要时刻的立法权力和快速实施变革的权力，[179]还展示了公共行政部门、其管理人员和普通工作人员的灵活性和创造性，这可能会改变公众对政府的认知，尤其是对社会集体行动所能取得成就的认知。

后疫情时期是政府实施转型的良机，政府可在结束当前紧急状况、满足长期需求、提高应对未来冲击的韧性中实现转型。除了新冠疫情大流行的直接影响之外，政府面临的另一大挑战是如何将自己重构为平台，通过平台实现更可持续和更具韧性的发展模式，探索出更加开放和协作的方法来更好地满足人民需要，优化配置所有利益相关者的技能和精力。为达成这一目标，政府可参考此次疫情中公民参与和创新的经验教训。此次疫情使

国家机制和公共行政部门承受高压，因此疫情期间的成功调整和创新方法可帮助政府识别需要改革的机构或行政程序。政府可借此通过推动透明度和问责制制度化、提高参与度、转型数字政府来增进福利，也可借此发现公共服务中哪些关键能力还存在重大缺漏。各方行为者也可利用疫情期间观察到的趋势来识别社会和经济排斥、个人自由受限、腐败等方面的潜在风险，进而加以遏制，防止其变为现实。

此次疫情的一大显著特征是，许多国际组织在记录疫情影响方面进行了大量投资，而且更重要的是，它们记录了各国政府在危机期间对政策和工作流程的调整。这些信息可成为各国政府从其他国家汲取经验教训的宝贵资料。

4.7 结论和建议

国家机制是各国落实可持续发展目标的关键推动者。新冠疫情大流行影响了全球各个国家的关键政府职能和程序，削弱了政府行动的效力。政府采取的紧急应对措施通常涉及对整个机构领域现有规则和条例的修改。快速响应的需求给机构程序和组织带来了额外的风险。除个别机构外，新冠疫情大流行对整个机构系统，以及公共机构与民众的互动方式都产生了影响。

新冠疫情大流行暴露了国家机制在巨大危机冲击下的弱点和脆弱性。各国国家机制的承压能力和应对能力各不相同。某些情况下，疫情的冲击加剧了先前存在的脆弱性。

这场危机表明，加强对公共部门的投资，增加公共机构的能力十分重要。政府和社会维持机构职能和抵御冲击的能力，与可持续发展目标的实现程度相关联。机构对可持续发展目标的影响是双向的，这也使得预测具有很大的不确定性。

一方面，国家机制目前面临压力，如果加上疫情带来的其他负面影响（例如，就业水平和收入持续下降，公共债务水平居高不下），便很容易危及各国政府推动实现可持续发展目标的能力。在最坏的情况下，社会会形成恶性循环——危机成倍增加，公共机构丧失应对能力且资金匮乏，治理失败导致信任进一步被削弱。在这种情况下，国家内部和国家之间开展集体行动的基础就会被破坏，应对当前及未来的挑战也就会变得越来越困难。[180]

另一方面，当前的疫情以及后疫情时代也提供了一个独特的机会，各国可借此重新思考机构的作用，促进形成新的治理规范，实施转型增强机构韧性，并加快落实可持续发展目标。因此，继续保持大部分国家已经发生的大规模参与（包括公职人员和民间社会的参与），将危机期间探索出的（与包容、公共服务提供、公民参与有关的）创新实践长久地纳入政治议程之中，应成为政府的优先事项。从过往的经验中我们发现，系统性危机是治理性创新的沃土，它可能会带来新的宪法、章程，显著减少不平等，转变政治权利的平衡，重建社会契约，等等。[181]

可持续发展目标16强调的机构原则，包括透明度和获取信息的机会、问责制和反腐败、参加和参与、不歧视等，都是了解国家机制短期如何受到疫情影响、中期如何纠正负面影响、长期如何增强国家机制韧性的关键维度。更广泛地说，联合国经济和社会理事会于2018年背书的可持续发展的有效治理原则[182]，可为各国提供借鉴。

在疫情恢复阶段，虽然各国政府所能采取的行动范围十分广阔，但是，基于本章节讨论的内容，我们重点提出以下建议：

从短期来看：

（1）确保各国为应对新冠疫情大流行所采取的各项国家政策和方案重点关注受影响最严重的群体，减轻他们遭受的负面影响；同时保证公共机构在落实这些政策的过程中，对贫困人口和弱势群体提供了有效保护。

（2）主动发布疫情信息和政府的防疫措施，考虑特定群体、弱势群体和高危人群的需求，合理利用信息和通信技术，确保信息形式和发布渠道多样化。

（3）及时对信息需求做出回应，减少超时回应带来的例外情况，优先处理与新冠疫情大流行及其应对措施相关的请求，保证相关监管机构和申诉程序正常运作。

（4）建立新的或利用现有的立法委员会，监督和独立评估新冠疫情应对措施，支持方便实时访问议会的开放式议会解决方案，公布新冠疫情应对措施和经济刺激方案预算的立法审核结果。

（5）确保最高审计机构拥有必要的财政、技术和人力资源，正常开展对新冠疫情大流行短期应对措施的独立审计和监督工作。

（6）促进公共机构、利益相关者团体和社区之间开展合作，激发基于证据的创新应对方案，同时帮助增强公共信任。

从中期来看：

（1）确保公共机构在展开恢复性工作时遵循包容性、反应性和不歧视原则，致力于解决因疫情而加剧的不平等问题。

（2）努力做到政府行动的横向整合，确保加速恢复政策的制定，充分考虑跨部门合作的影响和可持续发展目标之间的相互关联性，确保政府不同部门之间的行动协调一致。

（3）从疫情中吸取经验教训，评估政府纵向关系方面的国家框架的有效性，包括在自然灾害和紧急情况冲击下的有效性，增强各级政府对疫后恢复政策、预算、行政、监督和评估方面的一致性（纵向整合）。

（4）加强公共行政中的风险分析，提高国家机制系统对疫情和其他外部冲击的韧性。

（5）确保国家监督机构拥有必要的财政、技术和人力资源，以支持政府的长期应对措施，包括采用基于风险的方法。

（6）各国政府应与议会/国会和所有其他利益相关方一道，评估新冠疫情大流行及其应对措施对国家机制系统的关键维度造成了哪些影响，如问责制、透明度和参与度，目的是要防止上述方面取得的进展发生逆转，避免对公共机构和人权造成负面影响。

（7）评估非政府行为者在疫情期间以参与、合作和伙伴关系等方式提供公共服务的成功做法，持续动员民间社会组织、社区和个人为落实可持续发展目标做出贡献。

（8）利用众多国际组织在疫情期间做出的努力，从个人倡议层面及整个机构系统层面，交流机构创新、适应性措施和公共行政实践方面的经验和教训。

尾注

1 David Steven and Marggaret Williams, *Governance and COVID-19: A background paper for the 2021 SDG 16 Conference* (New York, Center for International Cooperation, March 2021), https://publicadministration.un.org/Portals/1/Governance%20and%20COVID-19%2010Mar21.pdf?ver=tAZmJW-1Fhu3oX6fLYSwaw%3d%3d.

2 包括世界银行、经合组织和联合国在内的多家国际组织都发表了与新冠疫情大流行相关的宏观经济和专项研究报告。例如，联合国经济和社会事务部发表了一系列政策简报，见 https://www.un.org/development/desa/dpad/document_gem/undesa-policy-brief/。

3 关于对欧盟司法的影响，参见 https://e-justice.europa.eu/content_impact_of_the_covid19_virus_on_the_justice_field-37147-en.do and https://www.coe.int/en/web/cepej/compilation-comments。

4 See for instance, *Nature*, “Time to revise the Sustainable Development Goals”, Nature, 583 (16 July 2020): 331–2; Robin Naidoo and Brendan Fisher, “Reset Sustainable Development Goals for a pandemic world” , Nature, 583 (9 July 2020): 198–201; Jeffrey Sachs, Guido Schmidt-Traub, Guy Lafortune, “SDGs: affordable and more essential now”, *Nature*, 584 (20 August 2020): 344–344.

5 United Nations, *The Sustainable Development Goals Report 2020* (New York: The United Nations, July), https://unstats.un.org/sdgs/report/2020/The-Sustainable-Development-Goals-Report-2020.pdf. United Nations, The Sustainable Development Goals Report 2020 (New York: The United Nations, July), https://unstats.un.org/sdgs/report/2020/The-Sustainable-Development-Goals-Report-2020.pdf.

6 See for instance the United Nations Secretary-General’s policy briefs on these issues, https://www.un.org/en/coronavirus/un-secretary-general.

7 See for example United Nations Sustainable Development

Group, *A UN framework for the immediate socio-economic response to COVID-19*, 38–40.

8 United Nations Sustainable Development Group, *Shared Responsibility, Global Solidarity*, 9. 然而，前联合国贫困和人权问题特使在2020年7月发表的一份报告中直截了当地指出："虽然可持续发展目标已经取得了巨大成就，但它们在消除贫困、经济平等、两性平等和气候变化等关键目标方面却逐渐显现出失败迹象。需对其加以重新调整，以应对新冠疫情和随之而来的衰退及不断加速的全球变暖。" See Philip Alston, "The parlous state of poverty eradication", Report of the Special Rapporteur on extreme poverty and human rights, A/HRC/44/40(New York, July 2020).

9 United Nations Department of Economic and Social Affairs, *Impact of COVID-19: perspective from Voluntary National Reviews*, UNDESA Policy Brief 85 (New York, September 2020).

10 United Nations Department of Economic and Social Affairs, *Impact of COVID-19: perspective from Voluntary National Reviews*.

11 William Worley, "Breaking: UK cuts aid budget to 0.5% of GNI", *Devex*, November 25, 2020, https://www.devex.com/news/breaking-uk-cuts-aid-budget-to-0-5-of-gni-98640.

12 See for example a report on the New York Metro Transit Authority: Office of the New York State Comptroller, *Financial Outlook for the Metropolitan Transportation Authority*, Report 5-2021(October2020), https://www.osc.state.ny.us/files/reports/osdc/pdf/report-5-2021.pdf.

13 International Monetary Fund, *Fiscal Monitor: A fair shot* (Washington, D.C., April2021),4. https://www.imf.org/-/media/Files/Publications/fiscal-monitor/2021/April/English/text.ashx.

14 United Nations Regional Commission for Latin America and the Caribbean, *Balance Preliminar de las Economías de América Latina y el Caribe* (Santiago de Chile, January 2021),100.

15 United Nations Department of Economic and Social Affairs, *COVID-19 and sovereign debt*, UNDESA Policy Brief 72 (New York, May 2020).

16 See for instance, Alan AtKisson, "Pushing Reset on Sustainable Development", *Sustainable Development Insights 5* (Boston: Frederick S. Pardee Center for the Study of the Longer-Range Future,2009), http://www.bu.edu/pardee/sdi-001-reset-sustainable-development/.

17 Isabel Ortiz, Matthew Cummins, Jeronim Capaldo, and Kalaivani Karunanethy, "The Decade of Adjustment: A Review of Austerity Trends 2010-2020 in 187 Countries,", ESS Working Paper No.53 (Geneva: International Labour Organization, Columbia University and The South Centre, 2015), 75, https://www.social-protection.org/gimi/gess/RessourcePDF.action?ressource.ressourceId=53192.

18 Evelyne Hübscher, Thomas Sattler and Markus Wagner, "Does Austerity Cause Polarization?," *SSRN Electronic Journal* (Preprint, June 2020), https://www.researchgate.net/publication/339989405_ Does_Austerity_Cause_Polarization.

19 United Nations Economic and Social Commission for Asia and the Pacific, *The Protection We Want: Social Outlook For Asia And The Pacific*(Bangkok: United Nations, October 2020), https://unescap. org/publications/protection-we-want-social-outlook-asia-and-pacific.

20 François-Xavier Merrien, "Social Protection as Development Policy: A New International Agenda for Action," *International Development Policy*, 4.2 (May 15, 2013): 89–106, https://doi.org/10.4000/poldev.1525.

21 例如，短期应对措施往往受到普遍经济利益的制约，发达国家政府的努力非常有限，他们往往将国家支持限制在企业的可持续行为方面。

22 For Norway, see Tom Christensen and Per Lægreid, "The Norwegian Government Response to the COVID-19 Pandemic," in Joyce, Maron, and Reddy, *Good Public Governance in a Global Pandemic*, 339–348. For Germany, see Sabine Kuhlmann, "Between Unity and Variety: Germany's Responses to the COVID-19 Pandemic", in Joyce, Maron, Reddy, op. cit., 291–304. For the United Kingdom, see https://www.theguardian.com/world/2020/oct/11/whitehall-told-to-release-secret-2016-files-on-uk-pandemic-risks. For the USA, see https://www.nbcchicago.com/news/local/crimson-contagion-2019-simulation-warned-of-pandemic-implications-in-us/2243832/.

23 Global Preparedness Monitoring Board, *A world at risk: annual report on global preparedness for health emergencies* (Geneva: World Health Organization,2019).

24 See for instance the Johns Hopkins Coronavirus resource center, https://coronavirus.jhu.edu/map.html.

25 Alexandra Phelan and Rebecca Katz, *Governance Preparedness: Initial Lessons from COVID-19*, Background report commissioned by the Global Preparedness Monitoring Board (Washington DC: Center for Global Health Science and Security, July2020), https://apps.who.int/gpmb/assets/thematic_papers_2020/tp_2020_1.pdf.

26 Alex Evans and David Steven, "'It Was Always Going to Be Horrible.' Britain's Former Top Emergency Planner on

COVID-19", *World Politics Review*, March 27, 2020, https://www. worldpoliticsreview.com/trend-lines/28635/it-was-always-going-to-be-horrible-britain-s-former-top-emergency-planner-on-covid-19.

27 United Nations Department of Social and Economic Affairs, *The role of public service and public servants during the COVID-19 pandemic*, UNDESA Policy Brief 79(New York: June 2020).

28 Amnesty International, "Global: Amnesty analysis reveals over 7,000 health workers have died from COVID-19", September 3, 2020, https://www.amnesty.org/en/latest/news/2020/09/amnesty-analysis-7000-health-workers-have-died-from-covid19/.

29 United Nations Department of Social and Economic Affairs, *The role of public service and public servants during the COVID-19 pandemic*.

30 Organisation for Economic Co-operation and Development, "Public servants and the coronavirus (COVID-19) pandemic: Emerging responses and initial recommendations", April 27, 2020, http://www.oecd.org/coronavirus/policy-responses/public-servants-and-the-coronavirus-covid-19-pandemic-emerging-responses-and-initial-recommendations-253b1277/.

31 United Nations Department of Economic and Social Affairs, *The COVID-19 pandemic: a wake-up call for better cooperation at the science–policy–society interface*, UNDESA Policy Brief 62 (New York, April 2020).

32 Organisation for Economic Co-operation and Development, OECD Survey on the STI policy responses to Covid-19, https:// stiplab. github.io/Covid19/Q1A.html.

33 例如，为英国政府提供建议的英国紧急情况科学咨询小组（SAGE）就得到了英国新闻界的高度关注，《卫报》等报纸的很多专门文章都提到了这个工作组。

34 Nature, "COVID-19: what science advisers must do now", *Nature*, 579 (March 19, 2020): 319-320. E. William Colglazier, "Response to the COVID-19 Pandemic: Catastrophic Failures of the Science-Policy Interface," editorial, *Science & Diplomacy* (April 9, 2020). Jean-Paul Moatti, "The French response to COVID-19: intrinsic difficulties at the interface of science, public health, and policy", *Lancet Public Health*, 5 (May 2020): e255. Richard Horton, "Offline: COVID-19 and the NHS- 'a national scandal' ", comment, Lancet, 395 (March 28, 2020): 1022.

35 Colglazier, "Response to the COVID-19P andemic: Catastrophic Failures of the Science-Policy Interface."

36 Alex Stevens, "Governments cannot just 'follow the science' on COVID-19", *Nature Human Behaviour*, 4 (June 2020): 560, https://doi.org/10.1038/s41562-020-0894-x.

37 République Française, *Rapport fait au nom de la commission d'enquête pour l'évaluation des politiques publiques face aux grandes pandémies à la lumière de la crise sanitaire de la covid-19 et de sa gestion*.

38 For the United kingdom, see for example, Anthony Costello, "The government's secret science group has a shocking lack of expertise", *The Guardian*, April27,2020, https://www. theguardian. com/commentisfree/2020/apr/27/gaps-sage-scientific-body-scientists-medical ; and Mark Landler and Steven Castle, "The Secretive Group Guiding the U.K. on Coronavirus", *New York Times*, April 23, 2020, https://www. nytimes.com/2020/04/23/world/europe/uk-coronavirus-sage-secret.html.For France, see Olivier Faye and Alexandre Lemarié, "Entre le conseil scientifique et l'exécutif, une relation aigre-douce", *Le Monde*, May 14, 2020, https://www.lemonde. fr/politique/article/2020/05/14/entre-le-conseil-scientifique-et-l-executif-une-relation-aigre-douce_6039603_823448.html.

39 See UNDESA, *The COVID-19 pandemic: a wake-up call for better cooperation at the science–policy–society interface*.

40 For April: UNDESA, *COVID-19: Embracing digital government during the pandemic and beyond*, DESA Policy Brief 62 (New York, April 2020). For November: UNDESA, *Compendium of Digital Government Initiatives in response to the COVID-19 Pandemic*,1.

41 See https://youtu.be/kRNt8LQRWl4minutes2:35to2:50.

42 Youngmee Jee, "Making Sense of South Korea's Response to COVID-19", in Joyce, Maron and Reddy, *Good Public Governance in a Global Pandemic*, 85–88.

43 United Nations Office for Disaster Risk Reduction, "Role of local governance in responding to COVID-19 in Asia-Pacific" (October 1, 2020), https://www.undrr.org/news/role-local-governance-responding-covid-19-asia-pacific.

44 See for instance https://coronavirus.jhu.edu/map.html for the USA. For Italy, http://opendatadpc.maps.arcgis.com/apps/opsdashboard/index.html#/b0c68bce2cce478eaac82fe38d4138b1; for Spain, see https://www.rtve.es/noticias/20200426/mapa-del-coronavirus-espana/2004681.shtml.

45 See https://sacoronavirus.co.za for South Africa; for Mongolia https://covid19.mohs.mn; https://coronavirus.bg for Bulgaria; for Indonesia https://covid19.go.id. In the case of Indonesia, the portal was launched after the President called on the Cabinet to make the information transparent so that everyone can access the data (https://www.straitstimes.com/asia/east-asia/jokowi-

pushes-for-greater-transparency-in-countrys-covid-19-fight).

46 在一些国家，只有在新冠疫情大流行的后期，随着公众对遏制措施支持度的下降，公众讨论才变得更加多元化、开放，对争议的容忍度也有了一定提升。还有一些国家，政府沟通很快被视为某种政治动机，导致公众对政府失去信任。一些国家通过法律，禁止就这一流行病做出虚假陈述或歪曲事实的陈述，如果违反，可判处监禁，但这被认为是攻击了媒体自由。See various chapters in in Joyce, Maron and Reddy, Good Public Governance in a Global Pandemic.

47 Tom Bernes et al, *Challenges of Global Governance Amid the COVID-19 Pandemic* (New York: Council on Foreign Relations, May2020), https://cdn.cfr.org/sites/default/files/report_pdf/challenges-of-global-governance-amid-the-covid-19-pandemic.pdf.

48 Council of the European Union, *Council conclusions on strengthening resilience and countering hybrid threats, including disinformation in the context of the COVID-19pandemic* (15 December 2020), https://data.consilium.europa.eu/doc/document/ST-14064-2020-INIT/en/pdf.

49 https://www.who.int/emergencies/diseases/novel-coronavirus-2019/advice-for-public/myth-busters.

50 Organisation for Economic Co-operation and Development, "Public servants and the coronavirus (COVID-19) pandemic: Emerging responses and initial recommendations" .

51 United Nations, *Digital Government in the Decade of Action for Sustainable Development*, e-Government Survey 2020(New York, Department of Economic and Social Affairs, July 2020).

52 UNDESA, *Compendium of Digital Government Initiatives in response to the COVID-19P andemic.*

53 Organisation for Economic Co-operation and Development, *The Covid-19 crisis: A catalyst for government transformation?*, policy brief (Paris,10 November 2020), http://www.oecd.org/coronavirus/policy-responses/the-covid-19-crisis-a-catalyst-for-government-transformation-1d0c0788/.

54 World Bank, *Remote Learning and COVID-19*, rapid response note (Washington, D. C., 16 March 2020), http://documents1.worldbank. org/curated/en/266811584657843186/pdf/Rapid-Response-Briefing-Note-Remote-Learning-and-COVID-19-Outbreak.pdf.

55 Cristobal Cobo, Robert Hawkins and Helena Rovner (2020), "How countries across Latin America use technology during COVID 19-driven school closures", *World Bank Blogs*, March 31, 2020, https://blogs.worldbank.org/education/how-countries-across-latin-america-use-technology-during-covid19-driven-school-closures.

56 See United Nations, *Digital Government in the Decade of Action for Sustainable Development.*

57 United Nations, *Extreme poverty and human rights, Report of the Special Rapporteur on extreme poverty and human rights*, Note by the Secretary-General, A/74/493 (New York, October 2020).

58 See Chapter 1 in United Nations, *Working together: integration, institutions and the Sustainable Development Goals*, World Public Sector Report 2018 (New York, Department of Economic and Social Affairs, April 2018).

59 Sabine Kuhlmann and Jochen Franzke, "Multi-level responses to COVID-19: crisis coordination in Germany from an intergovernmental perspective", *Local Government Studies* (March 31, 2021), DOI:10.1080/03003930.2021.1904398.

60 Joyce, Maron and Reddy, *Good Public Governance in a Global Pandemic.*

61 Kristalina Georgieva and Tedros Adhanom Ghebreyesus, "Some say there is a trade-off: save lives or save jobs – this is a false dilemma", *International Monetary Fund*, April 3, 2020, https://www.imf.org/en/News/Articles/2020/04/03/vs-some-say-there-is-a-trade-off-save-lives-or-save-jobs-this-is-a-false-dilemma.

62 本节大部分内容摘自联合国环境署为《世界公共部门报告》委托编写的背景文件，Steven and Williams, *Governance and COVID-19: A background paper for the 2021 SDG 16 Conference*。

63 Efrat Shadmi et al., "Health equity and COVID-19: global perspectives", *International Journal for Equity in Health*, 19: 104 (June26,2020), Doi:10.1186/s12939-020-01218-z.

64 Jeni Klugman, Matthew Moore, Michael Higgins and Paula Sevilla, "COVID-19 has a Postcode: How spatial inequality shapes the pandemic's impact and the need for place-based responses", Pathfinders for Peaceful, Just, and inclusive Societies (April 14, 2020), https://medium.com/sdg16plus/covid-19-has-a-postcode-70d62e91b8fe.

65 Sharoda Dasgupta et al., " Association Between Social Vulnerability and a County's Risk for Becoming a COVID-19 Hotspot—United States, June 1–July 25, 2020," Morbidity and Mortality Weekly Report, 69 (Centers for Disease Control and Prevention, October 23, 2020), https://doi.org/10.15585/mmwr.mm6942a3.

66 United Nations Sustainable Development Group, *Education during COVID-19 and beyond* (New York, August 2020).

67 包括儿童和家庭福利、生育保护、失业补助、工伤福利、疾病福利、健康保护、老年福利、残疾福利和遗属福利。see International Labour Organization, *World Social Protection*

Report 2017–19, Universal social protection to achieve the Sustainable Development Goals (Geneva: ILO, . 2017), https://www.ilo.org/wcmsp5/groups/public/---dgreports,/---dcomm/---publ/documents/publication/wcms_604882.pdf.

68 Anu Madgavkar et al., *The future of women at work-Transitions in the age of automation* (McKinsey Global Institute, 2019), https://www.mckinsey.com/~/media/McKinsey/Featured%20Insights/Gender%20Equality/The%20future%20of%20women%20at%20work%20Transitions%20in%20the%20age%20of%20automation/MGI-The-future-of-women-at-work-Exec-summary-July-2019.pdf.

69 Ugo Gentilini et al., *Social Protection and Jobs Responses to COVID-19: A Real-Time Review of Country Measures*, "Living paper" version 13 (September 18, 2020), http://documents1.worldbank.org/curated/en/295321600473897712/pdf/Social-Protection-and-Jobs-Responses-to-COVID-19-A-Real-Time-Review-of-Country-Measures-September-18-2020.pdf.

70 United Nations Secretary-General, 2020, *The impact of COVID-19 on older persons* (New York, May 2020).

71 UNDESA, 2015, World Population Ageing 2015, New York. ST/ESA/SER.A/390 (New York: Department of Economic and Social Affairs, 2015), https://www.un.org/en/development/desa/population/publications/pdf/ageing/WPA2015_Report.pdf.

72 Csaba Feher and Ignatius de Bidegain, "Pension Schemes in the COVID-19 Crisis: Impacts and Policy Considerations", *fiscal affairs, special series on COVID-19* (Washington, D. C. : International Monetary Fund, July 2020).

73 World Bank Group, *COVID-19: Safeguarding Lives and Livelihoods–A Checklist Guide for Local Governments.* (Washington, D. C., 2020), http://pubdocs.worldbank.org/en/363481590685415404/Covid-19-Checklist-Guide-for-Local-Governments-EAP-Cases-19May-final.pdf.

74 http://www.oecd.org/coronavirus/policy-responses/the-territorial-impact-of-covid-19-managing-the-crisis-across-levels-of-government-d3e314e1/.

75 Kuhlmann, "Between Unity and Variety: Germany's Responses to the COVID-19 Pandemic" .

76 例如，德国联邦政府和各州政府于2020年3月16日通过了《减缓新冠病毒传播的联合指导方针》，以确保该国不同地区在应对疫情方面能够协调一致。所有州都颁布了全国性的关闭法令，学校和幼儿园逐步关闭，同时还制定了紧急儿童保育的具体方案。3月22日，各州总理随后举行了一次会议，专门就全国范围的接触禁令（有限封锁）达成一致。Kuhlmann, "Between Unity and Variety".

77 Christensen and Lægreid, "The Norwegian Government Response to the COVID-19 Pandemic."

78 For France, see Cour des Comptes et Chambres régionales et territoriales des comptes, LES FINANCES PUBLIQUES LOCALES 2020, Rapport sur la situation financière et la gestion des collectivités territoriales et de leurs établissements publics-Fascicule 2 (Paris, December 2020), https://www.ccomptes.fr/system/files/2020-12/20201215-rapport-finances-publiques-locales-2020-fascicule-2.pdf.

79 Joyce, Maron and Reddy, *Good Public Governance in a Global Pandemic.*

80 Joyce, Maron and Reddy, *Good Public Governance in a Global Pandemic.*

81 尤其是意大利、波兰和匈牙利。See Joyce, Maron and Reddy, *Good Public Governance in a Global Pandemic.*

82 Mete Yildiz, Savat Zafer Sahin, "Turkey's COVID-19 Pandemic Response from a Public Administration Perspective", in Joyce, Maron and Reddy, *Good Public Governance in a Global Pandemic*, 395–404.

83 Kuhlmann, "Between Unity and Variety: Germany's Responses to the COVID-19 Pandemic".

84 第4.3节是对联合国经济和社会事务部的政策简报——Aránzazu Guillán Montero and David le Blanc, Resilient Institutions in Times of Crisis: Transparency, Accountability and Participation at the National Level Key to Effective Response to COVID-19, UNDESA Policy Brief 74（纽约：联合国经济和社会事务部，2020年5月）进行再加工得来的。

85 意了解更多案例，参见 UNDESA, COVID-19: *Embracing digital government during the pandemic and beyond.* For crowdsourced examples of open government responses with participation of multiple stakeholders, see https://www.opengovpartnership.org/collecting-open-government-approaches-to-covid-19/。

86 在意大利，参见 https://www.tni.org/en/art icle/i taly-democracy-and-covid-19。在纽约，Invisible Hands (https://invisiblehandsdeliver.org/about-us)。在马德里，学生自愿提供辅导和儿童保育服务 (https://verne.elpais.com/verne/2020/03/11/articulo/1583941693_511010.html)。

87 Marty Alter Chen, "Vegetables on Wheels in Ahmedabad, India: SEWA partners with municipality to ensure food access during lockdown", *Women in Informal Employment: Globalizing and Organizing*, May 5, 2020, https://www.wiego.org/blog/vegetables-wheels-ahmedabad-india-sewa-partners-municipality-ensure-food-access-during; Arjun Raghunath, "COVID-19: Kerala starts delivering free food at doorsteps by setting up community kitchens", Deccan Herald, March 28,

2020, https://www. deccanherald.com/national/south/covid-19-kerala-starts-delivering-free-food-at-doorsteps-by-setting-up-community-kitchens-818421. html.

88 Open Government Partnership, *Collecting Open Government Approaches to COVID-19*, https://www.opengovpartnership.org/collecting-open-government-approaches-to-covid-19/; Sukhwani, V. et al., "COVID-19 Lockdown, food systems and urban-rural partnership: case of Nagpur, India", *International Journal of Environmental Research and Public Health 17*, no 16, 5710 (August 2020).

89 Era Dabla-Norris, Anne-Marie Gulde-Wolf and Francois Painchaud, "Vietnam's Success in Containing COVID-19 Offers Roadmap for Other Developing Countries", *IMF News* (June 29, 2020), https://www.imf.org/en/News/Articles/2020/06/29/na062920-vietnams-success-in-containing-covid19-offers-roadmap-for-other-developing-countries.

90 https://www.comune.milano.it/aree-tematiche/partecipazione/milano-2020.

91 https://decide.madrid.es/.

92 Guillán Montero and Le Blanc, *Resilient Institutions in Times of Crisis*.

93 Section 5 largely reproduces text from Guillán Montero and Le Blanc, *Resilient Institutions in Times of Crisis: Transparency, Accountability and Participation at the National Level Key to Effective Response to COVID-19*.

94 See UNDESA, *The COVID-19 pandemic: a wake-up call for better cooperation at the science–policy–society interface*.

95 https://coronavirus.gob.mx/informacion-accesible/.

96 Libertad América Hernández and Katia D'Artigues, "Un sitio (no tan) accesible", DIS-CAPACIDAD, April 17, 2020, https://dis-capacidad.com/2020/04/17/un-sitio-no-tan-accesible/.

97 https://acij.org.ar/coronavirus-informacion-legal-para-personas-con-discapacidad/; https://acij.org.ar/coronavirus-informacion-legal-sobre-circulacion-en-barrios-populares/; https://acij.org.ar/coronavirus-informacion-legal-sobre-ninez-y-adolescencia/.

98 https://www.comune.roma.it/romaiutaroma/it/home.page.

99 Vijay Jagannathan, "Learning From Seoul to Control COVID-19: Transparency, Accountability, Solidarity", The CityFix, May 18, 2020, https://thecityfix.com/blog/learning-seoul-control-covid-19-transparency-accountability-solidarity-vijay-jagannathan/.

100 https://www.covid19healthsystem.org/mainpage.aspx.

101 https://covid-19-data.unstatshub.org/.

102 https://www.iadb.org/es/coronavirus/situacion-actual-de-la-pandemia.

103 http://www.oecd.org/coronavirus/en/.

104 Available at https://data.adb.org/dataset/adb-covid-19-policy-database.

105 Centre for Law and Democracy, *Covid-19 tracker*, https://www.rti-rating.org/covid-19-tracker/. See also Article 19's dedicated website, https://www.article19.org/coronavirus-impacts-on-freedom-of-expression/.

106 See https://www.boletinoficial.gob.ar/detalleAviso/primera/227825/20200415 (in Spanish).

107 Information Commissioner of Canada, "Access to information in extraordinary times", resources (Gatineau, Quebec, April 2, 2020), https://www.oic-ci.gc.ca/en/resources/news-releases/access-information-extraordinary-times.

108 Access Info, "Council of the European Union maintains timeframes for responding to access to documents requests", April 21, 2020, https://www.access-info.org/blog/2020/04/21/eu-council-maintains-timeframes-responding-access-requests/.

109 Institute for Development of Freedom of Information, *Proactive Publication of Information by Governments during Covid-19 Crisis* (April 10, 2020), https://dgroups.org/?j8zmazfb.1.

110 Available at https://phplist.access-info.org/uploadimages/files/2020%2010%2017%20España%20COVID-19.pdf (in Spanish).

111 https://montsame.mn/en/read/220235; https://www.parlament.al/News/Index/9968; https://avas.mv/en/80533; https://www.semana. com/nacion/articulo/el-congreso-y-las-altas-cortes-sesionaran-virtualmente-por-cuarentena/658417.

112 Senadonoticias, "Senado conclui implementação de sistema remoto com primeira votação virtual" (March 24, 2020), https://www12.senado.leg.br/noticias/materias/2020/03/24/senado-conclui-implementacao-de-sistema-remoto-com-primeira-votacao-virtual.

113 https://www.ndi.org/our-stories/parliaments-respond-covid-19.

114 Inter-Parliamentary Union, "How to run a parliament during a pandemic: Q and A", *News in brief* (April 1, 2020), https://www. ipu.org/news/news-in-brief/2020-04/how-run-parliament-during-pandemic-q-and.

115 https://www.ipu.org/parliaments-in-time-pandemic.

116 https://docs.google.com/spreadsheets/d/1UOdONQoD5wiS2MZW8PEwnEyklDTUZqWKlys3304WKoY/edit#gid=921375421.

117 Fundación Directorio Legislativo and Secretaría Internacional de ParlAmericas, *COVID-19: El desafío de adaptar y fortalecer el rol de los Congresos Un análisis desde la*

perspectiva de Parlamento Abierto(April 2020), http://parlamericas.org/uploads/documents/COVID19_Adaptar_el_rol_de_los_Congresos_ESP.pdf.

118 US Government Accountability Office, *Coronavirus pandemic: Initial lessons learned from the international auditing community*, 13.

119 For Costa Rica, see https://sites.google.com/cgr.go.cr/covid-19/compras-públicas. The Latin American Organisation of Supreme Audit Institutions (OLACEFS) has created a dedicated website with information and updates on audit institutions' responses to COVID-19; https://www.olacefs.com/covid19/.

120 https://sites.google.com/cgr.go.cr/monitoreocgr/inicio?authuser=0.

121 https://portal.tcu.gov.br/imprensa/noticias/plano-de-acompanhamentodas-acoes-de-combate-a-covid-19-estimula-o-controle-preventivo-8A81881F7160FD16017189E8BB7168DB.htm and https://portal.tcu.gov.br/imprensa/noticias/tcu-lanca-o-coopera-programa-especial-de-atuacao-noenfrentamento-a-crise-da-covid-19.htm.

122 Supreme Audit Office of the Czech Republic, 2021, *Data Annex to Audit Report No 20/32, Money spent in connection with epidemiological situation in the Czech Republic*, (Prague, March 2021), https://www.nku.cz/scripts/detail.php?id=11750.

123 See https://www.agsa.co.za/Reporting/SpecialAuditReports/COVID-19AuditReport.aspx and https://www.agsa.co.za/Reporting/SpecialAuditReports/COVID-19AuditReport2.aspx.

124 意查看报告，请访问 https://sites.google.com/cgr.go.cr/covid-19/ReportesCGR-Informes-de-auditoria。

125 European Court of Auditors, *Review No 01/2021: The EU's initial contribution to the public health response to COVID-19*, (Luxembourg, December 2020); and European Court of Auditors, The EU's initial contribution to the public health response to COVID-19 (Luxembourg, January 2021).

126 United Nations General Assembly, *Transforming Our World: The 2030 Agenda for Sustainable Development*, A/RES/70/1 (New York: United Nations, 2015).

127 United Nations, "Corruption and the Sustainable Development Goals", chapter 2 in *Sustainable Development Goal 16: Focus on public institutions, World Public Sector Report 2019*. (New York: Department of Economic and Social Affairs, June 2019).

128 World Justice Project, *Corruption and the COVID-19 Pandemic* (Washington, D. C., July 1, 2020), https://worldjusticeproject.org/sites/default/files/documents/Corruption%20Design%20File%20V4. pdf.

129 Monica Kirya, *Anti-corruption in Covid-19 preparedness and response-Mainstreaming integrity into pandemic plans and policies*, U4 Brief 2020: 8 (Bergen: U4 Anti-Corruption Centre, 2020), https://www.u4.no/publications/anti-corruption-in-covid-19-preparedness-and-response.

130 Sarah Steingrüber, Monica Kirya, David Jackson and Saul Mullard, *Corruption in the time of COVID-19: A double threat for low-income countries*, U4 Brief, 2020: 6 (Bergen: U4 Anti-Corruption Resource Centre, 2020). Organisation for Economic Co-operation and Development, "Public integrity for an effective COVID-19 response and recovery" (April 19, 2020), https://www.oecd.org/coronavirus/policy-responses/public-integrity-for-an-effective-covid-19-response-and-recovery-a5c35d8c/.

131 Kenya, Ministry of Health, "Brief to the National Assembly on response to questions raised regarding updates on COVID-19", https://www.scribd.com/document/458948028/National-Assembly-Responses-28th-April-2020-Virtual-Meeting-at-2-17-Pm-final.

132 Jonathan Murphy, *Parliaments and Crisis: Challenges and Innovations*, Parliamentary Primer No.1 (Stockholm: International Institute for Democracy and Electoral Assistance, May 11, 2020), https://www.idea.int/sites/default/files/publications/parliaments-and-crisis-challenges-and-innovations.pdf.

133 Organisation for Economic Co-operation and Development, "Policy measures to avoid corruption and bribery during COVID-19 response and recovery" (26 May 2020), https://www.oecd.org/coronavirus/policy-responses/policy-measures-to-avoid-corruption-and-bribery-in-the-covid-19-response-and-recovery-225abff3/.

134 https://phplist.access-info.org/uploadimages/files/2020%2004%2006%20CMWS%20COVID-19%20-%20FINAL%20VERSION.pdf.

135 Institute for Development of Freedom of Information, *Guidelines on Covid-19 Related Public Procurement – Structure and Content* (April 10, 2020), https://dgroups.org/?j8zmazfb.0.

136 See http://www.rfi.fr/en/africa/20200429-covid-19-in-africa-ugandan-mps-forced-to-repay-coronavirus-cash-malawi-gives-money-to-poor; http://www.rfi.fr/en/africa/20200421-public-outcry-in-uganda-as-mps-offered-coronavirus-cash; https://www. newvision.co.ug/new_vision/news/1517986/stop-debating-about-10bn-covid-19-funds-kadaga-tells-mps.

137 研究与民主发展研究所（Institute for Research and Democratic Development, IREDD）、Naymote 民主发展合作伙伴组织（Naymote Partners for Democratic Development, NAY MOTE-Liberia）、利比里亚问责实验室（Accountability Lab Liberia）和利比里亚透明度和问责中心（Center for Transparency and Accountability in Liberia, CENTAL）于2020年4月29日发表的联合新闻声明。

138 Sanjay Pradhan, “Making Trillion Dollar Stimulus and Safety Nets Work for All: The Essential Steps We Can Take Now”, *International Budget Partnership blog*, July 24, 2020, https://www.opengovpartnership.org/stories/making-trillion-dollar-stimulus-and-safety-nets-work-for-all-the-essential-steps-we-can-take-now/.

139 Open Contracting Partnership, *COVID-19 emergency procurement data and transparency: An example from Paraguay*, https://docs.google.com/document/d/1F1DliifDzJBV4JANSji7Ej_Y8unJXvxv1x8y8EXvvRE/edit#.

140 https://www.opengovpartnership.org/state-of-open-government-during-covid-19/.

141 INTOSAI Development Initiative, *Accountability in a time of crisis–how Supreme Audit Institutions and development partners can learn from previous crises and ensure effective responses to Covid-19 in developing countries* (Oslo, April 21, 2020), https://www.idi.no/elibrary/covid-19/986-accountability-in-a-time-of-crisis/file.

142 G20, *Leaders'* Declaration, G20 Riyadh Summit, November 21–22, 2020, http://www.g20.utoronto.ca/2020/G20_Riyadh_Summit_Leaders_Declaration_EN.pdf. Aneta Wierzynska, Davis Clarke, Mark Dibiase, Anga Timilsina and Srinivas Gurazada, “Tackling corruption in governments' COVID-19 health responses”, *World Bank Blogs* (November 18, 2020), https://blogs.worldbank.org/governance/tackling-corruption-governments-covid-19-health-responses. World Bank, *Enhancing Government Effectiveness and Transparency: The Fight Against Corruption* (Washington, D.C. September 2020), http://documents1.worldbank.org/curated/en/235541600116631094/pdf/Enhancing-Government-Effectiveness-and-Transparency-The-Fight-Against-Corruption.pdf.

143 World Council of Churches, “South African church leaders say COVID-19 corruption kills, as they campaign against it”, September 23, 2020, https://www.oikoumene.org/news/south-african-church-leaders-say-covid-19-corruption-kills-as-they-campaign-against-it.

144 本节大部分内容摘自联合国环境署委托《世界公共部门报告》编写的背景文件，Steven and Williams, *Governance and COVID-19: A background paper for the 2021 SDG 16 Conference*。

145 António Guterres, *Nelson Mandela Annual Lecture 2020-Tackling Inequality: A New Social Contract for a New Era* (July 18, 2020), https://www.un.org/en/coronavirus/tackling-inequality-new-social-contract-new-era.

146 Norwegian Peacebuilding Resource Centre and the United Nations Development Programme, *Engaged Societies, Responsive States: The Social Contract in Situations of Conflict and Fragility, Concept note* (New York: UNDP, April 2016), http://www.undp.org/content/dam/undp/library/Democratic%20Governance/Social_Contract_in_Situations_of_Conflict_and_Fragility.pdf.

147 United Nations Development Programme, *Governance for Peace. Securing the Social Contract* (New York: UNDP, 2012), www.undp.org/content/dam/undp/library/crisis%20prevention/governance-for-peace_2011-12-15_web.pdf.pdf.

148 World Bank, *Conflict, Security and Development*, World Development Report 2011 (Washington, D. C.: World Bank, 2011).

149 United Nations and World Bank, *Pathways for Peace: Inclusive Approaches to Preventing Violent Conflict* (Washington, D.C.: World Bank, 2018), https://openknowledge.worldbank.org/handle/10986/28337.

150 United Nations General Assembly, *Transforming Our World: The 2030 Agenda for Sustainable Development*.

151 Nadine Raaphorst and Steven Van de Walle, “Trust in and by the public sector”, in *Routledge Companion to Trust*, edited by Rosalind H. Searle, Ann-Marie I. Nienaber, Sim B. Sitkin (London: Routledge), 469–482, https://lirias.kuleuven.be/retrieve/484799.

152 https://www.edelman.com/sites/g/files/aatuss191/files/2020-01/2020%20Edelman%20Trust%20Barometer%20Executive%20Summary_Single%20Spread%20without%20Crops.pdf.

153 除了政府和民众之间的双向信任之外，学者还指出，公共部门内部的信任也很重要。See Geert Bouckaert, “Trust and public administration”, *Administration*, 60, 1 (2012), 91–115.

154 Daniel Devine, Jennifer Gaskell, Will Jennings, Gerry Stoker, “Trust and the Coronavirus Pandemic: What are the Consequences of and for Trust? An Early Review of the Literature” *Political Studies Review* (August 11, 2020), https://doi.org/10.1177/1478929920948684.

155 Rino Falcone et al., "All We Need Is Trust: How the COVID-19 Outbreak Reconfigured Trust in Italian Public Institutions", *Frontiers in Psychology* (October 2, 2020), https://doi.org/10.3389/fpsyg.2020.561747.

156 Shahra Razavi, Christina Behrendt, Mira Bierbaum, Ian Orton, Lou Tessier, "Reinvigorating the social contract and strengthening social cohesion: Social protection responses to COVID-19", *International Social Security Review* (October 2020), 55–80, https://doi.org/10.1111/issr.12245.

157 Paul Cairney and Adam Wellstead, "COVID-19: effective policymaking depends on trust in experts, politicians, and the public", *Policy Design and Practice* (October 26, 2020), https://doi.org/10.1080/25741292.2020.1837466.

158 Thomas Carothers and Andrew O'Donohue, "Polarization and the Pandemic", *Carnegie Endowment for Peace*, April 28, 2020, https://carnegieendowment.org/2020/04/28/polarization-and-pandemic-pub-81638.

159 Charles Crimson and Hema Preya Salvanathan, "Societal Polarization and COVID-19: Excerpt from 'Together Apart'", *Social Science Space* (August 27,2020), https://www. socialsciencespace.com/2020/08/societal-polarization-and-covid-19-excerpt-from-together-apart/.

160 United Nations General Assembly, *Transforming Our World: The 2030 Agenda for Sustainable Development.*

161 World Bank, *Making politics work for development: harnessing transparency and citizen engagement*, Policy Research report (Washington, D. C.: World Bank, 2016), http://documents.worldbank.org/curated/en/268021467831470443/Making-politics-work-for-development-harnessing-transparency-and-citizen-engagement.

162 United Nations, *Sustainable Development Goal 16: Focus on public institutions, World Public Sector Report 2019* (New York, Department of Economic and Social Affairs, June 2019).

163 Seraphine F. Maerz, Anna Lührmann, Jean Lachapelle and Amanda B. Edgell, *Worth the sacrifice? Illiberal and authoritarian practices during Covid-19*, Working Paper Series 2020: 110 (Gothenburg: V-Dem, September 2020), https://www.v-dem.net/media/filer_public/14/e0/14e03f3b-1c44-4389-8edf-36a141f08a2d/wp_110_ final.pdf.

164 Kim Allen et al., *Resilient Realities: How youth civil society is experiencing and responding to the COVID-19 pandemic-Global Overview* (London: Restless Development, Recrear and the Development Alternative, 2020), https://youthcollective.restlessdevelopment.org/wp-content/uploads/2020/10/ResilentRealities-GlobalOverview.pdf.

165 International Center for Not For Profit Law, "COVID-19 Civic Freedom Tracker", https://www.icnl.org/covid19tracker/.

166 International Labour Organization (2020). *The role of social dialogue in formulating social protection responses to the COVID-19 crisis*, ILO Brief (Geneva: ILO, October 6, 2020), https://www.ilo.org/secsoc/information-resources/publications-and-tools/Brochures/WCMS_757246/lang--en/index.htm; https://citizenspanel.us/.

167 International Federation of Red Cross and Red Crescent Societies (IFRC) and United Nations Children's Fund (UNICEF), *Building Trust Within and Across Communities for Health Emergency Preparedness* (New York: IFRC and UNICEF, July 2020), https://apps.who.int/gpmb/assets/thematic_papers_2020/tp_2020_3.pdf.

168 Organisation for Economic Co-operation and Development, *Innovative Citizen Participation and New Democratic Institutions: Catching the Deliberative Wave* (Paris: OECD Publishing, June 2020), https://doi.org/10.1787/339306da-en, chapter 3.

169 United Nations and World Bank, *Pathways for Peace.*

170 United Nations General Assembly, *Transforming Our World: The 2030 Agenda for Sustainable Development.*

171 Brookings Institution, *Reimagining the global economy: Building back better in a post-COVID-19 world* (2020), https://www.brookings.edu/multi-chapter-report/reimagining-the-global-economy-building-back-better-in-a-post-covid-19-world/.

172 United Nations, *Promoting Inclusion Through Social Protection*, Report on the World Social Situation (New York, Department for Economic and Social Affairs, 2018), https://www.un.org/development/desa/socialperspectiveondevelopment/2017/12/29/rwss2018/.

173 International Labour Organization, *Extending social protection to informal workers in the COVID-19 crisis: country responses and policy considerations*, ILO Brief (Geneva: ILO, September 8, 2020), https://www.ilo.org/wcmsp5/groups/public/---ed_protect/---soc_sec/documents/publication/wcms_754731.pdf.

174 International Labour Organization (2011). *Social protection floor for a fair and inclusive globalization-Report of the Social Protection Floor Advisory Group*. Geneva: ILO. Available at https://www. ilo.org/wcmsp5/groups/public/---dgreports/---dcomm/---publ/documents/publication/wcms_165750.pdf (accessed 21 December 2020).

175 International Labour Organization, *Financing gaps in social*

protection: Global estimates and strategies for developing countries in light of the COVID-19 crisis and beyond, ILO Brief (Geneva: ILO, September 17, 2020), https://www.ilo.org/wcmsp5/groups/public/---ed_protect/---soc_sec/documents/publication/wcms_755475.pdf.

176 US Equal Employment Opportunity Commission, "Coronavirus and COVID-19", https://www.eeoc.gov/coronavirus.

177 Washington State Human rights Commission, *COVID-19 and Compliance with Non-Discrimination Laws* (Olympia, WA, 2020), https://www.hum.wa.gov/sites/default/files/public/publications/COVID-19.pdf.

178 Astrid Brousselle, Emmanuel Brunet-Jailly, Christopher Kennedy, Susan D. Phillips, Kevin Quigley and Alasdair Roberts, "Beyond COVID-19: Five Commentaries on Reimagining Governance for Future Crises and Resilience," *Canadian Public Administration* 63, no. 3 (2020): 369–408, https://doi.org/10.1111/capa.12388.

179 Organisation for Economic Co-operation and Development, 2020, *The Covid-19 crisis: A catalyst for government transformation?*

180 Steven and Williams, *Governance and COVID-19: A background paper for the 2021 SDG 16 Conference.*

181 Steven and Williams, *Governance and COVID-19: A background paper for the 2021 SDG 16 Conference.*

182 United Nations Economic and Social Council, Official Records, Supplement No.24, E/2018/44-E/C.16/2018/8 (New York: United Nations, 2018), paragraph 31.

附件1 可持续发展目标监测、跟进和评审的总体优势和挑战

维度	优势	挑战
国家机制	• 提高可持续发展目标监测、跟进和评审系统的制度化程度，采用多样化的机构设计 • 广泛界定可持续发展目标监测、跟进和评审的作用和责任	• 在某些情况下，监测责任存在不明确、零散和重复的情况 • 监测责任并不总是得到足够的程序和资源的支持 • 在可持续发展目标监测、跟进和评审方面的变革并不总是有利于加强系统
数据和指标	• 高度重视核实国家层面指标，并开展评估和排序优化工作，以确定指标的可用性和偏差 • 随着时间的推移，获得特定国家的可用指标 • 提高对数据收集工具箱的认识和了解 • 区域互补框架。例如，《蒙得维的亚人口与发展共识》（Montevideo Consensus on Population and Development）包括的指标，有助于通过区域视角落实《2030年议程》 • 努力通过更系统的方法加强数据分类 • 采取多种举措和努力，支持制定指标和加强次国家层级的数据供应	• 界定国家目标、基线和基准 • 确定额外的国家指标以补充全球指标体系 • 将现有国家指标体系和国家统计策略与可持续发展目标相结合 • 各级政府和地方政府之间指标的协调和一致性 • 可持续发展目标指标的可获得性方面面临的具体挑战，如可持续发展目标16和环境可持续发展目标指标的获得 • 数据滞后（数据过期）和数据偏差（多个指标数据不可用） • 在国家/次国家区域/地方/城市一级缺乏收集、分析和解释所有数据的专业知识和能力 • 在传统的数据生产者（如国家统计局和国家一级的部委/机构）与地方当局、私营部门和学界之间建立联盟并进行有效协调
国家以下各级（包括地方）政府	• 加强与地方政府协商，以发展自愿国别评估 • 本地化活动的数量不断增加 • 自愿地方评审（和地方评审）的积极影响超出了监测和报告的范围，作为转型杠杆，它将国家以下各级的可持续发展战略建立在数据的分类和本地化之上	• 促进国家以下各级政府系统地参与可持续发展目标的协调和国家层级的监测、跟进和评审机制 • 支持国家以下各级机构建立和加强可持续发展目标的监测、跟进和评审系统 • 应用城市概念的共同定义和标准来监测和报告国家内部和国家之间的城市表现 • 加强国家以下各级的报告进程
自愿国别评审进程	• 全球报告的推动力，使得越来越多的国家提交更多的自愿国别评审 • 为自愿国别评审收集信息的工具多样化 • 让利益攸关方更系统地参与到制定自愿国别评审的进程中 • 加强对全球自愿准则的遵守 • 次国家区域的溢出过程 • 几个关于自愿国别评审明确过程的例子	• 自愿国别评审过程没有被认为是一个连续的周期——连续的自愿国别评审之间的联系不强 • 自愿国别评审进程缺少后续活动 • 自愿国别评审程序没有被整合进入国家报告程序 • 有些领域在自愿国别评审中关注较少（如地方进程、国际公共财政、优秀经验） • 促进独立评估和验证自愿国别评审的进程和报告，并将这些信息纳入自愿国别评审
国家报告	• 在成功的自愿国别评审经验推动下，借鉴一些国家现有的报告程序，提升对报告程序的关注 • 更多地利用信息通信技术进行报告和公共交流	• 明确国家报告的具体程序（如频率、责任、模板） • 次国家区域、国家和全球层面的报告没有协调/整合 • 对立法机构的报告有限，破坏了监督和问责制 • 没有报告次国家区域和非国家利益攸关方的行动 • 将国家报告中的行动与结果联系起来的挑战

续 表

维度	优 势	挑 战
利益攸关方的参与	• 提高利益攸关方的参与度，增加自愿国别评审程序中的不同利益攸关方数量 • 利益攸关方对可持续发展目标执行情况进行独立评估工具的多样化，包括影子报告 • 私人/国家行动者（如商业和金融部门）有兴趣参与自愿国别评审过程 • 在自愿国别评审进程和其他监测框架中，越来越多地使用数字解决方案来促进利益攸关方的参与和数据监测 • 利益攸关方对制定指标的贡献 • 利益攸关方的独立评估和报告带来的积极溢出效应（如建立工作关系网、与政府接触、对官方报告的投入）	• 关注对公民空间的挑战和利益攸关方参与的其他有利条件 • 有关可持续发展目标实施工作的有限透明度和信息造成不对称，并损害了利益攸关方的有效参与 • 政府与相关利益攸关方的互补 • 制定技术指导和参与工具
政策的连贯性和一体化	• 为各级政府在可持续发展目标监测和报告方面的合作创造一些制度空间 • 可持续发展目标报告与基于绩效的报告和指标之间出现了趋同 • 一些调整国家评估系统的努力，以便将其用于可持续发展目标的评估	• 促进各级政府和现有国家监测/评估系统在可持续发展目标监测、报告和后续工作中的一致性和协调性 • 将现有政策及其监测和评估框架与相关的可持续发展目标和指标相协调，以便能够将实施过程与结果联系起来，并按照进展情况报告 • 监测和报告多个可持续发展目标的协同交付情况 • 报告和监测国家边界以外的影响（即外溢影响），并将其纳入国家在可持续发展目标方面的总体进展 • 利用协同效应，解决可持续发展目标在监测和报告方面的联系和权衡 • 加强现有绩效系统和指标与可持续发展目标框架的一致性，以报告进展情况
反馈环路	• 将独立的可持续发展目标评估与选举和立法周期相结合的良好经验，有利于将建议纳入政府方案和问责制 • 采纳审计结果和建议，如可持续发展目标实施和治理的转变案例	• 政府对加强可持续发展目标实施情况监测信息和证据的有限利用 • 为决策和问责提供评审信息的有限利用

资料来源：作者根据本章分析，为准备报告而搜集的数据和意见。

图书在版编目(CIP)数据

落实可持续发展目标的国家机制安排 : 五年回顾总结 : 世界公共部门报告 : 2021 / 联合国经济和社会事务部编 ; 上海社会科学院信息研究所，上海社会科学院绿色数字化发展研究中心译 .— 上海 : 上海社会科学院出版社，2022

书名原文 : National Institutional Arrangements for Implementation of the Sustainable Development Goals: A Five-year Stocktaking, World Public Sector Report 2021

ISBN 978-7-5520-4009-8

Ⅰ.①落… Ⅱ.①联…②上…③上… Ⅲ.①公共部门—研究报告—世界—2021 Ⅳ.①D523

中国版本图书馆CIP数据核字(2022)第222898号

落实可持续发展目标的国家机制安排：五年回顾总结
——世界公共部门报告(2021)

编　　者：联合国经济和社会事务部
译　　者：上海社会科学院信息研究所、上海社会科学院绿色数字化发展研究中心
出 品 人：佘　凌
责任编辑：熊　艳
封面设计：周清华
出版发行：上海社会科学院出版社
上海顺昌路622号　邮编200025
电话总机021-63315947　销售热线021-53063735
http://www.sassp.cn　E-mail: sassp@sassp.cn
排　　版：南京展望文化发展有限公司
印　　刷：上海盛通时代印刷有限公司
开　　本：889毫米×1194毫米　1/16
印　　张：13.5
字　　数：375千
版　　次：2022年12月第1版　　2022年12月第1次印刷

ISBN 978-7-5520-4009-8/D·669　　定价：168.00元